ROM
ZUR ZEIT DER REPUBLIK

INTERESSE

Lehrwerk für Latein
als 2. Fremdsprache
in drei Bänden

Band 1

von

Dr. Dieter Lohmann
Dr. Lilian Balensiefen
Matthias Bausenhart
Dieter Elsässer
Kristine Schulz
Erika Spengelin-Rogger
Hans Dieter Stöver

unter Mitarbeit von

Dr. Ulrike Fleißner

J. LINDAUER Verlag
(R.Schaefer) München

INTERESSE

Lehrwerk für Latein als 2. Fremdsprache in drei Bänden

Band I

von Dr. Dieter Lohmann, Dr. Lilian Balensiefen, Matthias Bausenhart, Dieter Elsässer, Kristine Schulz, Erika Spengelin-Rogger, Hans Dieter Stöver

Mitarbeit: Dr. Ulrike Fleißner
Mitarbeit und Lektorat: Dr. Brigitte Egger

ISBN 3-87488-831-2

1. Auflage 1996

Unveränderter Druck 6 5 4 3 2 1 / 2001 2000 99 98 97 96
Die letzte Zahl bedeutet das Jahr dieses Druckes.
Alle Drucke dieser Auflage sind, weil untereinander unverändert, nebeneinander benutzbar.

Umschlag- und Layout-Entwurf: Anke Wätjen, Pullach
Stadtplan (Rom) und Landkarte (Italien): Christel Aumann, Niederhausen
Gesamtherstellung: Graphischer Großbetrieb Friedrich Pustet, Regensburg

Vorwort

Dieses von Grund auf neue Lateinbuch nutzt das Interesse, das junge Menschen der Antike entgegenbringen, um den lateinischen Sprachunterricht zu unterstützen und zu bereichern. Die Inhalte der lateinischen Lektionstexte sind darauf angelegt, den Grammatikstoff so sinnvoll zu präsentieren und zu integrieren, daß er aus sich heraus erfaßbar wird. Bei der Gestaltung der lateinischen Texte wurde besonders auf logische und kompositorische Geschlossenheit geachtet und auf zunehmende Nähe zu den lateinischen Vorlagen. Um einer leichteren Erschließbarkeit willen wurde großer Wert auf sprachliche Wiederholungen gelegt; diese machen die Texte zwar länger, aber auch wesentlich lesbarer.

Fortschreitend vom Einfachen zum Komplizierteren, wird das „Baukastensystem" der lateinischen Formenlehre aufgebaut. Im Sinne einer funktionalen Sprachbetrachtung sind die Konjugationen und Deklinationen horizontal, neue grammatische Erscheinungen von ihrer Funktion im Satzzusammenhang her eingeführt. Beim Erwerb der für das Übersetzen von Originaltexten erforderlichen Fertigkeiten und Kenntnisse werden die Schülerinnen und Schüler schon früh mit Strukturen vertraut gemacht, die für das Lateinische charakteristisch sind. Diese Grundsätze ermöglichen von Anfang an eine lebendige, natürliche Sprache in den Lektionstexten. Die Verankerung der Vokabeln im Gedächtnis unterstützen der sofort einsetzende Wortbildungslehrgang, der in den Spracherwerb eingebunden ist, sowie Anknüpfungen an die modernen Fremdsprachen und eine besonders gründliche Umwälzung des Wortschatzes in Übungen und Texten.

Hand in Hand mit dem Spracherwerb gewinnen die Lernenden ein farbiges und authentisches Bild der römischen Welt zur Zeit der ausgehenden Republik. Es beginnt mit Einblicken in den Alltag einer Familie, weitet sich aus auf das öffentliche Leben in Rom, auf Sagen der Vorzeit, auf damals aktuelle historische Ereignisse und Persönlichkeiten, auf Kunst und Kultur. Hinzu kommen fakultative Lektionsteile, in denen es um das Fortleben der Antike geht. Sorgfältig recherchierte deutsche Texte, die altersgerecht und anregend formuliert sind, so daß sie von den Schülerinnen und Schülern selbständig gelesen werden können, wollen Interesse für die Inhalte der lateinischen Lektionen wecken und das dort Erfahrene verdeutlichen und ergänzen. So wie der Grammatikstoff und der Wortschatz werden auch die einzelnen Themenbereiche der antiken Kultur immer wieder zueinander in Beziehung gesetzt. Diesen Grundsätzen folgt auch die Bebilderung, die mehr ist als nur Illustration. Sie soll die Schüler zu genauem Hinsehen und weiterem Nachdenken über die Inhalte der Texte anregen. Neue archäologische Erkenntnisse wurden mit einbezogen.

INTERESSE will in allen seinen Teilen zeigen, daß das Erlernen des Lateinischen den direkten Zugang zu einer Welt eröffnet, die, obwohl vergangen, in unserer Sprache, unseren Errungenschaften und unserem Denken bis heute wirksam ist.

Inhaltsverzeichnis

Für die Schülerinnen und Schüler

Der Titel dieses Buches, das dich in die lateinische Sprache einführt, wird dir sicher bekannt vorkommen. Er erinnert an die deutschen Wörter „Interesse“, „interessant“, „interessieren“. Diese Begriffe sind alle von dem lateinischen Verbum ***interesse*** abgeleitet; es bedeutet: „dabei sein“, „an einer Sache teilnehmen“, „sich unterscheiden“, auch „wichtig sein“. Alle Bedeutungen haben einen Bezug zu diesem Buch: Du wirst feststellen, daß die Welt der Römer ebenso wie ihre Sprache sich in vielem von der unseren **unterscheidet**. Aber gerade das macht sie auch **interessant**. Du wirst am Alltag einer römischen Familie, an ihren Freuden und Sorgen **teilnehmen** und auch manches über aufregende Ereignisse der römischen Geschichte erfahren. Es **ist wichtig**, daß du aufmerksam **dabei bist**, d. h. bei der Sache bist, denn jede Lektion bringt eine ganze Reihe neuer Informationen.

Damit du dich rasch zurechtfindest, hier einige Hinweise zum Aufbau des Buches: Jede Lektion besteht aus

- zwei lateinischen Lesestücken und deutschen Texten
- den Grammatischen Impulsen und Übungen
- dem Wortschatz mit weiteren Übungen.

Die lateinischen Lektionstexte geben dir Einblicke in das Leben und die Geschichte der Römer. Das **lateinische** A **-Stück** enthält den neuen Grammatikstoff und den neuen Wortschatz. Im **lateinischen** B **-Stück** sind nur manche Vokabeln unbekannt. Bei der Übersetzung des **B-Stückes** kannst du also Gelerntes wiederholen.

Die **deutschen Texte** und **Bilder** enthalten weitere Sachinformationen zu den Themen, die im lateinischen Teil behandelt werden. Vielleicht regen sie dich dazu an, dich mit dem einen oder anderen Thema noch mehr zu beschäftigen. Die F **(Fortleben)-Stücke**, die manchen Lektionen beigefügt sind, zeigen, daß vieles aus der antiken Welt bis heute lebendig geblieben ist.

In den **Grammatischen Impulsen** findest du Erklärungen und Zusammenfassungen zur Grammatik (◆), Einführungen in das „Verstehen und Übersetzen“ (▼) sowie Übungen. Einige Aufgaben schließen direkt an den Grammatikstoff an; am Ende jedes Kapitels dienen weitere Übungen zur Wiederholung und zum Training (**T**).

Den **Wortschatz** findest du im dritten Teil. Auf die Vokabeln jeder Lektion folgt ein kleines Kapitel zur Wortbildungslehre oder Wortkunde, das dir helfen soll, die Bedeutung von Vokabeln zu erschließen und besser im Gedächtnis zu behalten.

Am Ende des Buches befinden sich

- eine Übersicht über Eigennamen und Sachbegriffe, in der du die wichtigsten Daten zu allen im Buch vorkommenden Personen, geographischen Bezeichnungen und historischen Ereignissen selbst nachlesen kannst
- Register der Begriffe und Lernstoffe aus Grammatik und Wortbildung
- der „Wegweiser“ zur Einführung und zum Nachschlagen in Fragen der Grammatik und der Übersetzung mit Tabellen aller Deklinationen und Konjugationen
- Vokabelverzeichnisse zum Nachschlagen der deutschen und lateinischen Bedeutungen.

Etwa 4jähriges Mädchen.
Aix, Museum.

9–10jähriger Junge.
Venedig, Archäologisches Museum.

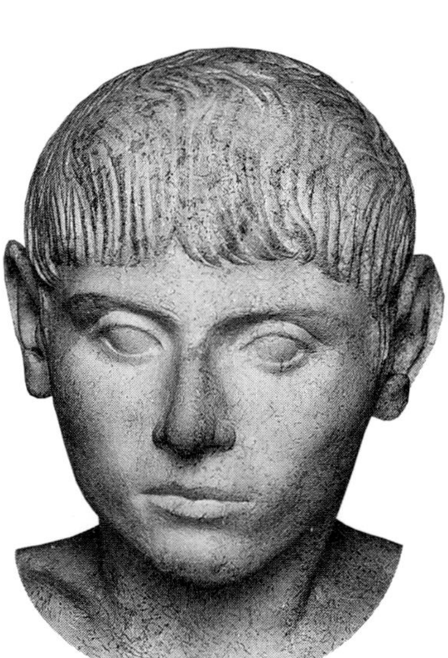

Etwa 14jähriger Junge.
Fulda, Schloß Fasanerie.

Junges Mädchen. Teile der Frisur fehlen; sie waren extra gearbeitet und angesetzt.
Rom, Villa Albani.

Römer, Mitte 30.
Venedig, Archäologisches Museum.

Römerin, Anfang 30.
Rom, Vatikan.

Dies sind Porträts von Römern und Römerinnen, die in dem Jahrhundert um die Zeitenwende, also etwa zwischen 50 vor und 50 nach Christus, gelebt haben; am Anfang dieser Zeitspanne beginnt die Geschichte unseres Buches.

Die Mädchen und Frauen haben damals ihr Haar zu Zöpfen geflochten, die sie kunstvoll hochsteckten; die Männer ließen ihre Haare kurz schneiden. Das Haar und die Lippen solcher Porträts waren ursprünglich farbig; die Augen hatten aufgemalte oder eingesetzte Pupillen und eingezeichnete Wimpern, so daß die Gesichter sehr lebendig aussahen.

Diese sechs Menschen sprachen, wie alle anderen Römer auch, Lateinisch. Wir wissen nicht, wie sie hießen, zu welchen Familien sie gehörten und wie sie lebten, aber wir können uns vorstellen, daß die Kinder Volcatilla, Gaius, Volcatia und Lucius und ihre Eltern Servilia und Volcatius so ähnlich ausgesehen haben.

Lektion 1

Die Ferien sind zu Ende

Familien, die in den Ferien aufs Land fuhren, gab es auch schon bei den Römern. Allerdings bezeichneten sie mit dem Wort *feriae* nicht nur die langen Erholungszeiten, in denen wegen der Hitze nicht gearbeitet wurde und die Schulen geschlossen waren, sondern auch religiöse Feiertage und Feste. Ebenso hatte *familia* eine umfassendere Bedeutung als unser Wort „Familie“: Zur *familia* zählten nicht nur die Blutsverwandten, sondern auch alle zum Haushalt gehörenden Sklavinnen und Sklaven.

Die Familie der Volcatier hat – wie viele vornehme Römer – die Sommermonate in ihrem Landhaus in den Albaner Bergen verbracht, um der Hitze in der Stadt zu entgehen. Nun sind alle mitten in den Reisevorbereitungen für die Rückkehr nach Rom. Der Senator Lucius Volcatius Tullus (35 Jahre) diktiert seinem Sekretär noch einige Briefe, die die politische Arbeit des kommenden Herbstes betreffen. Er wird bereits am späten Nachmittag zusammen mit seinem ältesten Sohn Lucius (14) die *villa rustica* bei Tusculum verlassen und nach Rom vorausreiten. Seine Frau Servilia (32 Jahre) will am nächsten Morgen mit den Kindern Volcatia (11), Gaius (9) und Volcatilla (4) und mit einigen Sklaven vom Hauspersonal nachkommen. Am Vormittag besucht sie noch ihre beste Freundin in der Nachbarvilla. Dann beaufsichtigt sie die Sklavinnen beim Packen der Truhen und Körbe.

Am nächsten Morgen sind alle schon seit Beginn der ersten Stunde, d. h. gleich nach Sonnenaufgang, auf den Beinen. Die Sklaven Davus (ca. 18 Jahre) und Ursus (ca. 30) beladen die Wagen und spannen die *muli*, die Maultiere, ein. Gerade sind sie dabei, die letzten Gepäckstücke zu verstauen, da ertönt plötzlich die aufgeregte Stimme der Herrin:

A Vor der Abfahrt

Servilia: „Dave, audi! Urse et Dave, audite!“
Ursus: „Quis vocat?“
Davus: „Domina vocat; audi, Urse!“
Davus et Ursus: „Salve, Servilia!“
Ursus interrogat: „Quid est, domina?“
Servilia: „Ubi est Gaius? Responde, Urse! Respondete! Ubi Gaius est?“
Ursus respondet: „Gaius non adest, domina.“
Davus: „Gai, Gai! Veni!“
Etiam Ursus: „Gai! Veni tandem!“

Sed Gaius non venit.

Davus: „Gaius non audit, domina. Non paret.“
Volcatia: „Numquam Gaius paret, mater!“
Servilia: „Clama iterum, Dave!“
Servus paret et iterum clamat: „Audi, Gai! Veni tandem, Gai!“
Gaius non respondet.
Ursus ridet: „Fortasse Gaius in lecto iacet; fortasse non surgit.“
Etiam Volcatilla ridet et clamat: „Surge tandem, Gai! Noli dormire! Noli iacere in lecto, sed veni tandem!“

B Wenn die Lehrerin *(magistra)* oder der Lehrer *(magister)* lateinisch spricht

– dann begrüßen sie die Schüler und Schülerinnen: „Salvete, discipuli*! Salvete, discipulae*!“
Die Schüler antworten: „Salve, magistra! Salve, magister!“

Fragen: „Ubi est Claudia? Cur non adest?“
(Marcus ridet: „Fortasse in lecto iacet et dormit.“)

Anweisungen: „Surgite!“ „Interrogate et respondete!“

Manchmal wird auch geschimpft: „Nolite clamare!“ „Audite tandem!“ „Noli ridere, Philippe! Audi et responde!“ „Responde iterum!“ „Numquam Henricus paret!“

(* discipuli/discipulae: *Plural von* discipulus/discipula)

Lektion 2

Im Atrium, dem zentralen Teil eines römischen Hauses: Blick auf das Wasserbecken, in dem das durch eine Dachöffnung fallende Regenwasser gesammelt wurde, und den Eingang. Die Böden sind mit Mosaiken, die Wände mit Stuck und Malerei dekoriert. Sog. „Samnitenhaus" in Herculaneum.

Wo ist Gaius?

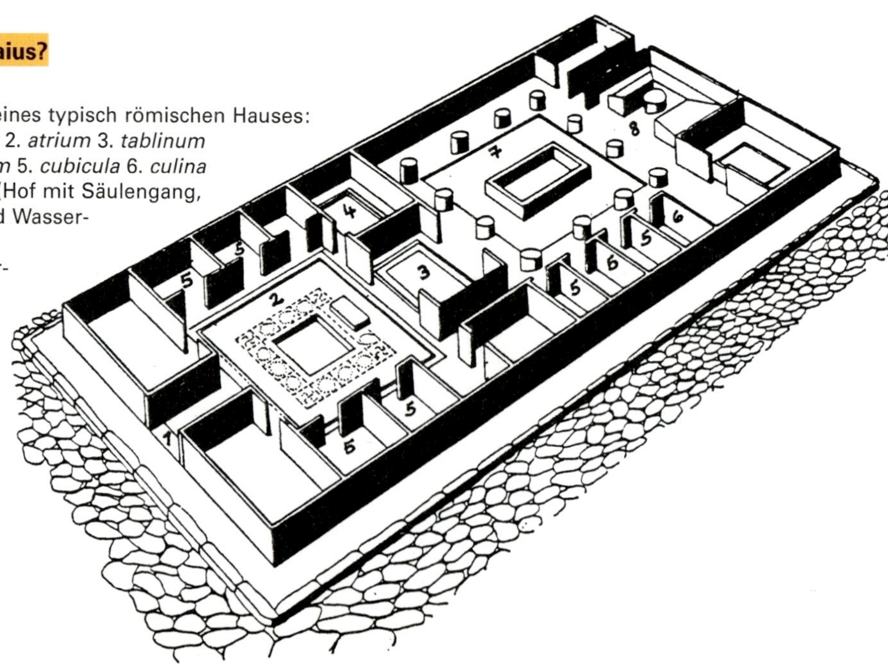

Grundriß eines typisch römischen Hauses:
1. Eingang 2. *atrium* 3. *tablinum*
4. *triclinium* 5. *cubicula* 6. *culina*
7. Peristyl (Hof mit Säulengang, Garten und Wasserbecken)
8. Sommer-*triclinium*

Überall im Landhaus, der *villa rustica,* sucht man nun nach Gaius – im Mittelraum, dem *atrium,* mit den reichverzierten Säulen, wo die Porträtköpfe der Vorfahren aufgestellt sind; im großen Empfangszimmer, dem *tablinum,* das mit einem farbenfrohen Mosaikfußboden ausgelegt ist; im Speisezimmer, dem *triclinium,* das erst im letzten Jahr neu ausgemalt wurde – aber auch in der Küche, der *culina,* in der das offene Herdfeuer schon gelöscht ist, und in allen Räumen der Badeanlage. Ja, man schaut sogar in Gaius' Schlafkammer, seinem *cubiculum,* nach, um zu prüfen, ob Ursus und Volcatilla mit ihrer Vermutung vielleicht recht haben.

A Gefunden!

Sed Gaius non dormit. Non in lecto iacet, sed in stabulo sedet. Quid in stabulo agit? Gaius valde dolet. Non solum Gaius, sed etiam Argulus in stabulo sedet et dolet. Quis est Argulus?

Argulus est catulus. Diu Gaius et Argulus sedent et tacent. Tum Gaius gemit et dicit: „Nunc schola incipit. Labor incipit! Labores incipiunt!“ Itaque Gaius dolet. Nam Gaius est discipulus. Etiam catulus gemit. Puer et catulus valde gemunt.

Subito Volcatia soror intrat et clamat: „Mater, mater! Veni, veni! Gaius adest; in stabulo sedet et lacrimat.“ Sed Gaius: „Numquam, numquam! Puellae solum lacrimant, pueri numquam lacrimant!“ – et lacrimare incipit. Nunc etiam mater intrat. „Noli dolere, Gai, noli lacrimare! Surge! Sorores iam diu adsunt. Et currus iam adest.“ Tum Volcatia: „Non unus currus adest, sed tres currus adsunt. Veni tandem!“

B In der Schule

Magistra: „Intrate, pueri et puellae! Venite tandem!“ Discipuli et discipulae intrant et considunt. Nunc cuncti adsunt. Non tacent, sed clamant. Magistra: „Tacete tandem et incipite! Hora iam adest. Noli clamare, Philippe! Parete et audite!“

Nunc tandem cuncti tacent. Quid agit magistra? Magistra interrogat: „Quis est Davus, Petra? Responde!“ Petra respondet: „Davus servus est, etiam Ursus servus est, Davus et Ursus servi sunt.“ „Bene, Petra!“ *(Petra ist eine gute Schülerin.)*

„Nunc autem, Henrice, responde et tu! Ubi est Argulus et quis est?“ *(Heiner ist ein weniger guter Schüler!)* Henricus diu tacet, tum respondet: „Argulus fortasse in lecto iacet et dormit, nam Argulus servus est.“ Cuncti rident. Subito Marcus clamat: „Fortasse Henricus dormit!“ Magistra: „Tacete, nolite ridere!“ Discipuli autem non tacent, sed rident et rident et rident . . . Magistra gemit et dicit: „Non audiunt discipuli, numquam parent!“

Lektion 3

A Der Aufbruch

Ein strahlender Septembermorgen liegt über Latium. Von der Höhe der Albaner Berge kann man weit über die römische Campagna sehen. In der Ferne, verborgen im Dunst, liegt Rom; bis dorthin sind es etwa 16 Meilen (ca. 24 km).

Vor der *villa* stehen drei Fahrzeuge zur Abfahrt bereit: zwei offene Reisewagen für die Kinder, ihre Mutter und die Sklaven, und dahinter ein hochrädriger Gepäckwagen. Seine Ladefläche wird von einem Verdeck überspannt. Er ist größer, stabiler und auch schwerer als die Reisewagen, und die beiden vorgespannten Maultiere werden ihre ganze Kraft brauchen, um ihn von der Stelle zu bewegen. Er bildet den Schluß der Kolonne, weil er viel langsamer ist. Die Reisewagen können auf guten Straßen eine Geschwindigkeit von bis zu 12 Stundenkilometern erreichen.

Wagenfahrt. Reliefbild auf dem Sarkophag (Sarg) eines Kindes. Marmor; Rom, Nationalmuseum.

Volcatilla iam diu in curru sedet et clamat: „Ubi est Gaius?“ Frater non venit; neque soror revenit. Volcatilla gemit. Nec soror nec mater reveniunt. Sed quis subito e stabulo venit? Quem Volcatilla videt? Volcatilla Gaium fratrem et Volcatiam sororem et Serviliam matrem videt. Fratrem salutat et exclamat: „Veni tandem, Gai, et cito currum ascende! Romam eamus! Propera!“

Tandem cuncti adsunt. Servilia domina servos et servas vocat et dicit: „Hora adest! Properate, servi! Suscipite labores! Nolite cessare!“ Tum etiam Servilia currum ascendit. Iam exclamat: „Incitate mulos, Dave et Urse! Nam hora adest.“ Etiam Volcatilla clamat: „Cito, cito, Dave, incita mulos!“ Cuncti rident. Servi mulos incitant, muli trahunt tres currus.

Puellae valde gaudent, Volcatilla cantum canit (Volcatilla semper cantus canit, nam cantus puellas valde delectant):

Cunci Volcatillam laudant et canere incipiunt:

„Nunc gaudete cuncti
et spectate mulos!
Romam eamus!
Cito, cito, cito!“

Etiam servi canunt:

„Surgite, amici!
Currite, o muli!
Romam eamus!
Cito, cito, cito!“

Cantus cunctos delectat, sed Gaius non gaudet nec canit; Gaius dolet et respectat. Ibi villam rusticam videt – et Argulum catulum; valde gemit et dicit: „Vale, Argule! Vale, villa rustica! Valete, feriae!“

Volcatia fratrem irridet et canit:

„O frater Gai!
Noli lacrimare!
Incipit nunc schola.
Cito, cito, cito!“

Sed mater puellam reprehendit: „Tace, Volcatia, noli irridere fratrem! Gaius catulum valde amat. Itaque dolet.“

B Gaius hat einen Traum

Liberi canunt et gaudent, sed Gaius tacet; tandem dormire incipit. . . .

Videt et amicos et magistrum. Cuncti tacent et scribunt, subito Marcus clamat: „Ecce, catulus intrat!“ Et profecto: Ibi est Argulus, valde gaudet, caudam movet, Gaium salutat. Gaius gaudet, ceteri discipuli clamant: „Argulus adest, Gaium valde amat, itaque venit.“

Cuncti discipuli surgunt, currunt, rident, catulum incitant: „Veni, Argule, magistrum saluta!“ Magister: „Cede, catule, noli turbare discipulos!“ Gaius clamat: „Noli reprehendere Argulum, magister. Veni, Argule!“ Cuncti pueri magistrum reprehendunt, laudant Argulum. . . .

„Gai! Gai! Noli dormire!“ Gaius oculos aperit, matrem et sorores videt, interrogat: „Ubi est Argulus?“ Volcatia ridet et dicit: „Argulus in stabulo est, non adest.“

Lektion 4

A Unterwegs

Zunächst fahren die Wagen über einen Feldweg mit tief eingeschliffenen Fahrrinnen, zwischen denen hohes Gras wächst. Nach einer Weile erreichen sie die Ortsdurchfahrt von Tusculum, die als *Via Tusculana* weiter nach Rom führt. Hier herrscht reger Verkehr. Sie überholen Bauern mit Ochsenkarren, die Wagen reisender Händler und Sänften, in denen vornehme Römer und Römerinnen sitzen. Die Straße ist durchgehend mit großen Platten belegt; das Geräusch der Hufe und der mit Eisenringen bespannten Wagenräder wird laut und unangenehm. Alle werden tüchtig durchgeschüttelt; auch die aufwendige Aufhängung der Wagenkästen – das Neueste an Komfort – kann die Stöße nur wenig mildern.

Davus Ursusque gemunt, nam via longa non solum mulos, sed etiam servos fatigat. Etiam matrem liberosque via non delectat, nam labores magni sunt. Dies longus cunctos fatigat; itaque requiescere cupiunt.

Tandem in silvam veniunt. Ibi arbores altae sunt. Muli currum sub arbores trahunt; nunc cuncti gaudent, nam umbra totam familiam delectat. Muli cibum accipiunt. Dominam quoque et liberos et servos cibus bonus delectat. Nam cibus res bona est, labor res mala. Tota familia cibum bonum amat. Tum requiescunt.

Quid agunt liberi? Liberi per silvam currunt; Volcatia et Volcatilla Gaium fratrem capere temptant, sed puer semper ad arbores fugit. Tandem puellae Gaium capiunt. Cuncti rident et laeti sunt.

B Während der Rast

Etiam servi laeti sunt. Ursus Davum amicum irridet et cantum canit:

„Davus est malus,
fugit laborem,
vexat amicum
et canit cantum
per totum diem et . . . amat puellam.“

Davus non gaudet, sed Gaius et Volcatilla valde rident. Volcatia cantum non laudat, sed Ursum ita reprehendit: „Tace, Urse! Noli irridere Davum! Davus servus bonus est. Audi!“

Et Volcatia alium cantum canit:

„Davus est bonus,
amat labores,
amat amicos
et canit cantus
per cunctos dies et . . . amat puellas.“

Nunc cuncti gaudent, etiam Davus ridet et canere incipit:

„Nolite ridere!
Non placent labores,
sed – placent amici
et cantus laeti
et dies laeti et . . . laetae puellae!“

F Alle Wege führen nach Rom

Dies ist ein kleiner Ausschnitt aus der *Tabula Peutingeriana.* Sie ist eine mittelalterliche Kopie einer spätantiken Straßenkarte des Römischen Reiches; den Namen hat sie von dem Augsburger Stadtschreiber Konrad Peutinger, der um 1500 ihr Besitzer war. Auf einer 6.75 m langen und 34 cm breiten Pergamentrolle zeigt sie die gesamte damals bekannte Welt, von Britannien im Westen bis Indien und Ceylon im Osten. Sie ist nicht maßstabgetreu und ohne klare Orientierung an den Himmelsrichtungen gezeichnet, enthält aber exakte Entfernungsangaben bei den eingetragenen Straßen und viele wichtige Informationen für den Reisenden: Sehenswürdigkeiten und Unterkunftsmöglichkeiten in größeren Orten, aber auch die Beschaffenheit der Landschaften (der Schwarzwald z. B. ist durch eingezeichnete Bäume veranschaulicht).

Rom steht klar im Mittelpunkt. Der Zeichner hat die Hauptstadt, dargestellt durch die Göttin Roma, in einen Kreisring gesetzt, in den zwölf große Straßen aus allen Richtungen münden.

Tabula Peutingeriana (Detail). Wien, Nationalbibliothek.

Lektion 5

A Fahrt durch Latium

Iam muli currum per magnam planitiem trahunt. Liberi gaudent, nam iuxta viam villas rusticas et silvas parvas et arbores magnas et multas alias res vident. Subito Volcatilla clamat: „Equum video! Quam cito currit!“ Sed Volcatia et Gaius rident et respondent: „Iam diu multos equos et asinos videmus.“ Volcatilla interrogat: „Ubi asinos vides, Gai? Ubi asinos videtis? Ego non video.“ Tum ad matrem: „Videsne tu asinum, mater?“

Mater liberos spectat et ridet: „Ego tres parvos asinos video; sed ecce aquaeductus magnus. Videtisne altos arcus?“ Tum Volcatilla: „Quid est aquaeductus? Cur arcus tam alti sunt?“ Gaius rursus ridere incipit, Volcatia autem fratrem reprehendit. „Cur“, inquit, „parvam sororem semper irrides? Tandem desine ridere! Tu, Gai, puer magnus es et ego sum puella magna. Nos iam multas res scimus, sed Volcatilla puella parva est, multas res nondum scit. Itaque te interrogat; cur non respondes? Quid est aquaeductus? Nonne scis? Ego quoque scire cupio. Num etiam me irrides?“

Gaius respondet: „Ego scio. Vos autem puellae stultae estis. Sed audite et attentae este, nam incipio: Nos Romani aquam bonam valde amamus – non solum bonam, sed etiam multam aquam. Itaque multi aquaeductus aquam per planitiem Romam ducunt. Per aquaeductus semper aqua currit . . .“

Wasser für Rom

Mit dem Anwachsen der Stadt war der Bedarf an Frischwasser ständig gestiegen. Man brauchte es nicht nur zum Trinken, Kochen und Waschen, sondern auch in immer größeren Mengen in den Walkereien, Gerbereien, Töpfereien, in den Restaurants und in den privaten und öffentlichen Bädern. Da das Wasser des Tiber schon damals stark verschmutzt war, hatte die Stadtregierung bereits früh mit dem Bau eines Fernwasserleitungsnetzes begonnen. Wie heute ging es dabei um beides: Versorgung mit Frischwasser und Entsorgung des Schmutzwassers. Die gleiche Menge, die mit aufwendigen technischen Mitteln an die Entnahmestellen gebracht wurde, mußte nicht weniger aufwendig als Abwasser beseitigt werden.

Schon im Jahre 312 v. Chr. gab Appius Claudius Caecus, der damals in Rom das Amt des Zensors bekleidete, die Errichtung eines großen Aquäduktes in Auftrag; einige Jahre vorher hatte er schon die nach ihm benannte *Via Appia*, die erste Fernstraße Roms, bauen lassen. In den nächsten Jahrzehnten und Jahrhunderten folgten weitere Fernwasserleitungen. Man zapfte die klaren Quellen und Bäche der im Süden und Osten gelegenen Gebirge an. Zur Reinhaltung des Wassers wurden die Kanäle mit Platten abgedeckt. Sie wurden so durch das Gelände geführt, daß der Wasserfluß von der Quelle bis zum Endpunkt gleichmäßig fiel; Talsenken und Ebenen wurden mit brückenartigen Konstruktionen überspannt.

Lange Abschnitte der Aquädukte haben sich nicht nur in der Umgebung Roms erhalten; auch mitten in der modernen Stadt stößt man an vielen Stellen auf die hohen Bögen, über die der Wasserkanal geführt wurde, so z. B. im Osten, wo die Aqua Claudia genannte Wasserleitung teilweise noch steht. Unter dieser mußte man hindurch, wenn man auf der *Via Tusculana* ins Zentrum fuhr.

In der Stadt zweigten Leitungen aus Blei und Ton von großen Verteilerstationen ab, deren Betrieb und Wartung in der Zeit der Republik an private Unternehmer verpachtet wurden.

Unter Kaiser Augustus entstand dann die städtische Behörde des *curator aquarum* mit ca. 700 Beschäftigten, die auch die Fernwasserleitungen ständig zu überprüfen und gegebenenfalls zu reparieren hatten. Das Schmutzwasser floß in unterirdische Kanäle und wurde in den Tiber abgeleitet. Den Austritt des größten Abwasserkanals, der *cloaca maxima,* in der Nähe der Tiberinsel kann man heute noch sehen.

Laufbrunnen an einer Ladenstraße in Pompeji. Der Kopf einer weiblichen Gottheit ziert die Mündung des Rohres; als Zeichen für Fruchtbarkeit und Segen hat sie ein Füllhorn bei sich. Das Wasser floß aus ihrem Mund in den Trog.

Römischer Kanaldeckel mit dem Gesicht eines Wassergottes, durch dessen Öffnungen das Wasser in die Kanalisation abfloß. Er steht heute an der Kirche S. Maria in Cosmedin in Rom.

B Marcus und der „Musterschüler“

Magister Marcum interrogat: „Quis est Romulus? Quis est Remus?“ Marcus tacet, non respondet. Magister iterum: „Te interrogo, Marce. Nonne me audis? Cur non respondes? Cur numquam attentus es?“

Quintus *(übereifrig)*: „Ego scio, ego scio!“ Ceteri pueri rident et clamant: „Quintus cunctas res scit!“ Magister autem discipulos reprehendit. „Cur“, inquit, „ridetis et clamatis? Tacete tandem! Este attenti! Et tu, Quinte, tace! Te enim audire non cupio.“ Nunc Quintus tacet et litteras in tabula scribere incipit. Iuxta Quintum Sextus sedet, tabulam videt, ridere incipit.

Magister Sextum et Quintum reprehendit et interrogat: „Quid agitis? Quid scribis, Quinte? Monstra tabulam! Tabulam videre cupio.“ Magister legit: „Marcus asinus est.“ Tum clamat: „Stulti estis! Marcus autem asinus non est, nam asini laborant.“ Quintus: „Sed etiam asini laborem non amant.“ Magister ridet et interrogat: „Vos laborem amatis?“

Lektion 6

Monumente am Weg

Näherte man sich einer Stadt, so sah man am Straßenrand zahlreiche Gräber. Denn anders als in unseren Städten wurden die Verstorbenen immer außerhalb der Mauern bestattet – meist an den großen Ausfallstraßen. An bestimmten Festtagen versammelten sich die Familienmitglieder an den Gräbern, um ihrer Toten zu gedenken.

An den heute noch erhaltenen Monumenten können wir erkennen, daß die Menschen damals in besonderer Weise darum bemüht waren, ihre Grabstätten möglichst prächtig zu gestalten. Damit wollten sie nicht nur die Toten ehren, sondern auch Größe, Macht und Reichtum der Familie zur Schau stellen. Viele gaben bereits zu Lebzeiten genaue Anweisungen für die Anlage und Ausschmückung ihres eigenen Grabmals; so ließen sie etwa, um sich zu verewigen, an den Gräbern steinerne Porträtbilder von sich anbringen. Manche erinnerten auch mit Reliefdarstellungen oder durch die Form des Grabbaus an den Beruf, der sie zu Wohlstand gebracht hatte. Ärmere Leute konnten sich, wenn sie regelmäßig Beiträge in die Kasse eines Vereins einzahlten, einen bescheidenen Platz in einem Gemeinschaftsgrab sichern. Natürlich ließen sich die römischen Kaiser ganz besonders prächtige Monumente errichten; das berühmteste ist die heutige Engelsburg in Rom, in der Kaiser Hadrian bestattet war.

Familiengrabmal an der Via Statilia im Osten Roms. Die Reliefbilder der Verstorbenen sind an der Außenwand des Grabbaus angebracht und stellen eine Frau und zwei Männer der Familie dar; darunter stehen die Namen. Um 100–80 v. Chr.

Grabmal des Bäckers Eurysakes in Rom, bei der *Porta Praenestina* (heute: *Porta Maggiore*). Unter dem Dach des über 10 m hohen Baus ist ein Bilderfries angebracht, der die Arbeitsgänge in einer großen Bäckerei darstellt. Im Inneren des Grabmals stand die Aschenurne; sie hat die Gestalt eines Backtrogs. Die eigenartige Form des Monuments konnten die Archäologen jedoch noch nicht erklären. Vielleicht sind mit den Röhren Getreidemaße gemeint? Um 40–30 v. Chr.

A **Auf der Via Tusculana**

Post tres horas amici nostri iam prope Romam sunt. Muros et portas nondum vident, sed iam monumentum iuxta viam apparet.

Subito Volcatilla exclamat: „Mater, ecce aedificium. Quam parvum est! Multa aedificia iuxta viam video. Cuncta parva sunt. Videsne et tu?“ Mater respondet: „Video. Aedificia sunt sepulcra. Ante portas multa sepulcra sunt, hic mortui requiescunt. Alii populi mortuos suos intra muros sepeliunt, nos Romani mortuos nostros extra muros sepelimus.“

Gaius interrogat: „Nonne etiam avus noster, pater tuus, hic iacet?“ Mater: „Non solum pater meus, C. Servilius Caepio, sed multi Servilii, maiores mei et vestri, hic iacent. Ecce monumentum. Videtisne nomen nostrum?“ Gaius clamat: „Consistite, Dave et Urse, cupio videre nomen nostrum et alia nomina!“ Currus consistit. Gaius ad monumenta currit et litteras legere temptat: „HIC IACET M. SERVILIUS PULEX GEMINUS . . . Quam longa sunt nomina Romana!“ Subito exclamat: „Ecce nomen meum: C. VOLCATIUS TULLUS. Et ibi nomen tuum video: VOLCATIA.“

Sed Volcatia nomen suum legere non cupit. Volcatia alia monumenta spectat et legit: „TEMPUS FUGIT.“ Sed Gaius ridet et: „Te“, inquit, „vinco. Ego hic lego: TEMPORA FUGIUNT.“

Tandem liberi rursus currum ascendunt, servi mulos incitant; cito veniunt ad Portam Querquetulanam.

B Ankunft in Rom

Per portam intrant. Post muros multae res pulchrae apparent; iam forum vident. Subito Volcatilla exclamat: „Ecce magnum aedificium! Videtisne aedificium? Quis ibi habitat?“ Gaius sororem irridet et: „Nemo“, inquit, „ibi habitat, nam aedificium est templum.“ Tum Volcatilla: „Quid est templum, mater? Cur ibi nemo habitat?“

Mater respondet: „Hic vides multa templa, Volcatilla; dei et deae nostrae ibi habitant. Nomina sunt: Saturnus, Vesta, Concordia, Castor et Pollux. Tu autem, Gai, noli irridere sororem tuam!“ Etiam Capitolium mater monstrat. „Videtisne“, inquit, „templum magnum et pulchrum? Ibi tres dei habitant: Iuppiter et Iuno et Minerva.“

Lektion 7

Patron und Klient

Das Wort *cliens* bedeutet „Höriger, Schutzbefohlener". Die ersten Klienten waren nach Rom zugezogene Latiner, die in der Stadt als Bürger minderen Rechts *(plebeii)* lebten. Sie unterstellten sich einem möglichst einflußreichen *patronus*, dem sie verschiedene Dienstleistungen erbrachten. Im Lauf der Zeit entwickelten sich aus diesem Abhängigkeitsverhältnis vielfältige Bindungen und Verpflichtungen. Der Patron half seinen Klienten nicht nur in materieller Not, er unterstützte sie auch vor Gericht, sorgte bisweilen für eine vorteilhafte Verheiratung der Töchter und Söhne oder bezahlte einem besonders begabten jungen Mann die Ausbildung. Bei lebensbedrohenden Krankheiten schickte er der Familie eines Klienten wohl auch einmal seinen Hausarzt, denn gute medizinische Versorgung war teuer.

Als Gegenleistung konnte der Patron auf die absolute Treue seiner Klienten zählen, besonders, wenn es darum ging, vor einer wichtigen Wahl für ihn Stimmen zu sammeln. Dann rührten die Klienten in ihrem Viertel die Werbetrommel für ihren Patron und begleiteten ihn bei seinen öffentlichen Auftritten. Und je größer ihre Zahl war, umso bedeutender war sein Ansehen in der Öffentlichkeit.

So ist es für die Klienten der Volcatier eine Selbstverständlichkeit, ihren Patron gleich nach seiner Rückkehr in die Stadt in seinem Haus auf dem Palatin, in der Nähe des Tempels der Magna Mater, aufzusuchen.

A Am Morgen nach der Ankunft in Rom

Lucius Volcatius Tullus dominus iam ante diem surgit; Davum servum vocat. „Aperi ianuam, Dave", inquit, „et viam observa; nam hodie multos salutatores exspecto. Post ferias clientes me salutare cupiunt." Davus paret, per atrium et vestibulum properat, ianuam aperit, viam observat. Prope ianuam Gaium Pullonem clientem videt. Pullo cottidie ad patronum venire solet. Davus Pullonem salutat. Tum nonnullos alios clientes venire videt.

Statim ad dominum recurrit. Volcatius interrogat: „Clientesne iam adsunt?" Servus respondet: „Unus iam adest." „Unus? Nemo alius?" Tum Davus alios quoque clientes venire dicit. Volcatius Davum salutatores salutare et recipere et in atrium ducere iubet. Davus cunctos salutatores in atrium intrare iubet. Tum ad Ursum servum: „Propera ad dominum", inquit, „et nuntia Titum Asinium et Marcum Trebonium et Gaium Pullonem et alios tres clientes hic sedere et patronum exspectare . . ."

Blick in das Atrium des sogenannten „Pompejanum" in Aschaffenburg, das der Bayernkönig Ludwig I. Mitte des 19. Jahrhunderts nach dem Vorbild eines Hauses in Pompeji errichten ließ.

B Lucius Volcatius Tullus empfängt seine Klienten

Sed dominus iam in atrium descendit. Volcatius clientes salutat: „Salvete, amici! Gaudeo vos adesse, spero vos cunctos salvos esse." Clientes quoque patronum salutant. Primus dicere incipit: „Nos quoque gaudemus te post ferias laetum salvumque esse, sed bene scis, patrone, magnos labores nos miseros vexare. Itaque auxilium tuum petimus. Scimus enim te nos semper adiuvare." Volcatius respondet: „Ego patronus vester sum. Itaque vos adiuvare non solum cupio, sed etiam debeo. Dicite curas vestras!"

Tum alius cliens: „Filium meum in scholam ire cupio. Sed pecuniam necessariam non habeo. Adiuva me!" Tertius cliens equum suum aegrum esse dicit; itaque pecuniam petit. Diu patronus cunctas curas audit. Tum dicit: „Bene scitis me vos adiuvare numquam dubitare."

Die Kleidung der Römer

Da die Familie nun in der Stadt wieder am öffentlichen Leben teilnimmt, tragen Vater, Mutter und Kinder zu bestimmten Anlässen auch die traditionellen Kleider; denn so gehörte es sich für freigeborene römische Bürger.

Die Männer, Knaben und Mädchen trugen über der *tunica*, dem Unterkleid aus leichtem Material, die *toga* aus Wolle; sie bestand aus einem großen, halbrund geschnittenen Stück Stoff, das meist so um den Körper gelegt wurde, daß ein Arm frei blieb. Das Kleid der erwachsenen Frauen war die über der Tunika getragene *stola*. Sie war in der Regel rot, hatte keine Ärmel und wurde mit Spangen oder Trägern über den Schultern gehalten. Mit der weiten, farbigen *palla*, die sie mehr oder weniger eng um den Körper schlang, konnte sich die Frau zusätzlich warm halten.

Die *toga virilis* trägt der Vater, wenn er Gäste empfängt. Dieses Kleidungsstück legten die Knaben zum ersten Mal im Alter von etwa 14 Jahren in einer feierlichen Zeremonie an; von da an galten sie nicht mehr als Kinder. Lucius, der älteste Sohn der Volcatier, hat die *toga virilis* erst vor kurzem erhalten: Nun ist er genauso gekleidet wie sein Vater.

Die berühmte Bronzestatue eines Politikers und Redners zeigt ein Beispiel für das römische Männergewand, die *toga virilis*. Florenz, Archäologisches Museum.

7

Bronzene Statue eines Knaben, der die *toga praetexta*, die Kindertoga, mit dem roten Streifen am Saum anhat. Den Streifen können wir hier nicht mehr erkennen, dafür wird die Art, wie die Toga getragen wurde, besonders deutlich. Am Hals des Jungen hängt eine Kapsel, die *bulla*, die ein schützendes Amulett enthielt. Auch Mädchen hatten solche *bullae.* Paris, Louvre.

Der 9jährige Gaius trägt noch diese Kindertoga.

Paulla, das kleine Mädchen vom Grabmal der Familie der Poblicier in Köln, hat auch eine solche *toga praetexta* an. Darunter schaut das lange, faltenreiche Untergewand hervor. Kalkstein; Köln, Römisch-Germanisches Museum.

Die Mädchen legten die *toga praetexta* erst ab, wenn sie heirateten. Wir müssen uns also vorstellen, daß Volcatia und ihre kleine Schwester noch Kindertogen haben.

Statuengruppe einer Frau mit ihrem Töchterchen; dieses ist mit der *toga praetexta* bekleidet, seine Mutter mit der *stola*, dem Übergewand der Frau, und der *palla*, dem Mantel. Marmor; Rom, Kapitolinische Museen.

Statue einer römischen *matrona*, einer verheirateten Frau. Ihr Untergewand hat geknöpfte Ärmel, darüber liegt die *stola* mit den Trägern, und darüber die *palla*. Marmor; München, Staatliche Antikensammlungen und Glyptothek.

So elegant war auch Servilia gekleidet, wenn sie außer Haus ging.

Lektion 8

Schule als Privatsache

Die Römer waren stolz auf erlangte Bildung und stellten dies gerne zur Schau. Wachstäfelchen, *stilus* und Pergamentrolle in den Händen des Paares auf einem Wandgemälde wollen zeigen: Wir sind gebildet und haben geistige Interessen. Aus Pompeji, 1. Jh. n. Chr. Neapel, Nationalmuseum.

In der römischen Republik kümmerte sich der Staat nicht um die Bereitstellung von Schulgebäuden, die Anstellung von Lehrern und die Kontrolle des Schulbetriebes; man kannte nämlich keine allgemeine Schulpflicht. Unterricht mußte privat organisiert und bezahlt werden. Er wurde von Hauslehrern oder in Privatschulen erteilt. Es gab drei Stufen: die Grundschule *(ludus litterarum)*, den Unterricht beim *grammaticus (schola)* und die Ausbildung in Rhetorik.

Der Schulraum für den Anfangsunterricht war in der Regel ein Ladenlokal *(taberna)*, z. B. am Forum Romanum. Ein Vorhang in der Tür schützte nur wenig gegen den Staub und Lärm der Straße. Den Lehrer *(magister ludi)* hörte man schon von weitem. Er saß auf einem Stuhl, die Schüler auf Holzschemeln um ihn herum. Sie schrieben auf hölzerne Täfelchen, die sie auf den Knien hielten, denn Tische waren nicht üblich. Einige dieser Täfelchen waren mit Scharnieren oder Kordeln jeweils zu einer Art „Heft" gebunden und meist mit Wachs beschichtet. Mit einem spitzen Stift aus Eisen oder Bronze *(stilus)* wurden die Buchstaben in die weiche Oberfläche geritzt. Wollte man das Geschriebene löschen, so drehte man den Stift um und strich mit seinem abgeflachten Ende das Wachs wieder glatt. Auf Täfelchen ohne Wachsschicht wurde mit einer Feder aus gespaltenem Schilfrohr und mit schwarzer Tinte – einer Mischung aus Essig, Ruß und Gummi Arabicum – geschrieben. Gelöscht wurde mit einem Schwamm. Papyrus verwendete man in der Schule kaum, weil er sehr teuer war.

Die Kleinen schrieben zuerst alle Buchstaben des ABC, dann Silben, Wörter und schließlich kleine Sätze. Manchmal erhielten sie als Belohnung süßes Gebäck in Form der eben erlernten Buchstaben zum Knabbern. Häufiger waren jedoch Strafarbeiten oder Prügel, so daß die

Wendung *manum ferulae subducere* – „die Hand unter der Peitsche wegziehen" – fast soviel bedeutete wie „zur Schule gehen". Der Unterricht begann nach Tagesanbruch und zog sich mit einer kurzen Mittagspause bis zum Nachmittag hin. Ein Sklave der Familie *(paedagogus)* brachte die Schüler zur Schule und holte sie auch wieder ab, denn der Gang der Sechs- bis Elfjährigen durch die von Menschen wimmelnde Innenstadt war nicht ungefährlich.

In der Literaturschule des *grammaticus* – meist ein Grieche – lernte man die wichtigste Fremdsprache, Griechisch, und las und erklärte die Werke griechischer Dichter und Historiker. Dabei wurden Fragen des Inhalts, der Grammatik und des Stils erörtert. Hinzu kamen Abhandlungen zur Geographie, Astronomie, Mythologie und Geschichte. Mathematik spielte keine große Rolle. Es mußte viel auswendig gelernt werden, und zum Abschluß eines Themas wurde jeweils ein Aufsatz geschrieben.

Mädchen gingen seltener zur Schule; Töchter aus bessergestellten römischen Familien erhielten in der Regel zu Hause Unterricht, in denselben Hauptfächern wie ihre Brüder. Von einer Dame der senatorischen Kreise wurde angemessene Bildung erwartet *(litteris Graecis et Latinis docta).* Sie war nämlich nicht nur für die Verwaltung eines großen Haushaltes verantwortlich, sondern sollte mitreden können, wenn es um neue Bücher, Dichterlesungen oder um philosophische Diskussionen ging. Auch war es Aufgabe der Mütter, die Schulerziehung der Kinder zu überwachen.

Während die Mädchen im allgemeinen mit 13 oder 14 Jahren verheiratet wurden und langsam in die Aufgaben einer *domina* hineinwuchsen, erhielten die jungen Römer den letzten Schliff in der Schule eines Lehrers der Beredsamkeit *(orator)*. Dort übten sie sich darin, wirkungsvoll zu argumentieren und überzeugende Reden zu halten. Das galt als die beste Vorbereitung für eine Karriere als Rechtsanwalt oder als Politiker.

Ein Junge steht vor seinem Lehrer und liest ihm aus einer Buchrolle vor. Der Sklave, ein Schwarzer, hat ihn zur Schule begleitet und trägt den Korb mit den Schulsachen. Im Hintergrund steht ein zweiter Schüler. Relief auf dem Sarkophag (Sarg) eines kleinen Jungen. Paris, Louvre.

Ein Mädchen schreibt mit dem *stilus* in sein aufgeklapptes Täfelchen. Die Frauen um die Kleine herum schauen ihr zu und zeigen Erstaunen darüber, was sie schon kann. Relief auf dem Sarkophag eines römischen Feldherrn; mit dem Mädchen ist vermutlich seine Tochter gemeint. Rom, Nationalmuseum.

A Auf dem Weg zur Schule

Post ferias pater familiae negotia sua suscipit; sed non solum negotia patris, sed etiam labores liberorum rursus incipiunt. Filii L. Volcatii hodie ad magistrum ire debent; Volcatia autem et Volcatilla filiae, quod puellae sunt, in scholam ire non debent. Cleon servus, quia puerorum paedagogus est, Lucium et Gaium ad magistrum ducere solet. Iam Davus nuntiat Cleonem pueros ad ianuam exspectare. Tum Cleon et pueri in forum descendere incipiunt. Ibi enim scholae fratrum sunt.

Cleon praecurrit, sed pueri cessant. Subito Lucius consilium callidum capit. Ante portam templi magni consistit. „Cur“, inquit, „iam in scholam ire debemus? Magistrum nos nunc exspectare non puto, quia hora nondum adest. Ecce templum pulchrum; scisne nomen templi?“ Statim Gaius quoque dicit: „Te propter scientiam magnam praeclarum esse scimus. Ibi aquaeductus est; scisne nomen aquaeductus?“ Cleon ridet et: „Ego“, inquit, „quamquam Graecus sum, nomina non solum cunctorum aquaeductuum, sed etiam cunctorum templorum et multarum aliarum rerum praeclararum scio.“ Cleon, quod tam multa scit, gaudet.

Pueri: „Si cunctas res tam bene scis, cur nos non ducis ad nonnulla aedificia?“ Cleon dubitat. Respondet: „Bene scitis nos viam relinquere non debere. Semper pater vester me reprehendit, cum cessamus. Itaque cito venite!“ Sed pueri: „Nisi nos statim ad nonnulla templa aut alia aedificia praeclara ducis, non credimus te cuncta scire.“ Paedagogus gemit. Quamquam imperia domini sui neglegere non solet, viam relinquit multaque aedificia monstrat.

B Beim Vestatempel auf dem Forum Romanum

Einige Tage später werden Gaius und Lucius auf ihrem Schulweg nicht nur vom Pädagogen Cleon, sondern auch von dem gallischen Sklaven Crixus begleitet. Crixus ist erst vor kurzem gekauft worden. Er ist etwa im selben Alter wie Lucius, spricht ein wenig Latein, kennt sich aber natürlich in der Stadt noch nicht aus und wird daher von Cleon mitgenommen.

Quod Crixus Gallus est et vias aedificiaque Romae ignorat, Lucius multas res monstrat. „Vide“, inquit, „aedificium rotundum! Quamquam tam parvum est, cuncti sciunt aedificium templum praeclarum esse. Est enim templum Vestae deae.“

Crixus: „Quis est Vesta?“ Lucius: „Vesta est dea flammae sacrae. Quia flamma res sacra et necessaria est, virgines Vestales in templo flammam custodiunt; numquam officium suum neglegere debent. Cum autem virgo Vestalis flammam neglegit, pontifex virginem non solum reprehendit, sed etiam punit. Quia Vesta dea feminarum est, viri templum Vestae numquam intrant.“

Blick auf den teilweise wieder aufgerichteten Tempel der Vesta auf dem Forum Romanum.

Prope templum Vestae aliud templum vident. Crixus interrogat: „Cuius templum ibi est?“ Lucius respondet: „Est templum Castoris et Pollucis. Castor et Pollux fratres sunt; equos et naves custodiunt, viatores adiuvant. Multi Romani, cum iurant, exclamant: ‚Edepol!‘ aut ‚Ecastor!‘ “

Lektion 9

A Auf Abwegen

Cleon paedagogus narrare non desinit. Digito singula aedificia urbis monstrat: „Videtis incolas urbem suam aedificiis praeclaris ornare. Deos non solum templis, sed etiam aris statuisque et multis aliis rebus colunt.“ Subito Gaius: „Desine tandem nos vexare et fatigare oratione longa; nunc non iam templa spectare, sed ad Tiberim flumen ire cupimus.“

Cleon, quamquam primo dubitat, tandem cum Lucio Gaioque de monte Palatino in Forum Boarium descendit, quia portum urbis Romae spectare cupiunt. Magna voce paedagogus Circum Maximum et aram Herculis monstrat. Prope aram consistit et de Hercule et Caco narrare incipit. Sed pueri non iam audiunt. Clam Gaius cum fratre paedagogum relinquit, magna cum celeritate ab ara Herculis ad portum currit. Subito Cleon pueros non iam adesse videt. Gemit, narrare desinit, sine pueris ad portum properat.

Quod cottidie multae naves per Tiberim flumen ad urbis portum adveniunt, ibi magnus tumultus est. Ad Forum Boarium non solum nautae navibus, sed etiam multi agricolae vehiculis equisque e villis rusticis conveniunt. Cuncti forum portumque clamore et tumultu complent.

B Der Gott Äskulap

Prope Forum Boarium insula parva est. In insulam cottidie multi incolae conveniunt, quod ibi templum et ara Aesculapii, dei medicinae, sunt. Aegri a deo auxilium petunt. Cum deum colunt, statuam coronis aliisque rebus pulchris ornant. Cur Romani Aesculapium, deum Graecum, ibi colunt? Audite fabulam de Aesculapio:

Den Heilgott Äskulap stellte man sich als älteren, bärtigen Mann vor, der Väterlichkeit und Güte ausstrahlt. Die Bilder zeigen ihn oft in Begleitung einer Schlange, die sich um den Stab windet, auf den er sich stützt. Die Marmorstatue wurde auf der Tiberinsel in Rom gefunden. Neapel, Nationalmuseum.

„Quia pestilentia multos incolas urbis vexat, legati Romanorum navibus Epidaurum petunt. Ibi statuam dei pulchram spectant. Subito serpens de statua descendit, templum relinquit, magna celeritate portum petit, tandem navem Romanam ascendit. Nautae, quia credunt serpentem deum esse, gaudent et cum serpente Romam reveniunt.

Prope insulam serpens subito navem relinquit, in aquam descendit, per flumen ad insulam natat. Quod deus urbem pestilentia liberat, Romani ibi templum praeclarum aedificant et Aesculapium deum colunt."

Blick von der heute *Ponte Fabricio* genannten Brücke zur Tiberinsel, der man in der Antike die Form eines riesigen Schiffs gegeben hatte. Wo die Häuser und die Kirche S. Bartolomeo zu sehen sind, muß das Heiligtum des Äskulap gelegen haben. Die Brücke steht seit dem Jahr 62 v. Chr. L. Fabricius, der damalige höchste Straßenbaubeamte *(curator viarum)*, hat ihren Bau veranlaßt. Er ließ auch die Inschrift auf dem Scheitel des Bogens anbringen. So wurde die Brücke zu seinem Denkmal.

Kult und Medizin waren im Äskulap-Tempel vereint: Heilungsuchende oder Geheilte brachten dem Gott Opfer dar oder auch Weihegaben, wie z.B. Nach- oder Abbildungen von Körperteilen. Noch heute sieht man an katholischen Wallfahrtsorten ähnliche, oft silberne Votivgaben. Es war den Kranken auch erlaubt, sich im Tempel zum Schlaf niederzulegen, damit der Gott ihnen durch einen Traum den Weg zur Heilung weise.

Im Umkreis des Heiligtums hatten sich Händler mit Arzneimitteln und Ärzte niedergelassen. Man konnte dort ambulante Hilfe suchen oder auch stationär behandelt werden. Heute noch befinden sich auf der Tiberinsel zwei große Krankenhäuser.

F Der Eid des Hippokrates

Ein Mädchen, das bei einem Verkehrsunfall schwerste Gehirnverletzungen erlitten hat, liegt seit Monaten bewußtlos auf der Intensivstation. Die Familie verlangt, daß die lebenserhaltenden Apparate endlich abgestellt werden. Die verantwortlichen Ärzte lehnen dies ab ... Ein Heroinsüchtiger bittet seinen Arzt vergeblich, ihm die Droge auf Rezept zu verschreiben ... In einer Klinik für psychisch Kranke erkundigt sich ein Mann nach dem Zustand seines Freundes. Es wird ihm jede Auskunft verweigert ...

In allen drei Beispielen spielt der ca. 2400 Jahre alte „Eid des Hippokrates" eine entscheidende Rolle, der dem Gelöbnis zugrunde liegt, das heute jeder Mediziner am Ende seiner Ausbildung ablegt.
Schon in der Antike wußte man wenig über die Person des großen griechischen Arztes Hippokrates. Sicher ist, daß er um 400 v. Chr. auf der Insel Kos eine Ärzteschule gründete, und als Wanderarzt in Griechenland zu großer Berühmtheit gelangte.

Hippokrates war der erste Arzt, von dem wir wissen, daß er aus genauer, systematischer und nüchterner Beobachtung aller Anzeichen einer Krankheit Schlüsse über ihren Verlauf zog (Prognose) und so die ärztliche Kunst von der bis dahin vorherrschenden Magie befreite.

Hier einige Ausschnitte aus dem „Eid des Hippokrates":

„Ich schwöre bei Apollon, Asklepios, Hygieia und allen Göttern und Göttinnen und rufe sie als Zeugen an, daß ich nach meinem besten Vermögen und Urteil diesen Eid und diese Verpflichtung erfüllen werde:

- Meine Verordnungen werde ich zum Nutzen der Kranken nach meinem besten Vermögen und Urteil treffen, vor Schädigung und Unrecht aber sie bewahren.
- Ich werden niemandem ein tödlich wirkendes Gift verabreichen, auch nicht, wenn man mich darum bittet, noch werde ich einen diesbezüglichen Rat erteilen; ebenso werde ich niemals einer Frau ein fruchtabtreibendes Zäpfchen geben.
- Rein und heilig werde ich mein Leben und meine Kunst bewahren.
- Über alles, was ich bei der Behandlung oder auch außerhalb der Behandlung sehe oder höre, werde ich, soweit man es nicht nach außen verbreiten darf, schweigen und solches als Geheimnis betrachten.

Wenn ich nun diesen Eid erfülle und nicht verletze, dann soll mir im Leben und in der Kunst Erfolg zuteil werden und Ruhm bei allen Menschen bis in ewige Zeiten; wenn ich ihn aber übertrete und meineidig werde, dann soll mich das Gegenteil davon treffen."

Lektion 10

A Am Hafen

Iam tertia hora diei incipit. Etiam nunc Lucius et Gaius nondum in scholam properant, sed cum Cleone paedagogo in Foro Boario sunt et portum observant. In portu multae naves sunt. Ecce, navis parva a mari in portum venit. Non solum frumentum, sed etiam animalia aliasque merces apportat. Nonnulli viri navem in ripa exspectant et totis viribus ad ripam trahunt. Nautae a magistro navis imperia accipiunt.

Hafenszene auf einem römischen Relief. Avignon, Musée Calvet.

Paedagogus dicit: „Ecce, pueri, merces nave apportantur, navis a viris trahitur et ad ripam movetur. Magister navis puppim altam ascendit. Nunc in puppi stat et magna voce nautas ad laborem incitat.

Nautae sub imperio magistri navis sunt. Magister navis frumentum a nautis e nave in ripam portari, animalia in forum agi, navem rursus aliis mercibus compleri iubet. Ita cottidie multae merces Romam importantur et in Foro Boario a mercatoribus accipiuntur; nunc, tempore autumni, imprimis frumentum importatur, aliae autem res nostra ex urbe exportantur.

Sed nunc, pueri, portum relinquere et properare debemus, quod schola tertia hora incipit. Puto vos iam diu a magistro exspectari." Gaius ridet et respondet: „Certe exspectamur, sed tu quoque exspectaris, quia a te in scholam duci debemus. Nonne scis imperia domini tui, patris nostri, a te neglegi?"

Tum etiam Lucius ridere incipit. Cleon: „Cur a vobis semper irrideor? Quam mali pueri estis! In tempore advenire debemus. Nam a magistro exspectamini. Itaque nos nunc currere necesse est. Num puniri cupitis? Aut quid in animo habetis?"

Handel und Schiffahrt

In dem Maß, in dem Rom seine Handelsbeziehungen allmählich auf Gebiete außerhalb Italiens ausdehnte, entwickelten sich auch Schiffbau und Schiffahrt. Nach der Eroberung und Zerstörung Karthagos, des einzigen ernsthaften Rivalen, im Jahre 146 v. Chr. wurde Rom nach und nach zur größten Seemacht im westlichen Mittelmeer. Der älteste römische Seehafen war Puteoli am Golf von Neapel. Später wurde er aber von Ostia, dem Seehafen Roms an der Tibermündung, an Größe und Bedeutung übertroffen.

Frachter von allen Küsten des Mittelmeeres, aus Alexandria, Massilia (heute: Marseille), Carthago Nova (heute: Cartagena), Piräus, Ephesus, Antiochia und anderen Städten, von griechischen Inseln wie Rhodos, Delos usw. löschten in Ostia ihre Ladung. Aus Gallien importierte man z. B. Hölzer, Blei, Töpfereiwaren, Felle und grobe Stoffe, aus Spanien Kupfer, Zinn, Pferde, auch Fischkonserven, aus Sizilien und Ägypten vor allem Getreide. Aus dem Nahen Osten kamen Gewürze, kosmetische Artikel, Grundstoffe für Arzneien, Kostbarkeiten wie Weihrauch, Perlen, Lapislazuli, Gold, Schildpatt, Purpur zum Färben von Gewändern und Narde zur Parfumherstellung. Die Handelsbeziehungen reichten bis nach Indien und China, wie die Importe von Musselinstoffen, dem blauen Farbstoff Indigo und von Seidengarnen beweisen.

In Ostia wurden die Waren auf flache Kähne umgeladen, die anschließend nach Rom getreidelt, d. h. den Tiber aufwärts gezogen wurden. Kleinere Schiffe konnten bis zum Forum Boarium geschleppt werden, größere nur bis zum römischen Binnenhafen westlich des Aventinhügels. Dort befanden sich die großen *horrea*, die Speicher, in denen die Handelsunternehmer ihre Güter zwischenlagerten, bevor sie sie an Groß- und Einzelhändler verkauften. Ganz ähnliche Riesenspeicher mit Rohstoffen und Waren aus aller Herren Länder findet man noch heute z. B. im Hamburger Freihafen.

Übrigens kannten die Römer keine ausgesprochenen Passagierschiffe. Reisende mußten versuchen, sich einen Platz auf einem Frachter zu verschaffen. Die Reisegeschwindigkeit hing vom Wind, der Strömung und vom Tiefgang der Schiffe ab. Gute Handelsschiffe legten bis zu 4 Seemeilen in der Stunde zurück. Sie waren bis zu 40 m lang und bis zu 14 m breit und konnten etwa hundert Tonnen Fracht befördern. Vom Beginn der Herbststürme bis zum Frühlingsanfang ruhte die Schiffahrt auf dem Mittelmeer.

B Europa

Dum pueri in schola sunt, puellae cum matre et serva Graeca in atrio sedent. Volcatia ad citharam canit. Volcatilla autem tabulas pictas spectat. Non solum animalibus alienis, sed etiam figuris humanis delectatur. Subito digito figuram puellae monstrat: „Ecce, Charis, puella pulchra in tauro sedet. Cur a tauro portatur?“

Charis ridet et tabulas explicare incipit: „Hic Europa, filia regis Phoenicum, in litore maris cum amicis ludit. Iuppiter puellam videt et amore capitur. Certe scitis saepe puellas a deis amari. Deus in taurum pulchrum mutatur et cum puellis ludit. Puellae animal non timent, Europa taurum etiam ascendit. Subito autem taurus in mare currit et totis viribus natare incipit. Magna voce puella misera clamat et ab amicis auxilium petit: ‚Adiuvate me, rapior, vi abducor!‘ Per mare ab Asia in insulam Cretam portatur. Ibi taurus rursus in deum mutatur. ‚Noli timere‘, dicit, ‚a deo amaris.‘“

„Ah, nunc scio“, Volcatia exclamat. „Itaque Europa Europa vocatur.“

Europa und der Stier werden von dem geflügelten Liebesgott Amor begleitet. Die anderen Götter schauen der Szene von oben zu, während die Meereswesen höchst erstaunt sind beim Anblick dessen, was da durch das Wasser schwimmt. So sah der griechische Vasenmaler Asteas im 4. Jh. v. Chr. die Entführung der Europa. Malibu, Getty Museum.

Lektion 11

A Endlich angekommen!

Diu pueri a Cleone paedagogo monentur, tandem parent magnaque cum celeritate foro appropinquant. In via paedagogus fratribus bona consilia dat, pueros admonet: „Semper parete admonitionibus magistrorum, nolite tumultum facere, respondete magistris vestris, cum vos interrogant."

Lucius quoque fratri consilia dat: „Etiam si nonnulla tibi non placent in schola, noli admonitioni magistri tui resistere! Noli magistrum irridere, etsi stulta dicit!" Sed Cleon Lucium reprehendit et: „Nonne scis", inquit, „magistros numquam stulta dicere?"

Pueri, quamquam properant, sero ad grammatici domum adveniunt. Ibi Lucius relinquitur, Gaius autem a Cleone alium in locum ducitur, quia ludus litterarum in alia domo est. Lucius domui grammatici appropinquat. E domo voces discipulorum audiuntur. Lucius etiam vocem Eurysthenis audit et dubitat, tum portam aperit, intrat. In domo multi discipuli sedent.

Zwei Knaben haben Unterricht bei einem Lehrer, der sehr weise aussieht. Römisches Relief. Trier, Landesmuseum.

Lucius magistrum salutat. Magister: „Cur sero venis, Luci? Dic mihi causam!" Lucius Eurystheni respondet: „Da mihi veniam, magister! Sero enim venio, quod paedagogus noster semper me tardat." Eurysthenes ridet et: „Semper tibi", inquit, „bonae causae sunt. Conside!"

Quod hodie primus scholae dies est, magister discipulos interrogat: „Quis vestrum res scholae necessarias nondum habet? Cui stilus aut cera non est?“ Nonnulli pueri manus tollunt. Lucius autem cunctas res habet. Itaque manum suam non tollit. Tum magister discipulis multa consilia dat: „Semper operam date litteris Graecorum! Carmina poetarum Graecorum nobis non solum gaudio, sed etiam usui sunt, imprimis Homerus poeta vobis magnae curae esse debet. Nam“ – hic Eurysthenes digitum tollit – „non scholae, sed vitae discimus.“

Deinde Eurysthenes multa de rebus Graecis narrare incipit. Narrat de Herculis laboribus viribusque magnis, de bello Troiano, de erroribus Ulixis. Tum carmina poetarum Graecorum magna voce canit, dicit de templis deorum et aliis aedificiis monumentisque praeclaris Graecorum. Tandem ad tempora Alexandri Magni venit et non desinit cuncta de imperio Alexandri narrare, dum nonnulli puerorum iam dormiunt.

B Der arme Poet

Aulus poeta Sexto suo salutem dicit.

Spero te valere. Ego autem non valeo, nam variis curis vexor. Scis me in domo antiqua habitare. Status domus mihi non placet. Ruinam enim timeo, quia dominus domum renovari non iubet.

Litteris et carminibus virum ita admoneo: „Domus tuae tibi usui sunt, incolas autem domorum tuarum tibi curae non esse puto. Quamquam tibi magna pecunia est, domum renovari non iubes.“ Sed homo malus cunctis admonitionibus resistit et me irridet.

Mihi autem etiam aliae curae sunt. Quod in domo mea ludus litterarum est, iam mane multi discipuli domui appropinquant. Et bene scis: Cum discipuli in scholam veniunt, semper clamant, rident, tumultum faciunt. Sed etiam magister magna voce alios admonet, alios reprehendit. Nonnumquam pueros sua manu etiam punit. Tum miseros clamare audio: „Da mihi veniam! Vae mihi misero!“ Etiam ego manus ad caelum tollo et exclamo: „Parce mihi, magister! Parce poetae!“

Wohnen im antiken Rom

So wie dem „armen Poeten“ ging es in Rom sehr vielen Menschen. Man muß schon die Wohnverhältnisse in den Slums moderner Millionenstädte zum Vergleich nehmen, wenn man sich eine Vorstellung davon machen will, wie die ärmeren Schichten in der antiken Großstadt lebten. Auf engstem Raum waren in der Innenstadt Zigtausende zusammengepfercht.

Im Lauf des 2. Jahrhunderts v. Chr. hatte die Bevölkerung Roms ständig zugenommen, so daß der zur Verfügung stehende Baugrund immer knapper wurde. Man begann, regelrechte

Mietskasernen *(insulae)* zu errichten, die bis zu fünf Stockwerke hoch waren. Die Mieten stiegen unaufhaltsam; das hatte zur Folge, daß in einem Zimmer manchmal bis zu zehn Personen leben mußten. Besonders menschenunwürdig hauste man *sub tegulis*, „unter den Dachziegeln", in den Kellern und in den *tabernae*, den Ladenlokalen, die nicht nur gewerblichen Zwecken, sondern auch als Unterkunft dienten. In den Obergeschossen war es im Winter kalt und zugig, im Sommer unerträglich heiß; ganz unten war es immer feucht und im Sommer dazu noch stickig. In diesen Häusern gab es oft keine Toiletten; die Bewohner mußten Nachttöpfe und die öffentlichen Latrinen benutzen. Wohnungen, die einen Anschluß an das Abwassernetz hatten, waren erheblich teurer.

Da es vielen Hausbesitzern nur um den Profit ging, wurde häufig die Bauqualität vernachlässigt. Die Stützpfeiler waren schwach, die Mauern nicht solide. Das führte zu Rissen in den Wänden; es passierte sogar, daß ganze Häuser einstürzten. Dazu kam die Brandgefahr. Brandmauern fehlten, so daß ein Feuer schnell auf andere Gebäude übergreifen konnte. Im Laufe der Jahrhunderte brachen immer wieder katastrophale Großbrände aus, die ganze Stadtviertel in Schutt und Asche legten; der bekannteste ist der Brand Roms im Jahre 64 n. Chr.

Nur wenige Straßen hatten Namen; Hausnummern gab es nicht. Ein Fremder mußte sich eben durchfragen. Nach Sonnenuntergang herrschte zwischen den Mauern der Häuser völlige Dunkelheit. Wer nachts unterwegs war, brauchte Fackeln oder Laternen. Am besten war es, wenn man sich einen Sklaven als Begleitung leisten konnte. Er trug nicht nur die Laterne, sondern sorgte auch für eine gewisse Sicherheit. Allein war man in der dunklen Stadt nämlich ständig in Gefahr, ausgeraubt und dabei verletzt oder gar getötet zu werden.

Wer nach Sonnenuntergang noch Licht brauchte, stellte sich eine Öllampe auf. Kerzen waren teuer. Meist ging man mit Einbruch der Dunkelheit zu Bett und stand bei Sonnenaufgang auf. Wagen fuhren aber auch nachts. Sobald es hell wurde, waren die Straßen der Innenstadt erfüllt von unbeschreiblichem Lärm und Gedränge. Daran waren alle Römer gewöhnt; auch unser Lehrer Eurysthenes läßt sich dadurch nicht aus der Ruhe bringen.

Es gab aber auch Mietshäuser, in denen man recht nobel lebte. Die Wohnungen darin waren sehr groß, die Räume hoch; in den Innenhöfen befanden sich Gärten mit Statuen und Wasserbecken. Die modernen römischen Mietshäuser, die man *palazzi* nennt, sind diesen antiken Wohnblocks oft sehr ähnlich. Rekonstruktionszeichnung von I. Gismondi, die auf einer in Ostia ausgegrabenen *insula* beruht.

Lektion 12

A Romulus und Remus

Post nonnullos dies discipuli rursus ad Eurysthenem magistrum veniunt et dicunt: „Multa iam de Graecorum antiquorum rebus audivimus. Cunctos labores Herculis nobis narravisti, toto bello Troiano nos fatigavisti, erroribus Ulixis animos nostros complevisti. Quis nostrum non audivit a te carmina antiqua Homeri? Sed de temporibus antiquis nostrae urbis discipuli tui non multum audiverunt."

Eurysthenes ridet et respondet: „Ego Graecus sum, itaque tam multa de rebus antiquis Graecorum vobis narravi. Sed bene me monuistis. Nunc audite de origine urbis Romae et de Romulo Remoque:

Nostris temporibus in urbe Roma multi homines habitant, antiquis temporibus in monte Palatino solum pauci pastores agricolaeque habitaverunt. Neque enim urbs Roma neque Romani fuerunt.

Aliquando nonnulli viri casae Faustuli, ducis pastorum, magno cum clamore appropinquaverunt. Iam procul Faustulus voces hominum audivit, casam reliquit, pastoribus obviam venit. Viri in manibus corbem habuerunt. Clamaverunt: ‚Specta, Faustule!'

Primo Faustulus tantum voces parvas audivit, tum corbem aperuit, in corbe duos parvos pueros vidit. Pastores interrogavit: ‚Ubi pueros invenistis?' Unus ex pastoribus narravit: ‚Ego pueros inveni. Hodie enim, prima hora diei, flumini Tiberi appropinquavi, voces audivi, corbem vidi. In corbe duo pueri iacuerunt. Prope ripam lupa magna sedit, me vidit, fugit. Puto lupam ad corbem sedisse et pueros custodivisse et aluisse.'

‚Et quid tum fecisti?' ‚Statim amicos meos advocavi; consilium de duobus pueris habuimus, nobis placuit pueros ad te portare. Nam scimus te virum magnae virtutis esse. Nunc adsumus et tibi uxorique tuae pueros credimus.'

Faustulus ad pastores: ‚Vos laudo', inquit, ‚bene fecistis.' Ambos pueros in casam suam recepit et cum Acca Larentia, uxore sua, aluit et erudivit. Alterum Romulum, alterum Remum nominaverunt. Auctores tradunt fratres postea viros magna virtute magnisque viribus fuisse."

Faustulus findet die Zwillinge bei der Wölfin; auch so erzählte man die Sage. Römisches Relief aus Ton, 1. Jh. v. Chr.; Berlin, Antikensammlung.

Das Wahrzeichen Roms: die Kapitolinische Wölfin. Die lebensgroße Plastik aus Bronze ist ein etruskisches Werk vom Ende des 6. Jh. v. Chr. Die Zwillinge sind nicht antik. Rom, Kapitolinische Museen.

B Rhea Silvia

Temporibus antiquis Numitor, vir magna virtute, rex Albae Longae fuit. Sed Amulius, frater Numitoris, quod regnum petivit, fratrem ex urbe fugavit. Rheam autem Silviam, filiam Numitoris, in templo Vestae servire et sine viro liberisque vitam agere coegit.

Aliquando Rhea, quia aquam haurire debuit, templum reliquit. Prope ripam consedit et gemuit et: „O dei“, inquit, „quam misera est vita mea!“ Subito vir ignotus puellae appropinquavit et interrogavit: „Cur tu, Rhea Silvia, quamquam filia regis es, in silva aquam hauris? Cur gemis?“

Tum Rhea viro alieno de Amulio narravit. Tandem interrogavit: „Quis es? Numquam te vidi. Cur nomen meum tibi est notum? Quam pulcher es! Esne deus? Quid petis a me?“

Postea Amulius audivit Rheam duos filios habere. Auctores antiqui tradunt patrem liberorum Martem deum fuisse. Rex autem malus servos advocavit et: „Rheam Silviam“, inquit, „cum liberis suis occidi cupio.“ Tum imperavit: „Liberos ad Tiberim portate et ibi relinquite, matrem autem abducite et in aquam mergite!“ Servi pueros in corbe posuerunt, ad Tiberim flumen portaverunt, in ripa exposuerunt. Postea lupa ambos pueros invenit et aluit. Rheam autem Silviam magna unda cepit et rapuit. Nonnulli narrant Tiberinum, deum fluminis, in aqua apparuisse et Rheam e manibus servorum eripuisse.

Lektion 13

Roms Anfänge

Im Lauf des zweiten Jahrtausends v. Chr. drangen in mehreren Wellen Völkerschaften aus Mittel- und Osteuropa nach Süden vor und verteilten sich über ganz Griechenland und Italien.

Die Latiner waren ein kleines Bauern- und Hirtenvolk, und Latium, wo sie sich niederließen, war nur ein schmaler Landstreifen, ungefähr 25 km breit, zwischen den Pontinischen Sümpfen, dem Tiber und den Bergen. Aber die eine Siedlung, aus der dann später Rom wurde, lag am Tiber an einer uralten Handelsstraße, welche die im Norden ansässigen Etrusker mit den griechischen Kolonien im Süden Italiens verband. Das Gebiet nördlich von Latium trägt noch heute ihren Namen: „Toscana" von lateinisch *Tusci* – Etrusker. Der wirtschaftliche und kulturelle Austausch zwischen den Latinern und diesen beiden hochzivilisierten Handelsvölkern wurde bald die Grundlage für den Aufstieg Roms.

In der Sage jedoch beginnt die Geschichte der Stadt mit Romulus und Remus, von denen Eurysthenes jetzt erzählt:

A Die Gründung Roms

„Romulo Remoque placuit urbem novam condere, sed de imperio fratribus controversia fuit magna. Itaque responsum deorum petiverunt. Alter montem Palatinum ascendit, alter montem Aventinum. Traditum est fratres in montibus consedisse et diu responsa deorum exspectavisse. Tandem dei responsa dederunt: Fratribus aves apparuerunt. Romulo dei duodecim aves miserunt, Remo autem sex tantum aves missae sunt. Sic Romulo a deis imperium traditum est. Remus autem invidia completus est.

Romulus pastores agricolasque convenire iussit. Postquam cuncti convenerunt, Romulus orationem habuit et dixit: ‚Urbem in monte Palatino condere cupio.

Der Palatin, wie man ihn vom Forum Romanum aus sieht. Die Römer befestigten seine Abhänge mit Mauern und Gewölben, um künstliche Terrassen zu schaffen; so entstand mehr Platz für die Heiligtümer, Privatvillen und die riesigen Kaiserpaläste. Aber unter diesen späteren Bauten fanden die Archäologen Reste einfacher Wohnstätten, die aus Roms frühester Zeit stammen (9. Jh. v. Chr.). Eine davon wurde „Hütte des Romulus" genannt. Sie kann auf der anderen Steite des Palatin unter einem Schutzdach besichtigt werden.

Locus non procul a flumine Tiberi est. Ibi olim cum fratre a lupa altus et custoditus sum, ibi a pastoribus inventi sumus, hic, in monte Palatino, a Faustulo et Acca eruditi sumus. Itaque hic urbi nostrae locus esse debet.‘

Oratio Romuli a cunctis magno cum gaudio accepta est, statim labores suscepti sunt. Arbores caesae et e silvis in montem Palatinum portatae sunt. Iam prima templa singulasque domos aedificare coeperunt. Remus tantum Romuli imperiis restitit neque fratri auxilio fuit. Romulus autem valde doluit, quod a fratre adiutus non est.

Tandem Romulus urbem novam muro circumdari iussit. Remus autem, ubi murum vidit, fratrem irrisit et dixit: ‚Credisne urbem tuam muro tam parvo custodiri?‘ Et parvo labore murum transiluit. Tum animum Romuli ira magna motum esse tradunt. Sua manu fratrem occidit. Sic urbs Roma condita et Romulus primus rex Romanorum factus est.“

Magister narrationem intermisit. „Nonne origo urbis nostrae vobis placet? Nonne res gestae populi Romani praeclarae sunt?“

Unus e discipulis: „Res gestas Romuli populo Romano magno honori esse constat. Sed dic mihi: Nonne Romulus magnum scelus commisit, quod suo fratri vim fecit?“ Magister: „A maioribus vestris saepe vis facta est. Nam bene scitis maiores Romanorum olim etiam puellas rapuisse. Audite alteram narrationem de raptu virginum Sabinarum.“

B Kain und Abel

In litteris sacris Iudaeorum traditum est Adam et Evam duos filios habuisse. Alter Cain, alter Abel nominatus est. Cain agricolam, Abel pastorem fuisse constat.

Aliquando ambo Deo sacrificia fecerunt. Cain Deo varios fructus dedit, Abel animal pulchrum immolavit. Dominus sacrificium Abel magna cum gratia accepit, sacrificium autem fratris neglexit. Cain, ubi vidit sacrificium suum Deo non placere, ira invidiaque completus est. Tum Dominus dixit: „Cur invidia moveris? Cur tibi frater irae est?“ Postea Cain in campo ad fratrem accessit. Postquam magna controversia exstitit, Cain fratrem sua manu occidit.

Subito de caelo vox est audita: „Ubi est Abel, frater tuus?“ Cain respondit: „Nescio. Num custos fratris mei sum?“ Deus autem: „Cede loco! Quamquam scelus tam malum commisisti, non cupio te occidi. Sed te vitam miseram agere necesse est.“

Lektion 14

Die Etrusker und Italien

Die Kapitolinische Wölfin ist das Werk etruskischer, nicht latinischer Künstler; wilde Tiere waren ein beliebtes Thema in der etruskischen Kunst. Erst nachträglich wurde die Wölfin von den Römern mit der Geschichte von Romulus und Remus und mit Roms Gründungssage in Verbindung gebracht. Zu ihrer Entstehungszeit im 6. Jahrhundert v. Chr. waren Kunst und Architektur in Rom etruskisch geprägt, da in jener Zeit etruskische Könige dort herrschten.

Die Sprache der Etrusker ist keiner anderen europäischen Sprache ähnlich. Man weiß deshalb bis heute nicht, ob auch dieses Volk einst nach Italien eingewandert ist oder schon immer dort ansässig war. Die Etrusker waren Meister in der Metallverarbeitung und im Schiffbau. Durch rege Handelsbeziehungen mit den griechischen Kolonien in Süditalien, mit Griechenland und Karthago und sogar mit den Kelten jenseits der Alpen hatten sie es zu Reichtum und zu einer hohen Stadtkultur gebracht. Zur Zeit ihrer größten wirtschaftlichen und kulturellen Blüte, als auch die Wölfin entstand, haben sie besonders die Kunst Griechenlands geschätzt. Ihre prächtig ausgestatteten Gräber waren voll von importierter griechischer Keramik; die meisten griechischen Vasen, die wir in den Museen bewundern, sind nicht in Griechenland gefunden worden, sondern in Italien.

Mit ihren Handelsniederlassungen breiteten sich die Etrusker entlang der tyrrhenischen Küste bis tief in den Süden hinunter und in fast ganz Norditalien aus. Aus Rom wurden ihre Könige zwar schon um 500 v. Chr. vertrieben, aber die ganz in der Nähe gelegene etruskische Stadt Veji fiel erst im Jahre 396 v. Chr. in die Hände Roms. Damit begann der endgültige Niedergang der etruskischen Herrschaft in Italien.

Während die Auseinandersetzung zwischen Rom und den Etruskern historisch belegt ist, gehört folgender Streit zwischen den Römern und den Sabinern ebenso ins Reich der Sage wie die Geschichte von Romulus und Remus:

A Die Römer brauchen Frauen

„Nonnullos annos maiores Romanorum intra muros urbis novae vitam agebant. Cottidie novi incolae, pastores et agricolae, in civitatem recipiebantur. Sed quamquam urbs Roma in dies crescebat, Romani rebus contenti non erant. Nam solum viri adveniebant; neque feminae neque liberi inter pastores agricolasque vivere cupiebant. Sed sine feminis liberisque vita Romanis non placebat.

Itaque die quodam nonnulli cives ad Romulum convenerunt et dixerunt: ‚Tam diu nos Romani sine uxoribus vivimus, tam diu liberos desideramus; itaque ab incolis ad te missi sumus. Adiuva nos! In ceteris gentibus multae puellae magnae pulchritudinis sunt. Mitte legatos! Cupimus virgines e gentibus vicinis. Civitas nostra sine uxoribus liberisque in periculo est.'

Romulus diu de oratione civium cogitabat. Tandem, quod iterum iterumque cives veniebant et a rege auxilium petebant, consilium cepit. Legati a Romulo ad cunctas gentes mittebantur, sed a cunctis repellebantur. Sabini autem, ubi de desiderio Romanorum audiverunt, legatos irriserunt et e civitate sua pepulerunt. Rex postquam audivit legatos a Sabinis non solum repulsos, sed etiam irrisos et expulsos esse, magna ira motus est et dolum excogitavit."

B Der Raub der Sabinerinnen

„Romulus ludos sub monte Palatino – ibi hodie Circus Maximus est – parari iussit. Tum patres Sabinorum cum uxoribus liberisque in urbem invitavit. Sabini magno cum gaudio invitationem acceperunt et Romam convenerunt.

Romani Sabinos per vias urbis ducebant et hospitibus aedificia nova monstrabant. Magno studio Sabini templa arasque deorum et domos pulchras civium spectabant. Tandem de monte Palatino in Circum Maximum descenderunt. Puellae iam in sedibus sedebant et laetis animis ludos spectabant, cum subito signum a rege datum est.

Statim iuvenes Romani e sedibus suis surrexerunt et impetum in virgines Sabinas fecerunt. Magnus tumultus motus est. Puellae impetui resistebant, sed in domos virorum vi abductae sunt. Patres Sabini puellas miseras ab impetu Romanorum defendebant, sed vi et armis urbe expulsi sunt."

Der Münzmeister des römischen Silberdenars (Abbildung stark vergrößert) war ein Mann namens L. Titurius Sabinus, der seine Abstammung offenbar von den Sabinern herleitete. Deshalb setzte er den Raub der Sabinerinnen als Motiv auf seine Münzen.

Lektion 15

A Die Sabiner wehren sich

„Patres Sabini ubi animis tristibus domum revenerunt, ad Titum Tatium regem properaverunt et de scelere gravi Romanorum nuntiaverunt: ‚Romani scelus crudele commiserunt. Filias nostras reddere debent. Adiuva nos!‘ Tum rex propter scelera gravia Romanorum ira vehementi motus est et bellum parari iussit.

Postquam a Sabinis bellum diu paratum est, Titus Tatius exercitum magnum ad portas Romae duxit. Ubi Romanis nuntiatum est Sabinos impetu acri ad urbem accedere, arma ceperunt; cuncti viri pugnae interfuerunt. Militibus Romanis animus fortis non deerat; tamen facile non erat impetui acri Sabinorum resistere.

Tandem milites Sabinorum brevi tempore Capitolium ceperunt – non vi, sed dolo. Romani iam cedebant et in montem Palatinum fugiebant, cum Romulus magna voce deos immortales imploravit: ‚Adeste nobis, custodite aras vestras et domos nostras!‘ Iuppiter autem preces audivit et animum regis renovavit. Tum rex milites admonuit: ‚Fugere desinite! Rursus in acie consistite! Nam Iuppiter vos in acie stare et hostibus resistere iubet.‘ Vires Romanorum crescere coeperunt. Pugnam renovaverunt, rursus in acie steterunt.“

B Die Sabinerinnen stiften Frieden

„Diu gladiis pugnabatur, cum subito omnes mulieres Sabinae cursu celeri inter acies cucurrerunt et clamaverunt: ‚Desinite pugnare! Nolite scelus tam ingens committere!‘ Et ad patres suos: ‚Parcite Romanis! Non iam hostes, sed viri nostri sunt et a nobis amantur. Nolite occidere patres liberorum nostrorum!‘ Et ad viros Romanos: ‚Parcite patribus et fratribus nostris! Amamus enim non solum vos, sed etiam patres et fratres nostros. Si nos amatis, facite pacem. Nam omnia vincit amor; itaque et vos cedite amori!‘

Sic inter Romanos et Sabinos pax facta est. Duo populi una civitate coniuncti et nomine communi QUIRITES nominati sunt.“

Lektion 16

A Tarpeia

Eurysthenes magister narrare desierat et tacebat. Tandem Lucius dixit: „Narratio tua mihi imprimis placuit, quod pax inter Romanos et Sabinos propter amorem feminarum convenit. Viri hostes armis, feminae arma amore vincunt. Sed dic mihi: Nonne antea dixeras arcem Capitolinam non vi, sed dolo callido ab hostibus captam esse? Cur Sabini, quamquam Romani tam acri animo fuerant et tanta fortitudine pugnaverant, arcem intrare potuerunt? Potesne nobis causam explicare?“

Eurysthenes: „Certe possum. Causa cladis Romanae fuit femina amore capta; nam amor hostibus profuit.“ Magister surrexit, portam aperuit, digito Capitolinum montem monstravit. „Videtisne ibi ingens saxum Tarpeium? Tradunt nomen SAXI TARPEI a Tarpeia virgine, filia praefecti arcis, ductum esse.

Nam Romani tum Spurium Tarpeium arci Capitolinae praefecerant. Olim Tarpeia puella extra muros aquam e Tiberi flumine hauserat et iam rursus in arcem properabat, cum Titum Tatium, regem hostium, conspexit. Primo specie viri valde territa est, nam a patre audiverat omnes viros Sabinos magna crudelitate esse.

Das *Saxum Tarpeium* findet man an der Südseite des Kapitolshügels, wo der gewachsene Fels, teilweise mit modernen Stützmauern verschalt, noch steil ansteht.

Tum quidem virgo, quod virum tantae pulchritudinis numquam viderat, admiratione iuvenis pulchri completa est. Itaque puella, quod magno amore regis capta erat, fugere non temptavit.

Titus autem Tatius, ubi puellam amore captam esse vidit, sic cogitavit: ‚Amor puellae nobis fortasse prodesse potest.‘ Tum puellae dixit: ‚Si me amas, adiuva me. Aperi portam Capitolii mihi militibusque meis!‘ Et profecto Tarpeia portam Capitolii aperuit et hostes in arcem recepit. Tantus fuit amor.“

B Tarpeias Ende

Unus de pueris: „Semper nobis de amoribus puellarum narras. In narrationibus tuis omnes feminae statim amore virorum capi solent: Rhea Silvia, Tarpeia, filiae Sabinorum . . . Sed ego a patre meo audivi Tarpeiam non amore regis, sed amore auri captam esse.“

„Recte audivisti“, magister respondit. „Nam ab auctoribus antiquis saepe varia de rebus gestis maiorum nostrorum tradita esse constat. De Tarpeia quoque nonnulli scriptores narrant virginem propter cupiditatem auri cives suos prodidisse. Sed proditionem virgini non profuisse scimus. Quamquam enim portam arcis aperuerat et ita hostibus profuerat, a militibus Titi Tati occisa est. Nam etiam Sabinis proditio patriae odio fuit.

Memoria proditionis nomine Saxi Tarpei servatur. Scitis enim proditores etiam nunc morte crudeli puniri et de Saxo Tarpeio deici.“

Ebenso wie über die Beweggründe für Tarpeias Verrat gibt es auch über ihr tragisches Ende verschiedene Versionen. Neben dem tödlichen Sturz vom Felsen wurde auch erzählt, sie sei von den Sabinern zur Strafe unter deren Schilden lebendig begraben worden. Relief von einem Gebäude auf dem Forum Romanum; dort hängt heute nur der Gipsabguß des Originals, das im Museum (Antiquarium des Forum Romanum) aufbewahrt wird.

Lektion 17

Zurück in die Welt der Volcatier

Die Sagen, die die Kinder gehört haben, erzählen von der Frühzeit Roms. Damals herrschten dort Könige; der letzte war der Etrusker Tarquinius Superbus, der um 500 v. Chr. vertrieben wurde. Von da an gab es in Rom die Staatsform der *res publica*; daher kommt unser Wort „Republik". *Res publica* bedeutet „öffentliche Sache", also „Gemeinwesen". In der römischen Republik war die Macht auf verschiedene gesellschaftliche Gruppen verteilt. Alleinherrscher, sogenannte *dictatores*, waren nur für den Notfall und auch dann nur für eine begrenzte Zeit vorgesehen. Versuche einzelner, die Herrschaft an sich zu reißen, waren bislang immer gescheitert.

Seit über 400 Jahren hatte diese Staatsform nun schon Bestand. In den letzten Jahrzehnten allerdings häuften sich die inneren Konflikte. Der Großvater unserer Kinder, der Senator und ehemalige Konsul Lucius Volcatius Tullus, wurde sehr ernst, wenn das Gespräch auf diese Krisen kam, und manchmal sagte er, die Republik sei in großer Gefahr.

Inzwischen aber war in Rom die Außenpolitik in den Mittelpunkt des Interesses gerückt: Gaius Julius Caesar führte in Gallien einen großen Eroberungskrieg. Man war stolz auf seine Siege und auf die reiche Beute, von der natürlich auch seine Truppen ihren Anteil bekamen.

Im November des Jahres 51 v. Chr. kehrte Gaius Volcatius Tullus, der Bruder des Hausherrn, der als Soldat unter Caesar in Gallien gekämpft hatte, wohlbehalten nach Rom zurück. Da im Winter gewöhnlich keine Feldzüge stattfanden, nutzte er die Gelegenheit, um seine Familie zu besuchen. Mit noch nicht einmal dreißig Jahren hatte er es schon zum *legatus* (Befehlshaber über eine Legion) in Caesars Armee gebracht; seine Beförderung sollte nun gefeiert werden.

A Einladungen

Paulo post L. Volcatius Tullus et Servilia uxor amicis cenam dare in animo habuerunt. Iam nonnullis diebus ante cenam Servilia advocavit Davum servum, qui officia bene servare solebat. Servo epistulas, quas manu tenebat, monstravit.

„Audi, Dave! Quia Kalendis Decembribus magnam cenam dare cupimus, te ad familiares nostros cum litteris, quas dominus scripsit, mittere statui. Itaque propera ad M. Caelium Rufum amicum, cuius domus prope forum est. Iam diu epistulam exspectat, qua ad convivium invitatur. Tum redde ceteras epistulas C. Sallustio et M. Trebonio amicis, qui in monte Esquilino habitant; quorum domus sine magno labore inveniri possunt.

Postea propera ad C. Volcatium, fratrem domini, quem per longum tempus non vidimus. Qui, ut scis, ante paucos dies e Gallia Transalpina, ubi in exercitu Caesaris bello Gallico interfuerat, domum revenit. Nunc hiemem in domo sua agit, quae in monte Caelio prope clivum Scauri est. Quo in monte, iuxta domum Gai, etiam L. Volcatius senex, pater domini, habitat. Ambos ad cenam invita! Sed nunc propera et fac omnia, quae tibi imperavi!"

Davus autem, qui paulum dubitaverat, dominam interrogavit: „Ceteras domos non ignoro. Sed quo modo domos C. Sallustii et M. Trebonii invenire possum? Quae dixisti, mihi usui non sunt. Quamquam enim dixisti domos amicorum, quae in monte Esquilino sunt, sine magno labore inveniri posse, dic mihi viam; nam mihi ignota est. Qua in parte montis familiares vestri habitant? Quod templum, quae alia magna aedificia prope domos amicorum sunt?“

Domina servo vias nominavit et dixit: „Non procul a templo Iunonis, quod in monte Esquilino vides, amici habitant, ad quos te mitto. Nunc tandem propera et fac, quae tibi imperavi! Magnam enim partem negotii, qui bene coepit, habet.“

Clivo di Scauro heißt heute diese Straße, die von Westen auf den Caelius hinaufführt; darunter liegt der antike *Clivus Scauri.* Er führte durch eine schöne römische Wohngegend. Gut erhaltene Reste der Häuser kann man in den Ausgrabungen unter der Kirche der Heiligen Johannes und Paulus (links oben) besichtigen.

B Brief an M. Caelius Rufus

L. Volcatius M. Caelio suo salutem dicit.

Si vales, bene est; ego valeo. Si me amas, veni ad cenam, quam cum uxore mea domi nostrae Kalendis Decembribus tibi et aliis amicis dare cupio. Te videre, tecum otio me dare desidero. Nam cottidie multa negotia me vexant. Si me interrogas: „Hodie quid egisti? Quibus negotiis teneris?“, ita respondeo: Nuptiis interfui, amicum conveni, qui consilium a me petivit. Coepi orationem scribere pro cliente, cuius causam defendere in animo habeo.

Dum laboro, mihi in mentem venerunt, quae M. Tullius noster apud iudices pro variis reis dicebat; cuius exemplo praeclaro ducor. Misisti mihi novos libros, quos de re publica scripsit. Quos iam legi; imprimis laudo, quae de rei publicae periculis scripta sunt. Humanitate eloquentiaque ingenti Ciceronis valde sum motus. Quem tibi amicum esse et saepe litteras ad te dare scio.

Das Bildnis des Juristen, Staatsmannes und Schriftstellers M. Tullius Cicero (106 – 43 v. Chr.), das zu seinen Lebzeiten geschaffen worden ist. Rom, Kapitolinische Museen.

Quid agit in Cilicia? Cupio nuntios novos de rebus gestis Ciceronis audire. Frater quoque meus, qui, ut scis, paucis diebus ante e Gallia Transalpina domum revenit, me interrogavit: „Quid audivisti de Cicerone? Nonne Caelius noster tibi de Marco Tullio narravit?“

Nos omnes te magno cum gaudio exspectamus. Vale!

Vorbereitungen für das Festessen

Wenn ein einfacher Mann ein Fest feiern wollte, ließ er sich aus einer Garküche *(thermopolium)* fertig zubereitete Speisen kommen, oder er ging mit seinen Freunden in eines der zahlreichen Speiselokale in der Innenstadt essen, denn in seiner Mietswohnung durfte er wegen der Brandgefahr keine Kochgelegenheit haben.

Ganz anders der Anspruch und die Möglichkeiten einer senatorischen Familie: Die *domus urbana* der Volcatier hatte ein großes *triclinium,* eine mit allem notwendigen Gerät ausgestattete *culina,* ein elegantes *tablinum* und mehrere Gästezimmer. Viele Sklaven und Sklavinnen standen bereit, alle Arbeiten für die Vorbereitung des großen Gastmahls zu übernehmen. Soweit nicht der eigene Gutshof in Tusculum die Nahrungsmittel lieferte, mußten sie auf dem Markt besorgt werden. Supermärkte gab es in Rom natürlich nicht, wohl aber mehrere große *macella,* Markthallen, wo Metzger, Fischer, Gemüse- und Obsthändler ihre festen Plätze hatten und mit viel Geschrei ihre Waren feilboten. Brot und Kuchen wurden beim Bäcker besorgt.

Schon Tage vor der *cena* besprach Servilia mit ihrer Freigelassenen Melitta, die dem weiblichen Hauspersonal vorstand, was am Morgen des Festes gleich nach Sonnenaufgang ganz frisch eingekauft werden sollte. Sklaven würden Melitta zum Markt begleiten und alles in Körben nach Hause tragen. Der Wein, darunter ein guter Jahrgang roter Falerner, stammte von den Gütern der Familie am Golf von Neapel, der Honig, mit dem man ihn süßte, aus den Bienenstöcken in Tusculum.

Die schönsten Öllampen wurden geputzt und aufgefüllt, der Raum durch die Fußbodenheizung vorgewärmt und zusätzlich noch mit Kohlebecken bestückt. Servilia bestand darauf, daß auch Schalen mit kostbarem Duftwasser überall aufgestellt wurden. Der Speisesaal mußte noch geschmückt, die Tische festlich gedeckt werden.

F Die Mahlzeiten der Römer

Die Römer teilten die Zeit von Sonnenaufgang (ca. 6 Uhr früh) bis Sonnenuntergang (ca. 6 Uhr abends) in 12 gleiche Einheiten *(horae)* ein, die etwa unseren Stunden entsprechen; nur waren sie im Sommer länger, im Winter kürzer.

Im Tagesablauf gab es gewöhnlich die folgenden Mahlzeiten:

– das ***ientaculum*** (von *ieiunium*, „das Fasten", vgl. engl. *breakfast*, „Fastenbrechen"), ein sehr einfaches Frühstück, wie heute noch die italienische *(prima) colazione.* Es bestand meist aus Brot und Milch oder aus in Wein getauchtem Brot, Käse und getrockneten Früchten.

– das ***prandium*** (ital. *pranzo*), meistens aus den Resten der *cena* des Vortages: kalter Braten, Eier, Gemüse, Früchte. An das *prandium* schloß sich zur Zeit der sechsten Stunde, *hora sexta* (davon ital. *siesta*), die *meridiatio* (Mittagsruhe) an.

– die ***cena*** (ital. *cena*), die Hauptmahlzeit des Tages. Sie wurde abends eingenommen und umfaßte mehrere Gänge:

a) die *gustatio* (entspricht dem ital. *antipasto* = Vorspeise)
b) die eigentliche *cena* mit mehreren Gerichten
c) die *secundae mensae* (Nachtisch)

Die *gustatio* begann mit Eiern *(ova)* und Salaten. Die *secundae mensae* endeten meist mit Obst, z. B. Äpfeln *(māla)*; daher stammen die römischen Redensarten *„ab ovo incipere"* und *„ab ovo usque ad mala"*, die unserem „von Anfang an" und „von A bis Z" entsprechen.

Lektion 18

A Die Ankunft der Gäste

Tandem dies convivii advenerat. L. Volcatius Tullus dominus convivas, quos invitaverat, laetus exspectabat. Postquam Davus servus domino primos convivas domui iam appropinquare nuntiavit, Volcatius ad ianuam iit.

Vix ianuam aperuerat, cum C. Sallustium et M. Trebonium, quem non solum clientem, sed etiam amicum habebat, conspexit. M. quoque Caelius Rufus, aedilis designatus, qui duobus annis ante a populo Romano tribunus plebis creatus erat, advenit. Et Sallustius et Trebonius et Caelius cuncti domum intraverunt et Volcatium adierunt, primus autem Trebonius patronum salutavit. Tum Volcatius convivas in triclinium, in quo omnia ad convivium iam parata erant, inire iussit. Paulo post L. Volcatius senex cum duobus servis domui appropinquavit. Ultimus autem C. Volcatius frater cum Domitia uxore domum iniit.

Ante cenam L. Volcatius dominus orationem brevem habuit: „Valde gaudemus, amici, vos omnes invitationem nostram accepisse. Propter fratrem meum, ut scitis, vos ad cenam invitavimus. Nam tu, mi Gai, qui tribunus militum in Galliam abieras, nunc legatus Romam redisti. Caesar enim te adulescentem parti exercitus praefecit. Denique, quia magnos labores subisti et te fortem praebuisti, a Caesare etiam legatus factus es.

Valde gaudemus te legatum factum esse; imprimis autem gaudemus te salvum e Gallia domum redisse. Multos enim adulescentes Romanos in bello interisse cognovimus. Qua de causa curae graves saepe et nos et Domitiam tuam vexabant, cum nuntios tuos exspectabamus. Sed nunc pellite tristitiam. Nam cibus vinumque parata sunt.“

Bei der cena

Das Wort „Gelage" für eine ausgelassene, üppige Feier am Abend war in Rom wörtlich zu verstehen: Man saß nämlich dabei nicht, sondern man lag, oder besser lagerte, auf sofaartigen, gepolsterten Liegen. Meist standen drei von ihnen, die jeweils mehreren Personen Platz boten, hufeisenförmig um einen Tisch – daher auch der Name *triclinium* für das Speisezimmer (von griech. *kline* – Polsterbett). Manche Leute hatten sich in ihren Villen im Garten ein zweites solches *triclinium* eingerichtet, um auch im Sommer draußen unter Lauben und bei plätschernden Brunnen feiern zu können.

Bei der Mahlzeit stützte man sich auf einen Arm, während man mit der freien anderen Hand den Becher hielt oder Speisen zum Munde führte. Meist aß man mit den Fingern, die man zwischendurch immer wieder in bereitgehaltenen Wasserschalen säuberte oder an Servietten abwischte.

Das Geschirr bestand bei einer wohlhabenden Familie aus feiner roter Keramik, die mit aufgestempelten Reliefs verziert sein konnte; die Archäologen nennen sie *terra sigillata.* Sehr reiche Leute bevorzugten luxuriöses Silbergeschirr. Zum Essen wurde Wein gereicht, den man gern mit Wasser verdünnte.

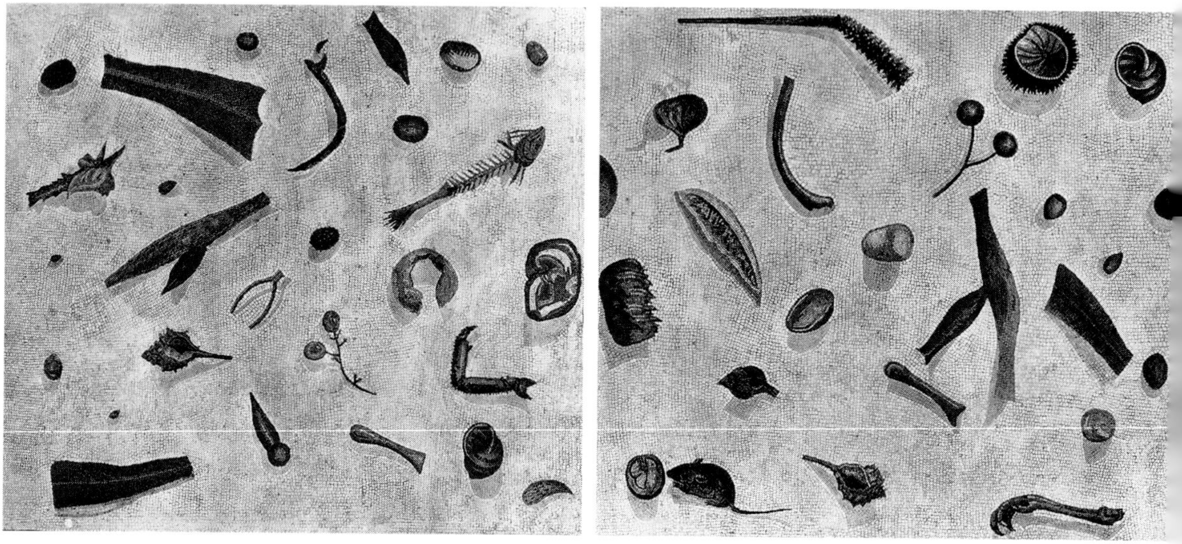

Dieses Mosaik, das einen unausgekehrten Fußboden abbildet, fand man als Bodenbelag eines Saales in einem römischen Haus. Die weggeworfenen Reste lassen leicht erraten, was in Rom gern gegessen wurde. Rom, Vatikan.

Eine Vorstellung von einigen Lieblingsspeisen der Römer gibt uns das einzig erhaltene römische Kochbuch, das Apicius zusammengestellt hat. Ganz ähnlich wie in den Ratgebern der Drei-Sterne-Köche von heute finden sich dort nicht nur zahlreiche Rezepte bis hin zu Grillgewürzmischungen, Saucen und Süßspeisen, sondern auch Tips zur Warenkunde, zum Einkauf und zum Frischhalten von Nahrungsmitteln. Hier zwei Rezepte für Hauptgerichte; eines davon könnte heute noch schmecken!

Spanferkel mit Koriandersauce: Grille ein Spanferkel sorgfältig und bereite folgendermaßen ein Mörsergewürz zu: Zerstoße dafür Pfeffer, Dill, Oregano und frischen Koriander; mische dann Honig, Wein, Liquamen*, Öl und Essig darunter. Nachdem das alles erhitzt ist, gieße die Sauce über das Ferkel; streue Rosinen, Pinienkerne und gehackte Zwiebel darüber und serviere das Ferkel so.

Ein Geflügelgericht: Enthäute einen Flamingo, wasche ihn, binde ihn zusammen, und lege ihn in einen Topf. Füge Wasser, Salz, Dill und etwas Essig dazu. Wenn er halb gar ist, binde ein kleines Büschel Lauch und Koriander zusammen und lasse es mitkochen. Wenn der Flamingo fast gar ist, gib Defritum** hinzu und färbe damit das Gericht. Gib Pfeffer, Kümmel, Koriander, Laserpicium***, Minze und Raute in einen Mörser und zermahle alles; gieße dann

Essig dazu, gib Datteln hinein und gieße etwas von der Brühe darüber. Schütte dies in einen Topf und binde mit Stärkemehl. Gieße die Sauce über den Flamingo und trage ihn auf. – Dasselbe mache auch für Papagei.

* *Liquamen* (= *Garum*): eine sehr beliebte pikante Würzsauce (u.a. aus gegorenem Fisch), die zu vielen Speisen gereicht wurde, vom römischen Speisezettel nicht wegzudenken
** *Defritum:* ein häufig verwendetes Färbe- und Würzmittel in der römischen Küche, eine Art Traubensirup aus eingekochtem, verdicktem Most
*** Laserwurzel: eine stark riechende Gewürz- und Arzneipflanze (Asanth)

B Caesars Bericht über den Gallischen Krieg

Wir wüßten nur sehr wenig über den Gallischen Krieg, hätten wir nicht die *Commentarii de bello Gallico*, die Caesar selbst verfaßt hat. Mit dieser Schrift wollte er Rechenschaft über seine Entscheidungen und Handlungen ablegen. Dabei spricht der Feldherr von sich selbst in der dritten Person. „Caesar tat dies" und „Er befahl jenes" heißt es, wo man „Ich tat dies" und „Ich befahl jenes" erwarten würde. So klingt dieser Kriegsbericht viel objektiver als z. B. die Memoiren eines deutschen, englischen oder russischen Generals unseres Jahrhunderts.

Daß der Krieg, den Caesar in Gallien vom Zaun gebrochen hatte, ihm selbst die meisten Vorteile brachte, ist nur „zwischen den Zeilen" zu lesen: Er gewann Ruhm, Reichtum, politischen Einfluß in Rom und ein Heer, das ihm begeistert überallhin folgte. In seinem Bericht allerdings hört es sich so an, als hätte er die Gallier nur deshalb angegriffen, weil sie eine große Gefahr für Rom waren:

Gallia est omnis divisa in partes tres, quarum unam incolunt Belgae, aliam Aquitani, tertiam Celtae, qui a Romanis Galli nominantur. In Celtis Helvetii quoque numerantur, quorum sedes inter flumen Rhodanum et flumen Rhenum sunt. Belgae et Helvetii, quod saepe cum Germanis pugnant, gentes magnae virtutis putantur.

Primo anno Caesar cum Helvetiis bellum gessit; nam Helvetii, quod novas sedes petebant, per provinciam ire cupiverant. Post cladem gravem miseri in sedes antiquas redierunt. Tum legati Gallorum imperatorem Romanum adierunt et dixerunt Ariovistum, regem Sueborum, exercitum trans Rhenum in Galliam duxisse. Caesar, quia periculum magnum putabat, exercitum contra Germanos duxit, Ariovistum e Gallia expulit. Anno post Belgas et alias gentes Gallorum vicit.

Imprimis autem periculum Germanorum timebat, qui Rhenum transire non desierant. Itaque pontem in Rheno aedificari iussit, impetum in sedes hostium fecit, Germanos punivit.

Postea duas legiones navibus in Britanniam traduxit; nam a Celtis, qui ibi incolebant, Gallis auxilia missa erant. Tandem Vercingetorigem, qui omnes gentes Gallorum contra Romanos incitaverat, vicit. Quamquam Galli se fortes praebebant, Caesar Alesiam oppidum, quo Galli se receperant, vi et armis cepit. Tum Caesar victor omnibus Gallis imperavit.

F Ganz Gallien von den Römern besetzt ...

Ganz Gallien? Nein! In den französischen Comics *Asterix* (die es auch in lateinischer Fassung gibt), sieht die Sache etwas anders aus:

Caesar: „Für diesmal geht's unentschieden aus, Gallier. Aber wir sehen uns wieder!"
Asterix: „Das hoffe ich sehr, o Julius!"

F Die Römer in Deutschland

Die Römer eroberten nicht nur Gallien, sondern nach und nach auch Teile Germaniens. Das *Imperium Romanum* hat auch hier seine Spuren hinterlassen. Offenkundig ist, daß sich viele unserer Ortsnamen aus den lateinischen oder latinisierten (ursprünglich keltischen) Bezeichnungen antiker Siedlungen entwickelt haben.

Wie heißen die in der Karte eingezeichneten Städte heute? Wie heißen die Flüsse?

An der Grenzlinie zwischen den freien und den von den Römern besetzten Gebieten wurden seit dem 1. Jh. n. Chr. Befestigungsanlagen errichtet. Daraus entwickelte sich ein durchgehender Grenzwall, der das römische Reich gegen die „Barbaren" schützen sollte. Reste dieses *Limes* sind an zahlreichen Orten noch heute deutlich zu sehen (mehr darüber in Lektion 40).

Lektion 19

Der Kampf um Gallien

„Gallien ist als Ganzes in drei Teile gegliedert . . ." Mit diesem ersten Satz seines Kriegsberichtes wandte sich Caesar an die Römer, die das Land zwar dem Namen nach kannten, für die es sich aber irgendwo am nördlichen Rande der Welt verlor. Das Gallien, von dem hier die Rede ist, umfaßte das heutige Frankreich und die Schweiz und reichte im Osten bis zum Rhein, der von der Quelle bis zur Mündung die Grenze nach Germanien bildete. Bewohnt wurde das reiche und fruchtbare Land von keltischen Stämmen, die bis nach Britannien, Süddeutschland und in die Poebene hinein siedelten.

Da die gallischen Völkerschaften ständig miteinander um die Vorherrschaft stritten, war es ihnen noch nie gelungen, einen Gesamtstaat zu errichten. Auf Dauer konnten sie den römischen Berufssoldaten unter Caesars Führung nicht gewachsen sein. Der blutige Krieg dauerte sieben Jahre und kostete Hunderttausende Gallier das Leben. Zwar hatten sie sich endlich untereinander verbündet und sich oft in ihren befestigten Siedlungen, den *oppida*, verschanzt; doch Caesar nahm sie alle ein – bis auf Gergovia, das er nach vergeblicher Belagerung aufgeben mußte.

Die Entscheidungsschlacht um das belagerte Alesia (heute: Alise-Ste.Reine, südwestlich von Dijon) hatte im Herbst 52, also etwa ein Jahr vor dem Gastmahl bei den Volcatiern, stattgefunden.

A **Bericht von der Front**

Vix L. Volcatius Tullus dominus dicere desierat, cum cibi in culina parati a tribus servis in triclinium portati sunt. Crixus, puer Gallus, a Servilia iussus vinum convivis ministravit. Magno gaudio convivae edere et bibere coeperunt.

Omnes vino dulci cibisque bonis delectati C. Volcatium de bello Gallico narrare iusserunt: „Dic nobis: Cur Caesar te legatum fecit? Qua in re te fortem praestitisti?" „Bene scitis", C. Volcatius respondit, „duobus annis ante a Caesare pontem in Rheno factum esse. Caesar, quod me fortem putavit, me praefecit cohortibus duodecim, quas ponti praesidio reliquerat. Sed etiam postea in pugna, quae autumno anni proximi ad Alesiam facta est, officia mea bene praestiti.

Galli enim, ut scitis, a Vercingetorige duce Alesiam, oppidum Mandubiorum, ducti diu a nobis obsidebantur. Nam Alesiae, in oppido natura loci munito, ingens Gallorum exercitus erat. Mandubii autem, quamquam ceteros Gallos receperant, cum liberis et uxoribus et senibus aliisque, qui ad bellum usui non erant, suo oppido exire coacti sunt. Alesia expulsi ad Caesarem fugerunt et, quod Caesarem magnae clementiae esse sciebant, omnibus precibus auxilium Romanorum petiverunt. Etiam ego Caesari clementiam suasi, sed frustra; qui semel atque iterum imploratus Mandubios recipi prohibuit. Alesia autem, ut antea dixi, ingentibus munitionibus circumdata diu a nobis obsidebatur.

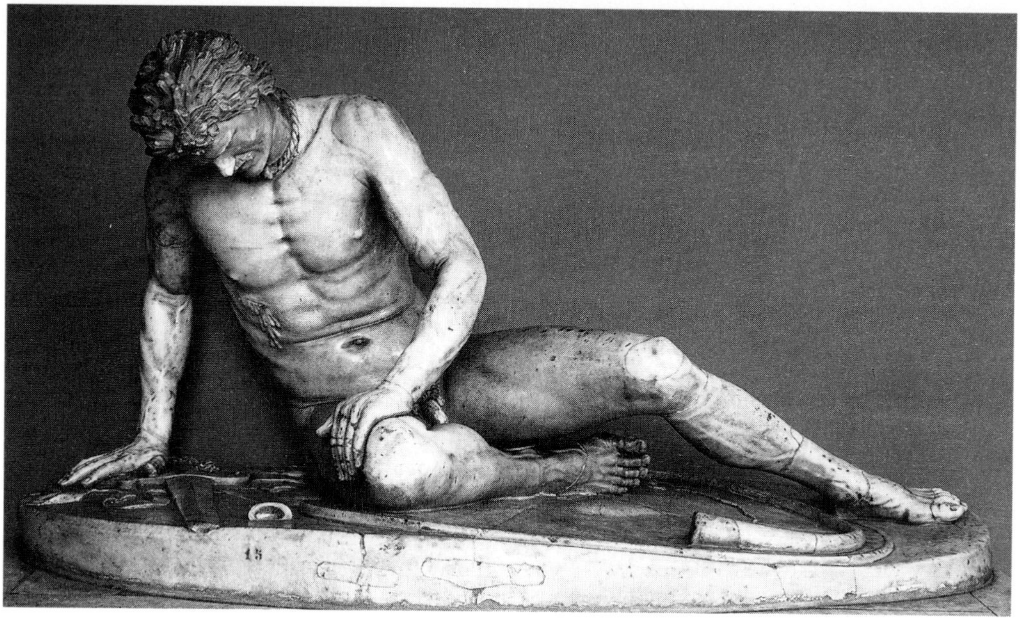

Die Marmorstatue des „Sterbenden Galliers" wurde in Rom auf einem Grundstück gefunden, das zu den Besitzungen Caesars gehört hatte. Vielleicht hat also Caesar selbst die Skulptur anfertigen lassen, um mit ihr an seinen Triumph in Gallien zu erinnern. Der römische Künstler hat sie jedoch nicht erfunden; sie ist die Kopie einer berühmten griechischen Statue, die leider nicht erhalten ist. Wir wissen aber, daß König Attalos I. von Pergamon diese nach der Vertreibung eines keltischen Stammes, der von Norden sein Reich bedrohte, in Auftrag gab und öffentlich aufstellen ließ. Rom, Kapitolinische Museen.

„Die Gallier haben einen hohen Wuchs, einen kräftigen Körper und weiße Haut. Ihre Haare sind nicht bloß von Natur gelb, sondern sie suchen diese eigentümliche Farbe durch künstliche Mittel noch zu erhöhen. Sie salben nämlich das Haar beständig mit Kalkwasser und streichen es von der Stirn zurück in den Nacken. ... Durch diese Behandlung wird das Haar so dick, daß es völlig einer Roßmähne gleicht. ... Die Vornehmen scheren den Backenbart, aber den Schnauzbart lassen sie stehen, so daß er den Mund bedeckt." So beschreibt der griechische Schriftsteller Diodor die gallischen Männer. Als ihr typischer Schmuck galt der Halsring. Kopf des „Sterbenden Galliers".

Tandem oppidum cunctis viribus ab hostibus defensum a militibus nostris captum est. Sic Fortuna saepe mutata nobis victoriam dedit. Ego autem, quia ad Alesiam quoque me fortem praebueram, a Caesare legatus factus sum. Nos omnes gaudemus, quod Gallia regno Vercingetorigis liberata nunc pacata est."

B „Jägerlatein" aus dem Hercynischen Wald

C. Volcatius a convivis interrogatus etiam de regione Germaniae narravit, quae Hercynia silva nominabatur. Qua in silva multa animalia aliis locis numquam visa inveniebantur.

„Sunt animalia", inquit, „quae nominantur alces; quarum figura capris est similis. Alcium autem cruribus, quod mirum est, articuli desunt. Itaque alces, cum in terram ceciderunt, surgere non iam possunt et intereunt. Qua de causa alces fatigatae non in terra dormiunt, sed ad arbores se reclinant. Venatores autem Germani, ubi loca invenerunt, quo alces fatigatae se recipere solent, arbores paulum accidunt, non caedunt."

Gaius Volcatius narrationem intermisit et, postquam poculum suum rursus vino compleri iussit, ad auditores, qui attentis animis finem narrationis exspectabant, dixit: „Tum alces veniunt, ad arbores se reclinant, cum arboribus in terram cadunt. Sic animalia misera dolo venatorum victa capiuntur."

Convivae narratione delectati plaudunt cum clamore. Servilia risum tenere non potest et interrogat: „Suntne ibi alia animalia tam mira?" Gaius Volcatius: „Alia animalia, quae magnitudine elephantis, specie tauris sunt similia, uri nominantur. Uri foveis capti a venatoribus occiduntur. Cornua autem urorum argento circumdata apud Germanos pocula sunt et in conviviis vino completa homines delectant." Convivae laeti rident et exclamant: „Bene, Gai. Et tu vino dulci completus fabulis miris nos delectavisti. Num tuis oculis alces et uros vidisti? Habesne poculum, quod e cornu uri factum est?" Etiam Gaius ridet et respondet: „Germani a nobis capti de animalibus miris narraverunt, ego silvam Hercyniam numquam vidi."

Zum Nachtisch gab es *dulcia domestica*, hausgemachte Süßspeisen (*dolci* bestellt man heute im italienischen Restaurant). Hier zwei Rezepte zum Nachmachen: „Fülle große oder normale Datteln, nachdem der Kern entfernt ist, mit Nüssen und Pinienkernen, oder fülle gemahlenen Pfeffer hinein. Bestreue sie außen mit Salz, brate sie in gekochtem Honig und serviere sie." Oder: „Entferne von besten afrikanischen Mostbrötchen die Kruste und weiche sie in Milch ein. Wenn sie vollgesogen sind, gib sie in den Ofen, aber nicht zu lange, damit sie nicht austrocknen. Nimm sie heiß heraus, übergieße sie mit Honig und stich hinein, damit sie sich vollsaugen. Streue Pfeffer darauf und serviere sie."

Offenbar hatten die Römer eine ausgesprochene Vorliebe für pikante Speisen, und speziell für Pfeffer!

Lektion 20

Gallien und die Folgen

Die Eroberung Galliens durch die Römer hat gewaltige Auswirkungen gehabt, sowohl für die Bewohner des Landes als auch für die Geschichte Europas. Nachdem der gallische Widerstand gebrochen war, setzte erstaunlich schnell die Romanisierung ein. Überall im Lande ließen sich römische Händler, Kaufleute, Handwerker, Beamte und ehemalige Soldaten nieder. Römische Gesetze bestimmten fortan das Miteinander der Menschen. Latein verdrängte die gallischen Dialekte, und im Laufe der folgenden Jahrhunderte entstand nach und nach eine neue Sprache, Französisch. Der Rhein, den Caesar zu einer Grenze des römischen Einflußbereichs erklärt hatte, blieb eine wichtige, in Mittelalter und Neuzeit immer wieder umkämpfte Grenzlinie.

Daß das Land schon bald zu den blühendsten Provinzen des Reiches gehörte, wurde jedoch nicht nur mit der Aufgabe der keltischen Sprache erkauft, sondern auch mit der Unterdrükkung der keltischen Religion und ihrer Priester, der Druiden – also letztlich mit dem Verlust der eigenen Kultur.

A Aus anderer Sicht

Omnes convivae verbis C. Volcatii commoti et vino dulci iam satis completi plauserunt et magna voce clamaverunt: „Caesar noster non solum nobis Romanis, sed etiam Gallis victis saluti est. Nam victis semper parcit et cunctis populis pacem et morem Romanum et libertatem dat.“

Subito vox audita est: „Sed mihi Caesar vester post pugnam ad Alesiam factam saluti non fuit.“ Dixerat Crixus servus, quem L. Volcatius paulo ante a mercatore emerat. C. Volcatius: „Quisnam tu es? Numquam te domi fratris mei vidi!“

Servus: „Ego intra muros oppidi, quod a vobis Romanis obsidebatur, fui. Caesar, postquam oppidum nostrum cepit, duarum gentium captivis pepercit, reliquos in servitutem abduxit. Ego quoque libertate amissa doleo. Nam etiam me a morte servatum Caesar militi tradidit; qui post hiemem in Caesaris exercitum revocatus me mercatori vendidit, a quo frater tuus me emit.

Sed etiam ante oppidum captum Caesar se clementem non praebuit: Septem enim annos pro libertate nostra pugnaveramus; nam pacem Romanam Galliae impositam non toleravimus. Itaque omnibus viribus vincula nostra rumpere cupivimus. Qua de causa necesse erat omnes Mandubios a militibus nostris iam diu obsessis et fame sitique fatigatis oppido expelli; nam Mandubii ad bellum inutiles putabantur. Sed omnes scitis Caesarem vestrum precibus miserorum non commotum omnes remisisse. Qua de causa Mandubii ab omnibus deserti inter muros nostros et Romanorum munitiones interierunt. Qua in re Caesar certe non clementia, sed crudelitate commotus est.“

Ein Kriegsgefangener wird nach dem Sieg von einem römischen Soldaten abgeführt. Worin unterscheidet er sich von dem Römer? Relief vom Sockel des Triumphbogens des Kaisers Septimius Severus auf dem Forum Romanum.

Die gefangene Familie aus einem eroberten Volk – Vater, Mutter und Kind – bittet den siegreichen Feldherrn um Gnade; er soll Milde, *clementia,* walten lassen. Hinter ihm erscheinen zwei weibliche Gottheiten: *Virtus* (mit Helm, Stiefeln und Standarte ausgestattet) weist auf die Tüchtigkeit des Feldherrn hin; die geflügelte *Victoria* (ihr Kopf ist verloren) steht für seinen militärischen Erfolg. Ein römischer Soldat bewacht die Gefangenen streng und hat die Hand der Frau fest im Griff. Relief auf dem Sarkophag eines römischen Feldherrn. Mantua, Palazzo Ducale.

B **Vercingetorix**

Und das ist die Vorgeschichte der Schlacht um Alesia (52 v. Chr.) – der letzte große, gemeinsame Aufstand der Gallier gegen die römischen Unterdrücker:

Caesar postquam Galliam pacavit, in Italiam rediit. Galli autem paulo post audiverunt Caesarem Romae rebus variis retineri neque ad exercitum venire posse. Quo nuntio moti in silvas et loca remota se receperunt et nova consilia de seditione inierunt. Nam totam Galliam a Romanis victam et multos Gallos in servitutem abductos esse dolebant.

Vercingetorix quoque Arvernus, adulescens rerum novarum cupidus, clientes suos in unum locum convocatos ita incitavit: „Nonne libertate amissa doletis? Pro libertate communi arma capite!“ E ceteris gentibus Galliae magnas manus coegit et exercitui suo adiunxit.

Caesar, ubi primum nuntiatum est Vercingetorigem ducem Gallorum factum bellum parare, in Galliam properavit. Gentes in populum Romanum incitatas primo vincere non potuit, nam Vercingetorix se non solum ducem prudentem, sed etiam in suos durum praestitit: omnes enim, qui fugere temptabant, morte crudeli punivit; sic reliquos, qui dubitabant, bello interesse coegit. Postea Alesiam in oppidum cum exercitu se recepit et, postquam oppidum defendi non iam posse vidit, se Caesari tradidit.

Sed frustra a Caesare clementiam sperabat. Romam abductus sex annos carcere, cui nomen Tullianum erat, fatigabatur. Denique per triumphum ductus crudeli modo occisus est.

Der Triumph

Wenn ein römischer Feldherr einen Krieg, bei dem mindestens 5000 Feinde gefallen waren, erfolgreich beendet hatte, konnte der Senat ihm als Siegesfeier einen Triumph zuerkennen. Im Grunde war der Triumph ein religiöser Akt: Nach der Prozession mußte der Feldherr dem obersten Staatsgott, *Iuppiter Optimus Maximus*, in dessen Tempel auf dem Kapitol für den Sieg danken und durch Opferungen das Heer vom Unsegen des Krieges reinigen. Zugleich war der Triumph die ersehnte Krönung der Laufbahn eines Feldherrn und die höchste öffentliche Anerkennung seiner Leistungen. Während der Republik stand er den Inhabern der höchsten Ämter zu *(dictator, consul, praetor)*, in späterer Zeit nur noch dem Kaiser.

Auf dem riesigen Marsfeld nahmen die Teilnehmer des Zuges Aufstellung. Städtische Beamte liefen schon seit dem frühen Morgen hektisch umher, wiesen allen die Plätze an, hakten Namen auf ihren Listen ab, schrien schläfrigen Wachen Befehle zu. Zur festgesetzten Stunde setzte sich dann der Riesenwurm aus Menschen, Tieren und Wagen in Bewegung. Zunächst ging es durch die *Porta Triumphalis* in die Stadt hinein, anschließend durch den *Circus Maximus* hindurch, wo alle Ränge voll besetzt waren. Dann zog man um den Palatin herum, auf der *Via Sacra* über das Forum, hinauf zum Kapitol. Das Gedränge in den Straßen war unbeschreiblich. Schon von weitem kündigte sich das Spektakel durch das Lärmen der Menge und den dumpfen Schlag der Trommeln an.

Alles reckt die Hälse: Ja, er kommt! Jeder will den besten Platz, Väter setzen die Kleinsten auf ihre Schultern. Vorneweg hohe Beamte und Senatoren, natürlich in der Toga. Sie schreiten langsam, die kunstvollen Falten ihrer Gewänder dürfen nicht verrutschen. Es folgt eine Gruppe von Horn- und Tubabläsern. Die grellen Töne der Instrumente tun in den Ohren weh. Aufbrausender Beifall kündigt einen Höhepunkt an. Hinter lorbeergeschmückten Trägern der Legionsstandarten und Feldzeichen balancieren Muskelprotze vergoldete Götterbilder.

Doch jetzt die Hauptattraktion: die Beute! Wertvolle Statuen, dazu Vasen, Krüge, Schalen aus edelsten Metallen, Haufen von Waffen und Gold, immer wieder Gold – das alles wird man dem Jupiter weihen und dann im Staatsschatz horten. Zwischen den Beutestücken bildliche

Darstellungen der eroberten Städte, ja ganze Schlachtszenen und Tafeln mit Siegesberichten. Hinter einer Gruppe Flötenspieler die Opferstiere, prächtige Exemplare, makellos weiß, die Hörner vergoldet, mit rituellen Bändern geschmückt. Ihnen zur Seite Knaben mit goldenen Schalen; sie werden später das Blut auffangen.

Dann die vornehmsten der besiegten Feinde: fremde Fürsten samt ihren Familien, Heerführer, Offiziere. Sie müssen die von Rom gewonnenen Waffen, auf einer riesigen Plattform gestapelt, die Speere zu einem Strauß gebündelt, selbst tragen und der Menge vorführen. Tausende scharf bewachter Gefangener trotten hinterher, auf dem Weg in die Sklaverei, den Kopf gesenkt, verwirrt von dem für sie unbegreiflichen Schauspiel. Ihren Anführer wird man nach dem Umzug hinrichten.

Um ihren Sieg, ihre *victoria*, dem römischen Volk ganz konkret vor Augen zu führen, haben die römischen Feldherrn in ihren pompösen Triumphzügen solche Traggestelle mittransportieren lassen, auf denen Kriegsgefangene unter dem Siegeszeichen *(tropaion)* kauern mußten. Friesblock vom Tempel des Apollo *in Circo*, in dessen Nähe der Weg des Triumphzuges begann. Rom, Kapitolinische Museen.

Endlich er selbst, der siegreiche Feldherr. In seiner goldbestickten Tunica, darüber die purpurfarbene Toga, das Gesicht rot geschminkt, in der Hand das elfenbeinerne, vom Adler bekrönte Zepter, im Haar den Lorbeerkranz – so schwebt er gleichsam auf dem vergoldeten zweirädrigen Triumphwagen und winkt den begeisterten Zuschauern zu. Fast sieht er aus wie Jupiter selbst. Was denkt dieser Mensch? Was es auch sei, er wird gewarnt vor dem Hochmut, denn hinter ihm steht ein Sklave und flüstert ihm pausenlos zu: *„Respice post te, hominem te esse memento!"* – „Sieh dich um: Vergiß nicht, du bist nur ein Mensch!"

Um den Prunkwagen herum gaukeln ausgelassen Schauspieler; sie tanzen und springen zur Leier nach uralten, wilden Rhythmen. Dahinter die strahlenden Gesichter der aus der Gefangenschaft befreiten römischen Bürger. Am Schluß dann die ganze siegreiche Armee, auch die Verwundeten, auch die Krüppel. Dies ist ihr Tag, und in Liedern, närrischen Rufen und Spottgedichten auf ihren Feldherrn streifen sie die Strapazen der letzten Wochen und Monate für einen Tag ab.

Hatte der Triumphator im großen Tempel auf dem Kapitol Zepter und Lorbeerkranz vor *Iuppiter Optimus Maximus*, dem Schirmherrn der Stadt und des Imperiums, niedergelegt, die Opfer dargebracht und die Dankgebete gesprochen, war die offizielle Veranstaltung beendet. Aber in ausgedehnten Straßenfesten, bei denen alle Römer auf Staatskosten aßen und tranken, wurde noch lange weitergefeiert.

Lektion 21

A Der Sklave Crixus in Bedrängnis

Dum Crixus puer dolore commotus de interitu Alesiae narrat, convivae tacebant. Gaius autem Volcatius verba servi audacis audiens magis magisque ira afficiebatur. Lucium fratrem reprehendens exclamavit: „Quid est, mi frater? Licetne domi tuae servos domino maledicere? Num Saturnalia iam coeperunt, quibus servi partes mutantes dominis suis imperare solent?“ „Recte dicis“, inquit Domitia, Gai uxor, „servos imperatori Romano maledicentes puniri oportet. Ceterum censeo servum solum tacentem servum bonum esse.“ Et Trebonius: „Bene mones, Domitia, nam, ut Cato noster dicebat, a servo semper verba faciente officia servilia negleguntur.“

Sed Lucius Volcatius ridens: „Cur“, inquit, „tanta ira affecti estis? Nonne vidistis Crixum semper magno cum studio pocula ministrantem? Spectate pocula vestra vino abundantia! Num creditis puerum ita se gerentem officium neglexisse?“ Et Servilia: „Ceterum ex praeceptis Stoicorum didicimus etiam servos libertate carentes tamen homines esse. Servi a dominis duris vexati saepe fugere temptant. Omnes scimus servos vitam miseram agentes nonnumquam etiam coniurationem in dominos suos fecisse, quin etiam nonnullos dominos a servis suis occisos esse.“

Sklaverei in der Antike

„Ach, der Söhne so viele und tapfere raubte mir jener, mordend teils und verkaufend auf fern entlegene Inseln . . .“ So klagt in Homers *Ilias* Priamos, der greise König von Troja, als sein Sohn Hektor zum Zweikampf gegen Achill antritt. Schon Homer wußte also um das Leid der Versklavung, das die im Krieg Besiegten und ihre Familien treffen konnte. Aus der römischen Geschichtsschreibung kennen wir Zahlen: Im Krieg gegen die Samniten 306 v. Chr. versklavte Rom 7000 Feinde; 261 v. Chr. verloren im ersten Punischen Krieg 25.000 Einwohner von Agrigent Heimat und Freiheit. Scipio erbeutete 201 v. Chr. vor Karthago 20.000 Punier; Marius nahm 90.000 Teutonen und 60.000 Kimbern gefangen. Während des Gallischen Krieges führte Caesar die 53.000 Einwohner von Atuatuca und 20.000 von Alesia in die Sklaverei; insgesamt hat er aus Gallien mindestens 150.000 Menschen als Kriegsbeute verschleppt.

Sklaven waren rechtlose Zwangsarbeiter. Juristisch hatten sie den Status einer Sache oder Ware; ihre Besitzer konnten sie also nach Belieben benutzen und verkaufen. Damit waren sie auch ein wichtiges Wirtschafts- und Handelsgut; Hauptumschlagplatz des Sklavenhandels war die griechische Insel Delos.

In der Antike war Sklavenarbeit die Grundlage für die wirtschaftliche Blüte vieler Städte und Länder. In Rom unterschied man zwischen Privatsklaven und Staatssklaven. Die Behörden verwendeten sie beim Straßen- und Tempelbau und als Gehilfen der Beamten, z. B. als Gefängniswärter und Henker, als Schreiber und Wachpersonal. Die große Mehrzahl aber schuftete in den staatlichen Bergwerken und auf den riesigen Staatsgütern Siziliens. Die

Privatsklaven erledigten alle Aufgaben von Dienstboten: Sie besorgten den Haushalt, beförderten Briefe, trugen Sänften, waren Ammen oder Erzieher der Kinder. Sie dienten, kostbar gewandet, als Türhüter, Hausverwalter, Gesellschafterinnen und Sekretäre in reichen Patrizierfamilien oder gingen in Lumpen wie ihr armer Herr, dessen ganzer Besitz in einem einzigen Sklaven bestand. Sie bildeten aber auch die Privatarmeen mancher Senatoren und Ritter, wurden als Bauarbeiter und in der Landwirtschaft eingesetzt und als Leiharbeiter an Fabriken vermietet. Sklavinnen arbeiteten als Dienerinnen im Haus, in der Landwirtschaft und in Werkstätten – vor allem bei der Herstellung von Textilien –, aber auch häufig als Prostituierte.

Am ehesten konnten Haussklaven, die in engem Kontakt mit ihrer Besitzerfamilie lebten, auf menschenwürdige Behandlung und vielleicht gar spätere Freilassung hoffen. Da sie Selbstbestimmung und die Möglichkeit zu sozialem Aufstieg brachte, war die Freilassung für viele das höchste Lebensziel.

Nicht alle Herren waren so menschlich wie unser Volcatius. Der alte Cato z. B. rät in seinem Buch *De agricultura*: „Der Hauswirt verkaufe die alten Ochsen, die schlechten Schafe, das alte Wagenzeug, die alten und kränklichen Sklaven und alles, was überflüssig ist." Cato, der im 2. Jahrhundert v. Chr. lebte, war auf seiner Olivenplantage von 60 Hektar noch mit 13 Sklaven ausgekommen. Ein Jahrhundert später lag die Zahl der Sklaven auf einem mittleren Landwirtschaftsbetrieb, der jetzt mehrere Tausend Hektar umfaßte, schon bei 400, und die Größe der Ländereien und Fabriken nahm ständig zu. Unzählige mußten unter unmenschlichen Bedingungen leben und arbeiten, besonders im Süden Italiens und in Sizilien. Dort kam es dann auch zu den ersten Sklavenaufständen, die blutig niedergeschlagen wurden.

B Gespräche nach Tisch

Tum C. Sallustius, qui diu tacuerat, dicere coepit: „Auctores rerum gestarum tradunt multas seditiones iam temporibus antiquis a servis pro libertate pugnantibus factas esse. Post Carthaginem autem deletam – ut dicere soleo – periculum bellorum servilium crescere coepit propter ingentem numerum hominum, qui in multis bellis capti erant. Ego memoria teneo Spartacum ante viginti annos ingenti cum manu gladiatorum servorumque villas et vicos diripientium magnum tumultum per totam Italiam fecisse."

Tum Lucius Volcatius senex, ubi Sallustium talia dicentem audivit, subito e lecto surrexit magna voce exclamans: „Non fuit tumultus, fuit bellum, quod Spartacus cum populo Romano gessit. Noli adhibere falsa nomina, Gai Sallusti! Ego scio bellum crudele fuisse, ego enim proeliis interfui, ego fui in exercitu M. Crassi." Sallustius respondit: „Si bello servili interfuisti, narra nobis de rebus gestis, quas vidisti, narra de Spartaco et Crasso!"

Servilia clam ad Domitiam: „Iam saepe senem talia narrantem audivi. Numquam de Spartaco belloque servili narrare desinit. Nonne etiam te nonnumquam narrationes virorum fatigant? Veni mecum in atrium, libros novos tibi monstrare cupio, quos Lucretius *de rerum natura* scripsit; nam tibi quoque, ut scio, placent, quae philosophi scripserunt!" Cito Servilia et Domitia triclinium reliquerunt.

Lektion 22

A Der Bericht des Großvaters über den Spartacus-Krieg

Ceteri convivae, postquam verba Sallustii audiverunt, magno cum studio ab avo narrationem de Spartaco petiverunt. Avo paulum dubitante Lucius Volcatius dixit: „Quid taces, mi pater? Ab amicis tanto studio rogatus dubitare non debes."

Cunctis convivis plaudentibus L. Volcatius senex narrare coepit: „Multi servi in certaminibus gladiatoriis de vita pugnare coacti de sorte sua desperabant. Itaque manus septuaginta fere gladiatorum consilio fugae diu excogitato e ludo gladiatorio erupit; qui ludus prope Capuam fuit. Gladiatores vinculis ruptis pro libertate sua vi et armis pugnare parati erant. Armis paratis per Campaniam iter fecerunt et nullo resistente Vesuvium montem petiverunt. Monte capto castra posuerunt et Spartacum Thracem ducem fecerunt. Spartaco duce exercitus in dies augebatur; cottidie enim magnus numerus servorum, qui libertatem a Spartaco sperabant, dominis desertis se gladiatoribus adiungebat.

Primo turba gladiatorum servorumque a senatoribus consulibusque nostris neglegebatur. Quis enim putabat legiones Romanas a servis vinci posse? Sed valde erravimus! Nam Spartaco auctore servi armis se exercentes et disciplinam et scientiam rei militaris augebant. Qua de causa tres legiones a senatu missae sub Vesuvio monte a copiis Spartaci victae et pulsae sunt. Clade accepta omnes magno timore affecti sunt."

Panem et circenses

„Brot und Spiele" – das war die Forderung, die das Volk von Rom seinen Herrschern immer wieder zuzurufen pflegte. Zitiert man sie heute, so will man damit sagen, daß die Massen nicht nur satt, sondern auch unterhalten werden wollen.

In Rom boten diese Unterhaltung vor allem die öffentlichen Spiele, die *ludi (circenses)*. Ursprünglich waren es Dankfeste für die Götter, und immer noch wurden die Spiele von Opferungen und anderen geheiligten Zeremonien begleitet. Inzwischen aber waren Massenspektakel daraus geworden, die tagelang dauern konnten und Unsummen kosteten. Für die Zuschauer war der Eintritt allerdings meist frei, denn für die Kosten kamen Mitglieder der Oberschicht auf: Politiker zum Beispiel, die sich so die Gunst der Wähler sichern wollten, Feldherren, die ihre Siege feierten, oder aber der Staat, denn Feiertage pflegte man in Rom auf diese Weise zu begehen.

Je nach Art der Spielstätte, in der die Veranstaltungen stattfanden, unterschied man zwischen *ludi circenses* (im Zirkus), *ludi gladiatorii* (im Amphitheater) und *ludi scaenici,* den Bühnenaufführungen (im Theater). Letztere waren unblutig, aber bei den übrigen Spielen bestand der Nervenkitzel vor allem darin, daß sie sehr gefährlich waren. Bei den sportlichen Wettkämpfen im Circus waren die halsbrecherischen Wagenrennen besonders beliebt. Auch bei den nachgestellten Seeschlachten, für welche die Arenen mit Wasser gefüllt oder eigens künstliche Seen angelegt wurden, floß echtes Blut. Bei den Gladiatoren schließlich, zu denen auch verurteilte Verbrecher zählten, gehörte der Tod sozusagen zum Programm: Im Kampf zu unterliegen bedeutete oft zu sterben. Wie die Stimmung in so einem riesigen Zuschauerraum wohl gewesen ist, kann man sich ausmalen, wenn man an die tobende Menge bei heutigen großen Fußballspielen denkt.

In Rom prägt die riesige Ruine des Kolosseums, des größten Amphitheaters, das jemals gebaut wurde, das moderne Stadtbild. Es bot mindestens 50.000 Zuschauern Platz. Eingeweiht wurde es im Jahr 80 n. Chr. mit Spielen, die hundert Tage dauerten und bei denen Tausende von wilden Tieren getötet wurden. Nach der Überlieferung sind dort später auch Christen in Schaukämpfen hingerichtet worden. Zum Gedenken an diese Märtyrer ist im Kolosseum eine Kapelle errichtet worden, von der die alljährliche Karfreitagsprozession ausgeht.

Das Kolosseum, von Westen gesehen.

B Die Spiele sind grausam

In multis partibus imperii Romani amphitheatra praeclara aedificabantur, quorum reliquiae etiam hodie magnam admirationem hominibus movent. Quis autem non audivit de certaminibus crudelibus, quibus olim Romani in amphitheatris delectabantur? Quibus in spectaculis non solum bestias aut inter se aut contra homines pugnantes occisas esse, sed etiam multos homines spectatoribus plaudentibus vitam amisisse constat. Ingens numerus bestiarum aut aedilibus aut aliis magistratibus auctoribus in Italiam importabatur: leones et elephanti e Libya, tigres ex India, pantherae e Cilicia, multa denique alia animalia ex omnibus imperii partibus.

Imprimis autem animi spectantium incitabantur, cum homines inter se de vita pugnabant. Sed cunctis fere civibus tales ludos cupientibus et *panem et circenses* a magistratibus petentibus nonnulli viri prudentes spectacula crudelia verbis gravibus reprehenderunt.

Seneca philosophus in epistula ad Lucilium amicum narrat de spectaculo, quod in amphitheatro vidit: „Primo vidi leones et ursos et alias bestias pugnantes; quibus pugnis finitis certamen imprimis crudele coepit. Tum enim homines contra homines gladiis aliisque armis sine spe salutis pugnare cogebantur. Finis pugnantium mors erat; gladiatore paulum dubitante turba spectantium clamabat: ‚Cur non incurrit in gladium? Cur occidere dubitat? Cur homini mors non placet?‘ Talibus spectaculis homines discunt esse inhumani; nulla enim re boni mores magis pereunt quam spectaculis gladiatoriis."

Gladiatoren im Kampf mit Raubtieren. Die Fassade im Hintergrund ist eine moderne Ergänzung. Relief in Rom, Villa Torlonia.

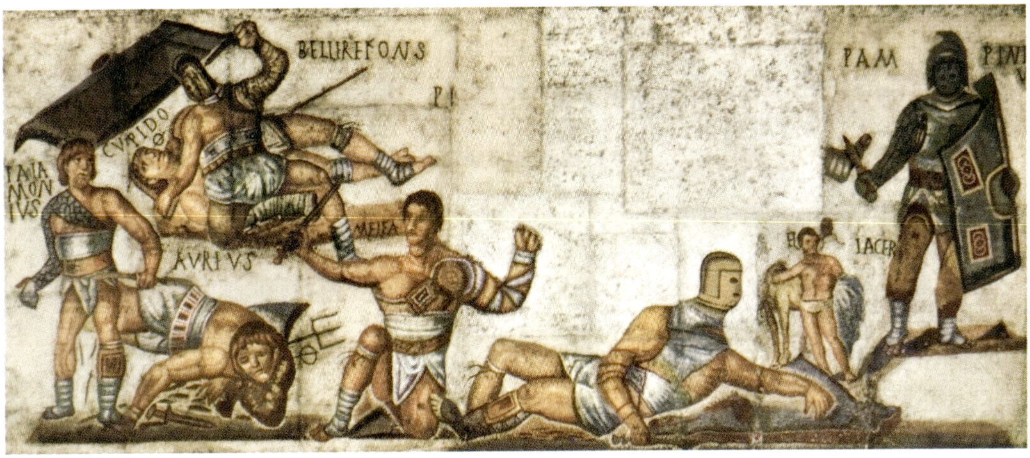

Die Gladiatoren kämpften mit den verschiedensten Waffen und Rüstungen gegeneinander. Auf dem Mosaik sind die meisten von ihnen mit – teilweise sehr eigenartigen – Namen benannt. Rom, Galleria Borghese.

F Gladiatoren im Film

Kirk Douglas als Titelheld in dem Spielfilm *Spartacus* (Stanley Kubrick, 1959); er kämpft gegen einen *retiarius*, der mit Dreizack und Fangnetz bewaffnet ist.

Vergleiche das Photo mit dem antiken Mosaik. Glaubst du, daß der Film ein realistisches Bild der römischen Gladiatoren zeigt?

Lektion 23

A Das Ende des Spartacus

Memoria belli servilis commotus L. Volcatius senex gemuit et dixit: „Copiis nostris victis omnes fere servi, qui arma ferre poterant, ad Spartacum concurrerunt. Villas diripientes et agros vastantes et feminis vim facientes per totam Italiam iter fecerunt; etiam contra dominos suos arma ferre non dubitaverunt.“ Tum Sallustius orationem Volcatii senis interrupit et: „Equidem“, inquit, „accepi servos Spartaco invito tales crudelitates commisisse.“

Respondit Lucius Volcatius senex: „Recte dixisti. Vetuit enim Spartacus aurum argentumque auferri aut feminis vim afferri. Constat autem servos alium ducem nomine Crixum habuisse; Crixo auctore servi cupiditate pecuniae inducti e villis ingentem copiam auri argentique abstulerunt. Crixus Gallus erat, mi fili Luci, ut Crixus, servus tuus, qui crudelitatem Romanorum accusavit. Ducibus servorum inter se differentibus magna controversia exstitit. Itaque exercitu servili relicto Crixus cum suis in montem Appenninum se contulit. Paulo post a legionibus nostris circumdati sunt et, quod impetum non ferebant, interierunt.

Crixo autem occiso Spartacus dolum adhibens legiones vicit; ira incensus, quod suis auxilium ferre non potuerat, nostris non pepercit. Ferunt enim captivos a servis more gladiatorum inter se pugnare coactos ad unum omnes interisse.

Nuntio cladis ad urbem allato senatus M. Licinium Crassum, qui, ut scitis, divitiis multum valebat, legionibus Romanis praefecit. Multi, quibus amicitia cum Crasso erat, pericula subire et signa in hostem inferre non dubitaverunt; ego quoque, ut iam antea narravi, ad exercitum Crassi me contuli.

Marmorbildnis des M. Licinius Crassus Dives (115 – 53 v. Chr.). Es zeigt ihn als sehr energischen Mann im Alter von etwa 50 Jahren. Kopenhagen, Ny Carlsberg Glyptothek.

Primo varia fortuna pugnatum est; tum autem Spartacus clade accepta in Bruttium se rettulit et auxilio piratarum in Siciliam navigare temptabat. Sed piratae magna pecunia oblata tamen navigationem semel atque iterum distulerunt. Crassus, postquam servos de fuga desperavisse intellexit, statim proelium commisit. Numquam barbarum tanta fortitudine pugnantem vidi! Nam multis servis iam caesis aut fugatis Spartacus tamen militibus nostris magnum timorem intulit, quin etiam Crassum imperatorem gladio petivit. Sed frustra! Spartacus a militibus nostris circumdatus occisus est.

Exitum autem belli servilis non ignoratis: Servi fugientes capti et poena crudeli affecti sunt; Crassus enim omnes iuxta viam Appiam in crucem sustulit."

Die andere Seite der Sklaverei

Verzweiflung und Wut der Sklaven über ihre menschenunwürdige Situation waren Ursache für Aufstände wie den des Spartacus. Aber nicht immer bestimmten Ausbeutung auf der einen, Haß auf der anderen Seite das Verhältnis zwischen *dominus* und *servus*. Zu den im Hause beschäftigten Sklaven und Sklavinnen wie Ammen, Pädagogen und Sekretären, die oft lesen und schreiben konnten, entwickelten sich in vielen Familien freundschaftliche Beziehungen, die auch dann fortdauerten, wenn jene freigelassen wurden. Besonderen Familienanschluß fanden die in einem Haushalt geborenen Sklavenabkömmlinge *(vernae)*, die oft mit den Kindern der Herren erzogen wurden, als deren Spielgefährten und später persönliche Diener und Vertraute.

Ein Beispiel für eine solche Verbindung sind Cicero und sein Sekretär Tiro, die zusammen aufgewachsen waren. Als Tiro 53 v. Chr. im Alter von etwa 55 Jahren freigelassen wurde, schrieb Quintus Cicero an seinen Bruder Marcus: „Mit Tiro hast Du mir einen ganz großen Gefallen getan, daß Du ihn lieber als unseren Freund denn als Sklaven haben willst ... Wie sehr mußt Du Dich an seiner Treue freuen, wo noch wissenschaftliche Gespräche und feine Bildung hinzukommen."

Tiro verwaltete nicht nur Ciceros Korrespondenz, Finanzen und Bibliothek, sondern unterstützte ihn als sein engster Mitarbeiter auch bei seiner schriftstellerischen Tätigkeit. Cicero spricht in einem Brief an Tiro von „meinen, oder besser unseren, literarischen Arbeiten", und fügt hinzu, „daß ohne Dich alles, was ich geschaffen habe, stumm bleibt" – *sine te omnia mea muta esse.* Damit war sicherlich mehr gemeint als die Tatsache, daß Tiro, um Ciceros Reden an Ort und Stelle mitschreiben zu können, eine von den Griechen übernommene Kurzschrift erfolgreich weiterentwickelte.

Für Ciceros Sohn Marcus Junior, der Tiro ausführliche Berichte über seine Studienfortschritte aus Griechenland sandte, war dieser ein fast väterlicher Ratgeber. Wie aus dem Briefwechsel der Familie hervorgeht, wurde der Freigelassene von der gesamten Verwandtschaft als enger Freund betrachtet, ja wie ein Familienmitglied im modernen Sinne.

B Die Familie Cicero schreibt dem kranken Sekretär Tiro nach Griechenland

Tullius et Cicero, Terentia, Tullia, Quintus pater et Quintus filius Tironi suo salutem dicunt.

Tuis litteris, quas antea acceperam, magna cura affectus eram. Nova epistula lecta paulum sum recreatus. Quamquam cupio te ad me cito venire, unum te rogo: Differ iter longum, quo imprimis homines aegri fatigantur. Noli te committere periculis navigationis nec viae.

Medicum, quem adhibere soles, ab omnibus laudari scribis, et ego sic audio. Sed non omnia medici praecepta laudo. Ius enim tibi dare non debuit, quia κακοστόμαχος* fuisti. Noli parcere pecuniae aut aliis honoribus. Nam necesse est, ut puto, studium medici argento paulum incitari.

Magna sunt tua in me officia, in re privata, in re publica, in studiis, in litteris nostris. Maximum autem officium nunc mihi praesta: Omnibus aliis neglectis tibi et valetudini tuae servi, ad valetudinem confer, quod potes! Adhuc, dum mihi servis, numquam valetudini parcere potuisti. Nunc te nihil prohibet. Si nos omnes amas et imprimis me, magistrum tuum, valetudinem tibi maximae curae esse oportet.

Omnes cupimus brevi tempore te videre, sed, mi Tiro, valentem. Vale, mi Tiro, vale, vale et salve!

Tiro litt vermutlich an einer Art von Malaria; die Krankheit konnte diesmal geheilt werden, trat aber später noch mehrmals auf. Dennoch wurde der fast 100 Jahr alt.

Eine ganze Reihe von solchen fürsorglichen Briefen Ciceros erhielt Tiro im Winter 50/49 v. Chr. in Patrae, einer Hafenstadt am Ausgang des Golfs von Korinth. Da er im Augenblick für die lange Seefahrt nach Italien zu schwach war, hatte ihn sein Patron – sehr ungern – auf der gemeinsamen Rückreise von Kilikien dort im Haus eines Gastfreunds zurücklassen müssen. In Kilikien (heute: Südtürkei) war Cicero ein Jahr lang als Provinzstatthalter tätig gewesen, natürlich mit Tiro an seiner Seite; nun konnte und wollte er aber nicht länger mit der Heimkehr ins ersehnte Rom warten. Tiro reiste ihm nach seiner Genesung in die Hauptstadt nach.

* kakostómachos = magenkrank. Cicero verwendet in seiner Korrespondenz gerne griechische Fachausdrücke.

Lektion 24

Die römischen Provinzen

Gallien war nicht das erste Gebiet, das römische Provinz wurde; schon im Jahre 242 v. Chr. hatten die Römer Sizilien besetzt. Seit der Mitte des 3. Jahrhunderts nahm Roms Reichtum und Macht außerhalb Italiens ständig zu, weil es die menschliche Arbeitskraft und die Rohstoffe in den immer neuen Gebieten, die es dazueroberte, für sich ausbeuten konnte. In der Zeit um Christi Geburt gehörten zum römischen Staatsgebiet alle Länder rings um das Mittelmeer, für das *mare nostrum* die gängige Bezeichnung wurde. Als Kaiser Trajan im Jahre 115 n. Chr. Mesopotamien und Assyrien unterwarf und zu Provinzen machte, hatte das Imperium seine größte Ausdehnung erreicht.

Um größtmöglichen Gewinn aus den Städten, Dörfern und Häfen, den Fabriken und Bergwerken, den Steinbrüchen, Bauernhöfen, Weinbergen, Wäldern, und Gewässern der eroberten Gebiete zu ziehen, wurden Prinzipien der römischen Verwaltung und Gesetzgebung auf die fremden Länder und ihre Einwohner übertragen. Welche Anforderungen dies an das Geschick, die Fachkenntnis und Klugheit der römischen Beamten stellte, kann man sich mit einem Vergleich verdeutlichen: Man stelle sich vor, die heutige Türkei, Syrien, der Irak, Israel, Ägypten, Tunesien, Algerien, Marokko, Spanien, Frankreich, Deutschland, die Schweiz, Österreich, der Balkan einschließlich Rumänien und Griechenland und Südrußland sollten nach einheitlichem Recht von einem Regierungssitz aus zentral verwaltet werden!

Die Bewohner der Provinzen hatten feste Abgaben in Geld und Naturalien an Rom zu entrichten. Die Eintreibung dieser Steuern übertrug man reichen Kaufleuten und Bankiers. Sie liehen der Staatskasse die geschätzten Einnahmen und erhielten dafür das Recht, diese Gelder in den Provinzen wieder einzutreiben, wobei sie eng mit den römischen Statthaltern zusammenarbeiteten. Dabei kam es immer wieder zu Mißbrauch bis hin zur Ausbeutung.

Das Wohl und Wehe einer Provinz hing also vom Charakter des jeweiligen Statthalters ab: Er konnte seine Macht willkürlich ausnutzen oder aber auch vorbildlich regieren – wie z. B. Cicero, der als Statthalter von Kilikien immer ein offenes Ohr für die Anliegen der Provinzbevölkerung hatte und sich, soweit wir wissen, nicht persönlich bereicherte.

A Cicero in Kilikien

Narratione patris finita L. Volcatius: „Bene“, inquit, „eas res rettulisti, pater. Is vir profecto rei publicae Romanae valde periculosus fuit. Sed eae res viginti annis antea gestae sunt. Nunc ad eas res nos conferre cupimus, quae nostris temporibus aguntur.

Sed tu, Caeli, cur tam diu tacebas? Num aegre ferebas nos Caesarem imperatorem tantis laudibus efferre? Scimus enim eum a te non nimis amari. Sed constat te amicum bonum Ciceronis esse. Quid de eo comperisti?“ Etiam Servilia, quae interea cum Domitia ex atrio redierat et ultima verba audiverat, e Caelio quaesivit: „Quid scribit Tullius noster de se suisque negotiis? Quid scribit de eo magistratu, quem nunc in Cilicia provincia obtinet? Puto eum magistratum ei honori gaudioque esse.“

„Minime“, inquit Caelius. „Nam epistulae eius plenae sunt doloris et lacrimis abundant. Neque id mirum est. Nam Tullius, qui duodecim annis ante consul patriam e magno periculo servavit et coniuratione Catilinae aperta magnam laudem sibi paravit, nunc, quod proconsul procul ab urbe est, vitam tristem agit. Desiderium urbis eum vexat; desiderat enim omnia ea, quae Romae ei iucunda erant. Ecce epistula, quam ante paucos dies ab eo accepi ...“

B Ein Brief Ciceros

Cicero proconsul salutem dicit M. Caelio aedili designato.

Primo accipe gratulationem meam! Nam te aedilem esse creatum valde gaudeo. Sero litteras ad te mitto, non neglegentia mea, sed ignoratione rerum omnium, quae Romae geruntur. In iis enim sum locis, quo propter longinquitatem et propter latrones sero omnia perferuntur.

Mirum desiderium urbis me tenet, incredibile desiderium amicorum atque imprimis tui, taedium autem provinciae. Totum enim negotium non est dignum viribus nostris. Urbem, urbem, mi Rufe, cole et in eius luce vive; nam omnis vita, quae extra Romam agitur, tristis est.

Scripsisti nonnullas pantheras tibi ad ludos necessarias esse. Eas tibi mittere non possum; nam mira est paucitas earum, et eae, quae in Cilicia sunt, aegre ferunt insidias, quae eis undique parantur. Itaque pantherae constituerunt e nostra provincia cedere.

Cupio te aedilem videre. Vale!

Wegen der häufig stattfindenden Gladiatorenspiele und Tierhetzen hatten die Römer einen enormen Verbrauch an wilden Tieren, die aus dem Orient und aus Afrika lebend herangeschafft werden mußten. Ein Elefant wird aufs Schiff verladen. Ausschnitt aus dem großen Jagdmosaik in der Villa bei Piazza Armerina, Sizilien.

Lektion 25

Die Piraten

Seeräuberei ist so alt wie die Seefahrt. Meist waren es die ärmeren Nachbarn der reichen Staaten, die sich mit Gewalt die Güter holten, die sie auf anderen Wegen nicht bekommen konnten. Und oft besaßen sie die schnelleren Schiffe, die besseren Mannschaften, die gefährlicheren Waffen. Im ganzen Mittelmeerraum waren die Piraten eine ständige Bedrohung für Reisende und Warentransporte. Manche Reeder versuchten ihr dadurch zu entgehen, daß sie regelrechte Verträge aushandelten und Schutzgelder zahlten, die sie dann natürlich auf den Preis ihrer Waren aufschlugen.

Verträge mit Räubern widersprachen dem Rechtsempfinden der Römer und ihrem Streben nach geordneten Verhältnissen. Außerdem gerieten durch das Piratenunwesen die regelmäßigen Getreidelieferungen aus Ägypten für die Bevölkerung Roms in Gefahr. Deshalb hatte man im Jahre 67 v. Chr. dem Feldherrn Pompeius nach einem Volksbeschluß den Oberbefehl gegen die Piraten übertragen, verbunden mit einer noch nie dagewesenen Machtfülle: Pompeius bekam ein großes Heer, eine Flotte und dazu unbegrenzte Geldmittel.

In nur 80 Tagen befreite Pompeius erst das westliche, dann das östliche Mittelmeer von der Piratenplage. Auf der Stelle fiel der Preis aller Handelswaren. 20.000 gefangene Piraten wurden auf Veranlassung des Siegers in den verödeten Gegenden Kilikiens angesiedelt. Die Betroffenen waren dem Pompeius überaus dankbar, denn sie hatten mit ihrer Hinrichtung oder mindestens Versklavung gerechnet.

A Ein Abenteuer Caesars

Epistula Ciceronis a Caelio recitata C. Sallustius ridens dixit: „Semper Tullius noster fortunam accusat, numquam vitam suam flere desinit. Vita quidem eius nunc iucunda non est. Quis enim beatus haberi potest, qui procul ab urbe est?

Sed quamquam Cicero scripsit se infelicem esse, ego puto eum esse felicem. Nam hodie ea provincia, quam administrat, tuta est. Ante paucos autem annos incolae earum regionum a piratis vexabantur, et omnes, qui in Asiam navigabant, non ignorabant sibi magna pericula imminere. Cicero Pompeio nostro magnam gratiam debet, quod ante sedecim annos piratis pulsis litora mariaque eis periculis liberavit.“

Tum C. Volcatius: „Ea pericula“, inquit, „de quibus dixisti, Caesar noster numquam timebat. Ei ante multos annos in Asiam naviganti res mira accidit. Audite! Navigavit igitur Caesar in Asiam et cum ceteris, qui in ea nave erant, a piratis captus est. Ceteris captivis de sorte sua iam desperantibus Caesar, adulescens viginti fere annorum, constantem audacemque se praebebat. ‚Ego mortem non timeo‘, piratis inquit. ‚Sed vos mortem timere debetis.‘

Quibus verbis adulescentis ira piratarum movebatur. Piratae aegre ferebant eum non modo superbiam tam insolenter prae se ferre, sed etiam se irridere. Tamen vim ei non attulerunt. Exspectabant enim magnam copiam argenti ab amicis eius. Sed Caesar ubi audivit piratas pro vita sua viginti talenta poscere, ridens dixit se eis quinquaginta talenta offerre.

Et profecto quinquaginta talentis ab amicis missis Caesar liberatus est. Vix in terram expositus erat, cum manu militum coacta navibusque comparatis impetum in piratas fecit, eos cepit, praedam eorum abstulit. Piratas, ut dixerat, ad unum omnes in crucem tolli iussit."

B Bacchus und die Seeräuber

Bei den Römern hieß der Gott des Weines Bacchus, bei den Griechen Dionysos. Mit Efeukranz und Trinkhorn ausgestattet, läßt er sich auf seinem Wunderschiff übers Meer gleiten. Reben ranken sich am Mastbaum empor, und das Meer verwandelt sich in Wein. Innenbild einer Schale des griechischen Töpfers Exekias (um 540 v. Chr.), aus der man Wein trank. München, Staatliche Antikensammlungen und Glyptothek.

Bacchus puer olim navem ascendit et nautas in insulam Naxum navigare iussit. Qui, quod puerum pulchrum deum esse non cognoverant, eum in servitutem tradentes permagnas divitias sibi parare constituerunt. Bacchus iam putabat se prope insulam esse, cum se a nautis decipi intellexit. Piratae enim praeter insulam iam navigaverant.

Ira incensus se deum esse ostendit et piratas punivit. Qui timore perterriti subito intellexerunt se remos movere non iam posse: Vela et remi hedera vitibusque circumdati erant. Sed ira dei nondum lenita erat; eo enim auctore navis piratarum pantheris completa est. Omnibus veniam a deo petentibus unus e nautis vidit colorem et figuram suam mutari. Os aperire temptavit, sed voce amissa sortem suam flere non potuit. Tandem in delphinum mutatus in mare desiluit.

Ita ad unum omnes puniti circum navem nataverunt.

Den Dionysos stellte man sich sowohl alt und bärtig als auch, vor allem in späterer Zeit, jugendlich vor. Zu seinen Begleitern gehören der Panther und die Satyrn. Diese haben eine menschliche Gestalt, aber Pferdeohren und Pferdeschwänze. Bilder, die den betrunkenen Gott zeigen, wie er von einem Satyr gestützt wird, waren eine beliebte Dekoration in römischen Privathäusern und öffentlichen Gebäuden. Marmorgruppe in Rom, Nationalmuseum.

Grammatische Impulse 1

1 Imperativ (Befehlsform): die Bedeutung der Endungen

Vergleiche:

clāmā-		schrei(e)-		!	venī-		komm(e)-		!
clāmā-	**te**	schrei -	**t**	!	venī-	**te**	komm -	**t**	!
respondē-		antworte-		!	surg-*e**-		steh(e) -		auf!
respondē-	**te**	antworte-	**t**	!	surg-*i** -	**te**	steh -	**t**	auf!

* e und i nach dem Stamm surg- sind Aussprechvokale. Vgl. die Anmerkung zu GI 2.2.

Der Unterschied zwischen Singular und Plural der Imperative wird im Lateinischen und Deutschen am Ende des Wortes erkennbar:
Die **Endung** **-te** im Lateinischen und **-t** im Deutschen ist das Signal für den Imperativ Plural, der reine **Stamm ohne Endung** (mit „Null-Endung") ist in beiden Sprachen das Signal für den Imperativ Singular.

Diese Übereinstimmung zeigt, daß Latein und Deutsch miteinander verwandt sind.

2 Zusammensetzung der Verben: Stamm und Endung

clāmā-re **clāma-t**

Bei jedem regelmäßig gebildeten Verb kann man den **Stamm** *(clāmā-, respondē-, venī-, surg-)* von **Endungen** und anderen zusätzlichen **Signalen** unterscheiden.
Der **Stamm** enthält die Grundbedeutung des Wortes,
die **Endung** gibt zusätzliche Informationen,
z. B. darüber, ob es sich um eine Form im Singular oder Plural handelt.

Bei Verben ist die Endung **-re** das Signal für den **Infinitiv,**
-t das Signal für die **3. Person Singular.**
(*Vergleiche*: er, sie, es schrei-**t**, antworte-**t**, komm-**t**)

Infinitiv	clāmā-**re**	schreien
Imperativ Singular	clāmā-	schrei!
Imperativ Plural	clāmā-**te**	schreit!
3. Person Singular	clāma-**t**	er (sie, es) schreit

2Ü a Mache eine solche Zusammenstellung von Infinitiv, Imperativ Singular und Plural, 3. Person Singular für alle bisher im Infinitiv gelernten Verben.

2Ü b Schreibe die Verben des Lesestücks 1 A in dein Heft. Was ist bei ihnen jeweils Stamm und Endung? Welche Informationen kann man ihren Endungen entnehmen?
Beispiel: audi-te: audi = Stamm; -te = Endung für Imperativ Plural

2Ü c Übersetze:
er antwortet, er ruft, er schreit, sie fragt, sie steht auf, antworte! komm! gehorcht! hört zu!

3 Verneinung der Befehlsform – Verbot

Nōlī clāmāre!	(Wolle nicht schreien!)	– Schrei nicht!
Nōlīte venīre!	(Wollt nicht kommen!)	– Kommt nicht!

Um ein **Verbot** auszudrücken, benutzt man im Lateinischen eine Umschreibung:
nōlī / nōlīte (Wolle nicht!/Wollt nicht!) + **Infinitiv.**

3Ü Übersetze:
Fragt nicht! Antwortet nicht! Liege nicht im Bett! Lache nicht! Steht endlich auf! Kommt!

4 Vokativ (Anredefall)

Audī, Dāve!	– Hör, Davus!
Surge, Gāī!	– Steh auf, Gaius!
Salvē, magistra!	– Sei gegrüßt, Lehrerin!

Für die Anrede gibt es im Lateinischen einen eigenen Fall **(Vokativ),** der aber fast immer mit dem Nominativ übereinstimmt.
Ausnahme: Bei den bisher gelernten Wörtern, die im Nominativ Singular auf *-us* enden, gibt es eine eigene Endung für den Vokativ Singular: ein kurzes **-e**:
Urs*us* – Urs**e**!
Endet ein solches Wort auf *-ius,* dann endet der Vokativ auf **-ī**:
Antōn*ius* – Antōn**ī**!

4Ü Gebt jedem Jungen und Mädchen in eurer Klasse einen lateinischen Namen! Manche haben schon einen passenden auf *-us* oder *-a* (Marcus, Cornelius, Tanja, Ursula usw.), andere lassen sich leicht bilden (Philippus, Paulus).
Nun fordert euch lateinisch gegenseitig auf, zu kommen, zu fragen oder zu antworten, bzw. nicht zu kommen, nicht zu schlafen oder zu schreien usw., wobei ihr euch mit den lateinischen Namen anredet. Vorsicht bei den Namen auf *-us* und *-ius*!
(Übrigens: Laßt auch die *magistra* oder den *magister* mitmachen!)

Grammatiktraining (T)

T 1 Respondete:

a) Quis non adest?
b) Quis clamat?
c) Quis numquam paret?
d) Quis in lecto iacet et fortasse dormit?
e) Cur Davus clamat?
f) Cur Gaius non adest?
g) Cur Ursus ridet?

T 2 Schreibe die angefangenen Sätze in dein Heft und ergänze sie zu sinnvollen Aussagen:

a) Magister non respondet, sed ●.
b) Discipula non in lecto iacet, sed ●.
c) Nolite interrogare, sed tandem ●!
d) Noli ridere, Paule, sed tandem ●!

T 3 Schreibe die folgenden Sätze in dein Heft und setze die fehlenden Verben lateinisch in der richtigen Form ein. Achte dabei auf den Zusammenhang:

a) Mater ●: „Ubi Gaius ●? Cur non ●?“ b) Volcatia: „Gaius non ●.“ c) Mater: „Gai, tandem ●!“ d) Sed Gaius non ●. Fortasse ●. e) Mater: „Gai, noli ●! ● tandem!“ f) Volcatia: „Gaius numquam ●.“

T 4 So viele Verbote in der Schule: Was sagt der Lehrer?

Marcus clamat. — Noli clamare, Marce!

a) Gaius dormit. — ● ●, ●!
b) Cornelia iterum interrogat. — ● ●, ●!
c) Lucius ridet. — ● ●, ●!
d) Aulus surgit. — ● ●, ●!

T 5 Bilde jeweils den Imperativ im Singular und Plural:

audire, parere, venire, surgere, vocare, interrogare, respondere

T 6 Die verflixten „kleinen Wörter“ *etiam, fortasse, iterum, numquam, tandem:* Setze jeweils eines von ihnen so in den folgenden Sätzen ein, daß eine Geschichte entsteht.
In der Schule:

a) Magister: „Responde ●, Gai!“ b) Sed Gaius non respondet; ● dormit. c) „Responde, Marce!“ ● Marcus non respondet. d) Magister ● clamat: „Audi, Marce!“ e) Magister *(erbost):* „● Marcus paret.“

T 7 Übersetze ins Lateinische: Wo ist Davus?

Servilia: „Höre, Ursus! Wo ist Davus? Warum gehorcht er nicht?“ Ursus antwortet: „Davus kommt nicht. Er liegt im Bett und schläft.“ Servilia lacht: „Ruf nochmals, Ursus!“ Ursus ruft: „Davus, steh auf! Schlaf nicht! Komm endlich!“

T 8 Setze alle Imperativformen aus den oben (in T 7) stehenden Sätzen in den Plural.

Grammatische Impulse 2

1 Singular und Plural der 3. Person: Numerus-Kongruenz

Vergleiche:

Serv**us** voca**t**.	– **Der (ein)** Sklave ruf**t**.
Serv**i** voca**nt**.	– **Die** Sklave**n** ruf**en**/Sklave**n** ruf**en**.
Puell**a** veni**t**.	– **Das (ein)** Mädchen komm**t**.
Puell**ae** veniu**nt**.	– **Die** Mädchen komm**en**/Mädchen komm**en**.
Labor incipi**t**.	– **Die** Anstrengung fäng**t** an.
Labor**es** incipiu**nt**.	– **Die** Anstrengung**en** fang**en** an.
Unus curr**us** ades**t**.	– *Ein* Wagen **ist** da.
Tres curr**us** adsu**nt**.	– Drei Wagen **sind** da.
Veni**t**.	– **Er (sie, es)** komm**t**.
Veniu**nt**.	– **Sie** komm**en**.

Diese kurzen Sätze bestehen nur aus **Subjekt** und **Prädikat.** Die deutschen Sätze haben mehr Wörter, denn lateinische Sätze enthalten weder Artikel noch die Personalpronomina „er, sie, es".

Beispiele für Wortausgänge im Singular und Plural:

Singular (Sg.):	**us**	(servus)	*Plural (Pl.):*	**ī**	*3. Person Singular:*	**t**	(veni-**t**)
	a	(puella)		**ae**	*3. Person Plural:*	**nt**	(veni-u-**nt**)
		(labor)		**ēs**			
	us	(currus)		**ūs**			

Der Numerus (Singular/Plural) des Prädikats stimmt mit dem des Subjekts immer überein **(Numerus-Kongruenz).**

1Ü a Schreibe die Substantive des Lektionstextes 2A, S. 13, in dein Heft. Unterstreiche die Signale für Singular und Plural und ordne die Wörter in eine Tabelle mit zwei Spalten (Sg./Pl.).

1Ü b Schreibe die Verbformen aus Lektionstext 2A in dein Heft. Hebe mit Farbstiften die Singular- und Pluralsignale hervor.

1Ü c Setze aus diesen Verben und Substantiven sechs sinnvolle Sätze zusammen. Beachte dabei die Numerus-Kongruenz.

2 Die fünf Konjugationsgruppen

clām**ā**- tac**ē**- aud**ī**- incip**(i)**- sur**g**-

Alle regelmäßigen Verben der lateinischen Sprache unterscheidet man nach ihrem Stammauslaut, der entweder ein ***a, e, i*** oder ein **Konsonant** ist. Nach diesen Stammkennzeichen spricht man von der **a-Konjugation, e-Konjugation, i-Konjugation** und der **konsonantischen Konjugation.**[1]
Der Stammauslaut der fünften Gruppe (**Mischgruppe**[2]) richtet sich entweder nach der i- oder nach der konsonantischen Konjugation.

DIE FÜNF REGELMÄSSIGEN VERBGRUPPEN (KONJUGATIONEN)

	a-Konjugation	*e-Konjugation*	*i-Konjugation* →	*Mischgruppe*	← *konsonant. Konjugation*
Stamm	clāmā-	tacē-	audī- →	incip(i)-	← surg-
Infinitiv	clāmā-re	tacē-re	audī-re	incip-*e**-re	← surg-*e**-re
Imperativ Sg. *Imperativ Pl.*	clāmā- clāmā-te	tacē- tacē-te	audī- audī-te	incip-*e** incip-*i**-te	← surg-*e** ← surg-*i**-te
3. Sg. *3. Pl.*	clāma-t clāma-nt	tace-t tace-nt	audi-t audi-*u**-nt →	incip-*i**-t incipi-*u**-nt	← surg-*i**-t surg-*u**-nt

* Die Vokale **e, i, u** gehören bei diesen Formen weder zum Stamm noch zur Endung. Es sind **Aussprechvokale,** die dazu dienen, die Aussprache zu erleichtern. Versuche, die Formen ohne die Aussprechvokale zu sprechen, um zu verstehen, warum sie notwendig sind!

2Ü a Bilde von allen im Lektionstext vorkommenden Verben (außer *noli/nolite*) den Infinitiv. Lege in deinem Heft eine Tabelle mit fünf Spalten an und ordne die Infinitive den fünf Konjugationsgruppen zu.

2Ü b Bilde von allen Infinitiven die bisher gelernten Verbformen: Imperative Sg. und Pl., 3. Sg. und Pl.

2Ü c Bilde möglichst viele Verbformen, indem du den Stamm durch die richtigen Bausteine ergänzt. Übersetze dann die entstandenen Formen:

Stamm	*Aussprechvokal (nur bei Bedarf!)*	*Endung*
tace- gem- surg- lacrima- incip(i)- dole- veni-	i e u	-t -nt -re -te ∅

1 In manchen Grammatiken wird sie auch als „Dritte" Konjugation bezeichnet.
2 In manchen Grammatiken wird sie zur konsonantischen Konjugation (mit i-Erweiterung) oder zur i-Konjugation („Kurz-i-Stämme") gerechnet.

3 Das Hilfsverb *esse*

Stamm	**es-/s-**	
Infinitiv	es-se	sein
Imperativ Sg.	es!	sei!
Imperativ Pl.	es-te!	seid!
3. Sg.	es-t	er (sie, es) ist
3. Pl.	s-*u**-nt	sie sind

* Aussprechvokal

Das Hilfsverb *esse* (sein) ist eines der fünf unregelmäßig konjugierten Verben. Auch das deutsche Hilfsverb „sein" hat eine unregelmäßige Konjugation.

4 Die Satzglieder und ihre Stellung im Lateinischen und Deutschen

(1) Gaius in stabulo **sedet**. – Gaius ② **sitzt** im Stall.

(2) Nam Gaius **dolet**. – ◀ Denn ▶ Gaius ② **ist** **traurig**.

(3) Nunc schola **incipit**. – Jetzt ② **beginnt** die Schule.

(4) Subito Volcatia **intrat**. – Plötzlich ② **tritt** Volcatia **ein**.

SATZSTELLUNGSREGELN:

1. Im **Deutschen** steht das **Prädikat** (P) im Aussagesatz an der 2. Stelle. Davor kann jedes andere Satzglied stehen, z. B. das **Subjekt** (S) oder die **Adverbiale Bestimmung** (AB).
   Daraus folgen die Umkehrregeln:
   a) Vor dem deutschen Prädikat kann nur **ein** Satzglied stehen.
   b) Was nicht allein vor dem deutschen Prädikat stehen kann, ist auch kein Satzglied.
2. Im **Lateinischen** ist dagegen die Stellung der Satzglieder nicht festgelegt. Das Prädikat steht häufig am Satzende.

Daraus folgt:
Das Wörtchen *nam* in Satz 2 ist kein Satzglied, sondern es dient dazu, Sätze miteinander zu verbinden; es ist eine **Konjunktion (Bindewort)**. Dies läßt sich durch die deutsche Wortstellung beweisen, denn hinter „denn" steht noch nicht das Prädikat.
Umgekehrt sind *nunc* und *subito* in Satz 3 und 4 keine Konjunktionen, sondern eigenständige Satzglieder, nämlich **Adverbiale Bestimmungen** (Wortart: **Adverb**). So kann man mit Hilfe der deutschen Wortstellung Satzglieder und Nicht-Satzglieder unterscheiden.

4Ü Stelle mit Hilfe der deutschen Wortstellung fest, zu welcher Wortart – Adverb oder Konjunktion – die folgenden „kleinen Wörter" aus den Lektionen 1 und 2 gehören:
et, etiam, tandem, sed, numquam, iterum, fortasse, diu, tum, nunc, itaque, nam, subito, iam.
Lege eine Tabelle mit je einer Spalte für Adverbien und für Konjunktionen an und lerne diese kleinen Wörter sehr gründlich!

5 Verstehen und Übersetzen

GRUNDREGEL
FÜR DAS ÜBERSETZEN AUS DEM LATEINISCHEN INS DEUTSCHE:
Behalte beim Übersetzen die Wortfolge des lateinischen Satzes bei, soweit das im Deutschen möglich ist.
Aus den Regeln des deutschen Satzbaus ergibt sich:
Beim Übersetzen muß das Prädikat in der Regel an die zweite Satzgliedposition, also hinter das erste Satzglied, verschoben werden; bei Befehlssätzen wird das Prädikat zum ersten Satzglied. Wenn das Prädikat im Deutschen aus zwei Teilen besteht, genügt es, den ersten Teil vorzuziehen.

5Ü Überprüfe diese Regel an den Sätzen des Lektionstextes.

Grammatiktraining (T)

T 1 **Setze in den Plural (lateinisch und deutsch):**

a) Puella non dormit.
b) Servus laborat.
c) Soror clamat.
d) Nunc labor incipit.
e) Puer diu sedet et lacrimat.

T 2 **Übersetze:**

a) Die Herrin ruft und die Sklaven kommen. Wo ist Gaius?
b) Volcatilla lacht. Auch die Sklaven Davus und Ursus lachen.
c) Volcatia und Volcatilla sind schon da. Nun kommt auch Gaius.
d) Die Mutter ist die Hausherrin. Sie ruft: Wo ist Davus?
e) Gaius ist ein Schüler. Auch Lucius ist ein Schüler. Gaius und Lucius sind Schüler.

T 3 **Ein eigenwilliger Hund, der nicht gehorchen will:**

Veni, Argule! — **Aber was tut der Hund?** — Argulus non venit.

a) Noli iacere in stabulo! — ● ● ●.

b) Audi! — ● ● ●.

c) Pare! — ● ● ●.

T 4 **Aus eins mach zwei. Schreibe die Lösungen in dein Heft:**

Gaius tacet.	Gaius et Argulus **tacent**.
a) Volcatia intrat.	Mater et Volcatia ●.
b) Argulus dormit.	Argulus et Gaius ●.
c) Davus servus est.	Davus et Ursus servi ●.
d) Nunc labor incipit.	Nunc labores ●.

T 5 **Setze lateinische Wörter ein, so daß eine richtige Geschichte entsteht.**
Eine boshafte Schwester:

a) Volcatia: „Gaude, Gai! Schola ●." b) Sed Gaius ● ●; nam Gaius est ●.
c) Valde ●. d) Volcatia ridet: „Noli ●, Gai!" e) Gaius clamat: „Noli ●, Volcatia!"
f) Tum lacrimare ●.

T 6 **Übersetze ins Lateinische: Vor der Abfahrt**

Was tut Argulus im Stall? Argulus schläft vielleicht. Gaius tritt ein; er seufzt und sagt: „Argulus, die Arbeiten fangen an!" Da steht Argulus auf und kommt. Argulus und Gaius schweigen lange. Plötzlich treten Servilia und Volcatia ein. Sie rufen: „Seid nicht traurig, Gaius und Argulus! Komm endlich, Gaius! Die Wagen sind jetzt da."

Grammatische Impulse 3

1 Akkusativ-Objekt

Nunc Servilia domina **servos** vocat.	**Wen** ruft die Herrin Servilia? – **die Sklaven**.
Tum cuncti **currum** ascendunt.	**Was** besteigen sie? – **den Wagen**.
Quem Volcatilla videt?	– puell**am**/puell**as** – serv**um**/serv**os** – fratr**em**/fratr**es**
Quid Volcatilla videt?	– curr**um**/curr**us**

Kennzeichen für den **Akkusativ Singular** ist das **-m**:

Nominativ Sg.:	puella	servus	currus	frāt*er*
Akkusativ Sg.:	puella**m**	servu**m**	curru**m**	frātr*e***m**

Kennzeichen für den **Akkusativ Plural** ist das **-s**:

Nominativ Pl.:	puellae	servī	currūs	frātrēs
Akkusativ Pl.:	puellā**s**	servō**s**	currū**s**	frātrē**s**

Beachte: Nach dem Akkusativ-Objekt fragt man nur: **wen** oder **was**?, **nicht** jedoch **für wen**?, **gegen wen**? usw. Wenn bei einem Akkusativ eine Präposition steht (z. B. in, auf, unter, für, gegen) handelt es sich **nicht** um ein Akkusativ-Objekt.

1Ü a Schreibe den folgenden deutschen Übungstext in dein Heft und unterstreiche alle Akkusativ-Objekte in der angegebenen Weise: Gaius ruft seinen Hund.
Ak – – – – – – – – Ak

Nach dem Frühstück laufen die Mädchen in den Garten. Plötzlich erblickt Volcatia eine Schlange. Eigentlich hat sie keine Angst vor Tieren. Aber Schlangen fürchtet sie sehr. Sie zeigt Volcatilla das Tier. Das Mädchen läßt voller Schrecken seinen Ball fallen. Die Kinder rufen die Mutter. Die Mutter hört die beiden und läuft über den Hof in den Garten. Die Kinder findet sie neben den Rosensträuchern, aber die Schlange sieht sie nicht. Die ist nämlich inzwischen längst verschwunden.

1Ü b Schreibe aus dem Lektionstext 3B alle Akkusativ-Objekte heraus und ordne sie nach Singular und Plural in eine zweispaltige Tabelle ein!

2 Transitive und intransitive Verben

Man unterscheidet zwei Verbgruppen:
- **transitive** Verben: Verben, die ein Akkusativ-Objekt bei sich haben können (z. B. sehen)
- **intransitive** Verben: Verben, die kein Akkusativ-Objekt bei sich haben können (z. B. schlafen)

2Ü a Sammle alle bisher gelernten lateinischen Verben und ordne sie diesen beiden Gruppen zu.

2Ü b Lauter transitive Verben: „WER/WEN-Satzkette". Übersetze ins Lateinische: **Gaius** sieht Volcatia – Volcatia grüßt die Schwester – die Schwester hört die Mutter – die Mutter tadelt die Sklaven – die Sklaven treiben die Maultiere an – die Maultiere ziehen den Wagen – der Wagen erfreut **Gaius**.

2Ü c Bilde mit transitiven Verben und dazupassenden Substantiven eine „WER/WEN-Satzkette", die lateinisch so beginnt: *Claudia Marcum amat – Marcus ...* Erfinde auch andere solche Ketten.

3 Bestimmung und Kennzeichnung der Satzglieder

Um den Aufbau der lateinischen Sprache zu verstehen und lateinische Texte ohne größere Mühe ins Deutsche übersetzen zu können, muß man die Satzglieder (vgl. Gl 2.4) und ihre Rolle im Satz **(Funktion)** unterscheiden. Mit dem neu hinzugekommenen Objekt kennen wir vier Satzglieder:
Subjekt, Prädikat, Adverbiale Bestimmung, Objekt.

Ein wichtiges Mittel, die Satzglieder und ihre Funktion im Satz zu unterscheiden, ist die **Satzgliedfrage.** Um die Bestimmung zu erleichtern und zu üben, kennzeichnen wir die Satzglieder folgendermaßen durch **Unterstreichung**:

Nunc Servilia domina Davum et Ursum vocat. Davus et Ursus servi sunt.
Ak ———— Ak

Satzglied	*Satzgliedfrage*	*Unterstreichung*
SUBJEKT	Wer? Was?	Servilia domina
ADVERBIALE BESTIMMUNG	Wann? Warum? Wie? Wo? Wohin? ... und andere Fragen nach der **Z**eit, dem **Gr**und, der **A**rt und **W**eise, dem **O**rt usw.*	nunc (Z ~~ Z)
OBJEKT	Wen? Was? (Akkusativ)	Davum et Ursum (Ak ———— Ak)
PRÄDIKAT	Was wird (*vom Subjekt*) ausgesagt?	vocat
Als Hilfsverb bildet *esse/sein* allein kein vollständiges Prädikat, sondern benötigt als Ergänzung ein Substantiv oder Adjektiv. Diese notwendige Ergänzung heißt PRÄDIKATSNOMEN (PN).		PN —— PN | servi | sunt

* Eine zusätzliche Kennzeichnung der Satzglieder durch rechts und links stehende Buchstaben (Z = Zeit, O = Ort, Gr = Grund, Ak = Akkusativ, PN = Prädikatsnomen usw.) ist dann nützlich, wenn diese ausdrücklich von anderen gleichartigen Satzgliedern unterschieden werden sollen. Sonst läßt man sie weg.

3Ü Sammle aus den Lektionstexten 2A und 2B alle Prädikatsnomina mit der dazugehörigen Form von *esse.*

4 Satzmodell

Die Unterstreichung der Satzglieder hilft dabei, den Aufbau von Sätzen (nicht nur im Lateinischen, sondern genauso auch im Deutschen und Englischen) besser zu verstehen. Die graphische Darstellung verdeutlicht den Bau des Satzes in einem Modell **(Satzmodell)**:

Jetzt (Z ~ Z) beginnt die Schule.	Nunc (Z ~ Z) schola incipit.
Gaius ist | ein Schüler . | (PN —— PN)	Gaius | discipulus | est. (PN —— PN)
Deshalb (Gr ~ Gr) weint der Junge im Stall. (O ~ O)	Itaque (Gr ~ Gr) puer in stabulo (O ~ O) lacrimat.
Denn Gaius mag die Schule (Ak - - - Ak) nicht.	Nam Gaius scholam (Ak - - - Ak) non amat.

4Ü Schreibe die folgenden Sätze in dein Heft und kennzeichne die Satzglieder durch Unterstreichung:
a) Volcatilla sitzt schon im Wagen. b) Ungeduldig erwartet sie die anderen.
c) Servilia domina servos et servas vocat. d) Tum currum ascendit. e) Tandem cuncti adsunt. f) Servi mulos incitant, muli autem cito trahunt tres currus.

Grammatiktraining

T 1 **Übersetze (manchmal gibt es zwei Lösungen!):**
das Maultier, die Maultiere, die Stunde, der Wagen, die Wagen, einen Sklaven, den Freund, die Schüler.

T 2 **Wie geht es weiter? Lies laut und ergänze (möglichst verschiedene) passende Prädikate. Übersetze dann jeden Satz ins Deutsche:**

Beispiel: Gaius Volcatiam ● (➔ *irridet*) – Gaius *lacht* Volcatia *aus.*

a) Dominus servum ●. c) Gaius catulum ●. e) Muli currum ●.
b) Mater liberos ●. d) Liberi currus ●. f) Soror Gaium ●.

T 3 **Antworte auf lateinisch mit ganzen Sätzen:**
a) Quem Gaius amat? c) Quem puellae irrident? e) Quid muli trahunt?
b) Quid Volcatia canit? d) Quid Gaius videt? f) Quem Davus incitat?

T 4 a Lies die folgenden Wortverbindungen laut und übersetze sie:

surgere et interrogare et respondere
intrare et considere et tacere
incipere et canere et gaudere

b Bilde in derselben Reihenfolge die bisher bekannten Formen (Imperativ Sg./Pl.; 3. Person Sg./Pl.). Übersetze dann die neuen Formen ins Deutsche:

Beispiel:	*venire et capere et scribere*	kommen, nehmen und schreiben
	veni et cape et scribe!	komm, nimm und schreib!
	venite et capite et scribite!	kommt, nehmt und schreibt!
	venit et capit et scribit	er (sie) kommt, nimmt und schreibt
	veniunt et capiunt et scribunt	sie kommen, nehmen und schreiben

T 5 Eine Form paßt nicht in die Reihe. Warum nicht?

cantus – labores – currus – liberos – servus – mulos.

T 6 Übersetze ins Lateinische:

Gaius träumt weiter davon, daß Argulus in der Schule ist

Argulus sieht Gaius; er freut sich sehr und begrüßt Gaius. Auch Gaius und die Freunde freuen sich. Die Schüler lachen und stehen auf. Sie rufen: „Komm, Argulus!" Doch der Lehrer tadelt die Schüler; auch den kleinen Hund tadelt er: „Nehmt die Arbeit wieder auf! Schreit nicht! Hündchen, verschwinde!"
Die Kinder schweigen. Aber was tut Argulus? Er schaut den Lehrer an und wedelt mit dem Schwanz (= *bewegt den Schwanz*).
Da lobt der Lehrer Argulus!

Grammatische Impulse 4

1 Adjektiv als Attribut (Beifügung) und Prädikatsnomen: KNG-Kongruenz

Ein Adjektiv kann im Satz als **Attribut** oder als **Prädikatsnomen** verwendet werden.

Vergleiche in der folgenden Gegenüberstellung die Anwendung im Deutschen und im Lateinischen:

Adjektiv als Attribut:

ein fröhlich **er** Junge	– puer laet **us**
fröhlich **e** Jungen	– pueri laet **i**
einen fröhlich **en** Jungen	– puerum laet **um**
ein fröhlich **es** Mädchen	– puella laet **a**
fröhlich **e** Mädchen	– puellae laet **ae**
ein fröhlich **es** Mädchen	– puellam laet **am**

Adjektiv als Prädikatsnomen (Prädikatsadjektiv):

Der Junge ist fröhlich ☐.	– Puer laet **us** est.
Die Jungen sind fröhlich ☐.	– Pueri laet **i** sunt.
Das Mädchen ist fröhlich ☐.	– Puella laet **a** est.
Die Mädchen sind fröhlich ☐.	– Puellae laet **ae** sunt.

Das Adjektiv richtet sich im Lateinischen in ***K**asus,* ***N**umerus* und ***G**enus* **(KNG-KONGRUENZ)** nach seinem **Beziehungswort,** das Prädikatsadjektiv also nach dem Subjekt.
Im Deutschen gilt diese Übereinstimmung nur für das Attribut.
Das deutsche Prädikatsadjektiv hat keine Endung.

1Ü Übersetze und beachte dabei die KNG-Kongruenz:

a) Der Schatten ist lang.
b) Der Wald ist groß.
c) Der Bruder ist groß.
d) Die Mutter ist froh.
e) Die Sklaven sind fröhlich.
f) Die Bäume sind hoch.
g) Die Speisen sind schlecht.

2 Formen des Attributs

a) Adjektiv-Attribut

Dies **longus** cunctos fatigat. – Der **lange** Tag ermüdet alle.
(Adj ⟷ Adj)

Was für ein Tag ...?

b) Apposition (Beifügung in Form eines Substantivs im gleichen Fall)

Puellae Gaium **fratrem** capiunt. – Die Mädchen fangen Gaius, **ihren Bruder**.

Ap ⟼ Ap   Ap ⟼ Ap

(*oder:* **ihren Bruder** Gaius).

Was für einen Gaius ...? (Es gibt vielleicht mehrere.) Ap ⟼ Ap

Das Attribut ist ein unselbständiges Satzglied (Beweis: In einem deutschen Satz kann ein Attribut nie allein vor dem Prädikat stehen). Es tritt nur als Teil eines anderen Satzgliedes auf, braucht also ein **Beziehungswort**.

Daher unterstreichen wir das Attribut im Satzmodell immer in der „zweiten (oder dritten usw.) Etage“:

Ursus et Davus | servi **laeti** | sunt. (PN —— PN; Adj ⟼ Adj)	*laeti* ist ein Adjektiv-Attribut beim Prädikatsnomen.
Ursus Davum **amicum** irridet. (Ap ⟼ Ap)	*amicum* ist Appositions-Attribut beim Akkusativ-Objekt.
Ursus Davum, amicum **bonum,** irridet. (Ap ⟼ Ap; Adj ⟼ Adj)	*bonum* gehört als Adjektiv-Attribut zu einem Appositions-Attribut (*amicum bonum*), das selbst Teil eines Akkusativ-Objekts (*Davum amicum bonum*) ist.

2Ü Schreibe aus dem Lektionstext 4A alle Satzglieder mit Attributen in dein Heft und unterstreiche sie in der angegebenen Weise.

3 Präpositionen mit dem Akkusativ: *in, sub, ad, per*

Eine Präposition ist allein kein Satzglied. Nur zusammen mit ihrem Beziehungswort bildet sie ein Satzglied (meist eine **Adverbiale Bestimmung**).

3Ü Stelle alle Satzglieder in den Lektionstexten 4A und 4B zusammen, die mit den Präpositionen *in, sub, ad, per* gebildet sind.

4 Die fünf Deklinationsgruppen

Man kann sich die vier schon bekannten Kasus-Formen gut mit Hilfe des **Deklinationskreuzes** klarmachen:

Nominativ Singular	*Nominativ Plural*
Akkusativ Singular	*Akkusativ Plural*

Nom. Sg. amīca	*Nom. Pl.* amīcae
Akk. Sg. amīcam	*Akk. Pl.* amīcās

Wie die Verben werden auch die Substantive in fünf große Gruppen **(Deklinationen)** eingeteilt. Um die Merkmale dieser fünf Gruppen leichter behalten zu können, prägen wir uns die Deklinationen in folgender Weise ein:

DIE FÜNF DEKLINATIONEN

a-Deklination		*o-Deklination*		*Dritte Deklination*		*u-Deklination*		*e-Deklination*	
				soror	sorōrēs				
				sorōrem	sorōrēs				
		amīcus	amīcī			currus	currūs		
		amīcum	amīcōs			currum	currūs		
puella	puellae							rēs	rēs
puellam	puellās							rem	rēs

Merke zum **Genus (Geschlecht)**:
Oben: Dritte Deklination – ALLE Geschlechter
Mitte: o- und u-Deklination – vorwiegend MASCULINUM
Unten: a- und e-Deklination – vorwiegend FEMININUM

In der o-Deklination und der Dritten Deklination sind die Wortausgänge im Nominativ Singular nicht immer gleich. Einige Wörter der o-Deklination enden nicht auf **-us,** sondern auf **-r** oder **-er** (z. B. *magister*; das **-us** ist gleichsam weggefallen). In der „Dritten" enden die Substantive im Nominativ Singular ganz unterschiedlich, u. a. auch auf **-er** (z. B. *māter*).

Trotzdem gelingt die Zuordnung, wenn man auf die anderen Kasus achtet:

o-Deklination:		*Dritte Deklination:*	
puer	puerī	frāter	frātrēs
puerum	puerōs	frātrem	frātrēs

4Ü a Lege eine Tabelle mit fünf Spalten an und ordne alle Substantive der Lektionen 1 und 2 den fünf Deklinationsgruppen zu.

4Ü b Bilde die vier bisher gelernten Kasus-Formen (Nom. Sg. und Pl., Akk. Sg. und Pl.) zu folgenden Wörtern; zeichne dazu das Deklinationskreuz auf:
cibus bonus; cantus laetus; villa rustica; labor magnus; arbor alta; puer magnus; dies bonus; currus magnus; res magna.

5 Eine Gedächtnisstütze: die Villa der fünf Deklinationen

Was tun, wenn die fünf Deklinationen nicht im Gedächtnis bleiben wollen?
Hier ein Vorschlag: Du kennst schon die Villa rustica der Volcatier (vgl. das Bild auf S. 10). Stell dir vor, daß die einzelnen Deklinationsgruppen sich in folgender Weise auf die einzelnen Teile vom linken bis zum rechten Seitenflügel verteilen:
Die a-Deklination befindet sich ganz links, die o-Deklination in dem linken Eckturm; für die (sehr umfangreiche!) „Dritte" benötigen wir das große Mittelgebäude; die u-Deklination wohnt im rechten Eckturm, und die e-Deklination kommt in den rechten Säulengang.
Jetzt kann man in Gedanken von Raum zu Raum gehen und die einzelnen Deklinationen „besuchen" und abrufen. Probier es!

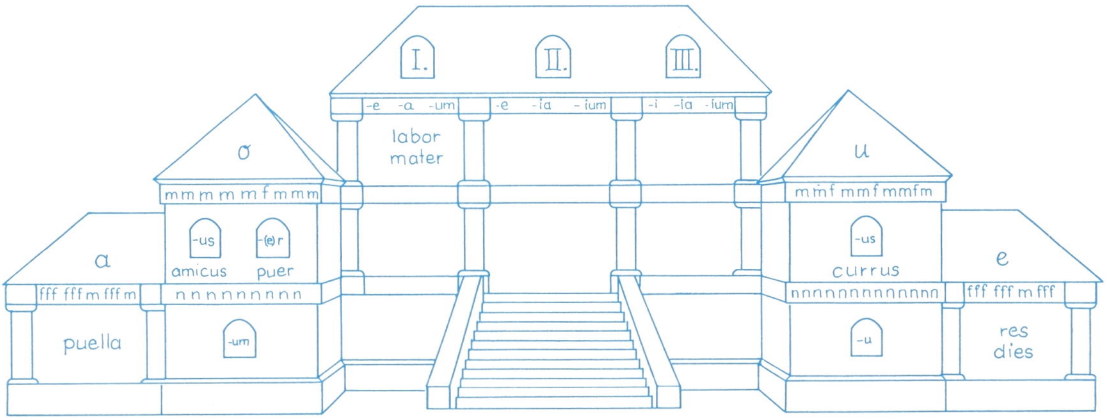

5Ü In welchen Teilen des Hauses wohnen die Substantive von Lektion 3 und 4? Zeichne eine Skizze der Deklinationenvilla und schreibe die Wörter an ihren richtigen Platz.

Grammatiktraining

T 1 **Zurück zu den Verben! Ordne alle in Lektion 3 und 4 gelernten Verben den fünf Konjugationsgruppen zu; lege dafür eine fünfspaltige Tabelle an.**

T 2 **Wie geht es weiter? Ergänze die Prädikate und übersetze:**
a) Gaius et sorores per silvam ●. b) Ibi arbores altas ●. c) Puellae fratrem capere ●. d) Sed puer semper ad arbores altas ●. e) Tum Gaius arborem ascendere ●. f) Sed sorores puerum ●. g) Totum diem liberi laeti ●. h) Tum cibus bonus cunctos ●.

T 3 **Beschreibe jeweils lateinisch, was du auf den Bildern siehst:**

①

②

③

④

⑤

T 4 **Übersetze ins Lateinische: In der Schule**

Den ganzen Tag arbeiten (*laborare*) die Schüler. Der lange Tag ermüdet die Kinder. Sie seufzen: „Arbeit ist eine schlimme Sache. Die Mühen sind groß." Endlich sagt der nette Lehrer: „Ruht nun aus!" Alle sind fröhlich.

Grammatische Impulse 5

1 Die Personalformen der Verben

	a-Konjugation	*e-Konjugation*	*i-Konjugation*→	*Mischgruppe*	←*konsonant. Konjug.*	*esse*
Stamm	spectā-	vidē-	scī-	→incip(i)-	←trah-	(e)s-
Infinitiv	spectā**-re**	vidē**-re**	scī**-re**	incip-e**-re**	←trah-e**-re**	es**-se**
Sg. 1.	spect**-ō**	vide**-ō**	sci**-ō**	→incipi**-ō**	trah**-ō**	s-*u*-**m**
2.	spectā**-s**	vidē**-s**	scī**-s**	incip-*i*-**s**	←trah-*i*-**s**	es-
3.	specta**-t**	vide**-t**	sci**-t**	incip-*i*-**t**	←trah-*i*-**t**	es**-t**
Pl. 1.	spectā**-mus**	vidē**-mus**	scī**-mus**	incip-*i*-**mus**	←trah-*i*-**mus**	s-*u*-**mus**
2.	spectā**-tis**	vidē**-tis**	scī**-tis**	incip-*i*-**tis**	←trah-*i*-**tis**	es**-tis**
3.	specta**-nt**	vide**-nt**	sci-*u*-**nt**	→incipi-*u*-**nt**	trah-*u*-**nt**	s-*u*-**nt**

Erklärungen:
1. statt specta-**ō**: spect**ō** (a+ō wird zu **ō**)
2. Endung der 1. Sg.: **m** statt **ō** bei **sum**
3. **Aussprechvokale e, i, u**: Bei der **i-Konjugation** ***-u-*** nur in der letzten Form (sci-**u**-nt), bei der **Misch-** und **konsonantischen Konjugation** hat **jede Person außer der 1. Sg.** einen solchen zusätzlichen Vokal: ***-u-* vor -nt** (trah-**u**-nt); ***-e-* vor -r** (trah-**e**-re); sonst immer ***-i-*** (trah-**i**-mus).
4. Die Mischgruppe folgt in der 1. Sg. und 3. Pl. (also in den „Eck-Formen") der **i-Konjugation,** sonst der **konsonantischen.** Die Pfeile geben die Einflüsse an.

Die sechs Personalendungen lateinischer Verben

Sg.	*1. Person*	**-ō** oder **-m**	*ich*
	2. Person	**-s**	*du*
	3. Person	**-t**	*er, sie, es*
Pl.	*1. Person*	**-mus**	*wir*
	2. Person	**-tis**	*ihr*
	3. Person	**-nt**	*sie*

1Ü a Übe mit folgenden Verben die neuen Personalendungen, sowohl senkrecht als auch waagerecht durch alle Konjugationsgruppen: vocare, respondere, audire, cupere, surgere, adesse.

Beispiel – senkrecht: voco, vocas, vocat ...
– waagerecht: 1. Person: voco – respondeo – audio – cupio – surgo – adsum; 2. Person: vocas – ...

1Ü b Zerlege die folgenden Verbformen in ihre Bestandteile, gib die Konjugationsgruppe an und bestimme die Form: gaudent, cupit, scis, interrogamus, pare, fugiunt, sumus, voco, clamate, curritis, accipio, capimus, adeste.

Beispiel: incipis ➔ incip-i-s; *incip-*: Stamm, *i*: Aussprechvokal, *s*: Endung; Mischgruppe; 2. Sg. von incipere = du beginnst.

2 Die Personalpronomina (Persönliche Fürwörter) der 1. und 2. Person Singular und Plural

Volcatia zu ihrem Bruder: „**Tu,** Gai, puer magnus es, et **ego** sum puella magna."

Normalerweise benötigt das Lateinische kein Personalpronomen im Nominativ; die **Personalendung des Prädikats** genügt als Signal für **ich, du, er** usw. Nur wenn eine Person besonders betont werden soll (wie hier der Gegensatz ich – du), wird das Pronomen im Nominativ gesetzt. Im Akkusativ (und in den anderen Kasus) benötigt man dagegen die Personalpronomina immer.

ich – ego	wir – nōs
mich – mē	uns – nōs

du – tū	ihr – vōs
dich – tē	euch – vōs

2Ü Übersetze die folgenden Sätze:

a) Ich sehe dich.
b) Sie sehen euch.
c) Er sieht mich.
d) Du siehst uns.
e) Ich liebe dich, aber du lachst mich aus.
f) Wir sind traurig, ihr aber freut euch.
g) Wir loben dich, du aber tadelst uns.

3 Wort- und Entscheidungsfragen: die Signale *-ne, nonne, num*

Vergleiche folgende Sätze:

lateinisch	*deutsch*	*Erwartete Antwort*
(1) **Ubi** asinos videtis?	**Wo** seht ihr Esel?	*z. B. auf dem Weg*
(2) **a.** Vides**ne** tu asinum?	Siehst du einen Esel?	*ja/nein*
b. Nonne scis?	Weißt du es **nicht**?	*doch*
c. Num irrides etiam me?	Lachst du **etwa** auch mich aus?	*nein*

Man unterscheidet zwei Arten von Fragesätzen:

(1) Ein Satz beginnt mit einem Fragewort, das nach einem einzelnen Glied des Satzes fragt (z. B. wo? – auf der Straße): **Wort-** oder besser **Satzglied-Frage.**

(2) Man fragt nach dem Inhalt des ganzen Satzes, so daß sich der Antwortende zwischen ja und nein entscheiden muß: **Satz-** oder **Entscheidungsfrage.**

Im **Deutschen** wird die Satz- oder Entscheidungsfrage durch die **Wortstellung** von einem Aussagesatz unterschieden. Signal: Das **Prädikat** wird **an den Satzanfang** gestellt. Die entsprechenden Signale für die Satzfrage oder Entscheidungsfrage im **Lateinischen** sind die **Fragepartikeln** *-ne* (immer an das erste Wort angehängt), *nonne* und *num.*

4 Verstehen und Übersetzen: Fragesätze

Aus der deutschen Wortstellung folgt eine Übersetzungsregel, die sich von der Hauptregel (vgl. GI 2.5) unterscheidet:

> ÜBERSETZUNGSREGEL FÜR FRAGESÄTZE:
> Bei den Signalen **-ne, nonne, num** gehe in folgenden Schritten vor:
> 1. Prädikat – 2. Subjekt – 3. die übrigen Glieder in ihrer Abfolge.

4Ü a Überprüfe diese Regel an den Fragesätzen des Lektionstextes.

4Ü b Übersetze gemäß dieser Regel; schreibe die Lösungen in dein Heft:

a) Num liberi per totum diem tacent?
b) Nonne multas horas cantus laetos canunt?
c) Arboresne altas iuxta viam spectant?
d) Irridetne Gaius frater Volcatillam sororem?
e) Num vos videtis aquaeductus magnos?

5 Verstehen und Übersetzen: Prädikate ergänzen – ein Spiel für Sprachdetektive

Im folgenden Text fehlt in allen Sätzen immer nur **ein** Wort – das **Prädikat** am Satzende. Wer alle Wörter und ihre **Endungen** genau beachtet, kann durch Kombinieren das fehlende Wort leicht herausfinden. Wenn es mehrere Möglichkeiten gibt, wähle grundsätzlich die, die dir am „normalsten" erscheint. Überprüfe die Lösungen, indem du alle Satzglieder genau bestimmst und die Sätze ins Deutsche übersetzt.

Die Geschichte vom ungehorsamen Syrus:

(1) Servilia Volcatiaque servos in villam ad laborem ●.

(2) Ceteri servi parent, sed Syrus in villam non ●.

(3) Nam Syrus, servus malus, labores magnos semper ●.

(4) Itaque Servilia domina Syrum valde ●.

Lösungsvorschlag für Satz 1:
vocant – Servilia und Volcatia **rufen** die Sklaven in die Villa zur Arbeit.

Welche Kombinationen führen zu dieser Lösung?
Viele unterschiedliche Faktoren erleichtern **gleichzeitig** das Kombinieren eines Sprachdetektivs und damit das **Verstehen und Übersetzen eines Textes:**

(1) **Satz- und Formenlehre (= Grammatik)**
Beachte die Endungen: Singular/Plural, Nominativ/Akkusativ usw.

In Satz 1 muß es also *vocan**t***, nicht *voca**t*** heißen, weil das Subjekt aus zwei Personen besteht. Das Objekt *servos* verlangt ein **transitives Verb** (vgl. GI 3.2). Deshalb ist z. B. *currunt* hier nicht möglich.

(2) **Wortbedeutung (= Semantik)**
Jeder hat bei den zentralen Begriffen eines Textes (hier z. B. *servus* oder *domina*) bestimmte Vorstellungen über typische Eigenschaften, Tätigkeiten und Bereiche.

Bei *in villam* (Satz 1) denkt wohl keiner an die Ergänzung *navigat* (segelt). Wir wissen aus den ersten Lektionen, daß Servilia die Hausherrin ist. Ihr kommt es zu, daß sie das Personal zur Arbeit **ruft.**

(3) **Textzusammenhang (= Kontext)**
Ob die Geschichte von einer netten Magd oder einem faulen Sklaven handelt, kann entscheidend sein für die richtige Lösung.

Grammatisch mögliche Prädikate in Satz 1 wären auch *agunt* oder *trahunt.* Aber als Leuteschinder, die ihre Sklaven zur Arbeit *treiben* oder *zerren,* haben wir die Volcatier bisher nicht kennengelernt: ***vocant*** klingt „normaler". Auch anderes wäre denkbar, z. B. *portant*: Sie *tragen* ihre Sklaven zur Arbeit ... – lustig, aber **unwahrscheinlich.**
Die Überschrift informiert über den **Ungehorsam** des Sklaven. Da liegt z. B. die Lösung zu Satz 2 nahe: **Ungehorsam** ist, wer **gerufen** wird und **nicht kommt** (***venit***).

(4) **Textverbindungen (= Textgrammatik)**

Die Wiederholung **(Rekurrenz)** von Personennamen (*Syrus – Syrus – Syrum*) oder bestimmter wichtiger Wörter (*servos – servi, in villam – in villam*), ebenso Satzverbindungen (**Konnektoren**) wie *sed* (Satz 2), *nam* (Satz 3), *itaque* (Satz 4) zeigen, in welche Richtung das Verstehen läuft: z. B. Gegensatz, Begründung, Folgerung.

(5) **Allgemeines Vorwissen und Erwartungen**

Das Wissen über Herren und Sklaven, Fleiß und Faulheit, römisches Leben, den Inhalt der letzten Lektionen usw. hilft bei der Ergänzung und Übersetzung.

Denke beim Lesen, Verstehen und Übersetzen immer an diese fünf Faktoren!

5Ü a Begründe deine Ergänzungsvorschläge für Satz 3 und 4 nach diesen fünf Punkten.

5Ü b Ergänze nun mit Hilfe der obenstehenden Faktoren des Verstehens die Prädikate in der folgenden Geschichte. Begründe deine Vorschläge.
In der Schule:
a) Schola discipulos non semper **delectat.** b) Nam ibi magister pueros valde ●. c) Discipulas autem magister saepe ●. d) Itaque puellae pueros nunc ●.

Grammatiktraining

T 1 **Übe mit dem Deklinationskreuz!**

Beispiel:

Nom. Sg. planities magna	*Nom. Pl.* planities magnae
Akk. Sg. planitiem magnam	*Akk. Pl.* planities magnas

aquaeductus Romanus; res parva; arcus altus; soror attenta

T 2 **Zwei Wörter passen nicht in die Reihe. Warum nicht?**
currus – bonus – sumus – dominus – alius – cupimus

T 3 **Ein Ratespiel zum Üben: Quid vides? – Video rem!**
Während der Fahrt vertreiben sich die Kinder die Zeit mit einem Spiel:

Volcatia:
Gai, quid vides?
Estne res magna?
Estne res iuxta viam?
Estne res bona?
Cupisne rem?
Num res est cibus bonus?

Gaius:
Video rem.
Res non magna est, sed parva.
Res non iuxta viam, sed iuxta matrem est.
Ita est, res valde bona est.
(*ridet*) Rem valde cupio. Et tu rem cupis.
Bene respondes. **Cibus bonus** est.

Auch Volcatilla will mitmachen:

Volcatilla:
Quid vides? Videsne rem?
Estne magna bestia?
Estne bestia iuxta me?
Estne stulta?
Ego scio. Nonne est asinus?

Gaius:
Non rem video, sed ... bestiam (*ein Tier*).
Neque magna neque parva est.
Bestia non est iuxta te, sed iuxta villam.
Fortasse stulta est. Non scio.
O Volcatilla! Non bene respondes. Bestia est **catulus.** Nonne vides catulum iuxta villam?

Volcatilla:
Ego catulum audio, non video.

Auch die Sklaven spielen mit:

Volcatia:
(*ad servos*) Quid videtis?
Estne res parva?
Estne res iuxta nos?
Scio. Res est aquaeductus aut arbor magna ... (*aut: oder*)

Servi:
Videmus aliam rem.
(*rident*) Non est parva, sed magna et alta.
Iuxta nos non est.
Neque aquaeductus neque arbor est. Videte: Ibi est ... **Roma**!

Spielt dieses Ratespiel mit Freunden. Ihr könnt dabei Gegenstände aus der Umgebung (Klassenraum, Blick aus dem Fenster usw.) verwenden.

T 4 **Ordne folgende Formen in das „Haus der fünf Deklinationen" ein. Zeichne dafür eine Skizze der Villa in dein Heft** (vgl. GI 4.5):
planitiem, currum, multi, res, parvos, equus, campi, asinus, attentus, aquaeductus, arcum, sorores, aqua, litterae.

T 5 **Alles dreht sich um ...? Welche Endung mußt du in den Kreis setzen, damit aus den Bruchstücken ganze Wörter werden?**

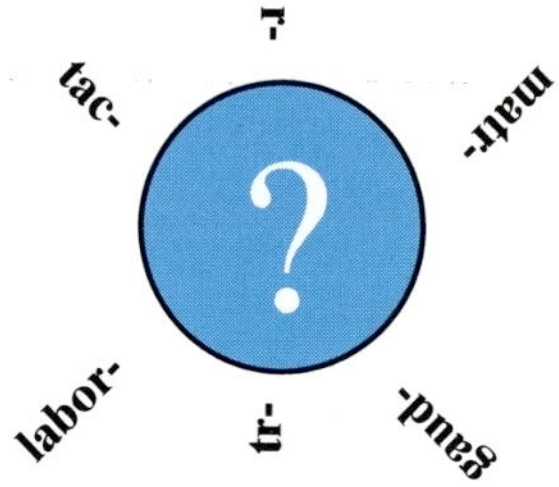

T 6 **Übersetze ins Lateinische: Begegnung vor der Schule**
Marcus sieht Claudia und Julia. Er freut sich, denn er mag Claudia. Er fragt die Mädchen: „Was macht ihr?" Die Mädchen antworten: „Was willst du? Warum fragst du?"
Marcus schweigt. Die Mädchen fangen an zu lachen. Sie sagen: „Wir sind große Mädchen, aber du bist ein kleiner dummer Junge!"
Marcus ist traurig. Endlich sagt er: „Ihr seid dumm. Was wißt ihr denn? Ich will euch nicht sehen!" Er geht weg.
Nun fragt Julia Claudia: „Magst du Marcus nicht? Ist er nicht ein netter Junge? Warum meidest du Marcus?"

Grammatische Impulse 6

1 Substantive und Adjektive der o-Deklination auf -(e)r

In der Regel endet der Nominativ Sg. der o-Deklination auf **-us.** Bei einigen Substantiven und Adjektiven auf **-(e)r** fehlt diese Endung (vgl. GI 4.4):

puer	puerī
puerum	puerōs

magister* / noster*	magistrī / nostrī
magistrum / nostrum	magistrōs / nostrōs

* Aussprechvokal

2 Neue Bewohner im Haus der fünf Deklinationen: Neutra der o- und der Dritten Deklination

Wie im Deutschen gibt es in der lateinischen Sprache Substantive, die weder masculinum noch femininum, sondern **neutrum** (= „keines von beidem") sind. Die Neutra, die in Lektion 6 vorkommen, gehören zur o-Deklination (mit dem Ausgang *-um*) und zur Dritten Deklination (mit dem Ausgang *-men* oder *-us*).

Vergleiche die vier Kasusformen (Nom. Sg. | Pl., Akk. Sg. | Pl.) im Deklinationskreuz:

o-Deklination:

aedificium	aedifici**a**
aedificium	aedifici**a**

Dritte Deklination:

nōmen	nōmin**a**
nōmen	nōmin**a**

tempus	tempor**a**
tempus	tempor**a**

Für **alle Neutra** gelten die zwei Regeln:
1. Nominativ und Akkusativ sind immer gleich.
2. Der Nominativ/Akkusativ Plural endet immer auf ein kurzes **-a**.

2Ü Setze in den Plural; achte dabei auf das Genus:
templum, currum, arcum, nomen, equum, monumentum

3 Die drei Genera (Geschlechter) beim Adjektiv

Vergleiche:

currus māgn**us** rēs māgn**a** nōmen māgn**um**

Adjektive stimmen in **Kasus, Numerus** und **Genus** mit ihrem Beziehungswort überein (**KNG-Kongruenz,** vgl. GI 4.1). Alle bisher gelernten Adjektive werden im Neutrum nach der **o-Deklination** dekliniert, also mit der Nominativ-Endung **-um**. Ausnahme: *alius* endet im Neutrum Sg. auf **-d:** *aliud.*

Präge dir bei den Adjektiven immer **alle drei Geschlechter** ein:

bon us, bon a, bon um (*kurz:* **bonus, a, um**)

māgn**us, a, um**	māgn**ī, ae, a**
māgn**um, am, um**	māgn**ōs, ās, a**

3Ü a Oft sieht man den Endungen nicht sofort an, daß Substantiv und Adjektiv zusammengehören. Schreibe zu den folgenden Wortverbindungen das Deklinationskreuz in dein Heft:
currus magnus, res bona, dies longus, soror parva

3Ü b Welche Formen passen zusammen? Schreibe die richtigen Paare in dein Heft und übersetze sie:

puellas	alta
discipuli	longae
liberos	parvum
templa	laetos
litterae	malam
cibus	pulchra
porta	stulti
sepulcrum	bonus
magistram	magnas

3Ü c Setze jeweils die fehlenden Endungen ein und übersetze. Schreibe die Lösungen in dein Heft:
a) Gaius soror● amat.
b) Aedifici● pulchr● est.
c) Soror parv● ridet.
d) Pueri cantus laet● canunt.
e) Nomen Roman● lege!

4 Die Possessivpronomina (Besitzanzeigende Fürwörter)

Die Possessivpronomina (*possidēre* – besitzen) werden wie Adjektive dekliniert und stehen in **KNG-Kongruenz** zu ihrem Beziehungswort:

	Singular	*Plural*
1. Person	meus, mea, meum (mein)	noster, nostra, nostrum (unser)
2. Person	tuus, tua, tuum (dein)	vester, vestra, vestrum (euer)
3. Person	suus, sua, suum (sein/ihr)	suus, sua, suum (ihr)

Das Possessivpronomen der 3. Person richtet sich im Deutschen auch nach dem Geschlecht des Besitzers (sein/ihr), im Lateinischen nicht:

Gaius nomen **suum** legit.	Gaius liest **seinen** Namen.
Volcatia nomen **suum** legit.	Volcatia liest **ihren** Namen.
Liberi nomina **sua** legunt.	Die Kinder lesen **ihre** Namen.

Im Lateinischen werden die Possessivpronomina nur verwendet, wenn sie besonders betont sind. Oft steht im Deutschen ein Possessivpronomen, während es im Lateinischen fehlt:
Gaius zu Volcatilla: „Argulus est catulus **meus, non tuus.**“
Aber:
Gaius sororem irridet. – Gaius lacht **seine** Schwester aus.

4Ü Dekliniere mit Hilfe des Deklinationskreuzes:
amicus noster, frater meus, soror tua, res vestra, currus noster, nomen longum, aedificium vestrum.

Grammatiktraining

T 1 **Baue folgende Substantive in die Sätze ein und übersetze:**
aedificia – laborem – sepulcra – servi – nomen – tempora

a) Gaius ● non amat.
b) ● cantus canunt.
c) ● fugiunt.
d) ● legere non cupio.
e) Iuxta viam liberi ● vident.
f) Ante portas sunt ●.

T 2 **Zwei Wörter passen nicht in die Reihe. Warum nicht?**
tempora – aedificia – via – nomina – incita – monumenta

T 3 **Übersetze ins Lateinische: Vor der Stadt**
Vor den Toren sind Grabmäler. Dort bestatten die Römer ihre Toten. Volcatia und Gaius sehen neben der Straße die Monumente.
Gaius (zur Mutter): „Siehst du das große schöne Denkmal? Kennst du den Namen?“
Er liest: „M. Servilius Pulex Geminus.“
Die Mutter: „Hier liegt mein Vater, euer Großvater.“
Gaius ruft: „Hier sehe ich auch meinen Namen! Aber ich liege hier nicht!“
Die Mutter sagt: „Hör auf zu schreien! Hier ruhen unsere toten Vorfahren.“
Plötzlich schweigen die Kinder.

Grammatische Impulse 7

1 Der Infinitiv als Subjekt und Objekt

Singen ist schön (macht Spaß). – **Canere** pulchrum est (placet).

Ich will **singen.** – **Canere** cupio.

Wie im Deutschen hat der Infinitiv auch im Lateinischen entweder die Funktion eines Subjekts oder eines Objekts.

1Ü Übersetze und bestimme, ob der Infinitiv als Subjekt oder Objekt gebraucht ist:
Wir wollen den Brief lesen. Lange abzuwarten ist jetzt töricht. Es ist notwendig, vor Tagesanbruch aufzustehen. Du verstehst es, Hilfe zu erbitten.

2 Der AcI (Accusativus cum Infinitivo)

a) Einführung

Wen oder was sieht Davus? Beachte die folgende Ersatzprobe (vgl. Wegweiser Nr. 2)

Davus sieht 1 *die Klienten.*
Davus sieht 2 *die Klienten kommen.*
Davus sieht 3 *, daß die Klienten kommen.*

Frage: Wen oder was sieht Davus?

Bei der Umformulierung hat sich die **Funktion** des letzten Satzgliedes nicht geändert. Es handelt sich um ein **Objekt.** Verändert wurde aber seine **Form:**

(1) ein Einzelausdruck (Substantiv): *die Klienten*
(2) eine Wortgruppe (mit einem Infinitiv): *die Klienten kommen*
(3) ein Gliedsatz mit „daß": *daß die Klienten kommen.*

In Satz 2 und 3 ist das Objekt zu „sieht" keine Person oder Sache, sondern eine **Handlung.** Die Form dieses Objekts ist im 2. Satz die Verbindung eines **Akkusativs** (die Klienten) mit einem **Infinitiv** (kommen). Man nennt eine solche Verbindung einen **AcI** (**A**ccusativus **c**um **I**nfinitivo).

b) Ein „satzwertiges Glied"

Ein Satzglied (hier das Objekt) kann also aus einer Handlung bestehen (in einen Hauptsatz verwandelt, würde es heißen: „Die Klienten kommen."). Man nennt es „satzwertig", weil es in sich die Elemente eines vollständigen Satzes enthält: Subjekt und Prädikat, dazu oft noch weitere Ergänzungen.

Im Lateinischen ist diese praktische Möglichkeit, eine Handlung durch den AcI auszudrücken, sehr beliebt und bei vielen Verben möglich:

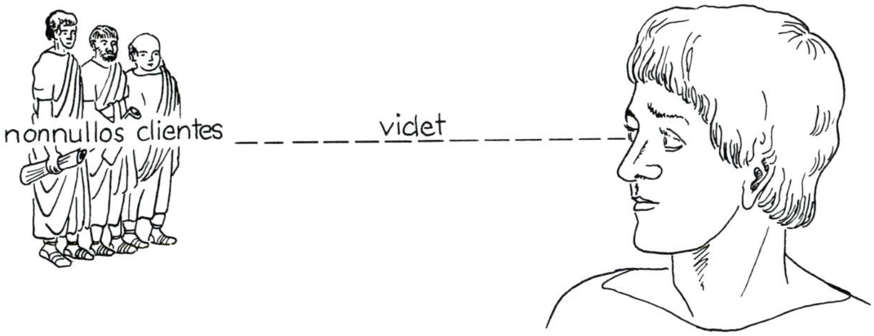

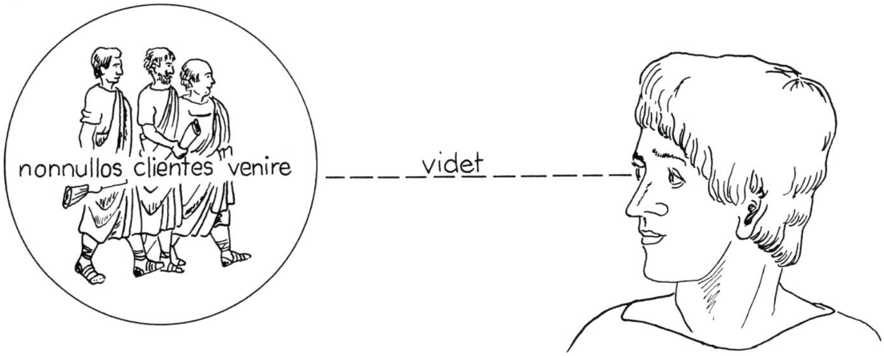

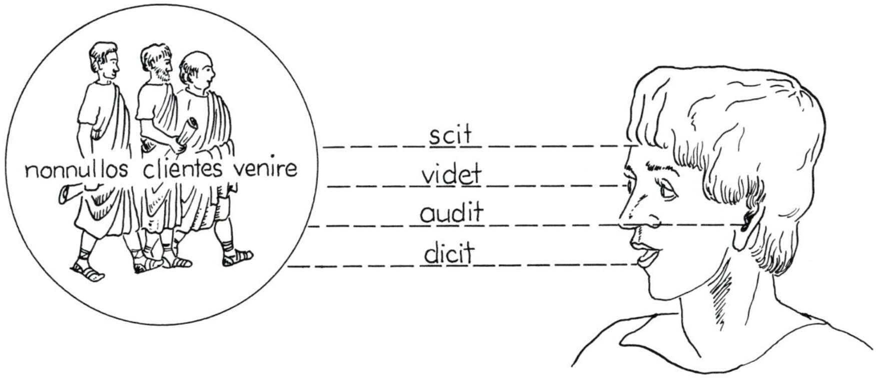

Der **AcI** steht als Objekt bei Verben, **„die aus dem Kopf kommen"** (Verben des Sagens, Denkens, Wahrnehmens, Fühlens), z. B. *audire, clamare, cupere, dicere, dolere, gaudere, iubere, legere, nuntiare, respondere, scire, scribere, sperare, videre.*

c) Die Übersetzung des AcI

Vergleiche:

	A I		
Puella	**matrem vocare**	audit. Das Mädchen hört	1 (die Mutter). 2 die Mutter rufen. 3 , daß die Mutter ruft.
Mater	**Gaium venire**	scit. Die Mutter weiß	1 (etwas) 2 [deutsch unmöglich] 3, daß Gaius kommt.

Im Deutschen gibt es die Möglichkeit, eine Handlung durch den AcI auszudrücken, nur selten, z. B. nach den Verben *sehen* und *hören.* Daher muß man bei der Übersetzung eines lateinischen AcI meistens die Form eines daß-Satzes wählen.

ÜBERSETZUNGSREGEL für den **AcI:**
Der **lateinische Akkusativ** wird zum **Subjekt,**
der **lateinische Infinitiv** zum **Prädikat**
des deutschen **daß-Satzes.**

Beim Übersetzen ins Lateinische verfährt man umgekehrt. Das Subjekt des deutschen daß-Satzes wird zum Akkusativ, das Prädikat zum Infinitiv:

Davus sagt, daß die Kinder singen. ➔ Davus **liberos canere** dicit. (A = liberos, I = canere)

d) KNG-Kongruenz im AcI

Vergleiche:

Volcati**us** salv**us** est. – Clientes Volcati**um** salv**um** esse gaudent.
Die Klienten freuen sich, daß Volcatius wohlauf ist.

Client**es** salv**i** sunt. – Volcatius: „Spero **vos** salv**os** esse."
Volcatius: „Ich hoffe, daß ihr wohlauf seid."

Wie in jedem Satz besteht auch im AcI zwischen dem Prädikatsnomen und dem Subjekt KNG-Kongruenz.

Das Prädikatsnomen eines AcI steht immer im Akkusativ.

e) Personalpronomina im AcI

Vergleiche:

Volcatius zu den Klienten:
„Salvi estis; gaudeo." – „**Vos** salvos esse gaudeo."
„Ich freue mich, daß ihr wohlauf seid."

Die Klienten zum Patronus:
„Salvus es; gaudemus." – „**Te** salvum esse gaudemus."
„Wir freuen uns, daß du wohlauf bist."

Während das unbetonte Personalpronomen im Nominativ normalerweise im Lateinischen fehlt, muß es **im AcI als Akkusativ-Subjekt** erscheinen: *me, te, nos, vos.*

f) Ergänzungen innerhalb des AcI

Gaudemus te post ferias | laetum salvumque | esse. (PN … PN; AcI … AcI)	Wir freuen uns, daß du nach den Ferien froh und wohlauf bist.
Sed bene scis labores magnos nos miseros vexare. (AcI … AcI)	Aber du weißt gut, daß große Mühen uns Unglückliche plagen.

Wie jeder Satz kann auch ein satzwertiges Glied weitere Ergänzungen (meist zwischen Subjekt und Prädikat) aufnehmen. Ein AcI kann also recht umfangreich werden.

2Ü Übersetze:

a) Scimus vos discipulas esse.
b) Liberi scholam incipere dolent.
c) Spero te salvam esse, Cornelia.
d) Magistros te non reprehendere gaudes, Gai.
e) Ursus clientes ante portam esse nuntiat.

3 Verstehen und Übersetzen: die drei Signale des AcI

Vergleiche die beiden folgenden Sätze und versuche sie nach der Grundregel (vgl. GI 2.5) ins Deutsche zu übertragen. Beachte dabei genau die Funktion der Satzglieder:

(1) Gaium Pullonem clientem Davus prope ianuam salutat.	Den Klienten Gaius Pullo *begrüßt* Davus nahe bei der Tür.
(2) Gaium Pullonem clientem iam diu patronum suum exspectare nuntiat.	Daß der Klient Gaius Pullo schon lange auf seinen Patron wartet, *meldet* er.
Beim AcI wird das Prädikat besser vorgezogen:	Er *meldet,* daß der Klient Gaius Pullo schon lange auf seinen Patron wartet.

Beide Sätze beginnen mit einem **Akkusativ**: *Gaium Pullonem clientem.* Aber in Satz (1) handelt es sich um ein „normales" Akkusativ-Objekt (Den Klienten Gaius Pullo ...), in Satz (2) dagegen um einen Teil des AcI-Objekts.

Beim Übersetzen muß die Entscheidung zwischen Akkusativ-Objekt und AcI – eine „Weichenstellung" – immer dann getroffen werden, wenn ein Satz mit einem Akkusativ beginnt. Welche Richtung dabei einzuschlagen ist, zeigen die jeweiligen **Signale**:

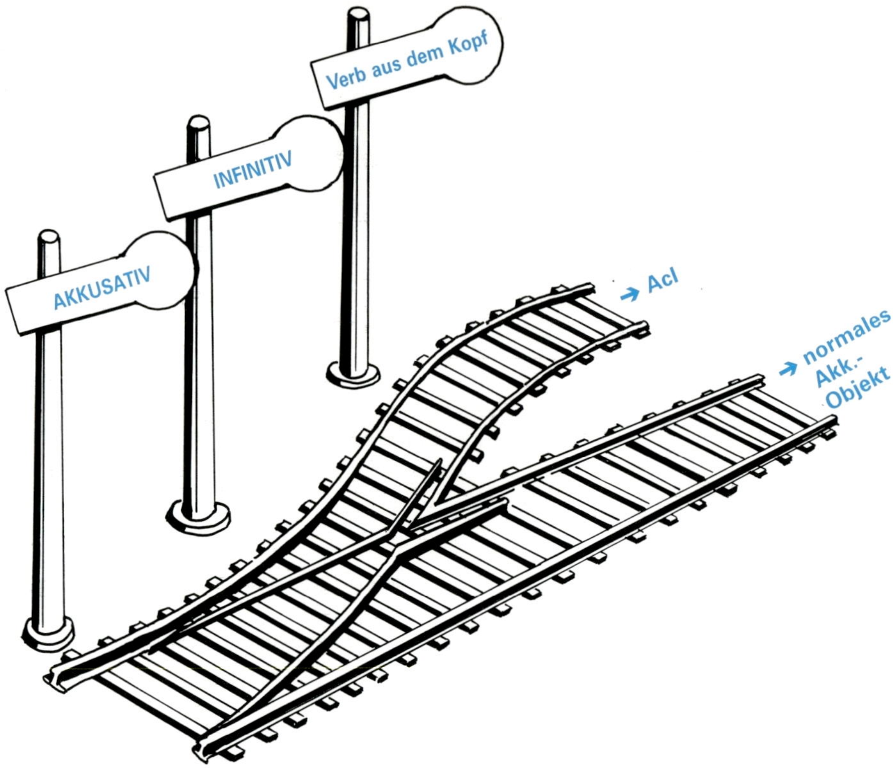

Die drei AcI-Signale: 1. **Akkusativ** 2. **Infinitiv** 3. **Verb „aus dem Kopf"**

Wenn ein Satz mit einem Akkusativ beginnt, prüfe gleich nach, ob die beiden anderen Signale folgen oder nicht. Danach richtet sich die Übersetzung des Satzanfangs.

3Ü Entscheide in den folgenden Sätzen, die alle mit einem Akkusativ beginnen, über die richtige „Weichenstellung", indem du die Signale für den AcI suchst und benennst. Übersetze die Sätze ins Deutsche:
a) Unum clientem Davus ante portam videt. b) Tres alios clientes apparere gaudet. c) Ursum ad dominum currere iubet: d) „Dominum nostrum clientes iam exspectare scio. e) Dominum statim advoca!" f) Dominum intra villam esse dicit.

Grammatiktraining

T 1 **Schreibe folgende Sätze in dein Heft. Setze je einen passenden Infinitiv ein und übersetze:**

a) Magister Gaium ● iubet. Sed Gaius ● cupit.
b) Quintus Marcum asinum ● scribit.
c) Sextus Quintum ● audit.
d) Cliens filium non ● dicit.

T 2 **Ergänze ein „Verb aus dem Kopf" und übersetze:**

a) Gaius catulum gemere ●.
b) Mater Gaium surgere ●.
c) Lucius clientes cottidie ad patronum venire ●.
d) Volcatia fratrem dormire ●.

T 3 **Beschreibe auf lateinisch, was du auf folgenden Bildern siehst; verwende dabei jeweils einen AcI:** *Video ...*

T 4 **Übersetze ins Lateinische: Besuch am Morgen**

Der Vater erwartet die Besucher. Denn er weiß, daß nach den Ferien die Klienten den Patron begrüßen wollen. Er weiß auch, daß viele Hilfe begehren. Ursus meldet, daß die Klienten schon da sind. Volcatius befiehlt, daß Davus die Klienten in Empfang nimmt und in das Atrium führt.

Die Klienten begrüßen ihren Patron: „Wir freuen uns, daß ihr nach den Ferien wieder hier anwesend seid. Wir hoffen, daß du gesund bist und auch die Deinen gesund sind. Wir wissen, daß du unsere Sorgen immer anhörst und uns helfen willst!"

Der Patron hört, daß viele Sorgen die Klienten quälen. Er will helfen.

Grammatische Impulse 8

1 Das Genitivattribut

Vergleiche die folgenden Formen des Attributs:

lateinisch	*deutsch*	*Art des Attributs*
templum praeclarum Adj — Adj	der prächtige Tempel Adj — Adj	Adjektiv-Attribut (vgl. GI 4.1, 4.2)
templum, aedificium magnum Ap — Ap Adj — Adj	der Tempel, ein großes Gebäude Ap — Ap Adj — Adj	Appositions-Attribut (vgl. GI 4.2)
templum Minervae G — G	der Tempel der Minerva G — G *oder:* der Minervatempel	Genitiv-Attribut

Das Genitiv-Attribut gibt die Zugehörigkeit, oft den Besitzer an. Deshalb antwortet es auch auf die Frage: Wessen? – *Cuius*?

2 Die Formen des Genitivs

a-Deklination *o-Deklination* *Dritte Deklination* *u-Deklination* *e-Deklination*

Dritte Deklination

Nom.	soror	sorōrēs
Gen.	**sorōris**	**sorōrum**
Akk.	sorōrem	sorōrēs

o-Deklination

Nom.	amīcus	amīcī
Gen.	**amīcī**	**amīcōrum**
Akk.	amīcum	amīcōs

u-Deklination

Nom.	currus	currūs
Gen.	**currūs**	**curruum**
Akk.	currum	currūs

a-Deklination

Nom.	puella	puellae
Gen.	**puellae**	**puellārum**
Akk.	puellam	puellās

e-Deklination

Nom.	rēs	rēs
Gen.	**reī**	**rērum**
Akk.	rem	rēs

Merkhilfe für die Pluralendungen des Genitivs: **rum – rum – um – um – rum**

2Ü a Dekliniere im Nom., Gen., Akk. Sg. und Pl.:
aquaeductus Romanus; res nostra; nomen praeclarum; arbor alta; dies longus

2Ü b Manche Signale sind mehrdeutig. Übersetze:
a) Publius et Lucius sunt filii filii avi.
b) Domini servi laborant.
c) Amicae dominae villam intrant.

3 Die „vertikale" (senkrechte) Satzgliederung: „Das Satzglied im Satzglied"

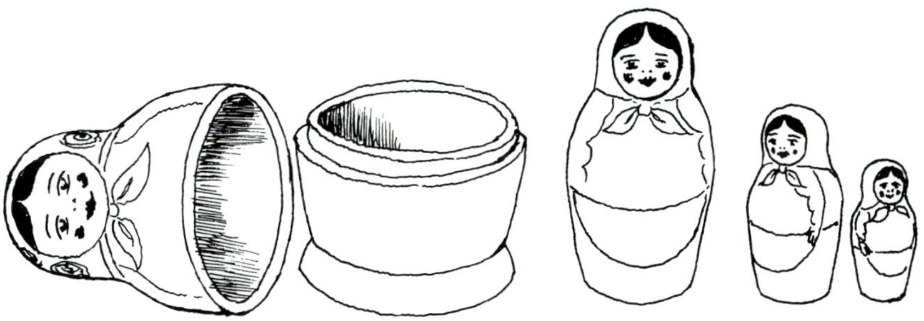

Bei Attributen:

Templum Iovis, aedificium praeclarum Capitolii Romani

G ⟝⟞ G   Ap ⟝⟞ Ap
Adj ⟝⟞ Adj   G ⟝⟞ G
Adj ⟝⟞ Adj

Der Jupitertempel, das berühmte Bauwerk des römischen Kapitols

Ap ⟝⟞ Ap
Adj ⟝⟞ Adj   G ⟝⟞ G
Adj ⟝⟞ Adj

4 Der Gliedsatz (Nebensatz) als Sonderform des satzwertigen Gliedes

Vergleiche folgende Ersatzprobe (Wegweiser I.2):

Deshalb
Wegen seines großen Wissens } freut sich Cleon.
Weil er so viele Dinge weiß,

Itaque
Propter magnam scientiam suam } Cleon gaudet.
Quod tam multas res scit,

Jeder Gliedsatz hat die Rolle eines in sich geschlossenen **Satzgliedes;** er ist damit eine Sonderform des **satzwertigen Gliedes** (vgl. GI 7.2b).

5 Die vertikale Satzgliedbestimmung bei Gliedsätzen

Wie bei den Attributen (s. o. GI 8.3) wird der Satz durch Nebensätze und andere satzwertige Glieder **vertikal** gegliedert:

Nisi nos ad aedificia praeclara ducis, non credimus te cuncta scire.
Bed. ~~~~~~~~~~~~ Bed. AcI – – – – – – AcI

*Beispiel für **horizontale** und **vertikale** Satzgliedbestimmung:*

- **Vom Ganzen zum Teil (= von oben nach unten)**

Der obige Beispielsatz hat drei Satzglieder „ersten Grades“ (1. Ebene):

(1) **AB der Bedingung** (in der Form eines Gliedsatzes):
Nisi nos ad aedificia praeclara ducis
➔ Diese AB enthält drei Satzglieder „zweiten Grades“ (2. Ebene): Akk.-Obj. (*nos*), AB des Ortes (*ad aedificia praeclara*), Prädikat (*ducis*)
➔ Die AB des Ortes (*ad aedificia praeclara*) enthält (auf der 3. Ebene) ein Adjektiv-Attribut (*praeclara*)

(2) **Prädikat:** *non credimus*

(3) **Objekt** (in Form eines AcI): *te cuncta scire*
➔ Dieses Objekt enthält drei Satzglieder „zweiten Grades“ (2. Ebene): Subjekt (*te*), Akk.-Obj. (*cuncta*), Prädikat (*scire*)

- **Vom Teil zum Ganzen (= von unten nach oben)**

praeclara: **Adjektiv-Attribut** (3. Ebene)
➔ (gehört zu) AB des Ortes (*ad aedificia paraeclara*): 2. Ebene
➔ (gehört zu) AB der Bedingung (*Nisi nos ad aedificia praeclara ducis*): 1. Ebene

6 Verstehen und Übersetzen: Gliedsätze

a) Die Satzgliedpositionen

Vergleiche den Aufbau des lateinischen und deutschen Gliedsatzes:

Si		nos	ad aedificia praeclara	ducis, ...
<**Einleitewort**>		**Objekt**	**Adverbiale Bestimmung**	**Prädikat**
Wenn	**du**	uns	zu prächtigen Bauwerken	**führst,** ...
<**Einleitewort**>	**Subjekt**	**Objekt**	**Adverbiale Bestimmung**	**Prädikat**

Die Reihenfolge der Satzglieder im deutschen Gliedsatz unterscheidet sich von der im Aussagesatz (vgl. GI 2.4).

Drei Elemente des deutschen Gliedsatzes haben normalerweise eine feste Stellung:

1. Das **Einleitewort** steht am Anfang.
2. Das **Subjekt** besetzt im Regelfall die **zweite Position** hinter dem Einleitewort. Dies gilt immer, wenn das Subjekt ein Pronomen ist.
3. Das **Prädikat** steht regelmäßig an letzter Stelle.

Wenn man diese drei Positionen beachtet, läßt sich ein lateinischer Gliedsatz leicht ins Deutsche übersetzen.
Die wichtigste Umstellung betrifft das Subjekt: Wenn dieses fehlt – was in lateinischen Gliedsätzen oft vorkommt –, richte nach dem Einleitewort den Blick auf die Endung des Prädikats:

①　　③　　　　　　　　②
Si ↓ nos ad aedificia praeclara duc**is**, ... – Wenn **du** uns zu berühmten Bauwerken führst, ...

> Hat ein Satzglied die Form eines **Gliedsatzes,** gilt für die Übersetzung folgende Reihenfolge:
> 1. Einleitewort
> 2. **Subjekt** (manchmal nur an der Endung des Prädikats zu erkennen)
> 3. die übrigen Satzglieder, das Prädikat am Ende.

b) Die Stellung des „gemeinsamen Subjekts"

Volcatia	quod	puella est,	in scholam ire non debet.
Subjekt	<**Einleitewort**>	**Prädikat**	

Volcatia ist in diesem Satz sowohl Subjekt des Hauptsatzes als auch Subjekt des Gliedsatzes. Ein solches „gemeinsames Subjekt" steht im Lateinischen regelmäßig ganz am Anfang, vor dem Einleitewort. Es gibt daher zwei Möglichkeiten der Übersetzung:
(1) Volcatia **muß,** weil **sie** ein Mädchen ist, nicht in die Schule gehen.
(2) Weil Volcatia ein Mädchen ist, **muß** sie nicht in die Schule gehen.

Vorzuziehen ist die zweite Variante:

> Bei gemeinsamem Subjekt von Haupt- und Nebensatz beginne mit dem Einleitewort (der Konjunktion); darauf folgt erst das Subjekt. Um beim Übersetzen überflüssige „Sprünge" und Umstellungen zu vermeiden, empfiehlt es sich, das Prädikat des Hauptsatzes möglichst weit hinauszuschieben.

6Ü a Überprüfe die Gültigkeit der Übersetzungsregeln in **a)** und **b)** oben an den Gliedsätzen des Lektionstextes.

6Ü b Übe diese Vorgehensweisen an den folgenden Gliedsätzen. Übersetze sie und ergänze jeweils in Gedanken das Satzende auf deutsch:
a) Crixus quod vias aedificiaque ignorat, ●
b) Quamquam iam multa scimus, ●
c) Quia cottidie in scholam ire debetis, ●
d) Cum negotia tua neglegis, ●
e) Servi nisi parent, ●

7 Verstehen und Übersetzen: Zusammenfassung der bisher gelernten Übersetzungsverfahren

Satzart	*1. Schritt beim Übersetzen*	*2. Schritt beim Übersetzen*	*3. Schritt beim Übersetzen*
Aussagesatz	1. Satzglied	Prädikat oder P 1*	die übrigen Glieder in ihrer Reihenfolge
Fragesatz mit *-ne/nonne/num*	Prädikat oder P 1*	meist Subjekt	die übrigen Glieder in ihrer Reihenfolge
Gliedsatz (Nebensatz)	Einleitewort	meist Subjekt	die übrigen Glieder – Prädikat am Ende

* P 1: Personalform des Prädikats (finites Verb)

8 Kollektiver Plural

Cleon **cuncta** scit.	Cleon weiß **alles (alle Dinge).**
multa	vieles, viele Dinge
stulta	Dummes, dummes Zeug, Dummheiten

Adjektive und Pronomina im Neutrum, die ohne Bezugswort im Nom. oder Akk. Pl. stehen, sind Sammelbegriffe („kollektiver" Plural). Solche Sammelbegriffe werden im Deutschen meist im Singular wiedergegeben. Möglich ist auch eine Umschreibung mit „Dinge" oder ähnlichen Begriffen.

8Ü Suche geeignete Übersetzungen für:
a) nonnulla b) magna c) nostra d) bona e) pulchra f) mala

Grammatiktraining

T 1 Den folgenden Wörtern fehlt stets der gleiche Buchstabe. Welcher?
discipul● – templ● – magistr● – aud● – re●

T 2 Aus zwei mach eins!
Beispiel: Gaius in scholam ire debet. Non gaudet.
➔ Gaius, quod in scholam ire debet, non gaudet.

Verbinde die folgenden Satzpaare ebenso, indem du eine passende Konjunktion wählst. Schreibe die Lösungen in dein Heft.
a) Magister discipulos exspectat. Pueri non properant.
b) Magister es. Cunctas res scire debes.
c) Cleon imperia domini neglegit. Dominus paedagogum reprehendit.
d) Gaius matrem clamare audit. Non surgit.

T 3 **Wie gehen die Sätze weiter? Vervollständige sie, indem du den jeweils passenden Hauptsatz anhängst:**

1. Quamquam hora iam adest, ...	a) ..., gemimus.
2. Frater cum sororem interrogare audit, ...	b) ..., frater malus es.
3. Quia in scholam ire debemus, ...	c) ..., cessamus.
4. Cum pueri Volcatillam irrident, ...	d) ..., mater pueros reprehendit.
5. Si sororem tuam vexas, ...	e) ..., ridere solet.

T 4 **Zwei Wörter passen jeweils nicht in die Reihe. Warum nicht?**

a) fratrum – maiorum – populum – laborum – nominum – aedificium

b) fratris – templi – ascendis – carminis – pueri – audi

Setze die Formen in den jeweils anderen Numerus (Sg./Pl.).

T 5 **Übersetze ins Lateinische: Brüder!**

Cleon, ein Sklave des Vaters, ist der Erzieher der Jungen. Auch die Mädchen haben einen Erzieher, aber sie müssen nicht in die Schule gehen. Weil Volcatia nicht in die Schule gehen muß, lachen die Brüder die Schwester aus: „Die Aufgaben der Mädchen sind gering. Deshalb ist auch das Wissen der Frauen klein."

Die Mutter tadelt deshalb die Jungen: „Ihr redet dummes Zeug. Alle wissen, daß die Mühen der Frauen und Mütter groß sind. Deshalb müssen die Mädchen vieles wissen und dürfen ihre Pflichten nicht vernachlässigen. Verspottet eure Schwestern nicht!"

Volcatia: „Kennst du die Namen aller Götter, Gaius? Kennst du die Aufgaben der Jungfrauen der Vesta? Kennst du den Anfang (*initium*) des berühmten Liedes (*carmen, -inis n*) des Vergilius (*römischer Dichter*)?"

Gaius seufzt und sagt: „Wer weiß alles? Ich weiß, daß Vesta die Göttin der heiligen Flamme ist und daß die Vestalinnen die Flamme bewachen. Aber jetzt muß ich gehen, weil Cleon uns erwartet."

Grammatische Impulse 9

1 Der Ablativ als AB des Mittels oder Werkzeugs (Ablativus instrumenti)

Digito Cleon aedificia monstrat. MW ~ MW	**Mit dem Finger** zeigt Cleon die Gebäude. MW ~ MW
Statuis incolae deos colunt. MW ~ MW	**Mit (durch) Statuen** verehren die Einwohner MW ~ MW ihre Götter.

Die Adverbiale Bestimmung auf die Frage womit?/wodurch? (*qua re?*) gibt das **Mittel** oder **Werkzeug** (*instrumentum*) an. Anders als das Deutsche, das in diesem Fall Präpositionen verwendet, hat die lateinische Sprache hierfür einen eigenen Kasus, den **Ablativ**.

Als „Sammel-Fall" für eine ganze Reihe ursprünglich selbständiger Kasus hat er mehrere Aufgaben (**Kasus-Funktionen**). Wenn er, wie hier bei *digito* oder *statuis*, für eine AB des Mittels oder Werkzeugs verwendet wird, bezeichnet man ihn als **Ablativus instrumenti**.

2 Der Ablativ als AB der Gemeinschaft (Ablativus sociativus)

Cum Lucio Gaioque Gem ~ Gem Cleon in Forum Boarium descendit.	**(Zusammen) mit Lucius und Gaius** Gem ~ Gem steigt Cleon zum Forum Boarium hinab.

Wenn die deutsche Präposition „mit" eine Gemeinschaft (*societas*) kennzeichnet (im Sinne von „zusammen mit" jemandem), steht im Lateinischen auch der Ablativ, diesmal aber mit der Präposition *cum* (**Ablativus sociativus**).

3 Der Ablativ als AB der Art und Weise (Ablativus modi)

Magna (cum) celeritate AW ~ AW Gaius ad portum currit.	**Mit großer Schnelligkeit** AW ~ AW rennt Gaius zum Hafen.

Die dritte Möglichkeit, die deutsche Präposition „mit" zu verwenden, liegt sozusagen zwischen **Mittel/Werkzeug** und **Gemeinschaft**. Die AB „mit großer Schnelligkeit" gibt die Art und Weise (*modus*) der Handlung an. Sie ist weder ein „Werkzeug" noch ein „Begleiter", sondern hat als **begleitender Umstand** Anteil an beiden. Dies zeigt sich im Lateinischen dadurch, daß oft die Präposition *cum* verwendet wird, daß sie aber auch fehlen kann.

Die drei Verwendungen des Ablativs als **instrumenti, sociativus** und **modi** bilden eine zusammengehörige Gruppe, wie auch das „mit" im Deutschen bei allen dreien beweist.

Das folgende Beispiel enthält alle drei verwandten Funktionen:

Gaius putzt den Tisch ...

	spongiā	*māgnā (cum) celeritāte*	*cum sorōre*
Satzglied-Funktion	AB des Mittels/ Werkzeugs	AB der Art und Weise	AB der Gemeinschaft
Kasus-Funktion	Ablativus **instrumenti**	Ablativus **modi**	Ablativus **sociativus**

3Ü Welche Funktion des lateinischen Ablativs entspricht jeweils dem deutschen Ausdruck mit der Präposition „mit" in den folgenden Sätzen?
a) Julia geht mit ihrer Mutter zum Einkaufen. b) Sie möchte mit dem Hund in die Stadt gehen, doch die Mutter ist dafür, mit dem Rad zu fahren. c) Mit großem Interesse betrachten sie ein Schaufenster. d) Die Verkäuferin bedient sie mit Geduld. e) An der Kasse fragt die Mutter: „Kann ich mit der Kreditkarte bezahlen?" f) Bepackt mit vielen Tüten verlassen die beiden den Laden.

4 Der Ablativ als Kasus der Trennung oder Herkunft (Ablativus separativus)

Ab ara Herculis Cleon ad portum currit.	**Vom Herkulesaltar (weg)** läuft Cleon zum Hafen.
E villis rusticis agricolae conveniunt.	**Aus ihren Gutshöfen** kommen die Bauern zusammen.
Aesculapius urbem **pestilentia** liberat.	Äskulap befreit die Stadt **von der Seuche**.

Allen drei Sätzen liegt der Gedanke einer **Trennung** (*separare* – trennen) zugrunde: Cleon entfernt sich von dem Altar, die Bauern von ihren Höfen; Äskulap „entfernt" die Stadt von der Seuche.
Meist steht beim **Ablativus separativus** eine Präposition als zusätzliches Signal.

Merke folgende Präpositionen mit dem Ablativus separativus:

a/ab – von; *e/ex* – aus; *de* – von herab, über; *sine* – ohne

Dieses Signal kann bei solchen Verben wegfallen, die schon von ihrer Bedeutung her eindeutig eine Trennung anzeigen; *liberare* z. B. steht meist mit dem reinen Ablativus separativus.

5 Die Formen des Ablativs

	a-Deklination		*o-Deklination*		*Dritte Deklination*		*u-Deklination*		*e-Deklination*	
Nom.	puella	puellae	amīcus	amīcī	soror	sorōrēs	currus	currūs	rēs	rēs
Gen.	puellae	puellārum	amīcī	amīcōrum	sorōris	sorōrum	currūs	curruum	reī	rērum
Akk.	puellam	puellās	amīcum	amīcōs	sorōrem	sorōrēs	currum	currūs	rem	rēs
Abl.	**puellā**	**puellīs**	**amīcō**	**amīcīs**	**sorōre**	**sorōribus**	**currū**	**curribus**	**rē**	**rēbus**

Merkhilfe für den Singular: **ā – ō – e – ū – ē**
für den Plural: **īs – īs – bus – bus – bus**

Die Ablativ-Formen der Personalpronomina der 1. und 2. Person

ego:		**nōs:**	
ā mē	– von mir	ā nōbīs	– von uns
mēcum	– mit mir	nōbīscum	– mit uns
tū:		**vōs:**	
ā tē	– von dir	ā vōbīs	– von euch
tēcum	– mit dir	vōbīscum	– mit euch

Die Präposition *cum* wird nicht vor das Pronomen gesetzt, sondern angehängt.

5Ü a Dekliniere in allen bisher gelernten Kasus:
a) oratio pulchra b) tumultus primus c) flumen parvum d) ara magna

5Ü b Übersetze und schreibe die Lösungen in dein Heft:
a) Er kommt mit uns.
b) Wir reden über dich.
c) Sie kommen von euch.
d) Singt mit mir ein Lied!

6 Das grammatische und das natürliche Geschlecht

Die Deklinationsübersicht in GI 9.5 zeigt: Die Substantive auf der unteren Ebene (a- und e-Deklination) sind überwiegend weiblich, die der mittleren Ebene (o- und u-Deklination) überwiegend männlich. Auf der obersten Ebene (Dritte Deklination) befinden sich Substantive aller Geschlechter (wobei die Feminina statistisch überwiegen). Nur auf der mittleren und oberen Ebene gibt es auch Neutra (vgl. GI 6.2).

In allen Deklinationen findet man aber Ausnahmen von der Regel. Am leichtesten zu merken sind diejenigen Substantive, die wegen ihres „natürlichen" Geschlechts von der grammatischen Regel abweichen:

Die Bezeichnungen für Lebewesen folgen grundsätzlich ihrem **natürlichen (biologischen)** Geschlecht.

In der a-Deklination gehören viele Substantive und Eigennamen wegen ihres **natürlichen Geschlechts** zu den Masculina:

incola, -ae **m**	–	der Einwohner
nauta, -ae **m**	–	der Seemann
agricola, -ae **m**	–	der Bauer
Sulla, Catilina **m**		(römische männliche Personennamen)

6Ü Übersetze und dekliniere in allen Kasus:
a) viele Einwohner b) ein tüchtiger Seemann c) der kranke Bauer

7 Substantive der Dritten Deklination auf *-s*

vox (< voc-s), **voc-***is* celeritas (< celeritat-s), **celeritat-***is*

Die Kasus-Endung des Nom. Sg. ist entweder die Null-Endung oder ein *-s*. Ein t-Laut (*t/d*) oder k-Laut (*c/g*) verändert sich, wenn das *-s* folgt (Assimilation, vgl. WB 5).
t/d + s → s (der t-Laut fällt weg)
c/g + s → x

Um den Stamm zu erkennen, lerne bei jedem Substantiv den Genitiv Singular mit.

Grammatiktraining

T 1 **Sammle alle Ablative des Lesestücks 9A und ordne sie den bisher gelernten vier Ablativ-Funktionen zu.**

T 2

voc- -is / -es / -as / -e / -o / -a

Alle diese Endungen kannst du an den Stamm *voc-* anhängen. Welche Formen entstehen? Übersetze sie!

T 3 **Übersetze nur die hervorgehobenen Begriffe:**

a) *aus der großen Stadt* kommen
b) *von dem hohen Berg* herabsteigen
c) *mit großer Schnelligkeit* sich abmühen
d) *von euch* kommen
e) *mit schönen Kränzen* den Altar schmücken
f) *mit der kleinen Schwester* spielen
g) *von dem Römer Sulla* sprechen
h) *mit dir* sprechen
i) *von euch* erzählen
j) *mit einem schönen Kranz* das Haus betreten

T 4 **In welcher Reihe stimmen alle Formen in Kasus, Numerus und Genus überein?**

a) bono – nauta – monte
b) urbis – pulchri – orationis – rei
c) flumine – alto – digito

T 5 **Übersetze ins Lateinische: Auf dem Schulweg**

Cleon beginnt, die Jungen mit seiner langen Rede zu ermüden. Gaius hört nicht mehr, daß der Pädagoge von Hercules und Cacus erzählt. Mit seinem Bruder läuft er nämlich mit großer Geschwindigkeit zum Hafen.

Cleon weiß zuerst nicht, daß die Brüder nicht da sind, sondern zum Fluß eilen. Er freut sich, daß seine Schüler zuhören und die Straße nicht mit ihrem Geschrei erfüllen. Doch plötzlich sieht er, daß Lucius und Gaius nicht mehr da sind. Mit leiser Stimme seufzt er und sagt: „Wo sind die Schlingel (= *bösen Buben*)? Ich glaube, daß die Brüder schon in der Nähe des Flusses sind und die Wagen der Bauern und die großen Schiffe anschauen."

Grammatische Impulse 10

1 Der Ablativ als AB des Ortes (Ablativus loci)

In portu multae naves sunt.	– Im Hafen sind viele Schiffe.
in Foro Boario	– auf dem Forum Boarium
in ripa	– am Ufer
sub imperio magistri navis	– unter dem Befehl des Kapitäns

2 Der Ablativ als AB der Zeit (Ablativus temporis)

Schola **tertia hora** incipit.	– Die Schule beginnt **in** der dritten Stunde.
tempore autumni	– **in** der **(zur)** Zeit des Herbstes

Der Ablativ gibt die Lage in Raum und Zeit an:
1. Ablativus loci: Frage **wo?**
2. Ablativus temporis: Frage **wann?**

Der **Ablativus loci** hat meist eine Präposition als zusätzliches Signal: **in** oder **sub**.
Auf die Frage **wann?** steht dagegen meist der **reine Ablativ**.

3 Zusammenstellung der sechs bisher gelernten Ablativ-Funktionen

Ablativ-Funktion	*Adverbiale Bestimmung*	*Fragen*	*Signale*
1. instrumenti 2. modi 3. sociativus	des Mittels/Werkzeugs der Art und Weise der Gemeinschaft	Womit? Wodurch? Wie? Auf welche Weise? Mit wem?	**reiner Ablativ** **reiner Ablativ** oder **cum** **cum**
4. separativus	der Trennung des (Herkunfts-)Ortes des Urhebers/Täters	Wovon (getrennt)? Woher? Von wem?	**reiner Ablativ** oder **a/ab, e/ex, de, sine**
5. loci 6. temporis	des Ortes der Zeit	Wo? Wann?	**in, sub** **reiner Ablativ**

3Ü Welche Funktion haben die Ablative in folgenden Sätzen?

a) Volcatilla digito figuram monstrat.
b) Deus incolas pestilentia liberat.
c) Gaius magna celeritate ad portum descendit.
d) Autumno schola incipit.
e) Gaius cum fratre naves spectat.
f) In schola magister pueros exspectat.
g) Paedagogus sine pueris ad aram Herculis stat.

4 Die drei Untergruppen der „Dritten Deklination": Konsonantische Deklination – Misch-Deklination – i-Deklination

urbs, mons, mare, animal, vis, puppis: Diese Substantive aus den Lektionen 9 und 10 folgen in fast allen Kasusformen den bisher gelernten Wörtern der Dritten Deklination wie *labor* oder *nomen*, aber in drei Fällen haben sie kleine Abweichungen:

Abl. Sg. Nom. / Akk. Pl. der Neutra Gen. Pl.

Der Grund: Die „Dritte" enthält drei Deklinationsgruppen:

(1) Die **konsonantische Deklination**: Ihre Stämme enden auf Konsonanten.
Endungen: **-e -a -um** z. B. nomin**e**, nomin**a**, nomin**um** (vgl. GI 6.2)

(2) Die **i-Deklination,** deren Stämme auf den Vokal **ī** enden.
Endungen: **-ī -ia -ium** z. B. mar**ī**, mar**ia**, mar**ium**

Für eine kleine Gruppe von Substantiven der i-Gruppe gibt es als Sonderform den Akk. Sg. auf **-im**: z. B. *puppis, -is* (das Schiffsheck): pupp**im**, puppī, pupp**ium**.

(3) Eine **Mischgruppe aus beiden Deklinationen** folgt im Singular der konsonantischen Deklination (Abl.: **-e**), im Plural der i-Deklination (Gen. Pl.: **-ium**).
Zur Mischgruppe gehören:
a) Substantive der Dritten auf den Ausgang ***-is*** oder ***-ēs***, deren Silbenzahl im Nominativ und Genitiv gleich ist („Gleichsilbige"), wie *navis, navis*;
b) Substantive der Dritten, deren Stämme auf mehr als einen Konsonanten enden („Mehrkonsonantenstämme"), wie *urbs, **urb**-is; mōns, **mont**-is*.

Dies ist weniger verwirrend, als es scheinen mag. Es genügt, sich auf die drei „strittigen" Kasus zu konzentrieren: *-a* oder *-ia, -um* oder *-ium* können kaum zu Verwechslungsfehlern beim Übersetzen führen. Die Ablativ Singular-Endung *-i* ist jedoch leicht mit dem Dativ zu verwechseln!

Eine Gedächtnisstütze: Die unterschiedlichen Gruppen werden in den „Wohnungen" der Deklinations-Villa (vgl. GI 4.5) angesiedelt. Der Mitteltrakt, der hier vergrößert zu sehen ist, enthält von links nach rechts die Deklinationsgruppen, übersichtlich auf die Stockwerke verteilt.

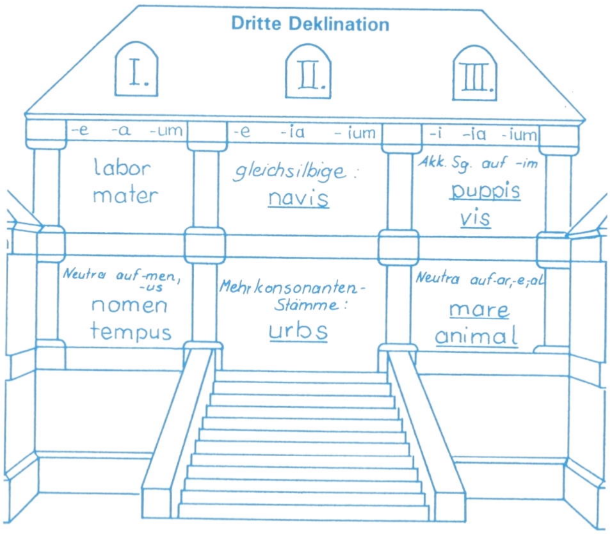

4Ü Suche aus den folgenden Substantiven die heraus, die im Ablativ stehen:
montis, figuris, mare, nave, animali, viri, portu, auxilio, oratio, animalia, filia, re, homo, vi

5 Aktiv und Passiv (Genus Verbi*)

* „die Art des Verbs"

Vergleiche:

a) **Aktiv**

Viri navem ad ripam **trahunt**.
Männer **ziehen** das Schiff ans Ufer.

b) **Passiv**

Navis a viris ad ripam **trahitur**.
Das Schiff **wird** von Männern ans Ufer **gezogen**.

Wie im Deutschen kann im Lateinischen eine Handlung zweifach ausgedrückt werden, ohne daß sich der Inhalt wesentlich verändert. Nur die Blickrichtung (Perspektive), aus der der Handlungsverlauf gesehen wird, verschiebt sich:

a) Vom **Urheber/Ausgangspunkt** aus gesehen: (*viri* – Männer)

b) Vom **Objekt/Zielpunkt** aus gesehen: (*navis* – Schiff)

Bei der Umwandlung vom Aktiv ins Passiv verändert sich die sprachliche Form **syntaktisch** (Veränderung der Satzglieder!) und **formal** (Form des Prädikats!):

Die Männer ziehen das Schiff.
Ak – – – – – – Ak

Das Schiff wird von den Männern gezogen.
UT ~~~~~~~~~~ UT

Viri navem trahunt.
Ak – – Ak

Navis a viris trahitur.
UT ~~ UT

Das Schiff importiert Waren.
Ak – – Ak

Waren werden mit dem Schiff importiert.
MW ~~~~~~~~ MW

Navis merces importat.
Ak – – – Ak

Merces nave importantur.
MW ~~ MW

Syntaktische Veränderungen bei der Umwandlung Aktiv → Passiv:
Subjekt: Personen (*viri*) → AB des Urhebers/Täters (***a viris***)
Sachen (*navis*) → AB des Mittels/Werkzeugs (*nave*)
Objekt: (*navem*) → Subjekt (*navis*)
Die anderen Satzglieder ändern ihre syntaktische Funktion nicht.

Formale Veränderungen des Verbs im Deutschen und Lateinischen:
Deutsch: Verwendung des Hilfsverbs „werden" mit **Prädikatstrennung**.*
Latein: besondere **Personalendungen**.

* vgl. unten GI 10.8

6 Die Formen des Passivs

	a-Konjugation	*e-Konjugation*	*i-Konjugation* →	*Mischgruppe*	← *kons. Konjugation*
Stamm	spectā-	vidē-	audī- →	cap(i)- ←	trah-
Inf.	spectā-**rī**	vidē-**rī**	audī-**rī**	cap-**ī** ←	trah-**ī**
Sg. 1.	spect-**or**	vide-**or**	audi-**or** →	capi-**or**	trah-**or**
2.	spectā-**ris**	vidē-**ris**	audī-**ris**	cap-*e*-**ris** ←	trah-*e*-**ris**
3.	spectā-**tur**	vidē-**tur**	audī-**tur**	cap-*i*-**tur** ←	trah-*i*-**tur**
Pl. 1.	spectā-**mur**	vidē-**mur**	audī-**mur**	cap-*i*-**mur** ←	trah-*i*-**mur**
2.	spectā-**minī**	vidē-**minī**	audī-**minī**	cap-*i*-**minī** ←	trah-*i*-**minī**
3.	specta-**ntur**	vide-**ntur**	audi-*u*-**ntur** →	capi-*u*-**ntur**	trah-*u*-**ntur**

Merkhilfe für Infinitiv-Endungen: **rī – rī – rī – ī – ī**

Die sechs Personalendungen des Passivs

-or, -ris, -tur, -mur, -mini, -ntur

6Ü a Setze ins Passiv und übersetze:
a) incipit b) incitant c) ducis d) observatis e) accipimus f) reprehendo

6Ü b Bestimme in den folgenden deutschen Sätzen die Satzglieder, übersetze sie ins Lateinische und forme sie dann (lateinisch) vom Aktiv ins Passiv bzw. vom Passiv ins Aktiv um:

a) Cleon führt die Jungen zur Schule. b) Cleon wird von Gaius gefragt: c) „Warum werden wir von dir täglich zur Schule geführt? d) Warum betrachten wir nicht die Tempel Roms?"

7 Möglichkeiten, das lateinische Passiv ins Deutsche zu übersetzen

Navis movetur: (1) Das Schiff wird bewegt.
(2) Man bewegt das Schiff.
(3) Das Schiff bewegt sich.
(4) Das Schiff läßt sich bewegen.
(5) Das Schiff fährt.

7Ü Suche jeweils die beste Übersetzung des lateinischen Passivs:
a) In portu naves videntur.
b) In atrio impluvium (*Wasserbecken*) aqua completur.
c) Argulus in villa relinquitur.

8 Verstehen und Übersetzen: das Verfahren bei Passiv-Sätzen

Übersetze nach der Übersetzungsregel (Gl 2.5):

P1

Iam diu		a magistro	**exspectamini**.
Schon lange	**werdet ihr**	vom Lehrer	**erwartet**.

Bei der Übertragung des lateinischen Satzes ins Deutsche wird ein Vorteil erkennbar, der bei den Passivformen besonders ins Auge fällt. Dieser Vorteil gilt aber grundsätzlich immer dann, wenn der deutsche Satzbau die **Trennung des Prädikats** verlangt.
Weil man das Passiv im Deutschen mit dem Hilfsverb „**werden**" bildet, genügt es im Normalfall (Aussagesatz), nach dem ersten Satzglied (hier: *Iam diu*) nur auf die Endung des Prädikats zu achten (hier: *-mini*). Der Teil des Prädikats, der die Wortbedeutung enthält, wird bis zum Schluß aufgeschoben und kann daher oft (wie z. B. im Detektivspiel, vgl. Gl 5.5) erschlossen werden.

8Ü Überprüfe dies an der folgenden Übung, in der mit Absicht Verben verwendet werden, die du noch nicht gelernt hast. Versuche, ihre Bedeutung mit Hilfe des Kontexts (des inhaltlichen Zusammenhangs) zu erschließen:

Abends unterhalten sich die Geschwister über den merkwürdigen Schulweg mit Cleon:

a) Volcatia: Discipuli cum in scholam non in tempore adveniunt, a magistro saepe verbera**ntur**.
b) Gaius: Me magister bonus numquam verberat; nam ego a magistro nostro imprimis dilig**or**.
c) Volcatia: A te autem – credo – schola non dilig**itur**, sed valde reformida**tur**.
d) Gaius: Tu es puella stulta, scholam ignoras, nam a patre nostro neque in scholam neque in urbem mitte**ris**.

Volcatia gemit et dicit:

e) Ita est; nos quia puellae sumus, semper a patre domi (*zu Hause*) includi**mur**.
f) Vos a Cleone per vias urbis duci**mini**, nos semper domi relinqui**mur**.
g) Cur puellae non in scholam mittu**ntur**? Cur nos miserae non a magistris vestris litteris Graecis erudi**mur**?
h) Quia in scholam non mitti**mur**, a multis pueris stultis saepe contemni**mur**.

Welche Bedeutung haben nach dem Kontext die Verben *verberare, diligere, reformidare, mittere, includere, erudire, contemnere*? Überprüfe (hinterher!) deine Vermutung mit Hilfe des Vokabel-Index oder eines Lexikons!

Grammatiktraining

T 1 **Forme um – vom Aktiv ins Passiv und vom Passiv ins Aktiv:**

a) Mercatores frumentum important.
b) Pueri navem spectant.
c) A servis merces accipiuntur.
d) Te interrogo.
e) Ducisne me ad aram Herculis?
f) Credo nos a magistro exspectari.

T 2 **Übersetze ins Lateinische: Lucius und Gaius am Hafen**

In der dritten Stunde sind die Jungen mit dem Pädagogen am Hafen. Dort sehen sie, daß Waren aus einem Schiff ans Ufer gebracht werden.
Gaius: „Dort werden Tiere auf den Markt getrieben!“ Cleon zeigt mit dem Finger auf einen weißen (*candidus, a, um*) Stier und sagt: „Schaut, der Stier der Europa!“
Lucius: „Aber niemand wird von dem Stier getragen. Wo ist das schöne Mädchen?“
Cleon: „Rede keine Dummheiten! Ihr werdet vom Lehrer schon in der Schule erwartet. Wir müssen ganz schnell (= *mit großer Schnelligkeit*) laufen. Wollt ihr etwa getadelt werden?“

Grammatische Impulse 11

1 Dativ-Objekt

Cui Cleon consilia dat? D––D	**Wem** gibt Cleon Ratschläge? D––D
Cleon **Lucio et Gaio** consilia dat. D––––––––––D	Cleon gibt **Lucius und Gaius** Ratschläge. D––––––––––––D
Sed consilia **pueris** non placent. D–––D	Aber die Ratschläge gefallen **den Jungen** nicht. D––––––––D
Nolite appropinquare **portui**! D–––D	Nähert euch nicht **dem Hafen**! D–––––––D

Wie im Deutschen gibt es im Lateinischen Verben, die eine Ergänzung auf die Frage **Wem?** erwarten lassen. Diese Ergänzung im Kasus Dativ heißt **Dativ-Objekt.**

2 Die Formen des Dativs

Mit dem Dativ wird die letzte Lücke der Deklinationstabelle ausgefüllt:

a-Deklination *o-Deklination* *Dritte Deklination* *u-Deklination* *e-Deklination*

Dritte Deklination

Nom.	soror	sorōrēs
Gen.	sorōris	sorōrum
Dat.	**sorōrī**	**sorōribus**
Akk.	sorōrem	sorōrēs
Abl.	sorōre	sorōribus

o-Deklination

Nom.	amīcus	amīcī
Gen.	amīcī	amīcōrum
Dat.	**amīcō**	**amīcīs**
Akk.	amīcum	amīcōs
Abl.	amīcō	amīcīs

u-Deklination

Nom.	currus	currūs
Gen.	currūs	curruum
Dat.	**curruī**	**curribus**
Akk.	currum	currūs
Abl.	currū	curribus

a-Deklination

Nom.	puella	puellae
Gen.	puellae	puellārum
Dat.	**puellae**	**puellīs**
Akk.	puellam	puellās
Abl.	puellā	puellīs

e-Deklination

Nom.	rēs	rēs
Gen.	reī	rērum
Dat.	**reī**	**rēbus**
Akk.	rem	rēs
Abl.	rē	rēbus

Merkhilfe: In allen Deklinationen endet der **Dativ Sg.** auf **ī** (a+i ➔ **ae**; o+i ➔ **ō**); der **Dativ Pl.** hat dieselbe Form wie der Ablativ Pl.

2Ü a Dekliniere in allen Kasus:
homo callidus; usus antiquus; carmen pulchrum; urbs aliena; res varia

2Ü b Wiederhole folgende Verben, die alle mit dem Dativ verbunden werden:
adesse (helfen), apportare, appropinquare, cedere (weichen), credere, dare, debere (schulden), dicere, explicare, monstrare, narrare, nuntiare, parere, placere, resistere, respondere
Denke dir deutsch und lateinisch Ergänzungen aus, die nach diesen „Dativ-Verben" erwartet werden können.

2Ü c Teile diese „Dativ-Verben" in zwei Gruppen auf: Welche haben neben dem Dativ- auch ein Akkusativ-Objekt (transitiv), welche haben nur ein Dativ-Objekt und kein Akkusativ-Objekt (intransitiv)?

3 Verstehen und Übersetzen: Dativ-Ablativ-Übereinstimmung

a) **Pueris** consilia paedagogi non placent.
b) **Lucio et Gaio fratribus** multa aedificia monstrantur.
c) **Admonitionibus** paedagogi pueri non parent.

Wenn man die drei Sätze nach der Übersetzungsregel aus GI 2.5 übersetzen will, gibt es ein Problem: Das erste Satzglied ist jeweils **doppeldeutig,** denn bei allen Beispielen könnte es sich um einen Dativ oder Ablativ halten. Wie soll man also anfangen?
Wenn man zu den in **2Ü b** angeführten „Dativ-Verben" die zu erwartenden Füllungen ergänzt, macht man die Beobachtung, daß fast immer **Personen** diese Stelle besetzen. Nur selten ist bei einem Dativ-Objekt mit einer Sache zu rechnen (oben nur in Beispiel c).
Umgekehrt sind bei allen bisher bekannten Ablativ-Funktionen, die nicht durch eine Präposition näher gekennzeichnet sind, **Sachinhalte,** meist aber keine Personen zu erwarten.

Übersetzungsregel bei Dativ-Ablativ-Übereinstimmung:
Rechne bei **Personen** mit einem **Dativ, bei Sachen** mit einem **Ablativ.**
Rechne aber auch mit dem „statistischen Rest"*: Manchmal muß man korrigieren!

* vgl. Beispiel c) oben.

3Ü Ergänze jeweils das am Schluß fehlende Verb. Achte darauf, welche Informationen im Satz auf diese Ergänzung hinführen! Übersetze dann die Sätze ins Deutsche:
a) Cleon paedagogus pueris multa aedificia Romae ●. b) Deos in templis habitare pueris ●. c) Narratio pulchra paedagogi pueros valde ●. d) Sed explicatio longa Cleonis pueris non ●.
e) Paedagogus quamquam bonus est, a pueris semper ●. f) Quod pueros ad scholam agit, a Gaio Lucioque ●. g) Cum pueros properare iubet, Gaius paedagogo non ●.
h) Subito Cleon pueris tertiam horam iam adesse ●. i) Nunc properare incipiunt et domui magistri iam ●.

4 Die Formen der Personalpronomina

	1. Sg.	*2. Sg.*	*1. Pl.*	*2. Pl.*
Nom.	ego	tū	nōs	vōs
Gen.	meī	tuī	nostrī nostrum	vestrī vestrum
Dat.	mihi	tibi	nōbīs	vōbīs
Akk.	mē	tē	nōs	vōs
Abl.	ā mē mēcum	ā tē tēcum	ā nōbīs nōbīscum	ā vōbīs vōbīscum

Der Genitiv der Personalpronomina wird nur für den Genitivus obiectivus (vgl. GI 16.4) und den Genitivus partitivus (vgl. GI 35) verwendet.

Merke: quis vestrum – wer von euch nemo nostrum – niemand von uns

5 Dativus possessivus (Dativ des Besitzers)

Puero multi stili sunt. („Dem Jungen sind viele Griffel.")
Dem Jungen gehören viele Griffel.
Der Junge hat/besitzt viele Griffel.

Der Dativ mit *esse* gibt die Person an, der etwas gehört oder die etwas **besitzt.** Man nennt ihn deshalb **Dativus possessivus** = Dativ des Besitzers (*possidēre* – besitzen).

6 Dativus commodi (Dativ des Vorteils)

Non **scholae,** sed **vitae** discimus. – Nicht **für** die Schule, sondern **für** das Leben lernen wir.

Res **mihi** necessarias habes. – Du hast die **für** mich notwendigen Dinge.

Auf die Frage **Für wen?/Wofür?** antwortet der **Dativus commodi** = Dativ des Vorteils (*commodum* – Vorteil). Er gibt die Person oder Sache an, **für** die etwas vorteilhaft oder schädlich ist.

Beachte den sachlichen Unterschied in der deutschen Formulierung:
Ich gebe **dir** etwas ab. (normales Dativ-Objekt)
Ich gebe **für dich** etwas ab. (Dativus commodi)

7 Dativus finalis (Dativ des Zwecks)

Carmina **nobis usui** sunt. Die Gedichte – sind **für uns von Nutzen.**
– gereichen/dienen uns zum Nutzen.
– nützen uns.

Das Hilfsverb *esse* hat hier **zwei Dative** bei sich:
(1) *nobis* als Dativus commodi auf die Frage: **Für wen?** (vgl. oben GI 11.6)
(2) *usui,* das hier die Position des **Prädikatsnomens** einnimmt.
Frage: **Wozu/Zu welchem Zweck** dienen die Gedichte?: **Dativus finalis** (*finis* – Zweck). Weil es diese Funktion des Dativs im Deutschen nicht gibt, ist es wichtig, eine passende deutsche Formulierung zu finden.

Lerne die folgenden häufigen Verwendungen des Dativus finalis auswendig:

Consilium tuum	*Dein Rat*
– mihi curae est.	– liegt mir am Herzen.
– mihi gaudio est.	– macht mir Freude.
– mihi usui est.	– ist für mich nützlich.
– mihi auxilio est.	– ist für mich hilfreich, hilft mir.
– mihi saluti est.	– ist für mich heilsam, bringt mir Rettung.

7Ü Übersetze und bestimme jeweils die Funktion des Dativs:
a) Marco liber non est. b) Sed liber puero necessarius est. c) Iulia Marco librum dat. d) Marcus: Liber tuus mihi auxilio est. e) Iulia: Semper mihi curae es.

8 Besonderheiten der u-Deklination

a) Genus: Die Substantive der u-Deklination sind in der Regel maskulin; *domus* und *manus* jedoch sind **feminin:** domus antiqu**a** – das alte Haus
manus parv**a** – die kleine Hand

b) Formen:

	Sg.	*Pl.*
Nom.	domus	domūs
Gen.	domūs	dom**ōrum**
Dat.	domuī	domibus
Akk.	domum	dom**ōs**
Abl.	dom**ō**	domibus

domus folgt in folgenden Kasus der o-Deklination: Abl. Sg. – Gen. Pl. – Akk. Pl.

8Ü Setze zu jedem Substantiv ein passendes Adjektiv (z. T. gibt es mehrere Möglichkeiten): cantus – domos – arcus – salus – manus

9 Kurzformen im Imperativ Singular

dīc! – sage! *dūc*! – führe! *fac*! – mache!

Grammatiktraining

T 1 Bestimme die Formen:
caelo (2), carmina (2), femina (2), usui, gaudii, discipulis (2), hominis, puellae (3), mari (2), diei (2)

T 2 Was paßt zusammen? Bilde aus folgenden Bausteinen alle möglichen Formen! Schreibe die Lösungen in dein Heft:

amor –	– i
amar –	
amic –	
mar –	– is
ar –	
aud –	
re –	– (i)bus
domu –	
man –	

T 3 Ergänze die Sätze mit einem Dativ-Objekt:
a) Lucius ● respondet.
b) Magister ● consilia dat.
c) Nonnumquam discipuli ● resistunt.
d) Cleon et pueri ● appropinquant.

T 4 Zwei Wörter passen nicht in die Reihe. Warum nicht?
litteris – admonitionis – grammaticis – bellis – laboris – causis

T 5 Übersetze ins Lateinische. Schreibe die Lösungen in dein Heft:
a) Ich sage dem Vater, daß die Freunde uns helfen.
b) Nicht du schuldest uns Hilfe, sondern wir schulden dir Hilfe.
c) Das Futter gefällt den Pferden nicht.
d) Die Maultiere nähern sich dem Haus.
e) Die Tiere weichen den Wagen (aus).
f) Herkules widersteht allen Mühen.
g) Ihr schuldet eurem Freund viel Geld.
h) Ich erkläre meinem Bruder die Bauwerke Roms.
i) Einige Schüler glauben den Ermahnungen des Lehrers nicht.

T 6 Übersetze ins Lateinische: Im Bad

Danach werden die Jungen vom Pädagogen in die Thermen *(thermae, -arum)* geführt. Sie nähern sich einem großen Gebäude.

Dort gibt Cleon Lucius und Gaius gute Ratschläge: „Ihr müßt auf eure Sachen achten *(= eure Sachen müssen euch am Herzen liegen)*. Denn alles ist für böse Menschen von Nutzen."

Lucius: „Deine Ermahnungen sind für uns hilfreich, aber wir wissen schon alles. Du weißt, daß wir dir immer glauben."

Das kalte *(frigidus, a, um)* und warme *(calidus, a, um)* Wasser, das Geschrei der vielen Leute, die fröhlichen Spiele *(ludus)* machen den Jungen großen Spaß.

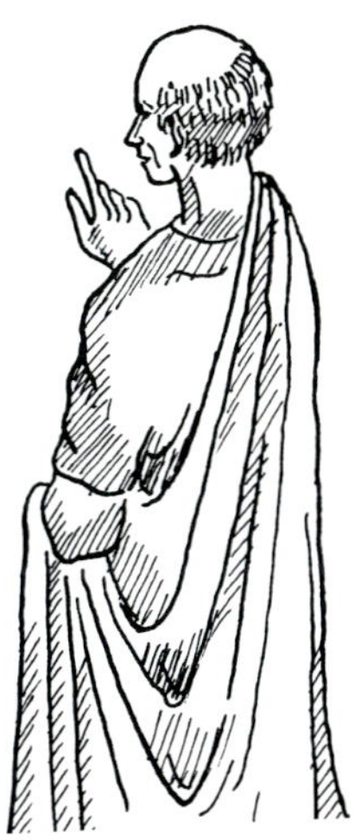

Grammatische Impulse 12

1 Das lateinische Perfekt und die Vergangenheitstempora im Deutschen

Das häufigste Vergangenheitstempus im Lateinischen ist das **Perfekt.**

Vergleiche die folgenden Sätze in ihrer lateinischen und deutschen Form:

Die Schüler:	
(1) Cunctos labores Herculis nobis **narravisti.**	Alle Arbeiten des Herkules **hast** du uns **erzählt.**
(2) De nostra urbe discipuli tui non multum **audiverunt.**	Über unsere Stadt **haben** deine Schüler nicht viel **gehört.**
Eurysthenes:	
(3) Bene me **monuistis**.	Ihr **habt** mich zu Recht **gemahnt**.
Sed nunc audite:	Doch jetzt hört zu:
(4) Aliquando nonnulli viri casae Faustuli **appropinquaverunt.**	Einst **näherten** sich einige Männer der Hütte des Faustulus.
(5) Iam procul Faustulus voces virorum **audivit.**	Schon von fern **hörte** Faustulus die Stimmen der Männer.

Die fünf Beispielsätze links stehen im **lateinischen Perfekt.** Bei den deutschen Entsprechungen rechts werden **je nach Textsorte** für die Vergangenheit zwei unterschiedliche Tempora verwendet: das **deutsche Perfekt** (1–3) oder das **Präteritum** (4–5).

Das lateinische Perfekt stimmt mit dem deutschen Perfekt in der Verwendung nicht überein. Wir unterscheiden zwei Funktionen des lateinischen Perfekts:

a. das **narrative** oder **historische Perfekt**
Textsorte: Erzählung, Bericht (z. B. über historische Ereignisse). Im Deutschen zieht man dafür das **Präteritum** vor: Die Männer **näherten** sich, Faustulus **hörte** Stimmen.

b. das **kommunikative** (oder **konstatierende**) **Perfekt**
Textsorte: Gespräch, Rede, Brief. Im Deutschen steht meist die zusammengesetzte Zeit mit „haben" oder „sein" (**„deutsches Perfekt"**): Ihr **habt** mich zu Recht **gemahnt.**

Für ein flüssiges Übersetzen ist es vorteilhaft, sich diese Unterscheidung der Textsorten und der deutschen Vergangenheitstempora bewußt zu machen:

1Ü Welche Abschnitte der Lektionstexte 12 A und 12 B gehören zu welcher Textsorte? Beachte dafür die deutschen Vergangenheitstempora.

2 Bildung des Perfekts im Lateinischen und Deutschen

(multa)	audī**v**-*ī*	ich **habe** (viel)	gehört
(mē)	mon**u**-*istī*	du **hast** (mich)	gemahnt
(rūrsus)	v**ē**n-*istis*	ihr **seid** (wiederum)	gekommen

Das deutsche Perfekt ist **zusammengesetzt**: Verwendung des Hilfsverbs „haben" oder „sein" mit Prädikatstrennung.

Im Lateinischen ist das Perfekt nur **ein Wort**: ein besonderer Stamm **(Perfektstamm)** und eigene **Perfekt-Endungen**:

-ī, -istī, -it, -imus, -istis, -ērunt; Inf.: -isse

Zur Unterscheidung vom Präsensstamm hat der Perfektstamm ein besonderes Kennzeichen.

In dieser Lektion lernen wir drei Möglichkeiten der Perfektbildung kennen:

(1) **v-Perfekt:**
*spectāre – spectā**v**ī, complēre – complē**v**ī, audīre – audī**v**ī, cupere – cupī**v**ī*

(2) **u-Perfekt:**
*monēre – mon**u**ī, aperīre – aper**u**ī, rapere – rap**u**ī, alere – al**u**ī*
Dazu gehört auch das unregelmäßige Perfekt von *esse*: ***fuī***

(3) **Dehnungsperfekt:**
*adiuvāre – adi**ū**vī, vidēre – v**ī**dī, venīre – v**ē**nī, fugere – f**ū**gī, legere – l**ē**gī*
Oft ist mit der Dehnung auch eine Veränderung des Stamm-Vokals verbunden:
*c**a**pere – c**ē**pī, acc**i**pere – acc**ē**pī*

Die „Stammformen", die den Perfektstamm enthalten, müssen regelmäßig mit den Verben mitgelernt werden (vgl. dazu das Vokabelverzeichnis). Dabei gibt es folgende Lernerleichterung:

Das **v-Perfekt** kommt überwiegend bei den Verben der a- und i-Konjugation vor, das **u-Perfekt** überwiegend in der e-Konjugation.

Diese statistischen Normalformen der Perfektbildung müssen nicht besonders gelernt werden und sind deshalb bei den Verben im Vokabelteil nicht ausdrücklich angegeben.

2Ü Suche alle Perfektformen aus dem Lektionstext 12 A heraus. Zu welcher der drei Perfektgruppen gehören sie? Lege eine Liste an.

3 Perfektformen des Aktivs

Perfektstamm	spectāv-	habu-	cēp-	fu-
Infinitiv	spectāv-**isse**	habu-**isse**	cēp-**isse**	fu-**isse**
Sg. 1.	spectāv-**ī**	habu-**ī**	cēp-**ī**	fu-**ī**
2.	spectāv-**istī**	habu-**istī**	cēp-**istī**	fu-**istī**
3.	spectāv-**it**	habu-**it**	cēp-**it**	fu-**it**
Pl. 1.	spectāv-**imus**	habu-**imus**	cēp-**imus**	fu-**imus**
2.	spectāv-**istis**	habu-**istis**	cēp-**istis**	fu-**istis**
3.	spectāv-**ērunt**	habu-**ērunt**	cēp-**ērunt**	fu-**ērunt**

3Ü Verwandle ins Perfekt:
narras – audio – venimus – sedere – sum – placet – habitatis – custodiunt
Übersetze die neu gebildeten Formen, indem du das Präteritum oder das deutsche Perfekt verwendest.

4 Verstehen und Übersetzen: Ausnutzung der Prädikatstrennung beim deutschen Perfekt

Wie bei den zusammengesetzten Formen des deutschen Passivs (vgl. GI 10.8) erleichtert die **Prädikatstrennung** immer dann die Übersetzung der Vergangenheitsformen, wenn es sich um **kommunikative** Texte (z. B. Briefe, Gespräche, Reden) handelt. Für eine flüssige Übersetzung genügt am Anfang (bzw. an 2. Stelle) oft das Hilfsverb „haben" (habe, hast, hat ...) oder „sein" (bin, bist, ist ...).

Die Entscheidung, ob das Verb zum „haben-" oder „sein-Perfekt" gehört, ist leicht. Fast alle deutschen Verben bilden das Perfekt mit „haben", nur eine kleine Gruppe mit „sein": Verben der **Bewegung** (laufen, gehen, kommen, springen usw.), außerdem: sein, werden und bleiben.

4Ü Prüfe dies nach, indem du den folgenden Dialog unter bewußter Ausnutzung der Prädikatstrennung übersetzt. Achte darauf, wo „haben" und „sein" verwendet werden.

Magister: Nonne vos admon**ui**? Sed rursus mihi non par**uistis.** Nam nonnulli vestrum etiam hodie non in tempore in scholam ven**erunt.** Alios ante portam in via sedere vid**i**. Nonne vos a me iam diu exspectari sci**vistis**? Et tu, o Corneli, sero ven**isti**. Dic mihi: Nonne mater te incita**vit**?

Cornelius: Noli me reprehendere, magister, nam causam tibi iam narra**vi**. Hodie bene et diu dormi**vi**. Mater me voca**vit**, sed vocem matris non audi**vi**.

Magister: Cur tu non in tempore appar**uisti**, Henrice?

Henricus: Ego ferias adesse puta**vi**, itaque non propera**vi**.

Magister: Certe etiam tu, Marce, causam bonam inven**isti**. Estne ita?

Marcus: Ego, o magister, intrare tim**ui**. Nam ante duos dies me puni**visti**.

Magister: Et vos, o puellae, cur vos ante portam sed**istis** neque intra**vistis**?

Puellae: Nos, o magister, Marcum Henricum Cornelium in via exspecta**vimus**. Nam sine pueris intrare non cupi**vimus**.

5 Genitiv und Ablativ der Beschaffenheit (Genitivus / Ablativus qualitatis)

(1) vir magnae virtutis / vir magna virtute — ein Mann von großer Tüchtigkeit

(2) Romulus | magna virtute (magnae virtutis) | fuit. (PN) Romulus war von großer Tüchtigkeit/sehr tüchtig.

Der **Genitivus qualitatis** und der **Ablativus qualitatis** können als Attribut (1) oder als Prädikatsnomen (2) verwendet werden. Sie geben eine **Eigenschaft** oder ein **besonderes Merkmal** einer Person oder Sache an.

5Ü Übersetze:

a) homines magnis viribus
b) Equi magnae celeritatis sunt.
c) vir parva vi animi
d) puella paucorum dierum
e) Cleon magna scientia fuit.

6 *duo / ambō* und *trēs*

	m	*f*	*n*
Nom.	duo	duae	duo
Gen.	duōrum	duārum	duōrum
Dat.	duōbus	duābus	duōbus
Akk.	duōs (duo)	duās	duo
Abl.	duōbus	duābus	duōbus

m/f	*n*
trēs	tria
trium	trium
tribus	tribus
trēs	tria
tribus	tribus

Wie *duo* (zwei) wird *ambō* (beide) dekliniert. Die Formen enthalten Reste des alten Duals (Numerus der Zweizahl). Beachte die Mischung aus a/o-Deklination und Dritter Deklination.

6Ü Setze in die folgenden Sätze jeweils die richtige Form von *duo* bzw. *ambo* ein!
a) Gaio ● sorores sunt. ● amat. b) ● oculos habemus. c) Quintus, Publius, Aulus auxilium patroni petunt. Curae ● clientium magnae sunt. d) Nomina ● carmina Homeri!

Grammatiktraining

T 1 **Übersetze die folgenden Verbformen. Hintereinander gelesen ergeben ihre Anfangsbuchstaben den berühmten Ausspruch eines Römers:**

a) wir sind gekommen
b) er hat erwartet
c) erzählt (zu) haben
d) du lagst
e) ich habe gequält
f) er beginnt
g) wir geben
h) nicht kennen
i) wir siegen
j) er treibt an
k) sie haben begehrt
l) gehen

T 2 **Welche der folgenden Verbformen sind zweideutig?**

venit, legimus, fugisti, sciverunt, sedemus, parui, fugimus

T 3 **Übersetze ins Lateinische: Moses**

Der böse König Ägyptens (*Aegyptus*) zwang die Juden (*Iudaei, -orum*) nicht nur, den Ägyptern (*Aegyptii, -orum*) zu dienen, sondern er wünschte auch, daß die Söhne der Juden getötet werden sollten.

Eine jüdische (*Iudaeus, a, um*) Frau aber trug ihren kleinen Sohn in einem Korb zum Fluß Nil (*Nilus*) und ließ den Knaben am Ufer zurück. Die Schwester des Jungen beobachtete den Korb.

Da kam die Tochter des Königs zum Fluß und fand den Jungen. Die Schwester war froh, denn sie sah, daß die Ägypterin das Kind retten (*servare*) wollte. Sie näherte sich der Königstochter.

Die Königstochter: „Ich habe ein Kind gefunden. Rufe eine jüdische Frau!“ Das Mädchen aber rief sofort seine Mutter. Von der Ägypterin erhielt die Mutter dann ihr Kind zurück.

Grammatische Impulse 13

1 Perfektbildung (Fortsetzung)

(1) v-Perfekt (*spectāvī*)
(2) u-Perfekt (*monuī*) } vgl. GI 12.2
(3) Dehnungsperfekt (*vīdī*)

(4) **Reduplikationsperfekt**
Es wird durch die Verdoppelung (Reduplikation) des anlautenden Konsonanten (meist mit dem Vokal ***e***) gebildet; oft wird auch der Stamm verändert (Vokal-Abschwächung).

*dō – **de**dī*
*pellō – **pe**pulī*
*currō – **cu**currī*

Bei Komposita fällt die Reduplikation aber meist wieder weg:
*currō – **cu**currī;* aber: *accurrō – accurrī*
Solche Komposita gehören daher zum Stammperfekt; vgl. unten Nr. (6).

(5) **s-Perfekt**
*dīcō – dī**x**ī*
*rīdeō – rī**s**ī*
*trahō – trā**x**ī*

Das Kennzeichen dieser Perfektbildung ist das ***s***. Dabei treten folgende Veränderungen am Stamm auf:
c/g/h + s ➔ x: *dīcō – dīxī, trahō – trāxī*
d/t + s ➔ s oder ss: *rīdeō – rīsī, cēdō – cessī*

(6) **Stammperfekt**
respondeō – respondī
ascendō – ascendī
reprehendō – reprehendī

Beim sogenannten Stammperfekt gibt es kein besonderes Kennzeichen für den Perfektstamm: Er sieht gleich aus wie im Präsens.

Verwechslungsgefahren bei Stammperfekt und Dehnungsperfekt:

reprehendī	: Inf.	Präs. Pass.	oder	1. Sg.	Perf. Akt.
reprehendit	: 3. Sg.	Präs. Akt.	oder	3. Sg.	Perf. Akt.
reprehendimus	: 1. Pl.	Präs. Akt.	oder	1. Pl.	Perf. Akt.

venī : Imperativ Sg. – aber *vēnī* : 1. Sg. Perf. Akt.

1Ü Suche alle Formen im Perfekt Aktiv aus dem Lektionstext 13A heraus und ordne sie den sechs Gruppen der Perfektbildung zu.

2 Partizipialstamm und Stammformen: das PPP

Nach dem Präsens- und Perfektstamm ist der **Partizipialstamm** der 3. Verbalstamm. Er endet auf ein *-t* oder *-s* (vgl. im Deutschen: sagen – gesag*t*).
Vom Partizipialstamm wird das **Partizip Perfekt Passiv (PPP)** abgeleitet, das wir zur Bildung der Formen im Perfekt Passiv benötigen. Es wird wie ein Adjektiv der a/o-Deklination dekliniert und richtet sich in **KNG-Kongruenz** nach seinem Beziehungswort (vgl. GI 4.1).

amāre: amātus, a, um (geliebt)
aperīre: apertus, a, um (geöffnet, offen)
trādere: trāditus, a, um (überliefert)

Bei der Bildung des Partizipialstammes treten häufig Veränderungen gegenüber dem Präsensstamm auf, z. B.:
g/h + t ➔ ct *trahere* ➔ *tractus, a, um*
d/t + t ➔ ss/s *mittere* ➔ *missus, a, um*

Das PPP auf *-um* gehört zu den **Stammformen** eines Verbs. Diese bestehen aus vier Teilen:
(1) Infinitiv Präsens Aktiv
(2) 1. Sg. Präsens Aktiv
(3) 1. Sg. Perfekt Aktiv
(4) Partizip Perfekt Passiv (PPP)

Beispiel: amāre, amō, amāvī, amātum; caedere, caedō, cecīdī, caesum

Mit Hilfe dieser Stammformen können alle lateinischen Verbformen gebildet oder erschlossen werden. Präge sie dir also gut ein!

2Ü Nenne die Stammformen zu:
a) condere c) apparere e) circumdare g) petere
b) ascendere d) adiuvare f) facere h) convenire

3 Die Formen des Perfekt Passiv

Partizipialstamm: vocāt-						
Infinitiv		vocāt**um, -am, -um/ -ōs, -ās, -a**			**esse**	gerufen worden sein
Sg.	*1.*	vocātus,	a,	um	sum	ich wurde gerufen *oder* ich bin gerufen worden
	2.	vocātus,	a,	um	es	du wurdest gerufen *oder* du bist gerufen worden
	3.	vocātus,	a,	um	est	*usw.*
Pl.	*1.*	vocātī,	ae,	a	sumus	
	2.	vocātī,	ae,	a	estis	
	3.	vocātī,	ae,	a	sunt	

3Ü a Verwandle ins Perfekt:

a) respondere	d) iubemus	g) adiuvaris	j) trahi
b) mittimur	e) dicis	h) traditur	k) compleo
c) invenit	f) facit	i) erudiuntur	

3Ü b Verwandle ins Passiv:

a) fecit	c) rapuerunt	e) accepimus
b) credidit	d) videt	f) invenimus (2)

Setze die passiven Perfektformen dann ins Präsens.

4 Infinitive – Zeitverhältnisse

	Vorzeitigkeit	*Gleichzeitigkeit*
Aktiv	vocāvisse	vocāre
Passiv	vocātum, -am, -um / -ōs, -ās, -a esse	vocārī

Infinitive drücken selbst keine Zeitstufe, sondern das **Zeitverhältnis zum übergeordneten Verb** aus.

Vergleiche:

Gleichzeitigkeit in der Gegenwart:

Scimus te virum magnae virtutis **esse**.	Wir wissen, daß du ein Mann von großer Tüchtigkeit **bist**.

Gleichzeitigkeit in der Vergangenheit:

Pastores sciebant Romulum virum magnae virtutis **esse**.	Die Hirten wußten, daß Romulus ein Mann von großer Tüchtigkeit **war**.

Vorzeitigkeit in der Gegenwart:

Tradunt animum Romuli ira mo**tum esse**.	Sie überliefern, daß das Herz des Romulus von Zorn bewegt **wurde**.

Vorzeitigkeit in der Vergangenheit:

Pastores putabant lupam pueros alu**isse**.	Die Hirten glaubten, daß eine Wölfin die Jungen **ernährt hatte**.

> Der **Infinitiv Präsens** ist – unabhängig von der Zeitstufe – der Infinitiv der **Gleichzeitigkeit**.
> Der **Infinitiv Perfekt** ist – unabhängig von der Zeitstufe – der Infinitiv der **Vorzeitigkeit**.

4Ü Übersetze; beachte dabei das Zeitverhältnis des Infinitivs zum Prädikat:
a) Ihr habt gelesen, daß Mars Rhea Silvia geliebt hat.
b) Wir wissen, daß Schüler vom Lehrer oft getadelt werden.
c) Die Römer glaubten, daß Rom von Romulus gegründet worden war.
d) Ich glaube, daß du mit uns gekommen bist.

5 Der AcI als Subjekt

Seit GI 7.2 kennst du den AcI als **Objekt** bei Verben, „die aus dem Kopf kommen". Bei unpersönlichen Ausdrücken wie *traditum est, constat, necesse est* kann der AcI auch die Funktion des **Subjekts** erfüllen:

Traditum est fratres in montibus consedisse.

Es wurde überliefert, daß die Brüder sich auf den Bergen niedergelassen hatten. (Frage: Wer oder was wurde überliefert?)

5Ü Mache die folgenden Sätze von *traditum est* abhängig und übersetze sie:
Beispiel: Rhea Silvia a Marte deo amata est.
➔ Rheam Silviam a Marte deo amatam esse traditum est. –
Es ist überliefert, daß Rhea Silvia vom Gott Mars geliebt wurde.

a) Romulus et Remus a lupa alti sunt.
b) A Romanis virgines Sabinae raptae sunt.
c) Romulus a Remo irrisus est.
d) Fratribus aves apparuerunt.

6 Adverbialsätze mit *postquam, ubi, dum*

Postquam cuncti **convenerunt**, Romulus orationem habuit.	Nachdem alle **zusammengekommen waren**, hielt Romulus eine Rede.
Remus *ubi* murum **vidit**, Romulum irrisit.	Sobald Remus die Mauer **gesehen hatte**, lachte er Romulus aus.
Dum Romulus in monte Palatino **sedet**, dei duodecim aves miserunt.	Während Romulus auf dem Palatin **saß**, sandten die Götter zwölf Vögel.

Bei diesen Temporalsätzen ist der Tempusgebrauch im Lateinischen und Deutschen unterschiedlich:
Bei *postquam* (nachdem) und *ubi* (sobald) steht jedesmal das **Perfekt**, auch wenn der übergeordnete Satz in der Vergangenheit steht. Bei der Übersetzung wird dagegen das Zeitverhältnis im Deutschen beachtet: Steht der übergeordnete Satz in der Vergangenheit, erwartet man nach „nachdem" und „sobald" das **Plusquamperfekt**.
Bei *dum* (während) steht zur Bezeichnung der Gleichzeitigkeit das Tempus **Präsens**, auch wenn der übergeordnete Satz in der Vergangenheit steht; im Deutschen ist aber in diesem Fall das **Präteritum** zu wählen.

6Ü Aus zwei mach eins – verbinde jeweils zwei der folgenden Sätze durch Einsetzen von *postquam* und übersetze sie:
a) Romulus et Remus montes ascenderunt.
b) Lucius et Gaius sero ad domum grammatici advenerunt.
c) Remus murum transiluit.
d) Pueri ab Eurysthene reprehensi sunt.
e) Responsa deorum exspectaverunt.
f) Romulus fratrem sua manu occidit.

Grammatiktraining

T 1 **Bilde das PPP zu:**
delectare, custodire, ducere, erudire, ponere, mittere

T 2 **Verbinde die folgenden Sätze jeweils mit *postquam, ubi* oder *dum* und übersetze sie:**
a) Iulia Claudiam amicam vidit. Properare coepit.
b) Claudia Iuliam properare vidit. Constitit.
c) Amica narrat. Iulia audivit.

T 3 **Bilde aus den folgenden Substantiven und Verben jeweils Sätze im Präsens Passiv. Setze dann jeden Satz ins Perfekt:**

a) urbs	b) arbores	c) puer	d) templum
(1) alere	(2) aedificare	(3) condere	(4) caedere

T 4 **Übersetze und erkläre die Funktion des Ablativs:**
a) Temporibus antiquis pastores in monte Palatino habitaverunt.
b) Rhea Silvia bono animo fuit.
c) Eurysthenes pueros bello Troiano fatigavit.

T 5 **Übersetze ins Lateinische: Eine Sintflut**
Weil die Menschen viele Verbrechen begingen und die Götter mißachteten, wurde Jupiter einst von großem Zorn erfüllt. Deshalb schickte er große Regenfälle (*imbres, -ium m*).
Er befahl aber, daß Deucalion (*Deucalion, -ionis*), ein frommer (*pius, a, um*) Mann, Bäume fällen und ein Schiff bauen sollte.
Es ist überliefert, daß die Regenfälle viele Tage lang nicht unterbrochen wurden und viele Menschen ertranken (= *versenkt worden sind*; *mergere, mergo, mersi, mersum*).
Mit seiner Frau Pyrrha bestieg Deucalion aber sein Schiff und wurde so aus der Gefahr befreit.

Grammatische Impulse 14

1 Perfekt und Imperfekt

Auch die lateinische Sprache hat für die Zeitstufe Vergangenheit außer dem Tempus **Perfekt** ein zweites Tempus: das **Imperfekt**. Der Unterschied zwischen **Perfekt** und **Imperfekt** liegt aber auf einer anderen Ebene als der zwischen **Perfekt** und **Präteritum** im Deutschen.

Bei den **deutschen** Vergangenheitstempora besteht der wesentliche Unterschied in der **Textsorte** (vgl. GI 12.1).

	Erzähltexte:	Präteritum
	Kommunikative Texte:	deutsches Perfekt

Bei den **lateinischen** Vergangenheitstempora kommt es nicht auf die Textsorte, sondern auf die **Art** (den **Aspekt**) **der Handlung** oder **des Geschehens** an:

Hintergrundhandlung	**Vordergrundhandlung**
Nonnullos annos maiores Romanorum intra muros urbis novae vitam **agebant**. Urbs in dies **crescebat**.	Die quodam nonnulli cives ad Romulum **venerunt**.
Puellae Sabinae iam in sedibus **sedebant**.	Subito iuvenes Romani impetum **fecerunt**.

2 Funktionen des Imperfekts

Man kann drei Anwendungen (Funktionen) des Imperfekts unterscheiden:

a) Dauerhandlung (linear, durativ)

Nonnullos annos maiores Romanorum intra muros urbis novae vitam **agebant**.	Einige Jahre **verbrachten** die Vorfahren der Römer ihr Leben innerhalb der Mauern der neuen Stadt.

b) wiederholte Handlung (iterativ)

Iterum iterumque cives **veniebant**. — Immer wieder **kamen** Bürger.

c) versuchte Handlung („Imperfectum de conatu")

Patres Sabini puellas **defendebant**, sed urbe expulsi sunt. — Die sabinischen Väter **versuchten**, die Mädchen **zu verteidigen**, wurden aber aus der Stadt vertrieben.

Übersetzung des Imperfekts ins Deutsche:
Für die deutsche Formulierung gelten die gleichen Regeln wie für die Übersetzung des lateinischen Perfekts (vgl. GI 12.1); oft empfiehlt sich eine Verdeutlichung der Handlungsart durch Adverbien oder eine Umschreibung mit „pflegen", „versuchen" usw.:

Erzählung: Präteritum

Cives ad Romulum veni**ebant**. — Die Bürger kamen **immer wieder** zu Romulus. Die Bürger **pflegten** zu Romulus zu kommen.

Kommunikative Texte: deutsches Perfekt

Iterum iterumque tibi dic**ebam** ... — Ich habe dir **immer wieder** gesagt, ...
Vos defend**ebam**, sed ... — Ich habe **versucht**, euch zu verteidigen, aber ...

3 Formen des Imperfekts

Die Formen des Imperfekts setzen sich zusammen aus **Präsensstamm, Tempuskennzeichen** und **Personalendung**:

Das Tempuskennzeichen im Imperfekt lautet:

-ba-	in der a- und e-Konjugation:	*vocā-**ba**-t, vidē-**ba**-t*
-eba-	in den anderen Konjugationen:	*audi-**ēba**-t, capi-**ēba**-t, trah-**ēba**-t*
-a-	bei esse (eram < *esam):	*er-**a**-t*

Die Personalendungen sind die gleichen wie die des Präsens, die Endung der 1. Sg. Akt. ist **-m** (vgl. *sum*):

	Aktiv	*Passiv*	*esse*
Sg. 1.	audi-**ēba**-m	audi-**ēba**-r	er-**a**-m
2.	audi-**ēbā**-s	audi-**ēbā**-ris	er-**ā**-s
3.	audi-**ēba**-t	audi-**ēbā**-tur	er-**a**-t
Pl. 1.	audi-**ēbā**-mus	audi-**ēbā**-mur	er-**ā**-mus
2.	audi-**ēbā**-tis	audi-**ēbā**-minī	er-**ā**-tis
3.	audi-**ēba**-nt	audi-**ēba**-ntur	er-**a**-nt

3Ü Bilde die entsprechenden Formen von je einem Verb der anderen Konjugationsgruppen.

4 Adverbialsätze mit *cum* inversivum

Puellae iam in sedibus sede**bant**,	**cum** (subito) signum da**tum est**.
Die Mädchen saßen schon auf ihren Plätzen,	**als** (plötzlich) das Zeichen gegeben wurde.

Das **cum inversivum** leitet Temporalsätze ein, in denen die plötzlich eintretende Haupthandlung geschildert wird:

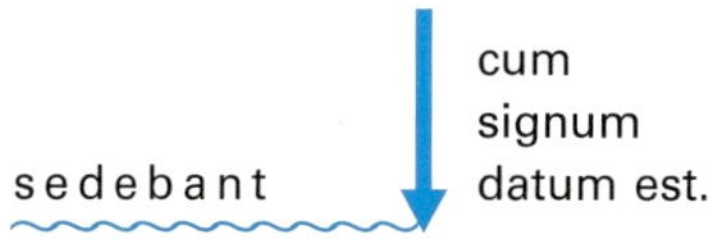

(Vgl. dazu das Theaterbild oben in GI 14.1)

Sätze mit ***cum* inversivum** haben folgende Besonderheiten:
- Anders als bei anderen Gliedsätzen ist die Reihenfolge festgelegt: Der Gliedsatz kann nie am Anfang stehen.
- Tempus des Hauptsatzes ist in der Regel das Imperfekt.
- Tempus des Gliedsatzes ist in der Regel das Perfekt.
- Als zusätzliche Signale stehen oft verstärkende Adverbien, im Hauptsatz z. B.: *iam, nondum*; im Gliedsatz: *subito.*
- Das Gewicht von Haupt- und Gliedsatz kehrt sich um: Im „Neben"-Satz steht die Hauptsache (daher die Bezeichnung „inversivum" von *invertere* – umdrehen).

5 Übersicht über die bisher gelernten Adverbialsätze

Gliedsatzart	*Konjunktion (Subjunktion)*	*deutsche Konjunktion*	*Satzglied: Adverbiale Bestimmung*
(1) **Temporalsätze**	cum iterativum cum inversivum dum postquam ubi	immer wenn als während nachdem sobald	der **Zeit** Frage: Wann?
(2) **Kausalsätze**	quod quia	weil, da weil, da	des **Grundes** Frage: Warum? Weshalb?
(3) **Konzessivsätze**	quamquam	obwohl, obgleich	des **Gegengrundes** Frage: Trotz welcher Tatsache?
(4) **Konditionalsätze**	si nisi	wenn, falls wenn nicht	der **Bedingung** Frage: Unter welcher Bedingung?

6 Verstehen und Übersetzen: Prädikatstrennung beim Perfekt

Auch bei der Übersetzung des Perfekts kann man, wie bei den zusammengesetzten Formen des Passivs im Deutschen, die Prädikatstrennung ausnützen (vgl. GI 10.8 und 12.4).

6Ü Für die hervorgehobenen Prädikate sind mit Absicht bisher unbekannte Verben verwendet. Erschließe ihre Bedeutung aus dem Kontext und übersetze:

Lucius braucht Taschengeld

Lucius: Pater, da mihi nonnullos asses *(As, ein römisches Geldstück)*. Ante paucos dies mihi pecuniam **promisisti**.

Pater: Tace, Luci, nam ante paucos dies asses multos tibi **praebui**. Fortasse iam **consumpti sunt**? Quid pecunia mea **emisti**?

Lucius: Nihil *(nichts)* pecunia mihi **comparavi**. Cunctos enim asses in via, dum prope portum sum, **perdidi**.

Pater: Num asses e sinu togae *(die Gewandfalte der Toga, wo man Geld aufbewahren konnte)* in viam **ceciderunt**? Cur pecuniam non manibus **tenuisti**?

Lucius: Ita non est, pater. Pecunia mihi a latronibus *(Räuber)* **direpta est**. Forte *(zufällig)* in Foro Boario inter Aram Herculis et portum **ambulabam**, cum subito . . .

Pater: O Luci, iterum iterumque vos pueros admonebam: Fugite multitudinem hominum in viis!

Lucius: Audi. Per vias **ambulabam**, cum subito duo viri me **oppresserunt**. Ab altero manibus **comprehensus sum**, alter pecuniam meam **poposcit**. Primo viros **arcebam**, sed mihi vi pecuniam **eripuerunt**.

Welche Bedeutung haben nach dem Kontext die Verben *promittere, praebere, consumere, emere, comparare, perdere, cadere, tenere, diripere, ambulare, opprimere, comprehendere, poscere, arcere, eripere*? Überprüfe deine Vermutung (hinterher) mit Hilfe des Vokabelindex oder eines Lexikons.

Grammatiktraining

T 1 **Setze erst ins Imperfekt, dann ins Perfekt:**

a) specto	c) invitor	e) comples	g) caperis
b) surgimus	d) monstrat	f) colunt	h) amatur

T 2 **Formen-Puzzle: Setze aus folgenden Bausteinen möglichst viele Verbformen zusammen und übersetze sie. Wer hat die meisten Lösungen?**

resist	a		mini
cogit			tur
viv	e	ba	nt
am			r
d	i	eba	t
al			m
fec	o	∅	re
serv			ris
defend	u		runt

T 3 **Übersetze ins Lateinische: Der Lehrer erzählt vom Goldenen Zeitalter**

Einst verbrachten die Menschen ihr Leben ohne Sorgen. Die Erde (*terra*) nährte die Menschen mit ihren Früchten. Tiere wurden nicht getötet, auch Bäume wurden nicht gefällt. Alle Mühen, Streitereien und Kriege waren unbekannt.
Lucius: „Und die Kinder mußten nicht in die Schule gehen."
Der Lehrer: „So war es. Doch hört: Nachdem die Menschen begonnen hatten, die Götter gering zu achten, änderte sich alles."
So erzählte der Lehrer, als Gaius rief: „Warum sind die Menschen so dumm gewesen?"

Begründe jeweils deine Wahl des Tempus!

Grammatische Impulse 15

1 Adjektive der Dritten Deklination (i-Stämme)

Neue Bewohner im Haus der fünf Deklinationen (Mitteltrakt):

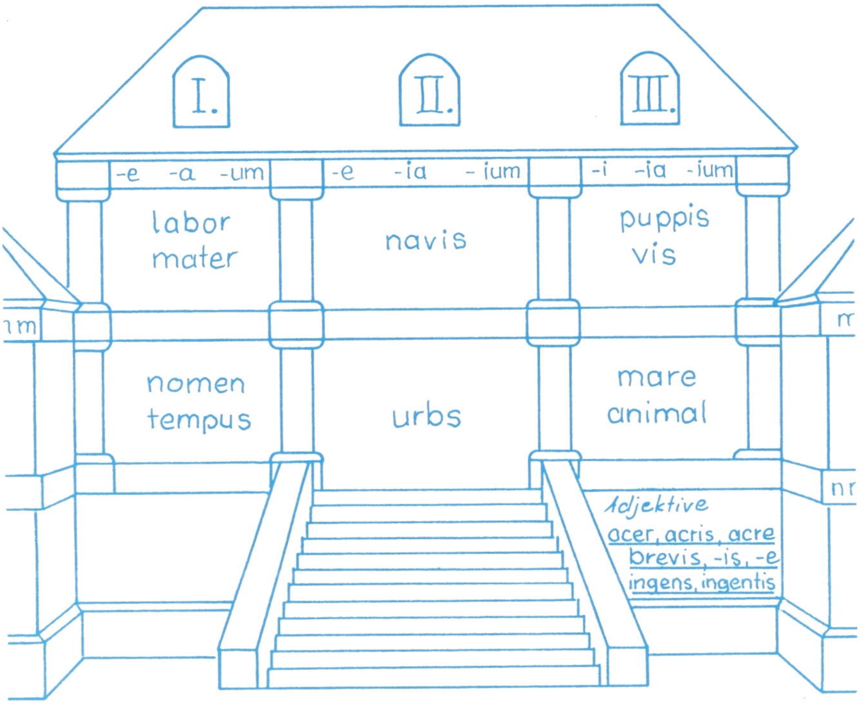

Die Adjektive der Dritten Deklination gehören zu den i-Stämmen (vgl. GI 10.4). In drei Kasus weichen sie daher von der konsonantischen Deklination ab:

Abl. Sg.: **-ī**, Nom./Akk. Pl. Neutrum: **-ia**, Gen. Pl.: **-ium**

Wir unterscheiden drei Gruppen:

(1) **dreiendige Adjektive**: Sie haben wie die Adjektive der a/o-Deklination im Nom. Sg. drei verschiedene Endungen:
ācer *ācris* *ācre*

(2) **zweiendige Adjektive**: Sie haben im Nom. Sg. für Masculinum und Femininum nur eine Endung: **-is**; im Neutrum **-e**:
brevis *brevis* *breve*

(3) **einendige Adjektive**: Sie haben im Nom. Sg. nur eine Form für alle drei Geschlechter:
ingēns *ingēns* *ingēns*

2 Deklinationsbeispiele: Adjektive der Dritten Deklination

	Singular *m*	*f*	*n*	*Plural* *m*	*f*	*n*
Nom.	ācer	ācr-is	ācr-e	ācr-ēs	ācr-ēs	ācr-**ia**
Gen.	ācr-is	ācr-is	ācr-is	ācr-**ium**	ācr-**ium**	ācr-**ium**
Dat.	ācr-ī	ācr-ī	ācr-ī	ācr-ibus	ācr-ibus	ācr-ibus
Akk.	ācr-em	ācr-em	ācr-e	ācr-ēs	ācr-ēs	ācr-**ia**
Abl.	ācr-**ī**	ācr-**ī**	ācr-**ī**	ācr-ibus	ācr-ibus	ācr-ibus
Nom.	brev-is	brev-is	brev-e	brev-ēs	brev-ēs	brev-**ia**
Gen.	brev-is	brev-is	brev-is	brev-**ium**	brev-**ium**	brev-**ium**
Dat.	brev-ī	brev-ī	brev-ī	brev-ibus	brev-ibus	brev-ibus
Akk.	brev-em	brev-em	brev-e	brev-ēs	brev-ēs	brev-**ia**
Abl.	brev-**ī**	brev-**ī**	brev-**ī**	brev-ibus	brev-ibus	brev-ibus
Nom.	ingēn-s	ingēn-s	ingēn-s	ingent-ēs	ingent-ēs	ingent-**ia**
Gen.	ingent-is	ingent-is	ingent-is	ingent-**ium**	ingent-**ium**	ingent-**ium**
		usw.			*usw.*	

2Ü a Bestimme nach Kasus, Numerus und Genus:
fortis (5), facili (6), vehementia (2), commune (2), celeres (4)

2Ü b Übersetze:
a) mit traurigem Herzen
b) in schnellem Lauf
c) mit leidenschaftlichen Bitten
d) wegen des heftigen Zornes
e) des tapferen Mädchens

Grammatiktraining

T 1 ***Adesse, deesse, interesse*: Setze jeweils das passende Präfix ein.**
a) Mihi pecunia ● est.
b) Amicus amico ● est.
c) Mihi ● es!
d) Iuliae stilus ● fuit.
e) Omnes liberi ludo ● sunt.
f) Cur convivio non ● fuisti?

T 2 **Übersetze; verwende dabei den kollektiven Plural** (vgl. GI 8.8):
a) Alles besiegt die Liebe.
b) Hercules hat Gewaltiges vollbracht.
c) Er hat viel Gutes getan.
d) Alles Schöne ist kurz.

T 3 **Kongruenztest**
Kombiniere die Substantive 1–10 mit den passenden Adjektiven A–K; überlege vorher Deklinationsgruppe und Genus. Weil das Blatt nicht beschrieben werden soll, notiere die Nummer des gemeinsamen Feldes (z. B. „F 1") in deinem Heft und schreibe dahinter abgekürzt Kasus und Numerus (z. B. „Gen. Pl."). Es gibt 24 richtige Lösungen (doppelte in einem Feld werden nur einmal gezählt).

	A omne	B omnes	C omni	D omnia	E omnis	F notus	G noti	H noto	I nota	J notum
1. homo										
2. hominis										
3. loco										
4. loci										
5. periculum										
6. pericula										
7. via										
8. die										
9. arcus										
10. arcu										

T 4 Übersetze ins Lateinische: Treue Freundschaft

Dionysius, ein grausamer Tyrann (*tyrannus*), quälte die Einwohner von Syrakus (*Syracusae, -arum*). Durch die Verbrechen des Tyrannen wurde Damon (*Damon, -onis*) von heftigem Zorn erfüllt. Deshalb faßte er den Entschluß, den Tyrannen zu töten.

Aber er wurde von Sklaven des Dionysius ergriffen und zum Tyrannen geführt. Dionysius sagte, daß Damon mit dem Tod (*mors, mortis*) bestraft werden müsse.

Damon erbat vom Tyrannen den kurzen Aufschub (= *Zeit*) von drei Tagen, da er an der Hochzeit (*nuptiae, -arum*) seiner Schwester teilnehmen wollte. Er ließ seinen Freund beim Tyrannen zurück. Am dritten Tag mußte er zurückkehren – oder der Freund mußte hingerichtet werden.

Obwohl es für Damon wegen gewaltiger Gefahren nicht leicht war zurückzukehren, kam er am dritten Tag nach Syrakus (*bloßer Akk.*) und befreite seinen Freund. Durch die Freundschaft (*amicitia*) der beiden Männer wurde der harte Sinn des Dionysius verändert. Er schenkte (= *gab*) deshalb Damon das Leben.

Grammatische Impulse 16

1 Zeitverhältnis: Vorzeitigkeit in der Vergangenheit

Vergleiche die linke und die rechte Spalte:

	Plusquamperfekt	Vergangenheitstempus
(1)	Eurysthenes narrare **desierat**	et **tacebat**.
	Eurysthenes **hatte aufgehört** zu erzählen	und **schwieg**.
(2)	Quamquam Romani tam acri animo **fuerant** et tanta fortitudine **pugnaverant**,	Sabini arcem intrare **potuerunt**.
	Obwohl die Römer so beherzt **gewesen waren** und so tapfer **gekämpft hatten,**	**konnten** die Sabiner in die Burg eindringen.
(3)	Puella, quod magno amore **capta erat**,	fugere non **temptavit**.
	Weil das Mädchen von großer Liebe **ergriffen (worden) war,**	**versuchte** es nicht zu fliehen.

Wie im Deutschen wird auch im Lateinischen darauf geachtet, in welchem **Zeitverhältnis** zwei Handlungen zueinander stehen. Das **Plusquamperfekt** („mehr als Perfekt") hat immer die Funktion der **Vorzeitigkeit in der Vergangenheit**. Es ist daher ein Signal dafür, daß wir uns in einem **Vergangenheits-Kontext** befinden. Besonders wichtig ist diese Funktion der **Vorzeitigkeit** im Verhältnis zwischen Nebensatz und Hauptsatz.*

* vgl. Beispiel (2) und (3) oben.

Wenn der Kontext in der **Gegenwart** steht, wird – wie im Deutschen – die Vorzeitigkeit durch das **Perfekt** ausgedrückt:

Eurysthenes narrare **desiit**	et **tacet**.
Eurysthenes **hat aufgehört** zu erzählen	und **schweigt**.

1Ü a Wie müßten die Beispielsätze (2) und (3) geändert werden, wenn alle Prädikate auf der rechten Seite im Präsens stünden?

1Ü b Bestimme die Tempora aller Verben in den Zeilen 15–20 (... potest) des Lesestücks 16A und erkläre jeweils das Zeitverhältnis!

2 Die Formen des Plusquamperfekts

capere – Stammformen: capiō, **cēp-ī, capt-um** *esse* – Stammformen: sum, **fu-ī, –**

Aktiv				
Sg. 1.	*cēp*-**eram**	ich **hatte** gefangen	fu-**eram**	ich **war** gewesen
2.	cēp-**erās**	du **hattest** gefangen	fu-**erās**	du **warst** gewesen
3.	cēp-**erat**	*usw.*	fu-**erat**	*usw.*
Pl. 1.	cēp-**erāmus**		fu-**erāmus**	
2.	cēp-**erātis**		fu-**erātis**	
3.	cēp-**erant**		fu-**erant**	
Passiv				
Sg. 1.	cap**tus (-ta, -tum) eram**	ich **war** gefangen **worden**		
2.	cap**tus (-ta, -tum) erās**	du **warst** gefangen **worden**		
3.	cap**tus (-ta, -tum) erat**	*usw.*		
Pl. 1.	cap**tī (-tae, -ta) erāmus**			
2.	cap**tī (-tae, -ta) erātis**			
3.	cap**tī (-tae, -ta) erant**			

Bildung des Plusquamperfekt Aktiv:
Perfektstamm + -eram, -erās, -erat, -erāmus, -erātis, -erant.
Das Plusquamperfekt-Signal **-eram** ist leicht einzuprägen, weil es mit den Imperfekt-Formen von *esse* äußerlich übereinstimmt.

Bildung des Plusquamperfekt Passiv:
Partizip Perfekt Passiv + Imperfektformen von *esse*: *captus, a, um erat,* entsprechend der Bildung des Perfekt Passiv.* Auch hier muß auf die KNG-Kongruenz geachtet werden.

* vgl. GI 13.3.

2Ü Bilde das Plusquamperfekt Aktiv und Passiv von folgenden Verben:
amare, dare, aperire, ducere, reprehendere

3 Eine Gedächtnisstütze: das Zeitenschiff (*Navis Temporum*)

Wir kennen mittlerweile vier verschiedene Tempora: **Präsens, Perfekt, Imperfekt** und **Plusquamperfekt**. Zu jedem Tempus gehören je sechs Personalformen im Aktiv und Passiv; dabei sind fünf Konjugationsgruppen und unterschiedliche Stammformen zu berücksichtigen.

Um diese Vielfalt der Formen leichter im Gedächtnis zu behalten, hilft es, sie sich auf einem übersichtlichen Bild vorzustellen. So wie die Deklinationenvilla (vgl. GI 4.5, 6.2, 10.4) die Deklinationsgruppen anschaulich macht, bringt das unten abgebildete Schiff Ordnung in das lateinische Tempussystem. Auch hier kann man in der Phantasie die Teile des Schiffes besuchen, die Ladung in den Amphoren und Kisten kontrollieren, Kajüten und Ruderbänke besichtigen.

Villa und *Navis* unterscheiden sich allerdings voneinander. Während das Haus auf festem Grund steht, ist auf dem Meer alles in Bewegung: Die ruhelosen Wellen, der Windgott, der in das Segel bläst, vor allem aber das von links nach rechts fahrende Schiff selbst verdeutlichen den Ablauf der Zeit. Was eben noch Zukunft war, ist schon bald Vergangenheit.

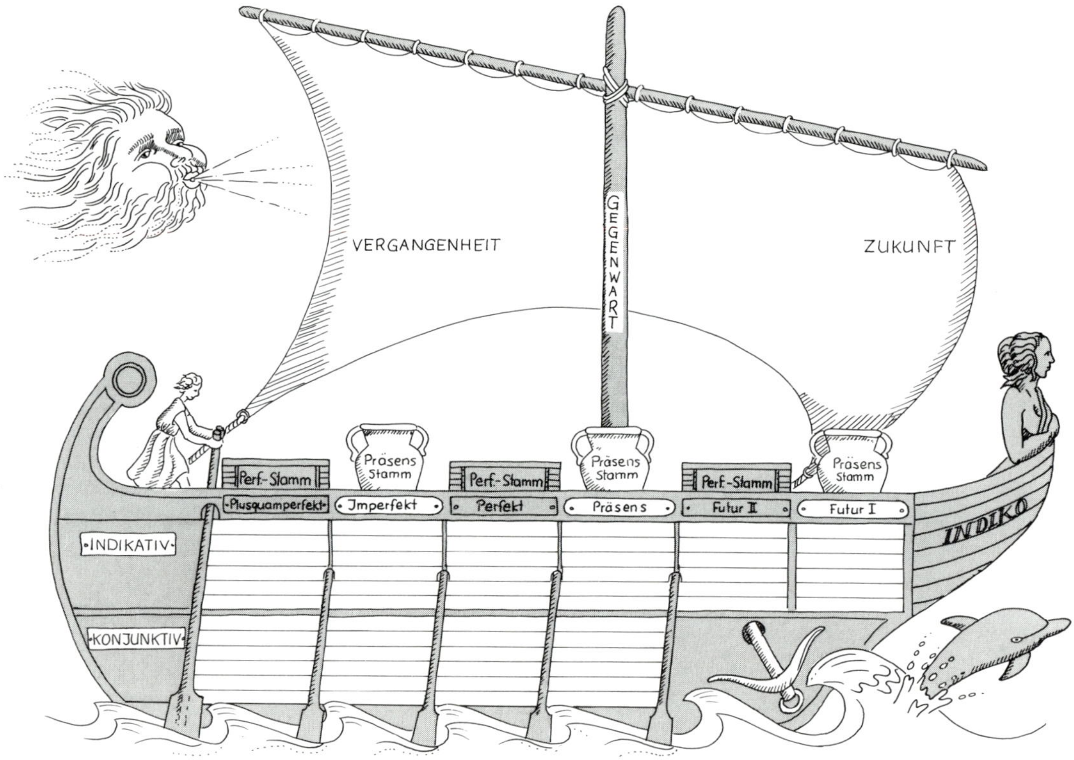

Wir können uns diesen Ablauf so vorstellen: Der Mastbaum im Zentrum des Schiffes ist die Gegenwart, nach links zum Heck (d. h. dort, wo das Schiff herkommt) liegen die Vergangenheitstempora, ganz links das Plusquamperfekt; der Bug zeigt in die Fahrtrichtung, also in die Zukunft. Daß die Formen des Perfektstammes und des Präsensstammes (wie die Kisten und Amphoren bei der Schiffsladung veranschaulichen) sich ständig paarweise abwechseln, ist hilfreich für das Gedächtnis.
Vorerst benötigen wir aber nur die oberen vier Kästen am Schiffskörper zwischen Heck und Mastbaum: Plusquamperfekt – Imperfekt – Perfekt – Präsens (hier im vergrößerten Ausschnitt zu sehen). Erst später wird schrittweise (ähnlich wie bei der Deklinationenvilla) das ganze Schiff ausgefüllt.

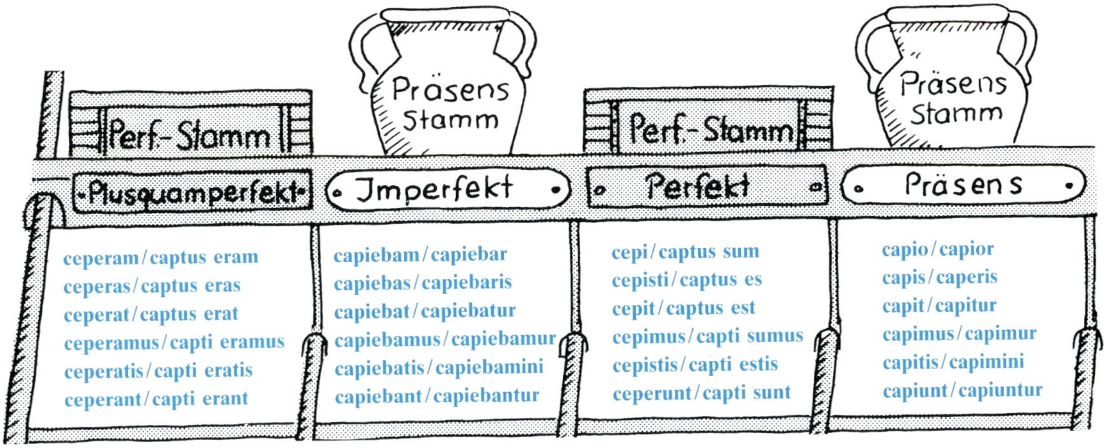

3Ü a In welche Teile des Schiffes gehören die Verbformen der Lektionstexte 16A und 16B? Zeichne eine Skizze der *Navis Temporum* und schreibe die Formen an ihren richtigen Platz.

3Ü b Training „quer": Sage vom Plusquamperfekt bis zum Präsens (oder umgekehrt) die entsprechenden Formen möglichst rasch auf.

Beispiel: timueram – timebam, timui, timeo; ades – adfuisti, aderas, adfueras

a) veniunt b) coniuncti erant c) interfueras d) pellitur e) creveramus

3Ü c Gegenseitiges Abfragen unter zwei Nachbarn (abwechselnd): Einer/Eine denkt sich eine Verbform aus und zeigt auf einen leeren Kasten, der/die andere muß die Form so bilden, daß sie an den gewünschten Ort paßt.

4 Verstehen und Übersetzen: Prädikatstrennung beim Plusquamperfekt

Olim Tarpeia extra muros aquam e Tiberi flumine **hauserat**.	Einst **hatte** Tarpeia außerhalb der Mauern Wasser aus dem Tiber **geschöpft**.

Weil alle Formen des Plusquamperfekts im Deutschen mit dem Präteritum der Hilfsverben „haben" oder „sein" gebildet werden, tritt in der deutschen Formulierung ausnahmslos **Prädikatstrennung** ein. Wie beim Passiv (vgl. GI 10.8) oder beim „kommunikativen" Perfekt (vgl. GI 12.4), kann man dies für ein leichteres Übersetzen ausnutzen. Wer z.B. das Verb *haurire* in dem Beispielsatz nicht kennt, wird wahrscheinlich trotzdem die passende Bedeutung erschließen können.

4Ü In den folgenden Sätzen sind mit Absicht noch unbekannte Verben verwendet, die mit Hilfe der deutschen Prädikatstrennung aus dem Kontext zu erschließen sind. Übersetze:

a) Romani in magno periculo erant; nam arx Capitolina ab hostibus **circumcincta erat**. b) Milites fame (*Hunger*) vexabantur, nam totum frumentum iam **consumpserant**. c) Campos extra arcem hostes **vastaverant**. d) Multi incolae propter periculum vitae de salute iam **desperaverant**.

Nütze bei der Erschließung der Verben *circumcingere, consumere, vastare, desperare* neben dem Kontext auch deine Kenntnisse von Wortbildung und Fremdwörtern.

5 Genitivus subiectivus und obiectivus

Vergleiche:

(1) Tarpeia **amore iuvenis pulchri** mota est.
Tarpeia wurde von Liebe **zu dem schönen Jüngling** bewegt.
(also: Tarpeia liebte **den jungen Mann**.)

(2) Etiam **amor iuvenis** magnus fuit.
Auch die Liebe **des jungen Mannes** war groß.
(also: **Der junge Mann** liebte das Mädchen auch.)

Der Genitiv *iuvenis* hat hier zwei völlig verschiedene Funktionen. Verwandelt man den Ausdruck in einen eigenen Satz, wird je nach Kontext der *iuvenis* im einen Fall zum **Objekt** (d. h. zum **Ziel** der Liebe), im anderen zum **Subjekt** (d. h. **er ist** der Liebende).

amor — iuvenis – Die Liebe **des** jungen Mannes (Genitivus subiectivus)
amor — iuvenis – Die Liebe **zu** dem jungen Mann (Genitivus obiectivus)

Im Deutschen wird der Genitivus obiectivus mit Hilfe unterschiedlicher, jeweils passender Präpositionen wiedergegeben:

memoria rerum gestarum – die Erinnerung **an** die Taten
odium hostium – der Haß **auf** die Feinde

Es kommt auch vor, daß beide Übersetzungen des Genitivs einen guten Sinn ergeben, z. B. im Ausdruck *propter amorem feminarum* (Lektion 16A, Zeile 2/3): „wegen der Liebe der Frauen" oder „wegen der Liebe zu den Frauen".

5Ü Genitivus subiectivus oder obiectivus? Setze jeweils den passenden Genitiv ein und übersetze im Heft! (Manchmal gibt es beide Möglichkeiten.)

a) Iuvenis Tarpeiae admirationi fuit. Tarpeia admiratione ● mota est.
b) Multi Romani Sabinos timebant. Multi Romani timore ● completi erant. Timor ● magnus erat.
c) Romani Sabinis non iam odio fuerunt. Odium ● magnum fuerat.

6 Genitivus explicativus

nomen saxi Tarpei – der Name/die Bezeichnung „Tarpeischer Fels"
nomen regis – der Titel „König"
titulus Augusti – der Ehrentitel „Augustus"

Der Genitiv dient auch zur näheren Erklärung eines Begriffs (hier von *nomen/titulus* – „Namen, Bezeichnung, Titel"). Man bezeichnet ihn dann als Genitivus explicativus (*explicare* – erklären).

7 Die Verben *posse* und *prōdesse*

posse, possum, potuī, –: können *prōdesse, prōsum, prōfuī, –:* nützen

Präsens Sg. 1.	possum	*Präsens Sg. 1.*	prōsum
2.	potes	*2.*	prōdes
3.	potest	*3.*	prōdest
Pl. 1.	possumus	*Pl. 1.*	prōsumus
2.	potestis	*2.*	prōdestis
3.	possunt	*3.*	prōsunt
Imperfekt 1.	poteram	*Imperfekt 1.*	prōderam
2.	poterās	*2.*	prōderās
	usw.		*usw.*

posse < *pot-esse
t + s > ss

d + s > s

7Ü Welche Buchstabengruppen mußt du jeweils in die Lücke setzen, damit eine Verbform von *posse* bzw. von *prodesse* entsteht? Bei a) gibt es vier, bei b) acht Möglichkeiten! Schreibe die Lösungen in dein Heft.

a) po●mus b) pro●t

Grammatiktraining

T 1 **Übersetze folgende Verbformen und setze sie jeweils in alle Tempora, die du kennst:**

audivi, poterat, compleveramus, placebat, capiebatur, convenisti, potui, profuerat, moveris, missus est, credis, colunt, condiderat, incipio, petebam, ridet, invenitur, conspicimus

T 2 **Setze die folgenden Sätze in die Vergangenheit und achte dabei auf das Zeitverhältnis! Übersetze danach die umgeformten Sätze ins Deutsche:**

a) Iulia Marcum et Lucium irridet, nam pueri magistro respondere non potuerunt.
b) Quamquam magister iterum atque iterum pueros admonuit, non parent.
c) Marcus et Lucius, quia iram Eurysthenis moverunt, puniuntur.
d) Iuliam enim, puellam parvam, vexaverunt.

T 3 **Verbinde die folgenden Satzpaare jeweils durch Einsetzen von *quod* zu einem Satzgefüge! Achte dabei auf das richtige Zeitverhältnis:**

Beispiel: Servus officium neglexit. Servus a domino reprehensus est.
➔ Servus, quod officium neglexerat, a domino reprehensus est.

a) Tarpeia amore Titi Tati mota est. Tarpeia hostes adiuvit.
b) Cives suos prodidit. A Sabinis occisa est.
c) Tarpeia de saxo deiecta est. Saxo nomen saxi Tarpei datum est.

T 4 **Übersetze ins Lateinische: Coriolan**

Der Römer Gnaeus Marcius hatte Corioli (*Corioli, -orum*), die Stadt der Volsker (*Volsci, -orum*), der Feinde der Römer, eingenommen; deshalb war er mit dem Namen „Coriolanus“ benannt worden. Weil er aber durch seine Arroganz (*arrogantia*) den Zorn des Volkes hervorgerufen (= *bewegt*) hatte, wurde er in die Verbannung (*exilium*) geschickt.

Wegen seines Hasses auf seine (Mit)bürger lief er zu den Volskern über (*transfugere*). Später führte er die Volsker gegen (*contra b. Akk.*) Rom, denn er war vom König der Volsker an die Spitze des Heeres gestellt worden.

Die Römer waren von großer Furcht vor den Feinden erfüllt.

Nachdem Veturia, die Mutter des Coriolan, gehört hatte, daß ihr Sohn vor den Toren Roms war, eilte sie sogleich mit seiner Gattin Volumnia und seinen Kindern aus der Stadt zu Marcius. Sie sagte mit trauriger Stimme: „Wegen deiner Gier nach Ruhm (*gloria*) hast du deine Heimat verraten. Deshalb kann ich dich nicht mehr meinen Sohn nennen.“

Marcius hatte seiner Mutter immer gehorcht. Auch damals mißachtete er die Worte Veturias nicht und führte sein Heer weg.

Grammatische Impulse 17

1 Das Attribut in Form eines Relativsatzes

(1) Servus **bonus** ad amicos mittitur.

Adj ⟷ Adj

Der gute Sklave wird zu den Freunden gesandt.

N, G

(2) Servus, **qui officia bene servare solet,** ad amicos mittitur.

Rel ⟷ Rel

Der Sklave, der seine Pflichten gut zu erfüllen pflegt, wird zu den Freunden gesandt.

(3) Epistulas **domini** accipit.

Ak – – – Ak

Gen ⟷ Gen

Die Briefe des Herrn nimmt er in Empfang.

N, G

(4) Epistulas, **quibus dominus amicos invitat,** accipit.

Rel ⟷ Rel

Die Briefe, in denen der Herr seine Freunde einlädt, nimmt er in Empfang.

Vergleiche die hervorgehobenen Satzglieder. Daß es sich jeweils um **Attribute** handelt, läßt sich dreifach beweisen (vgl. GI 4.2):

a. Ersatzprobe: Die nur aus einem Wort bestehenden Attribute *bonus* und *domini* werden durch Gliedsätze (*qui ... solet*; *quibus ... invitat*) ersetzt.

b. Satzgliedfrage: *Was für ein* Sklave? *Was für* Briefe?

c. Die Stellung des Prädikats in der deutschen Übersetzung

Ebenso wie eine Adverbiale Bestimmung (vgl. GI 8.4) kann also auch ein Attribut durch einen **Gliedsatz** ausgefüllt werden.

2 Subjekt und Objekt in Form eines Relativsatzes

Quae dixisti, mihi usui non sunt.	**Was du gesagt hast,** nützt mir nichts.
Fac, **quae tibi imperavi**.	Tu, **was ich dir befohlen habe**.

Auch die Stelle eines **Subjekts** oder **Objekts** kann mit einem Relativsatz gefüllt werden. In diesem Fall fehlt ein Beziehungswort; man kann es aber aus dem Kontext ergänzen (das, was du gesagt hast; das, was ich dir befohlen habe). Im Deutschen wird hier das (mit dem Fragewort übereinstimmende) Pronomen mit **w** verwendet: wer/was. (Es ist typisch für deutsche Sprichwörter, z. B. „Wer einmal lügt, ...")

Die **Einleitewörter** von Relativsätzen sind die **Relativpronomina *quī, quae, quod.*** Sie beziehen sich **in Numerus und Genus** (NG-Kongruenz), **aber nicht im Kasus** auf ein **Beziehungswort** im übergeordneten Satz. Jedes Relativpronomen hat nämlich innerhalb des Relativsatzes eine eigene Satzgliedfunktion, die den Kasus bestimmt.*

* Vgl. oben GI 17.1 die **dritte** Etage der Satzglied-Bestimmung.

3 Die Formen des Relativpronomens

	Singular			*Plural*		
Nom.	quī	quae	quod	quī	quae	quae
Gen.	cuius	cuius	cuius	quōrum	quārum	quōrum
Dat.	cui	cui	cui	quibus	quibus	quibus
Akk.	quem	quam	quod	quōs	quās	quae
Abl.	quō	quā	quō	quibus	quibus	quibus

Deutsch: **der, die, das** (wie der deutsche Artikel, aber: **dessen, deren, denen!);**
oder: **welcher, welche, welches** (wie das Fragewort);
ohne Beziehungswort oder am Satzanfang: **wer, was.**

Merke: omnia, quae – alles, was (kollektiver Plural).

Zur Bildung der Formen: Wie auch bei anderen Pronomina setzt sich die Deklination der Relativpronomina aus unterschiedlichen Gruppen zusammen: a/o-Deklination (z. B. *quōrum*) und Dritte Deklination (z. B. *quibus*); sie hat aber auch eigene Endungen (z. B. *-ius* im Gen. Sg.). Bei unserer Deklinationenvilla werden daher die Pronomina in der „Hundehütte" untergebracht.

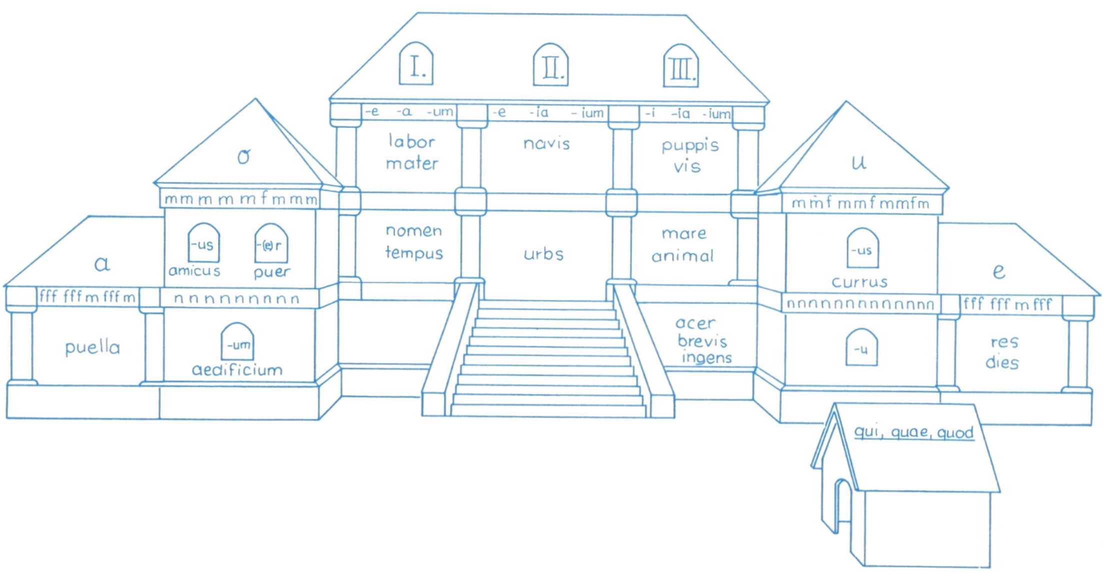

3Ü a Schreibe die folgenden Sätze in dein Heft. Kennzeichne in der oben (Gl 17.1) angegebenen Weise durch Pfeile die NG-Kongruenz, bestimme alle Satzglieder durch Unterstreichen und übersetze:

a) Domos amicorum, quae in Esquilino sunt, Davus ignorat.
b) Amici, quorum domus prope forum sunt, facile inveniuntur.
c) Cuncta aedificia, quae in foro sunt, Davo nota sunt.
d) Dies, quo amici adveniunt, iam adest.

3Ü b Gib für jeden der folgenden Sätze das passende Relativpronomen an und übersetze:

a) L. Volcatius Tullus fratrem invitavit, ● diu non viderat. b) Servilia servum vocavit, ● studium magnum erat. c) Servum ad familiares misit, ● invitare in animo habuit. d) Servus, ● Servilia epistulas dederat, in montem Caelium properavit. e) Davus, ● domos Sallustii et Trebonii ignorabat, dominam interrogavit: f) „Quomodo domos invenire possum, in ● amici vestri habitant?“ g) Domina Davum etiam ad amicos misit, ● domus in monte Esquilino erant. h) Domus, in ● Sallustius habitabat, nova erat.

4 *qui, quae, quod* als „Relativischer Satzanschluß“ (RSA)

Das Relativpronomen wird – anders als im Deutschen – im Lateinischen auch dazu verwendet, zwei Hauptsätze miteinander zu verbinden:

(1)	C. Volcatius Davum servum advocavit.	**Qui**	statim venit.
	Volcatius rief den Sklaven Davus.	**Und der**	kam sofort.
(2)	Redde epistulas amicis.	**Quorum**	domus sine labore inveniri possunt.
	Bring die Briefe den Freunden.	**Ihre**	Häuser sind mühelos zu finden.

In der deutschen Übersetzung muß für diese Anwendung des Relativpronomens in der Regel ein **Demonstrativpronomen – dieser** oder **der, die, das –** gewählt werden (beim Genitiv oft das deutsche Possessivpronomen). Damit die enge Verbindung der lateinischen Sätze auch im Deutschen erhalten bleibt, kann eine passende deutsche Konjunktion (und, aber, nämlich) dazugesetzt werden.

4Ü Ersetze jeweils das deutsche Demonstrativpronomen durch ein lateinisches Relativpronomen:

a) Servilia begrüßte die Gäste. **Diese** betraten das Triclinium. **Dieses** bewunderten sie sehr.
b) Volcatius unterhielt sich mit Caelius. **Diesem** hatte Cicero einen Brief geschrieben. **Über diesen** sprachen die Freunde.
c) Volcatius rief seine Freunde. **Diesen** zeigte er Ciceros neues Buch.

5 *qui, quae, quod* als adjektivisches Fragewort

Unterscheide:

Quis ad amicos mittitur?	**Qui servus** ad amicos mittitur?
Wer wird zu den Freunden geschickt?	**Welcher (Was für ein) Sklave** ...?
Quid domina servo dat?	**Quod negotium** domina servo dat?
Was gibt die Herrin dem Sklaven?	**Welchen (Was für einen) Auftrag** ...?

Die Sätze links fragen nach einem **selbständigen Satzglied** (meist einem Substantiv), die Sätze rechts nach einem Attribut. Beachte die Unterstreichungen! Man bezeichnet die betreffenden Pronomina daher als **substantivisch** bzw. **adjektivisch.**

	Substantivische Interrogativpronomina (*nur im Singular!*)		**Adjektivische** Interrogativpronomina (*stimmen in ihren Formen mit den Relativpronomina überein*)
Nom.	quis? quid?	wer? was?	quī? quae? quod? welcher? welche? welches?
Gen.	cuius?	wessen?	cuius?
Dat.	cui?	wem?	*usw. (vgl. die Tabelle oben in 17.3)*
Akk.	quem? quid?	wen? was?	
Abl.	(ā) quō?	von wem? wodurch?	

5Ü Bilde zu jedem der folgenden Sätze sinnvolle Fragen (ganze Sätze!) mit adjektivischem, bei Eigennamen auch mit substantivischem Fragepronomen. Übersetze diese Fragesätze ins Deutsche.

Beispiel: Amicos invitamus. ➔ **Quos amicos** invitatis?
Davus Lydiam amat. ➔ **Quis** Lydiam amat? **Quem** Davus amat?

a) Domina servum ad familiares misit.
b) Dominus Davo officium dat.
c) Ab amico ad cenam invitatus sum.
d) Epistula amicae me delectavit.
e) Ursus amicus Davi est.

Aus dieser Übung könnt ihr ein Spiel machen: Einer erfindet einen lateinischen Satz. Der Nachbar muß die Fragen stellen; wenn er alle möglichen Fragen gebildet hat, macht er einen neuen Satz.

6 Verstehen und Übersetzen: *qui, quae, quod*

Qui, quae, quod kann also in dreifacher Weise verwendet werden:

(1) im Relativsatz (der, die, das; welcher, welche, welches)
(2) als adjektivisches Fragewort (welcher? was für ein?)
(3) beim Relativischen Satzanschluß (und dieser, aber der)

Mache dir wegen der Verwechslungsgefahren die richtige **Weichenstellung** und die **Signale** klar:

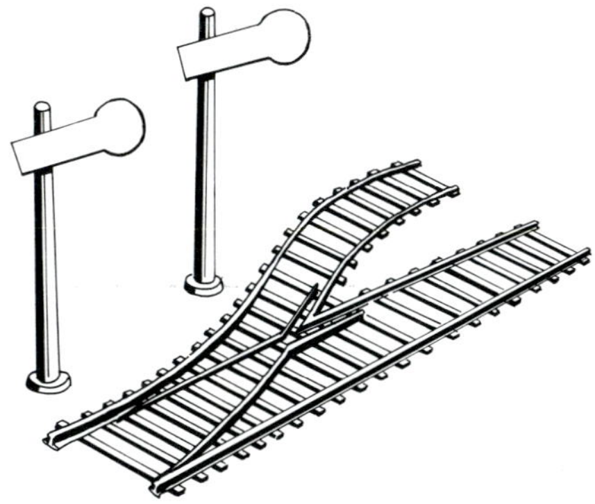

(1) Signale für den **Relativsatz**:
  a. Das Pronomen folgt meist dem Beziehungswort (NG-Kongruenz) im übergeordneten Satz.
  b. Abtrennung durch ein Komma! Beachte aber: Das Relativpronomen kann auch am Satzanfang stehen, wenn das Beziehungswort fehlt oder nachgestellt ist.

(2) Signale für das **adjektivische Fragepronomen**:
  a. Anfangsstellung
  b. Am Satzende Fragezeichen
  c. Das folgende Substantiv muß durch KNG-Kongruenz mit dem Fragepronomen übereinstimmen.

(3) Signale für den **Relativischen Satzanschluß**:
  a. Anfangsstellung
  b. Im vorherigen Satz steht ein passendes Beziehungswort in NG-Kongruenz.
  c. Ein syntaktischer Grund: Ein Relativsatz läßt sich oft ausschließen, weil der Satz ansonsten keinen Hauptsatz enthält.
  d. Wichtig für ein flüssiges Übersetzen am Satzfaden entlang: Steht das Pronomen am Anfang eines Gliedsatzes, so muß zwangsläufig das Einleitewort später kommen („Inversion"). In der deutschen Übersetzung ist aber das Einleitewort vorzuziehen. Prüfe bei jedem RSA nach, ob eine Gliedsatzeinleitung folgt.

  Beispiel: Servilia Davum servum advocavit.

Qui	**ubi**	advenit,	epistulas accepit.
Sobald	dieser	gekommen war,	nahm er die Briefe entgegen.

7 Ablativ des Maßes (Ablativus mensurae)

Paulo post(ea) – **ein wenig** später
Nonnullis diebus ante(a) – **einige Tage** vorher

Die Ablative *paulo* und *nonnullis diebus* geben an, **um wieviel** später oder früher etwas geschieht. Man bezeichnet diesen Ablativ deshalb als **Ablativ des Maßes (Ablativus mensurae).** Er steht immer vor einer Steigerungsform (später, größer, länger usw.).

Grammatiktraining

T 1 Dreimal *quod* und zweimal *quae* – Übersetze:

a) Domina Davo negotium dedit, quod Davus omnia officia semper bene servabat.
b) Negotium, quod mihi dedisti, facile est.
c) Quod monumentum iuxta viam vidisti?
d) Quae feminae a Romanis raptae sunt?
e) Quae mihi narravisti, me delectaverunt.

T 2 Übersetze jeweils nur das Relativpronomen und sein Bezugswort:

a) der Freund, mit dem du eine Reise machst
b) die Freundin, der du das Buch geschickt hast
c) ein Buch, das ich mir gekauft habe
d) die Freundin, deren Schwester mich besucht
e) der Freund, dessen Haus du siehst
f) der Freund, den du siehst
g) die Bücher, die mir gefallen

T 3 Bestimme in den folgenden Sätzen jeweils die Satzgliedfunktion des Relativsatzes:

a) Was du mir da erzählst, gefällt mir gar nicht.
b) Ich kann nicht glauben, was du mir erzählst.
c) Der Rat, den du mir gegeben hast, war gut.
d) Hunde, die bellen, beißen nicht.
e) Wer nicht kommt zur rechten Zeit, der muß essen, was übrig bleibt.
f) Wer einmal lügt, dem glaubt man nicht, und wenn er auch die Wahrheit spricht.
g) Was du heute kannst besorgen, das verschiebe nicht auf morgen!
h) Wer schläft, sündigt nicht.

T 4 Verbinde folgende Satzpaare miteinander, indem du aus dem zweiten Satz einen Relativsatz machst. Übersetze sie dann:

Beispiel: Lucius amico de epistulis narravit. Cicero epistulas scripserat.
➔ Lucius amico de epistulis, quas Cicero scripserat, narravit.

a) Lucius fratrem suum diu non viderat. Frater in exercitu Caesaris pugnabat.
b) Servilia Davum advocavit. Virtutem Davi non ignorabat.
c) Lucius libros Ciceronis legit. Caelius libros miserat.
d) Etiam Volcatia libros laudavit. Cicero Volcatiae admirationi erat.
e) Servae cenam paraverunt. Domina servas vocaverat.
f) Servae cenam paraverant. Cena amici delectati sunt.

T 5 Übersetze ins Lateinische: Vor dem Gastmahl schreibt Lucius an seinen Freund

Lucius grüßt seinen Freund Marcus. Ich hoffe, daß es Dir gut geht.

Heute kann ich Dir über viele Neuigkeiten schreiben, die uns alle bewegen. Sicher weißt Du, daß C. Volcatius, der Bruder meines Vaters, im Heer Caesars ist. C. Volcatius, der in Gallien viele Schlachten geschlagen hat, ist nun nach Rom zurückgekehrt. Kürzlich (*nuper*) haben wir einen Brief erhalten, in dem er von den Taten Caesars erzählt, dessen Tüchtigkeit und Tapferkeit er sehr lobt.

Vater und Mutter haben im Sinn, ein Essen zu geben, zu dem sie Gaius, Caelius Rufus, Deinen Vater, Deine Mutter, Dich und andere Freunde einladen. Mutter, der die Gäste (*conviva*) sehr am Herzen liegen, bereitet das Essen schon mit Melitta und Delia vor, deren Speisen Du oft gelobt hast.

Wir erwarten Euch mit großer Freude. Leb wohl!

Grammatische Impulse 18

1 Das Prädikativum

Vergleiche in den folgenden Sätzen die Übersetzung der Wörter *primus* und *ultimus* und beachte ihre jeweilige Satzgliedfunktion:

(1) Conviva **primus** iam diu aderat, conviva **ultimus** post horam decimam advenit.
Der **erste** Gast war schon lange da, der **letzte** Gast kam erst nach der zehnten Stunde.

(2) Trebonius **primus** patronum salutavit, C. Volcatius **ultimus** domum iniit.
Trebonius begrüßte **als erster** seinen Patron, G. Volcatius betrat **als letzter** das Haus.

Obwohl in den lateinischen Sätzen die Adjektive *primus* und *ultimus* in KNG-Kongruenz zu einem Beziehungswort (hier: zum Subjekt) stehen – also in beiden Fällen formal wie ein ATTRIBUT aussehen –, handelt es sich in (1) und (2) um zwei unterschiedliche Satzglieder. *Primus* und *ultimus* in Satz (2) können keine Attribute sein, wie die deutsche Übersetzung („als erster", „als letzter") zeigt.

In der deutschen Formulierung scheint es sich dabei um Adverbiale Bestimmungen zu handeln, denn man kann wie nach einer Umstandsbestimmung fragen: **Wann** grüßte Trebonius? Aber dies trifft auch nicht zu, denn eine AB gibt normalerweise nur eine nähere Erklärung zum Prädikat, z. B. „Volcatius betrat das Haus erst um vier Uhr". Die Uhrzeit hat mit der Person des Volcatius nichts zu tun, wohl aber das *ultimus* in Satz (2): Er ist bei seiner Ankunft der letzte.

Primus und *ultimus* geben also in Satz (2) **gleichzeitig** eine nähere Erklärung zu ihren **Beziehungswörtern** Trebonius und Volcatius (wie ein Attribut) und eine Erläuterung zu der Handlung des **Prädikats** (wie eine AB). Man nennt dieses Satzglied, weil es eine „Prädikatsaussage" macht, ein PRÄDIKATIVUM. Bei der Satzgliedbestimmung können wir diese Zwischenstellung so kennzeichnen, daß wir die Unterstreichungsarten von Beziehungswort und AB kombinieren:

Trebonius **primus** salutavit, Volcatius **ultimus** domum iniit.

Das erste Mädchen kommt an.

Das Mädchen kommt als erstes an.

Das Mädchen kommt endlich an.

Weder die lateinische noch die deutsche Sprache hat für das Prädikativum eine eigene Form: Im Deutschen gleicht es einer Adverbialen Bestimmung, im Lateinischen einem Attribut (KNG-Kongruenz). Der Vergleich der beiden Sprachen zeigt, daß das Prädikativum ein eigenständiges Satzglied ist.

Das Prädikativum steht auch bei den anderen Kasus:

prädikativ: Trebonium primum salutavit. – Er begrüßte Trebonius **als ersten**.

attributiv: Patronus convivam primum salutavit. – Der Patron grüßte **den ersten Gast**.

2 Die Verwendung des Prädikativums

(1) Oft bei Adjektiven, die eine Menge, einen Rang oder eine Reihenfolge angeben:

Sallustius **tertius** salutatus est.	Sallust wurde **als dritter** begrüßt.
Gallia est **omnis** divisa in partes tres.	Gallien ist **als ganzes** in drei Teile geteilt.

(2) Oft bei Adjektiven des körperlichen oder seelischen Befindens:

Volcatius convivas **laetus** exspectabat.	Volcatius erwartete **froh** seine Gäste.
Gaudemus te **salvum** redisse.	Wir freuen uns, daß du **gesund** zurückgekehrt bist.

(3) Oft bei Substantiven, die ein Lebensalter oder ein Amt bedeuten:

Volcatius **tribunus** in Galliam abierat, nunc **legatus** rediit.
Volcatius war **als Tribun** nach Gallien gegangen, jetzt kehrte er **als Legat** zurück.

Caesar Volcatium **adulescentem** parti exercitus praefecerat.
Caesar hatte Volcatius **als jungen Mann** zum Kommandanten einer Heeresabteilung gemacht.

Wie bei den Adjektiven muß man also auch bei Substantiven zwischen einer attributiven oder prädikativen Übersetzung unterscheiden:
attributiv: Der **Tribun** Volcatius ging nach Gallien.
prädikativ: Volcatius ging **als Tribun** nach Gallien.

(4) Beim sogenannten „doppelten Akkusativ" bzw. „doppelten Nominativ":

Populus Romanus	Caelium Rufum	**tribunum plebis**	creaverat.
Das römische Volk hatte	Caelius Rufus	**als (zum) Volkstribun**	gewählt.

Im Passiv:

Caelius Rufus	**tribunus plebis**	creatus erat.
Caelius Rufus war	**zum Volkstribun**	gewählt worden.

Zu dem Verb *creare* (wählen) tritt neben das Akkusativ-Objekt *Caelium Rufum* eine **prädikative Erweiterung im gleichen Kasus**: *tribunum plebis*. Bei der Verwandlung ins Passiv wird aus dem ursprünglichen Objekt das Subjekt, das Prädikativum steht nun im Nominativ.

Der „doppelte" Akkusativ oder Nominativ steht regelmäßig bei Verben mit der Bedeutung „wählen, nennen, machen zu, halten für" – *creare, nominare, vocare, dicere, facere, putare* usw.

Beispiele:
Te amicam dico. – Ich nenne dich meine Freundin.
Puer Marcus nominatur. – Der Junge wird Marcus genannt.

Hier bemerkt man die nahe Verwandtschaft des Prädikativums zum Prädikatsnomen. Man kann daher die prädikative Ergänzung beim doppelten Akkusativ oder Nominativ auch als Prädikatsnomen bezeichnen, wie es in manchen Grammatiken üblich ist.

2Ü Übersetze und achte dabei besonders auf die hervorgehobenen Wörter; schreibe die Lösungen in dein Heft:
a) Discipulus *ultimus* a magistro reprehenditur.
b) Magistra *ultima* scholam intrat.
c) Convivae *laeti* dominum delectant.
d) Discipuli *laeti* domum redeunt.
e) Discipuli *laeti* semper bene discunt, *tristes* numquam.

3 Das unregelmäßige Verb *īre*

Stammformen: īre, eō, iī, itum gehen

	Plusquamperfekt	*Imperfekt*	*Perfekt*	*Präsens*
1. Sg.	i-eram	ī-ba-m	i-ī	**e-**ō
2.	i-erās	ī-bā-s	i-istī > īstī	ī-s
3.	i-erat	ī-ba-t	i-it	i-t
1. Pl.	i-erāmus	ī-bā-mus	i-imus	ī-mus
2.	i-erātis	ī-bā-tis	i-istis > īstis	ī-tis
3.	i-erant	ī-ba-nt	i-ērunt	**e-**unt
Imperativ Sg.	ī-	*Inf. der Gleichzeitigkeit*	īre	
Imperativ Pl.	ī-te	*Inf. der Vorzeitigkeit*	i-isse > **ī-sse**	

Beachte: Vor den Vokalen *a, o, u* verändert sich der Stamm zu ***e***.
Das Imperfekt-Signal ist ***-ba-***.
Vor dem *-s-* in den Perfektformen werden die beiden *i* meist zu einem langen Vokal zusammengezogen: īstī, īstis, īsse.

Ire in der *Navis Temporum:*

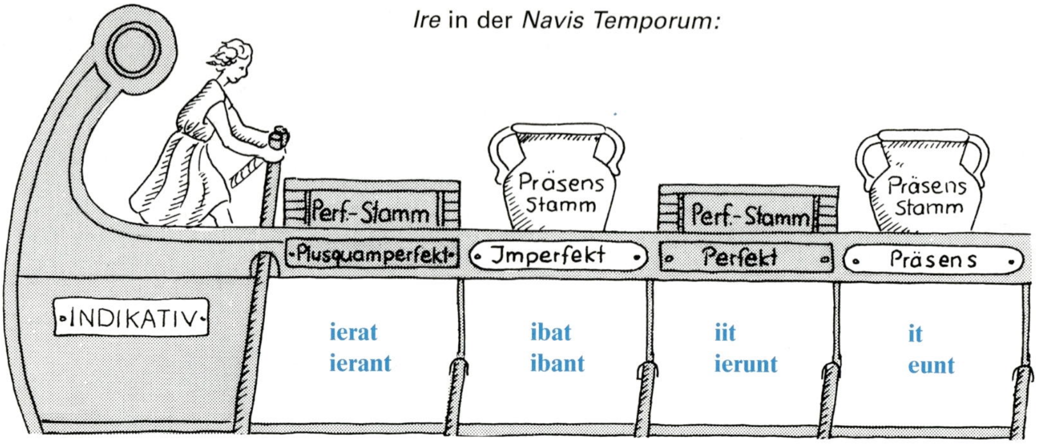

3Ü Zwei Nachbarn zeichnen je eine leere Skizze des Schiffskörpers auf ein Blatt; jeder stellt eine Liste von 10 Formen des Verbs *ire* auf. Tauscht nun diese Listen aus und schreibt die 10 Formen möglichst rasch in die richtigen Kästen ein.

4 Komposita zu *ire*

abire	weggehen	*exire*	herausgehen
adire	herangehen	*inire*	hineingehen, beginnen
circumire	herumgehen	*interire*	untergehen
perire	untergehen	*subire*	herangehen, auf sich nehmen
praeterire	vorbeigehen	*transire*	hinübergehen
redire	zurückgehen		

4Ü Bilde aus den unten aufgeführten Bausteinen Verbformen und übersetze sie!

trans- ∅ red- in- ab- ad-	i/e	-mus -unt -o -i -bas -∅

Grammatiktraining

T 1 **Übertrage die Raute in dein Heft und setze folgende Formen lateinisch waagerecht in die richtigen Felder:**

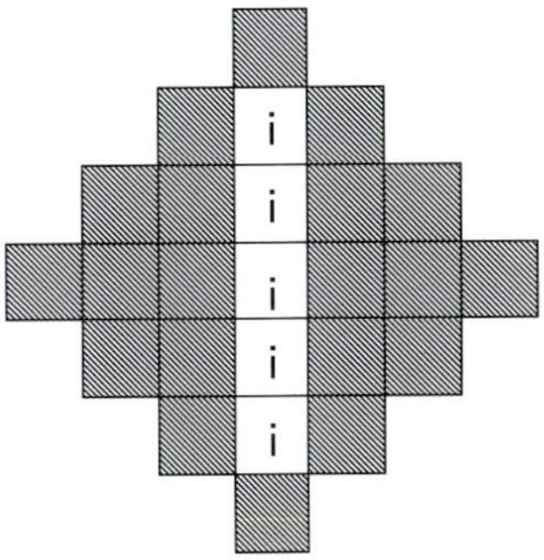

ihr kehrt zurück
geh! (2×)
herangehen
die Straße
er ist gegangen
geht heraus!

T 2 **Keine Angst vor dem -*is*! Bestimme folgende Formen (z. T. gibt es mehrere Möglichkeiten):**
vobis, gravis, regis, urbis, habetis, dominis, parvis, mittis, navis, tenuistis

T 3 **Übersetze und bestimme jeweils, um welches Satzglied es sich bei den hervorgehobenen Wörtern handelt.**
Davus unterhält sich mit einem jungen gallischen Sklaven:
Davus: Nonne **Gallus** es? Nonne Volcatius te **servum** secum duxit?
Crixus **tristis** respondet: Ita est. **Filius** ducis numquam laborare debui, nunc **servus** sum. Etiam sorores meae **servae** in Italiam venerunt. **Quae servae** vitam **miseram** agunt. Pater et mater **filium** raptum esse dolent.

T 4 **Übersetze ins Lateinische: Caesars Bericht über die Gallier**
Die Gallier haben als Priester (*sacerdos, -dotis*) die Druiden (*druidae, -arum*).
Die Druiden stehen (= *sind*) in hohen Ehren, das Volk aber wird fast (*fere*) zu den Sklaven gezählt. Ein Mann, der zum Druiden gewählt worden ist, muß nicht am Krieg teilnehmen. Wenn ein Verbrechen begangen worden ist oder es einen Streit gibt, werden die Druiden als Richter befragt. Menschen, die krank sind oder eine Gefahr fürchten, wenden sich an die Druiden.
Denn die Druiden vollziehen (= *machen*) die Opfer; manchmal opfern sie sogar Menschen. Die Gallier glauben nämlich, daß die Götter durch den Tod eines Menschen besänftigt werden (*placare*) können.
Die Druiden sagen, daß die Seelen (*anima*) der Menschen nicht untergehen, sondern nach dem Tod von dem einen zu einem anderen übergehen.

Grammatische Impulse 19

1 Partizip der Vorzeitigkeit: Partizip Perfekt Passiv (PPP)

parare	– para**tus, -ta, -tum**	(zu)bereit-et
defendere	– defen**sus, -sa, -sum**	verteidig-t
pellere	– pul**sus, -sa, -sum**	vertrieb-en

Mit dem Partizip der Vorzeitigkeit (Signal **-tus** oder **-sus**) werden die Formen des Perfekts und Plusquamperfekts Passiv sowie des passiven Infinitivs der Vorzeitigkeit gebildet. (Wiederhole dazu GI 13.2 + 3).
Das PPP wird aber auch wie ein normales Adjektiv verwendet und kann in KNG-Kongruenz zu allen Substantiven oder Pronomina treten. Dabei muß wie beim Infinitiv grundsätzlich auf das **Zeitverhältnis** zur Handlung des Satzes geachtet werden (vgl. GI 13.4).

1Ü Nenne den Infinitiv Präsens Aktiv zu folgenden Formen des PPP:
responsum, suasum, obsessum, pulsum, altum, apertum, cupitum, occisum, victum, irrisum, inventum, coactum, captum, positum, neglectum, munitum, motum, iussum

2 Participium coniunctum (PC)

Das Participium coniunctum ist die häufigste Form des **Prädikativums**.

Beispiel: Cibi in culina **parati** a servis in triclinium portati sunt.

Das Partizip *parati,* das hier mit dem Subjekt *cibi* verbunden ist (daher die Bezeichnung PARTICIPIUM CONIUNCTUM, d. h. mit einem Satzglied „verbunden"), kann als Attribut oder als Prädikativum verstanden werden:

(1) **attributiv** (im Deutschen: Attribut in Form eines Adjektivs oder Relativsatzes)
Die in der Küche **zubereiteten** Speisen wurden ins Eßzimmer gebracht.
oder:
Die Speisen, **die** in der Küche **zubereitet worden waren,** wurden ... gebracht.

(2) **prädikativ** (im Deutschen: Adverbiale Bestimmung)
Nachdem die Speisen zubereitet worden waren, wurden **sie** ... gebracht.
oder:
Nach ihrer Zubereitung in der Küche wurden **die Speisen** ... gebracht.

Beachte bei der Übersetzung, daß Nebensatz und Hauptsatz durch die Wiederaufnahme des Beziehungswortes verbunden sind:

Nachdem [die Speisen] zubereitet waren, wurden [sie] gebracht.

Meist ist die prädikative Übersetzung vorzuziehen, weil dabei die gedankliche Verbindung zwischen der Handlung des Participium coniunctum und dem übergeordneten Satz deutlich wird.

3 Das PC als satzwertiges Glied

Durch die prädikative Erweiterung (hier des Subjekts *cibi*) mit einem PPP (vgl. oben GI 19.2) entsteht ein Satzglied (in der deutschen Übersetzung eine Adverbiale Bestimmung), das selbst eine **vollständige Handlung** umfaßt. Für diese Partizipialkonstruktion gilt daher das gleiche wie für den AcI (vgl. GI 7.2b) und die Nebensätze (vgl. GI 8.4):

Participia coniuncta sind satzwertige Glieder, die in sich alle Elemente eines vollständigen Satzes enthalten: **Subjekt***, **Prädikat**** und weitere **Ergänzungen*****.

im Beispielsatz: * *cibi* ** *parati* *** *in culina*

4 Die gedankliche Verbindung zwischen PC und übergeordnetem Satz

Während bei anderen Formen Adverbialer Bestimmungen (Adverbien, präpositionale Wendungen oder adverbiale Gliedsätze) in der Regel semantische[1] Signale (z. B. *itaque, propter, quia, postquam*) durch die Wortbedeutung die gedankliche Verbindung (z. B. temporal, kausal, konzessiv) zum übergeordneten Satz anzeigen, muß bei den Partizipialkonstruktionen diese Verbindung aus dem **Kontext** erschlossen werden. So kann ein Partizip je nach Kontext ganz verschieden (z. B. temporal, kausal, konzessiv) aufgefaßt werden:

Vergleiche:

Cibi in culina parati	in triclinium portati sunt.
temporal: Nachdem die Speisen in der Küche zubereitet worden waren,	wurden sie ins Speisezimmer gebracht.
Alesia magnis munitionibus circumdata	diu a nobis obsidebatur.
kausal: Weil Alesia mit großen Befestigungen umgeben war,	wurde es lange von uns belagert.
Caesar semel atque iterum imploratus	Mandubios recipi prohibuit.
konzessiv: Obwohl Caesar immer wieder angefleht worden war,	verbot er, die Mandubier aufzunehmen.

4Ü Welche gedankliche Verbindung liegt vor?

a) Oppidum diu defensum tandem a nostris militibus captum est.
b) Oppidum cunctis viribus defensum a nobis captum est.
c) Oppidum cunctis viribus defensum diu capi non potuit.

1 semantisch (griech.): die Bedeutung betreffend

5 Übersetzungsmöglichkeiten des Participium coniunctum

Partizipien sind vieldeutig:
(1) **syntaktisch**: attributive oder prädikative Bedeutung
(2) **semantisch**: temporal, kausal, konzessiv, modal, konditional

Man hat also bei der Übersetzung eine große Zahl von Variationsmöglichkeiten.

Beispiel: Galli a Romanis victi (non) fugerunt.

a. attributiv:
Die von den Römern **besiegten** Gallier flohen (nicht). – Adjektiv
Die Gallier, **die** von den Römern **besiegt worden waren,** flohen (nicht). – Relativsatz

b. prädikativ:
Von den Römern **besiegt,** flohen die Gallier (nicht). – prädikatives Adjektiv

Dabei bleibt die gedankliche Verbindung offen. Die folgenden Übersetzungen treffen den Sinn meist besser:

	Adverbialsatz	*Präpositionale Wendung*	*Beiordnung*
temporal	**Nachdem (als)** die Gallier von den Römern besiegt worden waren, flohen sie.	**Nach** ihrer Niederlage durch die Römer flohen die Gallier.	Die Gallier waren von den Römern besiegt worden, und **daraufhin** flohen sie.
kausal	**Weil (da)** die Gallier von den Römern besiegt worden waren, flohen sie.	**Wegen** ihrer Niederlage durch die Römer flohen die Gallier.	Die Gallier waren von den Römern besiegt worden, und **deshalb** flohen sie.
konzessiv	**Obwohl (obgleich)** die Gallier von den Römern besiegt worden waren, flohen sie *nicht*.	**Trotz** ihrer Niederlage durch die Römer flohen die Gallier *nicht*.	Die Gallier waren von den Römern besiegt worden, und **trotzdem** flohen sie *nicht*.

Von diesen vielen Möglichkeiten passen meist nur eine oder zwei. Grundsätzlich empfiehlt sich – vor allem beim ersten Übersetzen – ein **Adverbialsatz** (im Zweifel ein Temporalsatz wegen der statistischen Wahrscheinlichkeit). Die Beiordnung soll nur dann gewählt werden, wenn der Satz durch andere satzwertige Glieder oder durch Nebensätze überfrachtet ist. Dann sollte man im Deutschen um der sprachlichen Klarheit willen weitere Nebensätze vermeiden.

5Ü Übersetze im Heft die Partizipialkonstruktion, soweit wie möglich mit einem Adverbialsatz. In welchen zwei Sätzen ist das Partizip eindeutig attributiv?
a) Discipula a magistro laudata gaudet.
b) Puer a matre reprehensus non lacrimat.
c) Servae a domina incitatae properant.

d) Fabula ab avo narrata omnibus gaudio est.
e) Servae a domina iussae cenam parant.
f) Davus labore fatigatus sub arbore dormit.
g) Catulus a puero malo territus fugit.
h) Feriae ab omnibus desideratae appropinquant.
i) Pueri a paedagogo ducti sero in scholam venerunt.

6 Verstehen und Übersetzen: die Signale beim Participium coniunctum

Vergleiche die folgenden Sätze:

(1) **Omnes convivae** edere et bibere coeperunt.
Alle Gäste begannen zu essen und zu trinken.

(2) **Omnes convivae** vino cibisque **delectati** Volcatium de bello narrare iusserunt.
Als alle Gäste sich an Wein und Speisen ergötzt hatten, forderten sie Volcatius auf, vom Krieg zu erzählen.

Ähnlich wie bei anderen satzwertigen Gliedern, z. B. dem AcI (vgl. GI 7.2) oder den Nebensätzen (vgl. GI 8.4), ist es für eine rechtzeitige „Weichenstellung" wichtig, die entscheidenden Signale zu erkennen: Ob der Nominativ *Omnes convivae* (das „Eingangssignal") nur als Subjekt des Gesamtsatzes zu übersetzen (1) oder Teil einer Partizipialkonstruktion ist (2), hängt davon ab, ob das **Partizipial-Signal** ***-ti*** (oder ***-si***) folgt oder nicht.

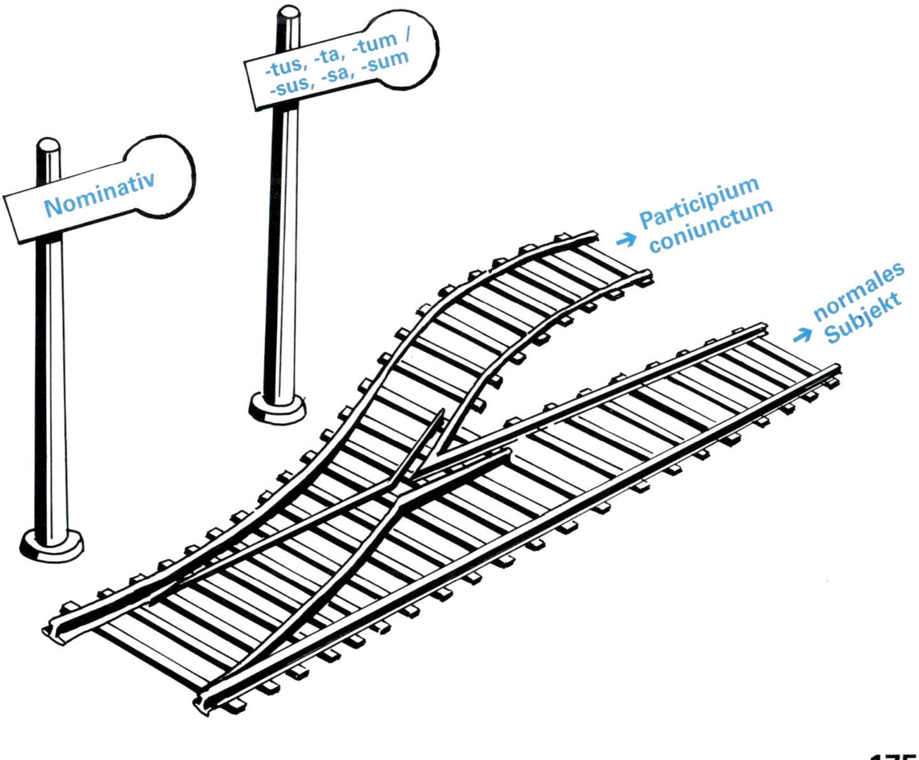

Merke: Wie bei den Nebensätzen sollte das erste Satzglied bei der Übersetzung ins Deutsche grundsätzlich möglichst weit gefaßt werden (vgl. Gl 8.6b):
„Als alle Gäste sich an Wein und Speisen ergötzt hatten, forderten sie ..." ist vorteilhafter als: „Alle Gäste forderten, als sie sich an Wein und Speisen ergötzt hatten, ..."

7 Locativus – Separativus – Richtungsakkusativ bei Städtenamen

Galli **Alesiam** ducti sunt. — Die Gallier wurden **nach Alesia** geführt.
Alesiae ingens exercitus erat. — **In Alesia** war ein riesiges Heer.
Alesia expulsi ad Caesarem fugerunt. — **Aus Alesia** vertrieben, flohen sie zu Caesar.

Bei den Namen von Städten (und kleinen Inseln) wird bei Ortsangaben auf die Fragen **woher? wo? wohin?** keine Präposition gesetzt. Die Funktion des Kasus genügt:

Name	*WOHER?*		*WO?*		*WOHIN?*	
Rōma	Rōm**ā**	aus Rom	Rōm**ae***	in Rom	Rōm**am**	nach Rom
Corinthus	Corinth**ō**	aus Korinth	Corinth**ī**	in Korinth	Corinth**um**	nach Korinth
Delphī	Delph**īs**	aus Delphi	Delph**īs**	in Delphi	Delph**ōs**	nach Delphi
Athēnae	Athēn**īs**	aus Athen	Athēn**īs**	in Athen	Athēn**ās**	nach Athen
Carthāgō	Carthāgin**e**	aus Karthago	Carthāgin**e**	in Karthago	Carthāgin**em**	nach Karthago

* < Rōma-ī

Ubī? ↓

Romae

Unde? →

Corintho

→ Quo?

Athenas

Weil die Formen des Locativus und Separativus beide mit dem Ablativ zusammenfallen, sind die Beispiele *Delphīs, Athēnīs* und *Carthāgine* doppeldeutig; die jeweiligen Funktionen müssen aus dem Kontext bestimmt werden. Anders ist es bei den Formen der a/o-Deklination im Singular: Dort hat sich der alte Lokativ auf **-ī** erhalten. Äußerlich stimmt er mit dem Genitiv Singular überein: *Rōm**ae**, Corinth**ī***.
Bei einigen Einzelwörtern wie *domus* gilt die gleiche Regel wie bei den Ortsnamen:
domus – Haus   dom**ō** – von zu Hause   dom**ī** – zu Hause   dom**um** – nach Hause

Merke: Bei Verbindungen mit *locus* oder *tōtus* steht der Ablativus locativus meist ohne Präposition: aliīs locīs – an anderen Orten   bonō locō – an einem guten Platz
tōtā urbe – in der ganzen Stadt

7Ü Übersetze folgende Ortsangaben:
Ithacam, Lesbo, Syracusis (2), Tarenti, Tusculi, Tusculo, Sparta, Brundisii.
Wenn du die Städte/Inseln nicht kennst, bilde dich im Atlas oder Lexikon!

Grammatiktraining

T 1 **Bilde von den nachstehend aufgeführten Infinitiven jeweils das PPP und setze es in der passenden Form in einen der Sätze a) bis d) ein. Übersetze die Sätze:**
terrere, reprehendere, mittere, movere

a) Libri a te ● me delectaverunt.
b) Magister ira ● clamat.
c) Discipula a magistro ● tacet.
d) Frater a sorore ● lacrimat.

T 2 **Setze zu den folgenden Substantiven jeweils ein sachlich und grammatisch passendes Partizip, das du aus den unten aufgeführten Bausteinen bildest:**

a) oppidum	fac-		
b) hostes	inven-		- us
c) pecunia	cae-		- a
d) arbor	defen-	t	- um
e) doli	peti-	s	- i
f) pons	mis-		- ae
g) nuntii	pul-		- a
h) arx	circumda-		

T 3 **Übersetze ins Lateinische – wo möglich, mit Partizipien:**
Gastmahl beim Neureichen Trimalchio

Trimalchio (*Trimalchio, -ionis*) war lange Sklave gewesen. Nachdem er von seinem Herrn freigelassen worden war, hatte er sich ein großes Vermögen erworben. Da das Haus Trimalchios mit Gold und Silber geschmückt war, rief es die Bewunderung aller hervor. Die Gäste, die von Trimalchio eingeladen worden waren, wurden von einem Türhüter (*ostiarius*) empfangen. Auch ein gefangener Vogel begrüßte die Gäste mit lauter Stimme. Im Speisesaal wurden alle durch wunderbare Bilder (*pictura*) erfreut. Von den Gästen befragt, erklärte ein Sklave die Bilder. Von einem anderen Sklaven wurde ein kleines, aus Silber gemachtes Skelett (*larva*) hereingebracht, dessen Teile bewegt werden konnten.
Nachdem Trimalchio mit dem Skelett gespielt hatte, sang er ein Lied über die Kürze (*brevitas, -atis*) des Lebens. Durch die seltsamen Scherze (*iocus*) des Gastgebers unterhalten, konnten die Gäste das Lachen nicht zurückhalten (*tenere*).

Grammatische Impulse 20

1 Das Participium coniunctum bei verschiedenen Satzgliedern

(1) Caesar etiam Gallis **victis** saluti fuit. (PC beim Dativ-Objekt)

attributiv:
Caesar brachte auch den besiegten Galliern die Rettung.

prädikativ:
Caesar brachte auch den Galliern die Rettung, obwohl **sie** besiegt waren/trotz ihrer Niederlage.

(2) Mandubii a militibus nostris fame sitique **fatigatis** oppido expulsi sunt. (PC bei der AB des Urhebers)

attributiv:
Die Mandubier wurden von unseren Soldaten, die durch Hunger und Durst zermürbt waren, aus der Stadt vertrieben.

prädikativ:
Die Mandubier wurden von unseren Soldaten, da **diese** durch Hunger und Durst zermürbt waren, aus der Stadt vertrieben.

(3) Caesar gentes in populum Romanum incitatas primo vincere non potuit. (PC beim Akk.-Objekt)

attributiv:
Caesar konnte die Völker, die gegen das römische Volk aufgewiegelt waren, zuerst nicht besiegen.

prädikativ:
Caesar konnte die Völker, nachdem **sie** gegen das römische Volk aufgewiegelt worden waren, zuerst nicht besiegen.

Das PC kann mit jedem Satzglied verbunden werden. Die häufigste Form ist aber die Verbindung mit dem Subjekt.

1Ü a Setze in die Sätze a) bis e) jeweils das PPP eines der folgenden Verben ein (achte auf den richtigen Kasus) und übersetze. Schreibe alle Lösungen in dein Heft:

delectare, complere, fatigare, circumdare, capere

a) Germani ex cornibus argento ● bibunt.
b) Convivae narratione Gai ● riserunt.
c) Galli fame sitique ● mortem timebant.
d) Convivis vino ● narratio Gai gaudio erat.
e) Gaius puerum a militibus ● secum in Italiam duxit.

1Ü b Welche Partizipialformen ergeben einen Sinn im Satz?
a) Convivae vino delectati/delectatum Gaium interrogant.
b) Gaius a Caesare legatus facto/factus in Italiam rediit.
c) In oppido a Romanis obsesso/obsessae incolae fame laborabant.

2 Substantiviertes Partizip

Caesar **victis** parcit.	Caesar schont **die Besiegten**.

Wie alle anderen Adjektive können auch Partizipien substantiviert werden.

3 Dominantes Partizip

Etiam **ante oppidum captum** Caesar clementem se non praebuit.	Auch **vor der Eroberung der Stadt** zeigte sich Caesar nicht milde.

(Die Übersetzung „Auch vor der eroberten Stadt" gibt keinen Sinn!)

Ego **libertate amissa** doleo. Ich bin **über den Verlust meiner Freiheit** betrübt.

(Ursache des Schmerzes ist das *amittere,* nicht die *libertas.*)

Bei beiden Beispielen liegt der Hauptgedanke nicht auf den Substantiven *oppidum* oder *libertas,* sondern auf dem zugehörigen Partizip. Daher spricht man von einem „dominanten" Partizip.

4 Besonderheiten bei der Übersetzung des Partizips ins Deutsche

post pugnam ad Alesiam **factam**	nach der Schlacht bei Alesia
O ~~~~~~ O	Präp ++++++ Präp

Im Deutschen kann das Partizip hier unübersetzt bleiben. Der Grund liegt in einer syntaktischen Besonderheit: „bei Alesia" ist ein Präpositionalattribut (was für eine Schlacht?). Diese Form des Attributs ist im Deutschen sehr häufig, im Lateinischen aber selten. Statt dessen wird der ganze Ausdruck durch ein passendes Partizip „geschlossen", von dem dann *ad Alesiam* als Ortsbestimmung abhängt.

4Ü Übersetze möglichst kurz in deinem Heft:
a) clades ad Alesiam accepta
b) post scelus commissum
c) post orationem in senatu habitam

Grammatiktraining

T 1 **Übersetze jeweils attributiv und prädikativ:**

a) Convivae vino completi ridebant et clamabant.
b) Gaius admiratione convivarum delectatus novas fabulas narravit.
c) Crixo a Romanis capto dominus odio non erat.
d) Gallia a Caesare victa provincia Romana facta est.

T 2 **Übersetze ins Lateinische – wo möglich, mit Partizipien: Der neugierige Lucius**

Lucius, ein junger Grieche, besuchte einst Freunde in Thessalien (*Thessalia: Landschaft in Griechenland, galt als Land der Hexen*). Wegen verschiedener Geschichten, die von Freunden erzählt worden waren, erwartete er dort wundersame Dinge. Photis (*Photis, -idis*), eine von Lucius geliebte schöne Sklavin, hatte erzählt, daß ihre Herrin eine große Zauberin (*maga*) sei. Nachts (*nocte*) sah Lucius zusammen mit Photis, daß die Herrin sich mit einer auf wunderbare Weise bereiteten Salbe (*unguentum*) in einen Vogel verwandelte.

Von großer Gier nach einem Abenteuer (= *nach Neuem*) veranlaßt, sagte Lucius: „Bring mir die Salbe!" Durch viele Bitten bewegt, brachte Photis das Gewünschte herbei. Aber der arme Lucius wurde durch einen schlimmen Irrtum nicht in einen Vogel, sondern in einen Esel (*asinus*) verwandelt.

Grammatische Impulse 21

1 Die Formen des Partizips Präsens Aktiv (PPA)

Liberi ludentes gaudent.
attributiv: Die spielenden Kinder freuen sich.
prädikativ: Während die Kinder spielen, freuen sie sich.

Das Partizip der Gleichzeitigkeit (Partizip Präsens) kann von jedem Verb gebildet werden, außer von *esse*. Entsprechend dem PPP (vgl. GI 19.1) kann es wie ein Adjektiv in KNG-Kongruenz zu Substantiven oder Pronomina treten. Im Gegensatz zum PPP hat es **aktive** Bedeutung: **P**artizip **P**räsens **A**ktiv **(PPA)**.

laudāre:	laudā-ns*	lobend		capere:	capi-ēns	fangend
	lauda-nt-is				capi-ent-is	
rīdēre:	rīdē-ns	lachend		dīcere:	dīc-ēns	sagend
	rīde-nt-is				dīc-ent-is	
audīre:	audi-ēns	hörend	*aber*:	īre:	i-ēns	gehend
	audi-ent-is				**e-unt-is***	

* < -nts

* vgl. GI 18.3

Deklinationsbeispiel:

	Singular			*Plural*		
	m	*f*	*n*	*m*	*f*	*n*
Nom.	lūdēns	lūdēns	lūdēns	lūdentēs	lūdentēs	lūdent**ia**
Gen.	lūdentis	lūdentis	lūdentis	lūdent**ium**	lūdent**ium**	lūdent**ium**
Dat.	lūdentī	lūdentī	lūdentī	lūdentibus	lūdentibus	lūdentibus
Akk.	lūdentem	lūdentem	lūdēns	lūdentēs	lūdentēs	lūdent**ia**
Abl.	lūdent**e**	lūdent**e**	lūdent**e**	lūdentibus	lūdentibus	lūdentibus

Zur Bildung des PPA: Sein Kennzeichen ist ***-nt-*** (bzw. nach Erweiterung durch den Aussprechvokal *e*: ***-ent-***). Es wird dekliniert wie die Mischgruppe der Dritten Deklination (***-e, -ia, -ium***) und ist einendig (vgl. *ingēns*, GI 15.1, von dem sich das PPA nur im Abl. Sg. unterscheidet).

Mit dem Partizip Präsens füllt sich ein weiterer Raum unserer Villa:

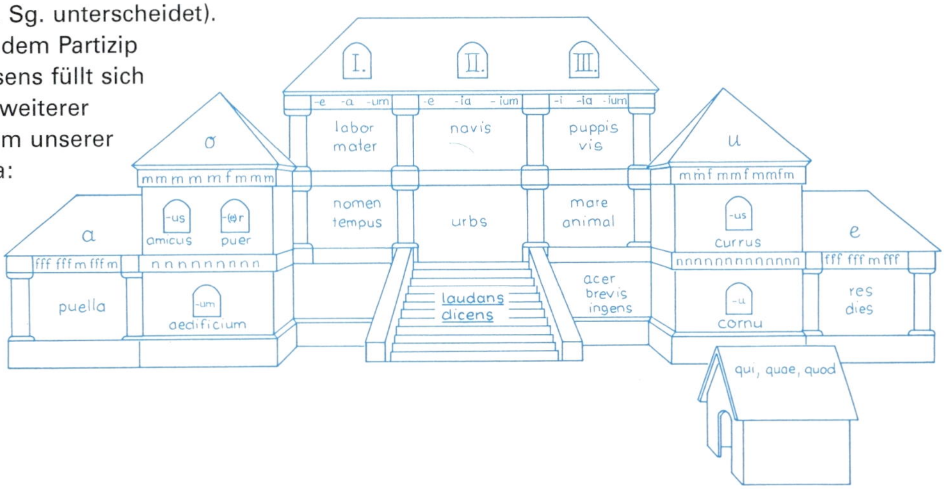

1Ü Bilde das Partizip der Gleichzeitigkeit (PPA) im Nom. und Gen. Sg. zu folgenden Verben:
movere, erudire, dormire, edere, diripere, currere, cupere, facere, incipere, mutare, venire, discere, respondere

2 Das Participium coniunctum der Gleichzeitigkeit

C. Volcatius verba servi **audiens** magis magisque ira afficiebatur.

Während (als) G. Volcatius die Worte des Sklaven hörte, wurde er immer zorniger.

Die hier vorgeschlagene Formulierung ist nur eine von vielen Möglichkeiten, die Partizipialkonstruktion ins Deutsche zu übersetzen. Denn entsprechend dem Partizip der Vorzeitigkeit kann auch das Partizip der Gleichzeitigkeit attributiv oder prädikativ wiedergegeben werden (vgl. zum PC der Vorzeitigkeit Gl 19 und 20):

(1) **attributiv**:
G. Volcatius, **der die Worte des Sklaven hörte,** wurde immer zorniger.

(2) **prädikativ**:

	Adverbialsatz	*Präpositionale Wendung*	*Beiordnung*
temporal	**Während** er die Worte des Sklaven hörte, wurde G. Volcatius immer zorniger.	**Beim** Anhören der Worte des Sklaven wurde G. Volcatius immer zorniger.	G. Volcatius hörte die Worte des Sklaven und wurde **dabei** immer zorniger.
kausal	**Weil (da)** er die Worte hörte, ...	**(Wegen) Durch** ...	**deshalb** ...
konzessiv	**Obwohl (obgleich)** er die Worte hörte, ...	**Trotz** ...	**trotzdem** ...
konditional	**Wenn (falls)** er die Worte hörte, ...	**Unter der Bedingung** ...	**in diesem Fall** ...
*modal**	**Indem** er den Worten zuhörte, ...		

* Die modale Übersetzung ist nur beim PC der Gleichzeitigkeit möglich.

2Ü Übersetze jeweils prädikativ und attributiv; wähle bei der prädikativen Übersetzung jeweils die inhaltlich passendste Möglichkeit:
a) Discipula dormiens a magistro monita est.
b) Convivae narrationem audientes rident.
c) Catulus cibum capiens reprehenditur.
d) Servae canentes laborabant.
e) Hospes viam ignorans domum amici non invenit.
f) Homines amantes saepe sunt amentes. (Das Adjektiv *amens* ist von *mens, mentis* abgeleitet. Was kann es also heißen?)

3 Accusativus cum Participio (AcP)

Nonne vidistis Crixum pocula **ministrantem**?

Habt ihr nicht gesehen, daß (wie) Crixus die Becher servierte?

Nach den Verben der sinnlichen Wahrnehmung wie „sehen“ oder „hören“ steht die satzwertige Ergänzung oft mit Partizip. Die Übersetzung stimmt mit der eines AcI überein.

Grammatiktraining

T 1 Erkläre folgende Wörter, indem du das lateinische Partizip, von dem sie abgeleitet sind, nennst und übersetzt:

deutsch: Agent, Ignorant, Denunziant, Produzent, Rezipient;
englisch: current, omniscient, crescent (Mondsichel oder halbmondförmiger Platz)

T 2 Bestimme jeweils das Zeitverhältnis, in dem der Adverbialsatz / der Präpositionalausdruck zum Hauptsatz steht, und übersetze ihn mit einer Partizipialkonstruktion:

a) Während Gaius den Brief las, lachte er.
b) Obwohl Lucius die Worte des Lehrers hörte, gehorchte er nicht.
c) Indem wir lesen und schreiben, lernen wir.
d) Nachdem der Sklave getadelt worden ist, beeilt er sich.
e) Weil er von den Gästen gefragt worden war, begann der Großvater zu erzählen.
f) Vom Wein ermüdet, schläft ein Gast.
g) Die Freunde applaudierten unter Gelächter.

T 3 Übersetze ins Lateinische – wo möglich, mit Partizipien:
Die Geschichte des Menenius Agrippa

Einst machten die Plebejer (*plebeii, -orum: die einfachen Bürger im Unterschied zu den adeligen Patriziern*), von Zorn erfüllt, einen Aufstand. Sie sahen nämlich, daß der Staat von den Patriziern (*patricii, -orum*) gelenkt wurde (*regere, rego, rexi, rectum*), und daß die Plebejer, da sie keinen Einfluß (*auctoritas, -atis*) hatten, in Knechtschaft lebten. Daher faßten sie den Entschluß, die Stadt zu verlassen.
Indem sie aus der Stadt auf den heiligen Berg wegzogen, erschreckten sie die Patrizier sehr; denn die Patrizier fürchteten den wachsenden Zorn des Volkes und Feinde, die Rom angriffen.
Da veränderte Menenius Agrippa, der zur Plebs geschickt worden war, die Stimmung (= *die Herzen*), indem er eine Fabel erzählte:
„Die Teile des menschlichen Körpers (*corpus, -oris n*) hörten einst auf, ihren Dienst zu tun. Sie sagten nämlich: ‚Der Bauch (*venter, ventris*) erhält, obwohl er nichts (*nihil*) tut, von uns alle Güter. Wir aber, die wir arbeiten, empfangen nichts!‘
Bald danach aber begannen die Hände, die keine Speisen mehr heranbrachten, und die Füße (*pes, pedis m*), die nicht mehr gingen, schwach zu werden (= *Kraft zu entbehren*). Sie erkannten, daß das Wohlergehen des Körpers allen Teilen gemeinsam sein muß. Daher faßten sie den Entschluß, ihre Dienste wieder zu leisten.“
Die Plebejer nahmen die Erzählung des Menenius an und kehrten in ihre Heimat zurück.

Grammatische Impulse 22

1 Participium coniunctum und Ablativus absolutus

Vergleiche die folgenden Partizipialkonstruktionen:

(1) **Avus** tacens ceteros convivas aspiciebat.	Während **der Großvater** schwieg, betrachtete **er** die anderen Gäste.
(2) **Avum** tacentem ceteri convivae aspiciebant.	Während **der Großvater** schwieg, betrachteten **ihn** die anderen Gäste.
(3) **Avo** narranti servus vinum praebuit.	Während **der Großvater** erzählte, reichte **ihm** der Sklave Wein.
aber:	
(4) **Avo** dubitante Lucius Volcatius dixit: ...	Während **der Großvater** zögerte, sagte Lucius Volcatius: ...

In den ersten drei Sätzen steht das Partizip als Prädikativum jeweils in **KNG-Verbindung mit einem anderen Satzglied**: (1) Subjekt; (2) Akk.-Objekt; (3) Dat.-Objekt. Bei der deutschen Übersetzung mit einem Adverbialsatz wird diese Verbindung durch das entsprechende Personalpronomen hergestellt: „er", „ihn", „ihm". In allen drei Fällen ist auch eine attributive Übersetzung möglich: Der **schweigende** Großvater (1), Den **schweigenden** Großvater (2), Dem **erzählenden** Großvater (3).

Bei Satz (4) hingegen besteht diese Verbindung nicht: *Avo dubitante* ist eine selbständige Adverbiale Bestimmung **ohne Verbindung** zu einem anderen Satzglied. Bei der deutschen Übersetzung fehlt daher ein verbindendes Personalpronomen. In diesem Fall steht im Lateinischen der **Ablativ** (der Ablativ ist der Kasus für Adverbiale Bestimmungen): **Ablativus absolutus** (= losgelöster Ablativ). Die Übersetzungsmöglichkeiten entsprechen denen des PC; nur die attributive Übersetzung ist ausgeschlossen.

1Ü Wie müßte der links stehende deutsche Gliedsatz als lateinische Partizipialkonstruktion jeweils lauten, wenn er in der angegebenen Weise durch einen Hauptsatz weitergeführt würde?

a) Nachdem die Gäste eingeladen worden waren,
- kamen sie zu spät.
- bereiteten die Sklaven das Fest vor.
- schickte Volcatius ihnen einen Boten.
- erwartete sie Gaius an der Tür.

b) Während die Gäste zuhörten,
- erzählte ihnen Volcatius etwas.
- unterhielt sie der Hausherr mit einer Geschichte.
- wurden die Becher neu gefüllt.
- tranken sie Rotwein.
- servierte Crixus den Wein.

c) Nachdem das Essen bereitet worden war,
- brachten es die Dienerinnen.
- wurde es aufgetragen.
- widmeten sich ihm die Gäste.
- rief der Hausherr die Gäste.
- lobte die Herrin die Dienerinnen.

2 Der nominale Ablativus absolutus

Spartaco ducente
Spartaco **duce** } exercitus gladiatorum in dies augebatur.

Statt eines Partizips kann beim Ablativus absolutus auch ein **Nomen** (Substantiv oder Adjektiv) zu dem Beziehungswort treten. Die Übersetzung entspricht der des partizipialen Ablativus absolutus:

Spartaco duce { als Spartacus der Anführer war …
unter der Führung des Spartacus …

Häufige Verbindungen:

Caesare duce	– unter Führung Caesars
Romulo rege	– als Romulus König war; unter der Herrschaft des Romulus
Caesare imperatore	– unter Caesars Oberbefehl
Cicerone praetore	– während der Prätur Ciceros
Caesare puero	– in Caesars Kindheit; als Caesar ein Kind war
Caesare vivo	– zu Lebzeiten Caesars
Caesare mortuo	– nach Caesars Tod
Caesare invito	– gegen Caesars Willen
Caesare inscio (insciente)	– ohne Caesars Wissen
Caesare praesente	– in Caesars Anwesenheit
Caesare absente	– in Caesars Abwesenheit
Caesare auctore	– auf Veranlassung Caesars
Cicerone Antonioque consulibus (abgekürzt: coss.)	– im Konsulatsjahr von Cicero und Antonius (d. h. 63 v. Chr., als Jahresangabe in historischen Berichten)

3 Zeitverhältnis und Genus Verbi (Aktiv / Passiv) bei den Partizipialkonstruktionen

Avo paulum dubitante	C. Volcatius dixit: …
Während Großvater ein wenig **zögerte,**	sprach Gaius Volcatius: …
Monte capto	gladiatores castra posuerunt.
Nachdem der Berg besetzt **worden war,**	errichteten die Gladiatoren ein Lager.

Partizipien der Gleichzeitigkeit sind immer aktiv,
Partizipien der Vorzeitigkeit passiv.*

* Ausnahme: Deponentien, vgl. GI 43

4 Ablativus absolutus und „logisches Subjekt"

Monte capto gladiatores castra posuerunt.
Nachdem der Berg besetzt worden war, errichteten die Gladiatoren ein Lager.

Besser:
Nachdem sie den Berg besetzt hatten, errichteten die Gladiatoren ein Lager.

Wenn aus dem Kontext eindeutig ist, daß das Subjekt des Satzes auch das **logische Subjekt** des Ablativus absolutus ist (wie hier die Gladiatoren), kann im Deutschen das hölzern klingende Passiv durch eine Formulierung im Aktiv ersetzt werden.

4Ü Bestimme jeweils das „logische Subjekt" und übersetze dementsprechend:
a) Convivis salutatis avus servos advocavit.
b) Narratione finita avus diu tacebat.
c) Ludis spectatis Seneca philosophus epistulam ad Lucilium amicum dedit.
d) Armis paratis servi montem Vesuvium petiverunt.

5 Verstehen und Übersetzen: die Signale des Ablativus absolutus

Vergleiche:

(1) Narratione avi convivae delectati sunt.
Durch die Erzählung des Großvaters wurden die Gäste erfreut.

(2) Narratione avi finita convivae plauserunt.
Als die Erzählung des Großvaters zu Ende war, klatschten die Gäste Beifall.

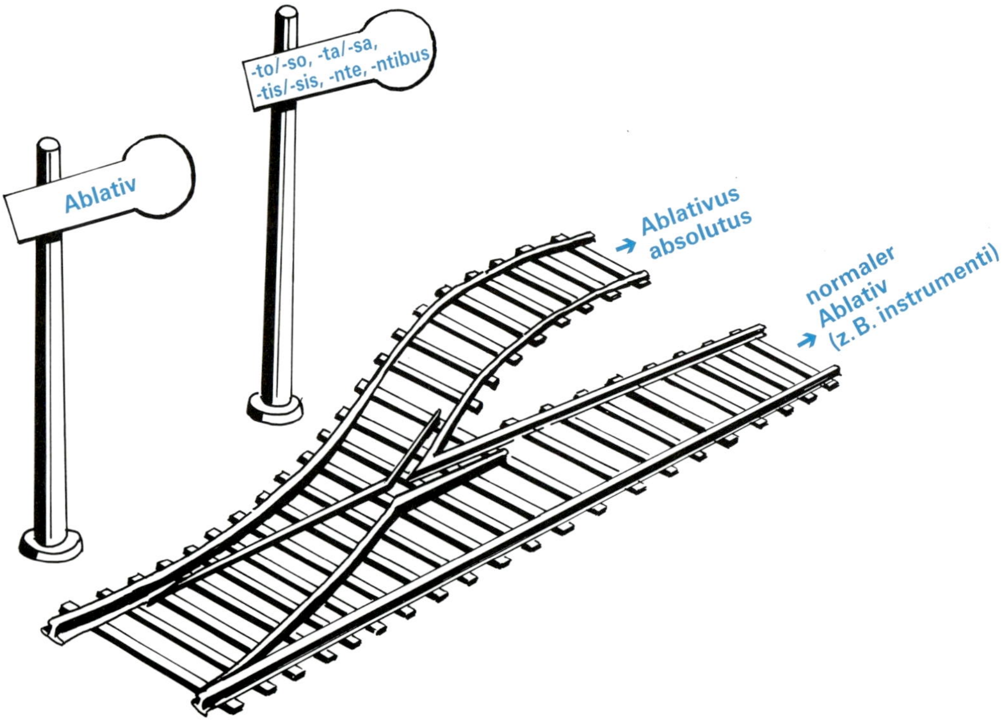

Wie bei den anderen satzwertigen Gliedern – AcI (vgl. GI 7.2b), Gliedsätzen (vgl. GI 8.4) und Participium coniunctum (vgl. GI 19.3) – hilft auch hier die genaue Beachtung der Signale dabei, sich rechtzeitig für die richtige „Weichenstellung" zu entscheiden.

Wenn der Satz mit einem Ablativ (Eingangssignal) beginnt, vergewissere dich, ob ein Folgesignal (*-to/so, -ta/sa, -tis/sis, -nte, -ntibus*) auf einen Ablativus absolutus hindeutet oder nicht.

Grammatiktraining

T 1 **Aus folgenden Silben kannst du einen bedenkenswerten Ausspruch zusammensetzen:** nul gus a lus di gen ti es lon est
Kleine Hilfe: Die erste und letzte Silbe steht auch jeweils am Anfang und Ende des Satzes, den du zusammenbasteln wirst.

T 2 **Bestimme jeweils das Zeitverhältnis des Gliedsatzes zum Hauptsatz und übersetze den Gliedsatz mit einer Partizipialkonstruktion (PC oder Ablativus absolutus):**
Beachte dabei, daß das PPA immer aktivisch, das PPP immer passivisch ist; du mußt also den deutschen Satz manchmal umformulieren.

a) Während die Schüler die Worte des Lehrers hörten, schwieg Marcus.
b) Nachdem sie die Worte des Lehrers gehört hatte, lachte Julia.
c) Obwohl die Schüler die Worte des Lehrers hörten, schwiegen sie nicht.
d) Immer wenn die Schüler die Worte des Lehrers hörten, lachten sie.

e) Weil sie die Worte des Lehrers gehört hatten, gehorchten sie.

T 3 **Übersetze ins Lateinische; gib den Adverbialsatz jeweils mit einem Ablativus absolutus wieder: Zirkusspiele**
Lucius hat vor wenigen Tagen das Amphitheater besucht (*visere, viso, visi, visum*). Jetzt erzählt er Crixus von den Schauspielen, während die Mutter zuhört: „Auf Veranlassung des Ädils war eine große Menge seltsamer Tiere nach Rom gebracht worden. Nachdem die Tierkämpfe beendet waren, begann der Kampf der Männer. Wenn ein Gladiator besiegt war und Gnade erbat, sagten die Zuschauer mit den Händen ihre Meinung (*sententia*). Dann wurde der Besiegte entweder gerettet oder getötet."
Crixus: „Ich weiß, daß viele Gallier, vom Schicksal gezwungen, jetzt Gladiatoren sind. Viele sind umgekommen, während die Römer Beifall klatschten."
Servilia: „Mir gefallen die Schauspiele nicht. Es ist nicht menschlich, sich zu freuen, wenn andere Menschen oder Tiere leiden oder zugrunde gehen."

Grammatische Impulse 23

1 Das unregelmäßige Verb *ferre*

Stammformen: ferre, ferō, tulī, lātum: tragen, bringen

Stamm fer-	*Aktiv*	*Passiv*
Infinitiv	fer - re	fer - rī
Imperativ	fer -* fer - te	
PPA	fer - ēns, -entis	
Präsens *Sg. 1.* *2.* *3.* *Pl. 1.* *2.* *3.*	 fer - ō fer - s fer - t fer -*i*- mus fer -tis fer -*u*- nt	 fer - or fer - ris fer - tur fer -*i*- mur fer -*i*- minī fer -*u*- ntur
Imperfekt	fer - ēba - m fer - ēbā - s *usw.*	fer - ēba - r fer - ēbā - ris *usw.*

* Zum Imperativ Sg. vgl. dīc, dūc, fac (GI 11.9)

Das Verb *ferre* gehört nach seinem Stamm *fer-* zur konsonantischen Konjugation. Die Formen des Präsens und des Infinitivs haben einige Besonderheiten: Vor den Konsonanten *r, s* und *t* wird kein Aussprechvokal eingeschoben.

Ferre in der *Navis Temporum:*

1Ü Zeichne eine leere Skizze des Schiffskörpers auf ein Blatt. Schreibe eine Form von *ferre* in den richtigen Kasten. Dein Nachbar/deine Nachbarin muß die entsprechenden Formen in den anderen Kästen ergänzen.

2 Die Komposita von *ferre*

afferre	affero	attuli	allatum	–	herbeitragen, melden
auferre	aufero	abstuli	ablatum	–	wegtragen
conferre	confero	contuli	collatum	–	zusammentragen, vergleichen
differre	differo	distuli	dilatum	–	verschieben, sich unterscheiden
efferre	effero	extuli	elatum	–	hinaustragen
inferre	infero	intuli	illatum	–	hineintragen
offerre	offero	obtuli	oblatum	–	anbieten
perferre	perfero	pertuli	perlatum	–	hinbringen, ertragen
referre	refero	rettuli	relatum	–	zurückbringen, berichten
tollere	tollo	sustuli	sublatum	–	aufheben, beseitigen

2Ü Bilde aus folgenden Bausteinen möglichst viele Verb- und Partizipialformen:

ab- con- dif- ex- in- ob- re- sub-	-fer- -lat- -tul-	-i -imus -o -is -um

Grammatiktraining

T 1 **Übersetze (mit dem Verb *ferre*) und setze die lateinischen Formen in alle dir bekannten Tempora des Aktivs und Passivs:**
wir tragen, er trug, sie werden getragen, er wird getragen, du trägst, getragen haben, ich habe getragen, ihr hattet getragen

T 2 **Übersetze: Beim Essen**
Convivae se in triclinium contulerunt. Cibi a servis afferuntur. Quae convivae reliquerunt, servae auferunt.

T 3 **Ergänze jeweils ein anderes passendes Kompositum von *ferre*:**
a) Cibi a servis ● et ●. b) Convivae vinum ● laudant. c) Domina Crixo post cenam imperat: „● reliquos cibos." d) Tum Gaius iter ●.
Verwende – soweit sinnvoll – jeweils das Präsens und das Perfekt!

T 4 Übersetze ins Lateinische: Mein Buch ist weg!

Marcus hat sich am Morgen in die Schule begeben. Weil er sein Buch nicht findet, wird er vom Lehrer gefragt: „Warum hast du dein Buch heute nicht mit dir gebracht?"

Marcus antwortet: „Ich glaube, daß ein böser Junge mein Buch weggenommen hat."

Lehrer: „Es gefällt mir nicht, daß du andere beschuldigst. Julia, biete Marcus dein Buch an! Marcus, lies laut!"

Marcus beginnt zu lesen; doch plötzlich hört er auf zu lesen und ruft: „Ich erkenne mein Buch. Hier sind meine Anmerkungen (*nota*). Mein Buch ist von Julia weggenommen worden!"

Julia: „Ich glaube, daß ich durch einen Irrtum dein Buch mit meinen Sachen nach Hause getragen habe. Denn die Bücher unterscheiden sich nicht."

Grammatische Impulse 24

1 Die Anwendung von *is, ea, id*

Volcatius sagt nach der Erzählung des Großvaters über Spartacus:

(1) **Eas res** de Spartaco bene narravisti, pater.	**Diese Dinge** über Spartacus hast du gut erzählt, Vater.
Is / **Is vir** } periculosus fuit.	**Dieser** / **Dieser Mann** } war gefährlich.

Wenn das Pronomen bei einem Substantiv (*eas res, is vir* – adjektivischer Gebrauch) oder als Subjekt im Nominativ (*is* – substantivischer Gebrauch) steht, wird es mit dem deutschen **Demonstrativpronomen** (dieser, diese, dieses) übersetzt. (Zum substantivischen und adjektivischen Gebrauch der Pronomina vgl. GI 17.5.)

(2) Nunc ad **eas** res nos conferre cupimus,	Jetzt wollen wir uns **den(jenigen)** Dingen zuwenden,
quae nostris temporibus aguntur.	**die** in unserer Zeit passieren.

In Verbindung mit einem folgenden Relativpronomen muß *is, ea, id* mit **der(jenige), die(jenige), das(jenige)** übersetzt werden: *is, qui* – derjenige, welcher.

Merke: ea, quae – das, was (kollektiver Plural).

Der Großvater über Spartacus und die Gladiatoren:

(3) Oculis meis **eum** vidi.	Mit eigenen Augen habe ich **ihn** gesehen.
Gladiatores **ei** parebant.	Die Gladiatoren gehorchten **ihm**.
Eum semper **ab eis** adiutum esse scimus.	Wir wissen, daß **er** immer **von ihnen** unterstützt wurde.

In allen Kasus außer dem Nominativ steht das substantivisch gebrauchte *is, ea, id* für die deutschen **Personalpronomina der 3. Person** (z. B. *eum* – ihn, *ei* – ihm); vermeide die Übersetzung mit „dieser“.
Achte besonders auf die Anwendung im AcI: **eum** adiutum esse – daß **er** unterstützt wurde.

(4) Miseri auxilium **eius** exspectabant.	Die Unglücklichen erwarteten **seine** Hilfe.
Spes **eorum** magna fuit.	**Ihre** Hoffnung war groß.

Die (meist nachgestellten) Genitive *eius, eorum, earum* stehen für die deutschen **Possessivpronomina** der 3. Person „sein“, „ihr“, „ihre“; vermeide die Übersetzung mit „dessen“, „derer“.

2 Die Formen von *is, ea, id*

	Singular			*Plural*		
Nom.	is	ea	id	eī (iī)	eae	ea
Gen.	eius	eius	eius	eōrum	eārum	eōrum
Dat.	ei	ei	ei	eīs (iīs)	eīs (iīs)	eīs (iīs)
Akk.	eum	eam	id	eōs	eās	ea
Abl.	eō	eā	eō	eīs (iīs)	eīs (iīs)	eīs (iīs)

Zur Bildung der Formen vgl. Gl 17.3. Beachte die Abweichungen gegenüber der Deklination der Relativpronomina.

2Ü Bestimme die folgenden Formen des Demonstrativpronomens (z. T. mehrere Möglichkeiten):
ea, eius, ei, ii, id, eorum, eis, eo, eas, eae, earum

Setze aus der folgenden Reihe von Substantiven zu jeder der oben stehenden Formen des Pronomens die passenden Wörter.

Beispiel: ea urbs

rerum, oratione, ludo, provinciae, magistratus, res, consilium, desiderio, locorum, latronibus, officia.

3 Das Reflexivpronomen

Cicero in Asiam **se** contulit.	Cicero begab **sich** nach Asien.
Cicero laudem **sibi** paravit.	Cicero verschaffte **sich** Ruhm.
Hostes **se** rettulerunt.	Die Feinde zogen **sich** zurück.
Romani **sibi** gloriam paraverunt.	Die Römer bereiteten **sich** Ruhm.
Quid scribit Cicero de negotiis **suis**?	Was schreibt Cicero über **seine** Aufgaben?

Wie das Deutsche hat das Lateinische ein eigenes Personalpronomen der 3. Person, das sich nur auf das **Subjekt** des Satzes beziehen kann. Im Deutschen gibt es für dieses **Reflexivpronomen** nur das Wort „sich“, das für den Dativ und Akkusativ im Singular und Plural steht. Das lateinische Reflexivpronomen dagegen hat alle Kasus (außer dem Nominativ, der sich als Subjekt ja nicht auf sich selbst beziehen kann). Singular und Plural sind auch hier gleich.

Im Gegensatz zum Deutschen gibt es im Lateinischen auch ein **reflexives Possessivpronomen** der 3. Person: *suus, sua, suum.*

4 Die Formen des reflexiven Personalpronomens

	Singular + Plural	*Anwendung*
Nom.	–	–
Gen.	suī	Cicero memoriam **sui** reliquit.*
Dat.	sibi	**Sibi** laudem magnam paravit.
Akk.	sē	**Se** prudentem praestitit.
Abl.	sē (ā sē, dē sē, sēcum)	Multa **de se** scribebat.

* Der Genitiv *suī* kommt selten vor und ist nur als Genitivus obiectivus (vgl. Gl 16.5) oder partitivus (vgl. Gl 35) anwendbar.

5 Der Unterschied zwischen dem Reflexivpronomen und *is, ea, id*

Bezug auf das Subjekt:

Quid scribit **Cicero** de **se,**
quid de negotiis **suis?**

Was schreibt **Cicero** über **sich,**
was über **seine** Aufgaben?

Kein Bezug auf das Subjekt:

Quid comperisti **tu** de **eo,**
quid de negotiis **eius?**

Was hast **du** über **ihn,**
was über **seine** Aufgaben erfahren?

Beachte: Das deutsche Possessivpronomen „seine" ist doppeldeutig.

5Ü Setze für das hervorgehobene deutsche Possessivpronomen jeweils die richtige Form von *suus* oder *is* ein:
a) Julius erzählt Marcus **von seiner** neuen **Freundin** [de amica ●]. b) **Seine Freundin** [amica ●] heißt Cornelia. c) **Ihre Haare** [capilli ●] sind schwarz. d) Sie hat **ihre Haare** [capillos ●] zu einem Zopf geflochten. e) Julius hat Cornelia **bei seiner Schwester** [apud sororem ●] kennengelernt. f) Cornelia ist **ihre Freundin** [amica ●]. g) Um Cornelia zu gefallen, achtet Julius jetzt sehr auf **sein Äußeres** [speciem ●]. h) Dadurch hat er sich sogar den Spott **seiner Mitschüler** [condiscipulorum ●] zugezogen.

Grammatiktraining

T 1 **Übersetze im folgenden Text jeweils die hervorgehobenen Pronomina:**
a) Caelius zeigte den Gästen **denjenigen Brief, den** [● epistulam, ●] er von Cicero erhalten hatte. b) **„Diesen Brief** [● litteras] habe ich von Cicero erhalten." c) Wir wissen, daß **er** [●] ein bedeutender Redner war. d) Wir verdanken **ihm** [●] aber auch bedeutende philosophische Werke. e) **Seine Reden** [orationes ●] werden oft gelesen. f) **Ihre Schönheit** [elegantia ●] wird allgemein bewundert. g) In **demjenigen Buch, das** [in ● libro, ●] er über den Staat geschrieben hat, wird über die beste Verfassung diskutiert. h) **Das, was** [●, ●] er über die Pflichten geschrieben hat, gilt noch heute.

T 2 Übersetze und erkläre jeweils die Verwendung der hervorgehobenen Pronomina:

a) Aesopus de cane (*Hund*), qui carnem (*Fleisch*) **secum** ferebat, narrat:

b) Canis in aqua natans (*schwimmen*) vidit imaginem (*Bild*) **suam**.

c) Quia alterum canem alteram carnem ferre putavit, cibum **eius sibi** parare temptavit.

d) Itaque os (*os, oris n: Mund, Maul*) aperuit et cibum, quem tenebat, amisit.

e) Sic cupiditas **eius** punita est.

T 3 Übersetze ins Lateinische: Die Fabel vom Wolf und vom Lamm

Ein Lamm (*agnus*) war einst, von Durst geplagt, zu einem Fluß gekommen. Oberhalb von (*supra b. Akk.*) ihm stand ein Wolf, der Wasser aus dem Fluß trank. Dieser begann, von Gier veranlaßt, einen Streit.

Er sagte nämlich: „Ich ärgere mich, daß du mir das Wasser trübst (*turbare*)." Das Lamm antwortete ihm: „Ich kann es dir nicht trüben. Das Wasser kommt ja von dir zu mir."

Durch diese Worte des Lamms mit Zorn erfüllt, sagte der Wolf: „Ich habe erfahren, daß du vor sechs Monaten (*mensis, -is*) Schlechtes über mich gesagt hast."

Das kleine Lamm: „Keineswegs! Denn damals gab es mich noch nicht."

Der Wolf: „Das, was du sagst, hat nichts zu bedeuten (= ist nichts). Dein Vater hat Schlechtes gesagt." Und er tötete und fraß das Lamm, ohne seine Antwort zu beachten.

Die Fabel ist wegen derjenigen Menschen geschrieben, die mit falschen Gründen ihren Willen durchsetzen (= siegen).

Grammatische Impulse 25

1 Reflexivität im AcI

Vergleiche:

Bezug auf das Subjekt:

Cicero scripsit **se** infelicem esse.	Cicero schrieb, daß **er** unglücklich sei.
Nautae magna pericula **sibi** in mari imminere non ignorant.	Die Seeleute wissen gut, daß **ihnen** auf dem Meer große Gefahren drohen.

Kein Bezug auf das Subjekt:

Caelius putat **eum** felicem esse.	Caelius glaubt, daß **er** (Cicero) glücklich ist.
Caelius magna pericula **eis** in mari imminere dicit.	Caelius sagt, daß **ihnen** große Gefahren auf dem Meer drohen.

Im AcI wird das Reflexivpronomen verwendet, wenn sich das Personal- oder Possessivpronomen auf das Subjekt bezieht.* Wenn es sich nicht auf das Subjekt** bezieht, steht eine Form von *is, ea, id*.
Die deutsche Formulierung drückt diesen Unterschied nicht aus. Welche Beziehung gemeint ist, muß im Deutschen aus dem Kontext erschlossen werden.

* vgl. GI 24.3 + 5 ** zur Frage des Subjekts vgl. GI 25.2 unten

2 Direkte und indirekte Reflexivität im AcI

Sallustius dicit Tullium semper fortunam **suam** accusare. (das Schicksal Sallusts oder Ciceros?)	Sallust sagt, daß Cicero immer **sein** Schicksal beklagt.
Sallustius Tullium **se** accusare dicit.	Sallust sagt, daß Cicero **ihn/sich** anklagt.

Ob sich *suam* bzw. *se* auf Sallust oder Cicero bezieht, entscheidet der Zusammenhang.
Hier ist auch der lateinische Satz mehrdeutig:
Suam und *se* können sich auf das Subjekt des AcI (*Cicero*) oder auf das dem AcI übergeordnete Subjekt (*Sallustius*) beziehen. Die Entscheidung muß nach dem Kontext getroffen werden.
Die Beziehung auf das Subjekt des AcI bezeichnet man als **direkte,** die Beziehung auf das übergeordnete Subjekt als **indirekte Reflexivität**.

2Ü Erkläre, wer mit dem hervorgehobenen Pronomen jeweils gemeint ist und übersetze!
a) Caesar piratis dixit **se** mortem non timere. b) Piratae intellexerunt **eum** timore motum non esse. c) Aegre ferebant **se** a Caesare irrideri. d) Ab amicis **eius** magnam pecuniam petiverunt. e) Caesar non credidit piratas **sibi** periculosos esse. f) Censebat enim **eos** iram **suam** timere.

Grammatiktraining

T 1 **Bekannte Wendungen, die auch heute noch verwendet werden, helfen dir beim Einprägen der Präpositionen!**

Beim Ablativ:
pro domo sprechen
der Schwiegersohn *in spe*
sine ira et studio
ex libris

Beim Akkusativ:
in memoriam
ad rem
ante meridiem (a. m.)
post meridiem (p. m.)

T 2 **Übersetze im folgenden Text jeweils die hervorgehobenen Pronomina:**
a) Bacchus (Dionysos) war der Sohn von Zeus und Semele. Zeus versprach Semele, daß **er** [●] **ihr** [●] einen Wunsch erfüllen werde. b) **Seine** eifersüchtige **Frau** [uxor ●] Hera ging zu Semele in der Gestalt **ihrer Amme** [nutricis ●] und riet ihr folgendes: c) „Wünsche dir, daß dein Geliebter **sich** [●] **dir** [●] in **seiner** eigentlichen **Gestalt** [specie ●] zeigt. d) Nur so kannst du sicher sein, daß **er** [●] dich nicht mit seinen Worten täuscht und nur vorgibt, **er** [●] sei Zeus." e) Semele befolgte **ihren Rat** [consilium ●]. f) Als Zeus **ihre Worte** [verba ●] hörte, erschrak er. g) Er wußte, daß Semele **seinen Anblick** [aspectum ●] nicht würde ertragen können. h) Er sagte, daß **sie** [●] **ihm** [●] glauben solle. i) Er konnte **sein Versprechen** [promissum ●] jedoch nicht zurücknehmen. j) Als er **sich** [●] **ihr** [●] in vollem Glanz zeigte, verbrannte sie in einem Blitzstrahl.

T 3 **Übersetze ins Lateinische: Eine wundersame Rettung**
Arion (*Arion, -onis*), ein griechischer Dichter, wollte nach vielen Reisen wohlbehalten in seine Heimat zurückkehren, nachdem er sich mit seinem Gesang in fremden Ländern großen Reichtum erworben hatte.
Als er das Schiff bestieg (*Partizip*), glaubte er nicht, daß ihm Gefahren drohten. Der Kapitän (*magister*) des Schiffes hatte jedoch seine Schätze gesehen und beschlossen, sich diese zusammen mit seinen Freunden als Beute zu verschaffen.
Auf dem Schiff merkte der Dichter plötzlich, daß er von den Matrosen umzingelt wurde. Schon befahlen sie ihm, sich ins Meer zu stürzen (*praecipitare*).
Da sagte Arion: „Ist es mir gestattet, vor dem Tod zu singen?" Lachend gaben die Seeleute ihre Erlaubnis.
Nachdem er zur Kithara (*cithara*) ein schönes, trauriges Lied gesungen hatte, stürzte er sich ins Wasser. Doch sogleich sah er, daß ein Delphin (*delphinus*) sich ihm näherte. Dieser Delphin trug Arion an die Küste. Der Dichter aber dankte (*gratias agere*) den Göttern; denn er wußte, daß diese ihm das freundliche Tier geschickt und ihn gerettet hatten.

Invitatio. **Einleitung.**

M. Veni, Puer! disce Sapere.	L. Komm her/ Knab! lerne Weißheit.
P. Quid hoc est, *Sapere?*	S. Was ist das/ Weißheit?
M. Omnia, quæ *necessaria*, rectè *intelligere*, recte *agere*, rectè *eloqui*.	L. Alles/ was nöhtig ist/ recht verstehen/ recht thun/ recht ausreden.
P. Quis me hoc docebit?	S. Wer wird mich das lehren?
M. Ego, cum DEO.	L. Ich/ mit GOtt.
P. Quomodo?	S. Welcher gestalt?

Cúculus cúculat. der Kukuck kucket.	*kuk ku*	Q q
Canis ringitur. der Hund marret.	*err*	R r
Serpens sibilat. die Schlange zischet.	*si*	S s

So haben Schüler früher Latein gelernt!
Aus dem berühmten bebilderten Lehrbuch *Orbis sensualium pictus* von Johann Amos Comenius (1. Auflage: 1658), mit dem bis zur Mitte des 19. Jahrhunderts in ganz Europa Latein unterrichtet wurde. Oben: Einleitung; unten: Ausschnitt aus der Einführung des lateinischen Alphabets.

Wortschatz

Das **Vokabular** besteht aus vier Teilen:

1) **Lernwortschatz** L: Dort stehen alle neu zu lernenden Vokabeln einer Lektion in der Reihenfolge, in der sie in den Lektionstexten A und B auftreten. Hier sind auch diejenigen lateinischen Wörter enthalten, deren Bedeutung du leicht mit Hilfe deiner Kenntnisse in der lateinischen Wortbildung (vgl. unten) selbst erschließen kannst. Sie sind mit • gekennzeichnet und ohne deutsche Entsprechungen abgedruckt; dafür findest du einen Verweis auf die entsprechende Wortbildungsregel.

2) **Lehnwörter / Fremdwörter (L/F):** Diese Vokabeln sind deshalb nicht im Lernwortschatz aufgeführt, weil man sie nicht extra lernen muß. Aber Vorsicht: Manchmal hat sich die Bedeutung gewandelt. Eine römische *villa (rustica)* entspricht z. B. nicht einer deutschen Villa.

3) **Junkturen* (J):** Redewendungen. Sie erleichtern das Lernen von Vokabeln, die ohne Textzusammenhang mehrdeutig und daher schwer einzuprägen sind. Solche Junkturen stehen auch im Lernwortschatz unter manchen Vokabeln eingerückt, damit du die Bedeutung und Anwendung dieser Vokabeln besser verstehst.

4) **Zusatzvokabular (Z):** Es enthält seltenere Vokabeln, die in den folgenden Lektionen nicht vorausgesetzt sind.

Wortbildung (WB):

Von der ersten Lektion an wirst du mit den wichtigsten Regeln der lateinischen Wortbildung vertraut gemacht. Sie stehen jeweils in einem farbig umrahmten Kasten. Bei den daran anschließenden Übungen (W1, W2 usw.) wirst du bemerken, daß man mit Hilfe dieser Regeln viele bisher unbekannte Vokabeln erschließen kann.
Diese Kenntnisse in der Wortbildung werden in den folgenden Lektionen vorausgesetzt: Ist z. B. in Lektion 3 erklärt worden, daß die Vorsilbe *ex-* die Bedeutung „aus-" hat, so findest du ab Lektion 4 beim erneuten Auftreten dieser Vorsilbe im Lernwortschatz den Verweis ↗WB 3; dort kannst du nachschlagen. Kann dagegen ein neues Wort mit einer gelernten Wortbildungsregel nicht oder nur schwer erschlossen werden, so erscheint es mit seiner deutschen Bedeutung im Lernwortschatz.

Wortkunde (WK):

Hier werden Methoden gezeigt, die beim Wiederholen von Vokabeln helfen (Man kann z. B. versuchen, zu einem bestimmten Thema möglichst viele lateinische Wörter zu finden). Die dazu gehörigen Übungen sind ebenfalls mit W1, W2 usw. gekennzeichnet.

* von *iungere* – verbinden

Schrift und Aussprache

c und **ch**	werden wie **k** gesprochen. Zum Teil hat sich der spät- und kirchenlateinische Brauch durchgesetzt, **c** vor **e, i, y, ae, oe** wie **z** auszusprechen.
i	kann sowohl den Vokal **i** als auch den Konsonanten **j** bezeichnen (z. B. *iacere*).
j	gibt es im Lateinischen nicht.
k	ist selten.
v	wird wie **w** ausgesprochen.
y und **z**	kommen nur in griechischen Fremdwörtern vor.
ä, ö, ü	gibt es im Lateinischen nicht.
ae, oe	werden wie **ä** und **ö** gesprochen. Zum Teil ist die ursprüngliche Aussprache **a-e** und **o-e** heute wieder üblich.
ie, sch	werden immer getrennt gesprochen (z. B. *aud**i-e**bat, **s-ch**ola*).

Betonung

Zweisilbige Wörter:	Betonung auf der vorletzten Silbe (Anfangsbetonung)
Drei- und mehrsilbige Wörter:	Betonung auf der vorletzten Silbe, wenn diese lang ist (z. B. *respond**é**te, mag**í**ster*)
	Betonung auf der drittletzten Silbe, wenn die vorletzte kurz ist (z. B. *s**ú**rgite, disc**í**pulus*)

Lang ist eine Silbe

a) immer dann, wenn sie einen langen Vokal oder einen Diphtong (z. B. **ae, au**) enthält (z. B. *audire*).

b) meist dann, wenn auf einen Vokal mehrere Konsonanten folgen (z. B. *e**ss**e, ta**nd**em*).

Lange Vokale werden im Vokabular mit einem Balken über dem Buchstaben gekennzeichnet (z. B. *nōn, pārēre*).

Groß- und Kleinschreibung

Lateinische Wörter werden heute gewöhnlich klein geschrieben. Groß geschrieben werden Eigennamen und ihre Ableitungen (z. B. *Roma, Romanus*) sowie das erste Wort eines Satzes.

Zum Fortwirken der Lateinischen Sprache

Mit der Ausbreitung des *Imperium Romanum* kamen Sprache und Kultur der Römer in weite Teile Europas, Nordafrikas und Westasiens. Besonders an den romanischen Sprachen (Italienisch, Französisch, Spanisch, Portugiesisch, Rumänisch), die sich in den verschiedenen Ländern entwickelt haben, kann man das Weiterleben des Lateinischen beobachten. Neben diesen „Tochtersprachen" enthält das Englische sehr viele aus dem Latein stammende Vokabeln (über die Hälfte seines Wortschatzes). Auch in der deutschen Sprache gibt es zahlreiche Wörter, die sich entweder angeglichen haben, also nur entlehnt sind („Lehnwörter", z. B. *templum* → Tempel) oder unverändert übernommen wurden („Fremdwörter", z. B. *villa* → Villa).

Im Lernwortschatz und in den Übungen zur Wortkunde und Wortbildung finden sich viele Hinweise auf dieses Fortleben der Basissprache Europas. Sie können dir auch als Lernhilfe für die neuen Fremdsprachen dienen.

L Lernwortschatz

A		audīre	hören, zuhören	D Audienz
		et	und; auch	
		quis? quid?	wer? was?	
		vocāre	rufen; nennen	D Vokativ
	5	domina	(die, eine) Herrin	D dominant
		salvē!/salvēte!	sei gegrüßt!/seid gegrüßt!	
		interrogāre	fragen	D Interrogativpronomen
		est *Infinitiv:* esse	(er, sie, es) ist sein	
		ubi?	wo?	
	10	respondēre	antworten	
		nōn	nicht	
		adesse	dasein; helfen	
		venīre	kommen	
		etiam	auch; sogar	
	15	tandem	endlich, schließlich	
		sed	aber; sondern	
		pārēre	gehorchen	D parieren
		numquam	niemals	
		māter	Mutter	E mother
	20	clāmāre	schreien, rufen	D Klamauk
		iterum	wiederum; zum zweiten Mal	
		servus	Sklave	
		rīdēre	lachen	
		fortasse	vielleicht	
	25	dormīre	schlafen	
		iacēre	liegen	
		surgere	aufstehen, sich erheben	
		nōlī!/nōlīte! nōlī dormīre!	wolle nicht!/wollt nicht! schlaf nicht!	
B		magister/magistra	Lehrer/Lehrerin	D Meister
	30	discipulus/discipula	Schüler/Schülerin	
		cūr?	warum?	

Zusatzvokabular (Z):

in lectō (*Nom.* lectus)	im Bett

WB

Wortbildung

Maskulinum	Femininum
Volcati-us	Volcati-a
discipul-us	discipul-a
magister	magistr-a

W1 **Ergänze:**
serv-us ● ● ● domin-a ● ● ● Servili-us ● ● ●

W2 **Wie heißen die entsprechenden Formen im Maskulinum bzw. Femininum?**
Gaius, Lucius, Claudia, Paula, Petrus, Cornelius, Antonia, Pia, Iulius

W3 **Gibt es in deiner Klasse Namen, die sich so umformen lassen?**

W4 **Der Name „Ursus" bedeutet „Bär". Was heißt dann auf lateinisch „Bärin"?**

L Lernwortschatz

A		sedēre	sitzen	
		agere	tun; (ver)handeln; treiben	**D** agieren
		valdē *(Adv.)*	sehr, heftig	
		dolēre	leiden, traurig sein; bedauern	**D** kondolieren
	5	sōlum	nur, allein	**D** Solist
		nōn sōlum . . ., sed etiam	nicht nur . . ., sondern auch	
		diū *(Adv.)*	lange (Zeit)	
		tacēre	schweigen	
		tum *(Adv.)*	dann, danach; damals	
		gemere	seufzen	
	10	dīcere	sagen, sprechen; nennen	
		nunc *(Adv.)*	nun, jetzt	
		schola	Schule	**E** school
		incipere *(Mischkonj.)*	anfangen, beginnen	
		labor	Anstrengung, Mühe; Arbeit	**D** Labor **E** labour
	15	itaque *(Adv.)*	daher, deshalb	
		nam	denn	
		puer	Junge	
		subitō *(Adv.)*	plötzlich	
		soror	Schwester	
	20	intrāre	eintreten, betreten	**E** to enter
		lacrimāre	weinen	
		puella	Mädchen	
		iam *(Adv.)*	schon	
		currus *(u-Dekl.)*	Wagen	
	25	ūnus *(Zahlwort)*	ein(er)	**E** one
		trēs	drei	**E** three
B		cōnsīdere (*vgl.* sedēre)	sich (hin)setzen; sich niederlassen	
		cūnctī	alle	
		hōra	Stunde; Zeit	**E** hour
	30	bene *(Adv.)*	gut	
		autem *(nachgestellt)*	aber, jedoch	
		tū	du	
		et tū/etiam tū	auch du	

Junkturen (J):

hōra adest	es ist Zeit

Z:

in lectō	im Bett
in stabulō	im Stall
catulus	junger Hund, Hündchen

WK

Wortkunde

1. Das Sachfeld

Die Wörter *schola, magister, interrogare, respondere* haben eine Gemeinsamkeit: Sie gehören zu demselben Lebens- oder Sachbereich, der Schule. Sie bilden so ein SACHFELD zum Thema „Schule":

magister
schola
interrogare
respondere

W1a **Ergänze das Sachfeld „Schule" durch Wörter der ersten beiden Lektionen.**

W1b **Stelle ebenso Wörter zusammen, die zum Sachfeld „Arbeit / Ruhe" gehören.**

WK

2. Das Wortfeld

Auch die Wörter *dicere, vocare, interrogare, respondere* haben eine Gemeinsamkeit: Es sind bedeutungsverwandte Wörter, die sich unter der Überschrift „Sprechen" zusammenfassen lassen. Jedes dieser Wörter hebt aber einen unterschiedlichen Aspekt des Sprechens hervor.
Eine Gruppe von bedeutungsverwandten Wörtern nennen wir ein WORTFELD:

Sprechen

vocare   dicere   interrogare   respondere

W2a **Ergänze das Wortfeld „Sprechen" aus Vokabeln der ersten beiden Lektionen.**

W2b **Stelle ebenso lateinische Beispiele zusammen, die zum Wortfeld „sich freuen / Schmerz empfinden" gehören.**

W3 **Erkläre die lateinische Herkunft der hervorgehobenen Fremdwörter:**
Die Vorlesung findet im *Auditorium* statt.
Ein *Bene*fizkonzert ist ein Wohltätigkeitskonzert.
Jetzt arbeitet er als Versicherungs*agent*.
Kondolieren heißt, jemandem sein Beileid auszusprechen.

Lernwortschatz

A		frāter	Bruder	
		neque (*Kurzform* nec) neque … neque/nec … nec	und nicht, auch nicht weder … noch	
		revenīre (*vgl.* venīre)	zurückkommen	**F** revenir
		quem? quid? *(Akk.)*	wen? was?	
	5	vidēre	sehen	**D** Video
		salūtāre	grüßen, begrüßen	**D** salutieren
		exclāmāre (*vgl.* clāmāre)	ausrufen	**E** to exclaim
		citō *(Adv.)*	schnell	
		ascendere	hinaufsteigen, besteigen	
	10	properāre	eilen, sich beeilen	
		• serva	*(↗WB 1)*	
		suscipere *(Mischkonj.)* (*vgl.* capere)	aufnehmen; auf sich nehmen	
		incitāre	antreiben	
		trahere	ziehen, schleppen	**D** Traktor
		gaudēre	sich freuen	**D** „Gaudi“
	15	cantus *(u-Dekl.)*	Lied, Gesang	**D** Kantate
		canere	singen	
		semper *(Adv.)*	immer	
		dēlectāre	erfreuen, Spaß machen	
		laudāre	loben	**D** Laudatio
	20	spectāre	(an)schauen	**D** Spektakel
		amīcus/amīca	Freund/Freundin; befreundet	
		currere	laufen, rennen	**D** Kurier
		respectāre	zurückschauen	
		ibi *(Adv.)*	dort	
	25	valēre valē!/valēte!	gesund sein, stark sein leb wohl!/lebt wohl!	
		fēriae *(Pl.)*	Ferien, Feiertage	
		irrīdēre (*vgl.* rīdēre)	auslachen, verhöhnen	
		reprehendere	tadeln, zurechtweisen	
		amāre (*vgl.* amīcus)	lieben	
B	30	līberī *(Pl.)*	Kinder	
		et … et	sowohl … als auch	
		scrībere	schreiben	**D** Manuskript
		ecce	da! sieh (seht) mal!	
		profectō *(Adv.)*	tatsächlich	
	35	movēre	bewegen	**E** to move
		cēterī *(Pl.)*	die übrigen, die anderen	**D** etc. (et cetera)
		cēdere	gehen; weggehen, weichen	

oculus	Auge	
aperīre	öffnen	**D** Aperitif

Lehn- und Fremdwörter (L/F):

vīlla (rūstica)	Villa *(römisches Landhaus, Landgut)*

Z:

in currū	im Wagen
ē stabulō	aus dem Stall *(vgl. L 2)*
Rōmam eāmus!	Laßt uns nach Rom fahren!
cessāre	zurückbleiben, trödeln
mūlus	Maultier
catulus	Hündchen
cauda	Schwanz, Schweif
turbāre	stören, Unruhe stiften

WB

1. Das Präfix *re-*

venire (kommen) **re-**venire (**zurück**-kommen, **wieder**-kommen)

Die Vorsilbe ***re-*** hat meist die Bedeutung **„zurück-"** oder **„wieder-"**. Eine solche Vorsilbe nennen wir ein PRÄFIX („vorne angeheftet").

W1 **Was bedeuten folgende Verben?**
respectare, revocare, recedere, recurrere, rescribere, resalutare

WB

2. Das Präfix *ex-*

clamare (rufen) **ex-**clamare (**aus**-rufen)

Das Präfix *ex-* (oder *e-*) hat bei Verben meist die Bedeutung „**aus-**, **heraus-**".

W2a **Übersetze:** herausziehen, herausgehen, herauslaufen, ausschauen

W2b Der Zahnarzt berechnet das *Extrahieren* des Zahnes.
Welche Behandlung ist zu bezahlen?

WK

Die Wortfamilie

Vergleiche: amare – amicus – amica
venire – revenire – advenire

Beide Reihen haben eine Gemeinsamkeit: Sie lassen sich jeweils auf dieselbe Wurzel ***(am-/ven-)*** zurückführen und bilden so eine WORTFAMILIE.

W3 **Suche zu folgenden Wörtern ein oder mehrere Beispiele mit demselben Stamm, so daß Wortfamilien entstehen:**
domina, serva, magister, discipulus, esse, currere, trahere, canere, ridere, clamare

W4 **Welche lateinischen Wörter gehören zu dem Wortfeld „sich bewegen"?**

L Lernwortschatz

A		-que *(angehängt)*	und	
		Dāvus Ursusque	Davus und Ursus	
		via	Weg, Straße	
		longus, a	lang	**E** long
		fatīgāre	*(jdn.)* ermüden; erschöpfen	
	5	māgnus, a	groß	
		diēs *m*	Tag	
		requiēscere	ruhen, sich ausruhen	
		cupere *(Mischkonj.)*	wünschen, wollen	
		in *(Präp. b. Akk.)*	in, auf, nach *(wohin?)*	
	10	silva	Wald	
		arbor *f*	Baum	
		altus, a	hoch; tief	
		sub *(Präp. b. Akk.)*	unter *(wohin?)*	
		umbra	Schatten	**E** umbrella
	15	tōtus, a	ganz	**D** total
		cibus	Nahrung, Speise, Futter	
		accipere *(Mischkonj.)*	annehmen, empfangen	**D** akzeptieren
		quoque *(nachgestellt)*	auch	
		tū quoque	auch du	
		bonus, a	gut	**D** Bonus **F/D** Bonbon
	20	rēs *f*	Sache, Ding	
		malus, a	schlecht, böse	**F/D** Malheur
		per *(Präp. b. Akk.)*	durch	
		capere *(Mischkonj.)*	fassen, fangen; nehmen	**D** Kapazität
		temptāre	versuchen	
	25	ad *(Präp. b. Akk.)*	zu *(wohin?)*; an, bei *(wo?)*	
		fugere *(Mischkonj.; m. Akk.)*	fliehen (vor); meiden	
		Dāvum fugere	vor Davus fliehen	
		laetus, a	fröhlich	
B		vexāre	plagen, quälen	
		ita *(Adv.)*	so	
	30	alius, a	ein anderer	
		placēre	gefallen	
L/F:		familia	Familie *(Hausgemeinschaft)*	
Z:		mūlus	Maultier	

WB

Simplex und Kompositum (I)

Vergleiche die Wortbildung zu Lektion 3:
Mit Hilfe von Präfixen kann man neue Wörter bilden, indem man aus einem einfachen Wort (SIMPLEX) ein zusammengesetztes Wort (KOMPOSITUM) macht:

Simplex:	venire	⇒	Kompositum:	re-venire
	clamare	⇒		ex-clamare

Für die Bildung eines Kompositums kommen Präfixe in Frage, die
- nur als Vorsilbe dienen *(re-)*
- ansonsten auch als Präpositionen verwendet werden *(ex-)*

Dazu zählen außerdem:

venire (kommen)	⇒	**ad**-venire	(**herzu**-kommen, **heran**-kommen, **an**-kommen)
currere (laufen)	⇗	**in**-currere	(**hinein**-laufen)
	⇘	**per**-currere	(**durch**-laufen)

W1 **Übersetze:**
unter die Bäume, durch die Straße, in den Wald, zu den hohen Bäumen

W2 **Setze zu den Substantiven passende Attribute. Achte dabei auf die Kongruenz:**
hora, servus, discipulus, dies, cibus, silva, familia, dominus, labor, res

W3 **Verbinde folgende Adjektive mit möglichst vielen passenden Substantiven. Beachte dabei die Übereinstimmung nach der KNG-Kongruenz (Kasus-Numerus-Genus):**
tota, magnus, longus, bonus, laeta, alta, unus, mala

W4 **Suche jeweils ein „Familienmitglied" zu:**
irridere, exclamare, excedere, recurrere, advenire

Lernwortschatz

A		iūxtā *(Präp. b. Akk.)*	neben	
		parvus, a	klein	
		multus, a	viel	**D** multiplizieren
		equus	Pferd	
	5	quam	wie *(Ausruf und Frage)*	
		ego	ich	**D** Egoist
		-ne *(angehängt)*	*(Fragepartikel, bleibt unübersetzt)*	
		arcus *(u-Dekl.)*	Bogen, Wölbung	**D** Arkaden
		tam	so	
	10	rūrsus *(Adv.)*	wieder	
		inquit	sagt(e) er, sie, es	
		dēsinere	aufhören	
		nōs	wir	
		scīre	wissen; verstehen	
	15	nōndum	noch nicht	
		nōnne	etwa nicht? *(erwartete Antwort: ja, doch)*	
		num	etwa? *(erwartete Antwort: nein)*	
		vōs	ihr	
		stultus, a	dumm, töricht	
	20	attentus, a	aufmerksam	**E** attention
		Rōmānus, a	Römer(in); römisch	**E** Roman
		aqua	Wasser	**D** Aquarium
		Rōmam	nach Rom	
		dūcere	führen, leiten	
B	25	enim *(nachgestellt)*	nämlich, denn	
		littera	Buchstabe	**D** Literatur
		litterae *(Pl.)*	Buchstaben, Schrift(en); Brief; Wissenschaft(en)	**E** letter
		tabula	Tafel, Brett	**E** table
		mōnstrāre	zeigen	**D** demonstrieren
		legere	lesen; sammeln	
	30	labōrāre (*vgl.* labor)	sich mühen; leiden; arbeiten	
L/F:		aquaeductus *(u-Dekl.)* (*vgl.* aqua, dūcere)	Aquädukt *(Wasserleitung)*	
Z:		mūlus	Maultier	
		plānitiēs	Ebene, Fläche	**D** planieren **E** plain
		asinus	Esel	
		in tabulā	auf einer Tafel	

WB

Simplex und Kompositum (II): Assimilation

Vergleiche: a**d** + **v**enire ⇒ a**dv**enire (ankommen)
aber: a**d** + **c**urrere ⇒ a**cc**urrere (herbeilaufen)

Bei der Bildung eines Kompositums wird, um die Aussprache zu erleichtern, der letzte Konsonant des Präfixes oft an den folgenden Konsonanten angeglichen (ASSIMILIERT).

W1 **Beschreibe die Assimilation bei folgenden Verben:**

a**d** + **c**apere ⇒ a**cc**ipere *(Lektion 4)*
a**d** + **t**entus ⇒ a**tt**entus *(Lektion 5)*
i**n** + **r**idere ⇒ i**rr**idere *(Lektion 3)*

W2 **Tritt Assimilation ein oder nicht?**
Bilde die entsprechenden Komposita und übersetze:

ad-ducere, in-ducere, ad-cedere, ad-vocare, ad-trahere, ad-movere

W3 **Ordne den fünf Skizzen das jeweils passende Kompositum zu:**

excurrere, incurrere, percurrere, recurrere, accurrere

W4 **Verflixte Fremdwörter! Lateinische Vokabeln helfen, sie zu verstehen.**
Was bedeutet

a) Solo:
- Einzelgesang, Einzelspiel
- Sonnensegel
- Ton

b) Plazet:
- Anordnung am richtigen Ort
- Einwilligung, Zustimmung
- kleiner Teil

c) fraternisieren:
- organisieren
- in Bruchstücke teilen
- vertraut werden, sich verbrüdern

d) Arboretum:
- Baumgarten
- Ureinwohner
- Geschmackstoff

e) Salut:
- Salzsee
- militärischer Ehrengruß
- gewagter Sprung

W5 **Berühmte Worte**

Ora et labora! *(Ordensregel)*

orare: beten, bitten

L Lernwortschatz

A		post *(Präp. b. Akk.)*	hinter *(räuml.)*; nach *(zeitl.)*	
		(Adv.)	später, danach	
		noster, nostra, nostrum	unser	
		prope *(Präp. b. Akk.)*	nahe (bei)	
		mūrus	Mauer	
	5	porta	Tor	**D** Pforte
		monumentum	Denkmal; Grabmal	**D** Monument
		appārēre	erscheinen, sich zeigen	**E** to appear
		aedificium	Gebäude, Bauwerk	
		sepulcrum	Grab, Grabstätte	
	10	ante *(Präp. b. Akk.)*	vor *(räuml. und zeitl.)*	
		(Adv.)	vorher, früher	
		hīc *(Adv.)*	hier	
		mortuus, a, um	tot; Leichnam	
		populus	Volk	**E** people
		suus, a, um	sein; ihr	
	15	intrā *(Präp. b. Akk.)*	innerhalb	
		sepelīre (*vgl.* sepulcrum)	begraben	
		extrā *(Präp. b. Akk.)*	außerhalb	
		avus	Großvater	
		pater (*Pl.* patrēs)	Vater	**D** Pater **E** father
	20	tuus, a, um	dein	
		meus, a, um	mein	
		māiōrēs *(Pl.)*	Vorfahren	
		vester, vestra, vestrum	euer	
		nōmen *n* (*Pl.* nōmina)	Name	**E** name
	25	cōnsistere	haltmachen, stehenbleiben	
		tempus *n* (*Pl.* tempora)	Zeit	**D** Tempo
		vincere	(be)siegen, übertreffen	
B		pulcher, pulchra, pulchrum	schön	
		habitāre	wohnen	
	30	nēmō	niemand	
		deus/dea	Gott/Göttin	
L/F:		forum	Forum *(Marktplatz)*	
		templum	Tempel	
Z:		geminus	Zwilling	
		mūlus	Maultier	

WB

Simplex und Kompositum (III):

Vergleiche:	**re-**currere	(**zurück-**laufen ↗ *WB 3.1*)
aber:	**re-**prehendere	(tadeln!)

Das Präfix ***re-*** kann nicht immer mit „zurück-" / „wieder-" übersetzt werden. Oft liegt nämlich bei der deutschen Entsprechung eine andere Vorstellung zugrunde, z. B. *re-prehendere* (eigentlich „zurückhalten", meist aber „tadeln").

Ab jetzt gilt grundsätzlich: Wenn die Grundbedeutung eines Präfixes auf das Deutsche übertragbar ist und schon erklärt wurde, wird die deutsche Bedeutung des Wortes nicht mehr im Lernwortschatz angegeben. Dafür findest du einen Hinweis auf die Lektion, in der dieses Präfix behandelt wurde; so steht z. B. künftig bei Komposita mit *re-* in der Normalbedeutung: ↗ *WB 3.1.*

Läßt sich die deutsche Bedeutung nicht aus der Grundbedeutung des Präfixes ableiten, erscheint die Vokabel im Lernwortschatz.
Entsprechendes gilt für alle Bereiche der Wortbildung.

W1 **Wem fallen noch mehr Wörter mit dem Präfix *extra-* ein?**
Holger hat immer *Extra*wünsche.
Sabine hat sich heute *extra*fein angezogen.
*Extra*blatt! *Extra*blatt!

W2 In der Sprache des Arztes bedeutet:

*intra*kardial	in das Herz hinein (z. B. spritzen)
*intra*kutan	in die Haut hinein ...

Was heißt also:
*intra*venös, *intra*zellular, *intra*muskulär?

W3 **Mit welchen lateinischen Substantiven kann man das Wortfeld „Verwandtschaft" bilden?**

W4 **Berühmte Worte**
Hic Rhodus, hic salta! *(aus einer Fabel Äsops)* — saltare: springen
Multum, non multa! *(Plinius)*

L Lernwortschatz

A		• dominus	*(↗WB 1)*	
		iānua	Haustür, Tür	**D** Januar
		observāre	beobachten; beachten	**D** observieren
		hodiē (*Adv.; vgl.* diēs)	*(an diesem Tag:)* heute	**E** today
		exspectāre	*(ausschauen:)* warten auf, (er)warten	**E** to expect
	5	cottīdiē *(Adv.)*	täglich	
		solēre	gewohnt sein, pflegen	
		nōnnūllī, ae, a	einige	
		statim *(Adv.)*	sofort	
		• recurrere	*(↗WB 3.1)*	
		recipere, recipiō (*vgl.* capere)	zurücknehmen; aufnehmen, empfangen	
	10	iubēre	befehlen, auffordern	
		nūntiāre	melden	**D** denunzieren
B		dēscendere (*vgl.* ascendere)	herabsteigen, hinuntergehen	
		spērāre	hoffen	
		salvus, a, um (*vgl.* salvē!)	gesund, wohlbehalten	**E** safe
	15	prīmus, a, um	der erste	**D** Premiere
		miser, a, um	unglücklich, elend	**D** miserabel
		auxilium auxilia, -ōrum *(Pl.)*	Hilfe Hilfstruppen	**E** auxiliary
		petere	zu erreichen suchen; (er)bitten; angreifen	**D** Petition
		adiuvāre *(m. Akk.)* tē adiuvō	unterstützen, helfen ich helfe dir	**D** Adjutant
	20	dēbēre	müssen; schulden; verdanken	
		cūra	Sorge; Pflege, Sorgfalt	**D** Kur
		fīlius	Sohn	
		īre	gehen	
		pecūnia	Geld	
	25	necessārius, a, um	notwendig	**E** necessary
		habēre	haben; halten	**E** to have
		tertius, a, um	der dritte	**E** third
		aeger, aegra, aegrum	krank	
		dubitāre	zögern; zweifeln	**E** to doubt

L/F:	cliēns (*Pl.* clientēs)	Klient *(Schützling)*
	ātrium	Atrium *(Hauptraum eines römischen Hauses)*
	vestibulum	Vestibulum *(Vorhalle)*
	patrōnus	Patron *(Schutzherr)*
J:	ante diem	vor Tagesanbruch
Z:	salūtātor, -ōris *m*	*(Begrüßer:)* Besucher

WB

Simplex und Kompositum (IV): Vokalschwächung

Vergleiche: cápere
aber: re-cípere

Zwei Beobachtungen lassen sich machen:
- die Anfangssilbe *ca-* erscheint im Kompositum als Mittelsilbe
- der Vokal *-a-* wird dabei zu *-i,* verliert also an Klangfarbe: er wird GESCHWÄCHT.

W1 **Bei welchen bisher gelernten Komposita läßt sich eine Vokalschwächung beobachten?**

W2 **Sammle möglichst viele Begriffe zum Sachfeld „Patron / Klienten".**

W3 **Übersetze und beachte die Formen von *alius*:**
alius magister, alia silva, alii liberi, aliud monumentum, alia tempora, aliud nomen; aliam tabulam monstrare, aliud aedificium videre, alios populos vincere

W4 **Setze die passende Form von *alius* vor die folgenden Substantive.**
Beachte: Es gibt oft mehrere Möglichkeiten!
dies, currus, serva, equus, tempus, amici, monumenta

W5 **Berühmte Worte**
Noli me tangere! *(aus dem Neuen Testament)*

tangere: berühren

L Lernwortschatz

Merke: *Oft kann man bei Substantiven erst am Genitiv den* ***Stamm*** *und die* ***Zugehörigkeit zur Deklinationsklasse*** *erkennen* (z. B. tempus, **tempor**-is). *Um Verwechslungen zu vermeiden, werden künftig im Vokabular die Genitive der Dritten, u- und e-Deklination angegeben. Lerne bei jedem Substantiv neben dem Nominativ auch den Genitiv und das Geschlecht gleich mit.*

A		negōtium	Beschäftigung, Aufgabe	
		• fīlia	*(↗WB 1)*	
		quod/quia	weil, da	
		praecurrere	vorauslaufen, voraneilen	
		cōnsilium	Plan, Entschluß; Rat; Ratsversammlung	
	5	callidus, a, um	schlau	
		putāre	glauben, meinen; halten für	
		propter *(Präp. b. Akk.)*	wegen	
		scientia (*vgl.* scīre)	Wissen, Kenntnis	**E** science
		praeclārus, a, um	sehr berühmt, herrlich	
	10	quamquam	obwohl	
		Graecus, a, um	griechisch; Grieche/Griechin	**E** Greek
		sī	wenn, falls	
		relinquere	verlassen; zurücklassen	
		cum *(iterativum)*	(jedesmal) wenn	
	15	nisi	wenn nicht	
		aut aut . . . aut	oder entweder . . . oder	
		crēdere	glauben; anvertrauen	**D** Kredit
		imperium	Befehl; Herrschaft; Reich	**D** Imperialismus
		neglegere	vernachlässigen, nicht beachten	**E** to neglect
B	20	Gallus/Galla	Gallier/Gallierin	
		īgnōrāre	nicht kennen, nicht wissen	**D** ignorieren
		flamma	Flamme	**E** flame
		sacer, sacra, sacrum	heilig	**D** Sakrament
		virgō, virginis *f* virgō Vestālis	junge Frau, Mädchen Vestalin	
	25	cūstōdīre	bewachen, beschützen	
		officium	Pflicht, Dienst	
		pontifex, pontificis *m*	Oberpriester, Pontifex	
		pūnīre	bestrafen	**E** to punish
		fēmina	Frau	**D** feminin
	30	vir, virī	Mann, Ehemann	
		cūius?	wessen?	
		nāvis, nāvis *f*	Schiff	**D** Navigation
		iūrāre	schwören	**D** Jury

L/F:	paedagōgus *(griech.)*	*(Knabenführer:)* Erzieher, Pädagoge
J:	cōnsilium capere	einen Entschluß fassen
	properāre dēbētis	ihr *müßt* euch beeilen
	cessāre nōn dēbētis	ihr *dürft nicht* trödeln
Z:	cessāre	zurückbleiben, trödeln
	rotundus, a, um	rund
	in templō	im Tempel
	viātor, -ōris *m*	Reisender
	Edepol!	Bei Pollux! } *(römischer Ausruf beim Schwören)*
	Ēcastor!	Bei Kastor! } *(römischer Ausruf beim Schwören)*

WB

1. Das Präfix *prae-* (I)

prae-currere (**voran-, voraus-**laufen)

Ein Kompositum mit dem Präfix (Vorsilbe) ***prae-*** hat die Bedeutung **„voran-, voraus-"**.

W1a **Übersetze:**
praedicere, praeesse, praescribere, praecedere, praeire, praescire

W1b Ein Richter scheut sich, ein Urteil in einem noch nie aufgetretenen Fall auszusprechen und begründet dies so: „Es wäre für zukünftige Urteile ein *Präzedenz*fall." **Erkläre das hervorgehobene Fremdwort.**

WB

2. Das Präfix *prae-* (II)

prae-clarus (**sehr** berühmt, **hoch**berühmt)

prae- kann auch vor manche Adjektive treten und dient so als **Verstärkung**.

W2 **Übersetze; gib dich nicht mit der Wiedergabe „sehr" zufrieden, sondern suche ein zusammengesetztes Adjektiv:** praealtus, praelongus

W3 **Berühmte Worte:**
Bonus vir semper tiro ⟨est⟩. *(Martial)* — tiro: Lehrling

L Lernwortschatz

A		nārrāre	erzählen	
		singulī, ae, a	einzelne; je einer	**D** Singular
		urbs, urbis *f*	Stadt	
		incola *m*	Einwohner	
	5	ōrnāre	schmücken, ausstatten	**D** Ornament
		āra	Altar	
		colere (*vgl.* incola)	verehren; bebauen; pflegen	**D** Kult
		ōrātiō, -iōnis *f*	Rede	
		nōn iam	nicht mehr	
	10	flūmen, flūminis *n*	Fluß	
		prīmō (*Adv.; vgl.* prīmus)	zuerst	
		cum *(Präp. b. Abl.)*	mit	
		dē *(Präp. b. Abl.)*	von ... herab; von, über	
		mōns, montis *m*	Berg	**E** mountain
	15	portus, -ūs	Hafen	**E/F** port
		vōx, vōcis *f*	Stimme	**E** voice
		clam *(Adv.)*	heimlich	
		celeritās, -ātis *f*	Schnelligkeit	
		ā *(vor Vokal:)* ab *(Präp. b. Abl.)*	von, von ... her, von ... weg	
	20	sine *(Präp. b. Abl.)*	ohne	
		• advenīre	*(↗ WB 4)*	
		tumultus, -ūs	Lärm; Aufruhr	**D** Tumult
		nauta *m*	Seemann, Matrose	**D** Nautik
		agricola *m* (*vgl.* colere)	Bauer	
		ē/ex *(Präp. b. Abl.)*	aus ... (heraus)	
	25	convenīre (*vgl.* venīre) in īnsulam convenīre	zusammenkommen auf der Insel zusammenkommen	
		clāmor, -ōris *m* (*vgl.* clāmāre)	Geschrei	
		complēre	(an)füllen; erfüllen	**D** komplett
B		corōna	Kranz	**D** Krone
		fābula	Geschichte, Erzählung	**D** Fabel
	30	lēgātus	Gesandter; Legat (Unterfeldherr)	**D** Delegation
		serpēns, serpentis *m/f*	Schlange	**D** Serpentine
		līberāre	befreien	**D** liberal
		aedificāre (*vgl.* aedificium)	(er)bauen	
L/F:		statua	Statue	
		īnsula	Insel	
		medicīna	Medizin	

J:	aegrī ā deō auxilium petunt *oder* aegrī auxilium deī petunt	die Kranken bitten den Gott um Hilfe
	lēgātī Epidaurum petunt	die Gesandten suchen Epidaurus auf, eilen nach Epidaurus

Z:	digitus	Finger
	āra Herculis	Herkulesaltar
	vehiculum	Fuhrwerk, Fahrzeug
	pestilentia	Pest
	natāre	schwimmen

WB

Das Präfix *com-*

a) **con-**venire (**zusammen**-kommen)
b) **com-**plere ([**vollständig**] anfüllen)

Die Präposition ***cum*** (mit) erscheint in Komposita in ihrer altlateinischen Form ***com-***. Dieses Präfix ***com-*** (bei Assimilation ***con-***) bedeutet
a) **„zusammen"**
b) eine **Verstärkung**, die oft nicht übersetzt wird.

W1 **Übersetze:**

a) Servus liberos ad cibum convocat.
b) Quod magnus clamor in foro est, populus concurrit.
c) *(Nach langer Seefahrt kurz vor Italien:)* Cuncti „Italiam" conclamant.
d) Lucius viam commonstrare solet.
e) Scimus amicum tuum magnam pecuniam colligere.
Welche zwei lautlichen Veränderungen lassen sich im letzten Satz bei *colligere* beobachten? *(Vgl. WB 7 und WB 5)*

W2 **Erkläre die hervorgehobenen Fremdwörter:**

Das deutsche Wort „nein" entstand dadurch, daß „ni" und „ein" *kontrahiert* wurden.
Viele Bürger haben mit dem Feind *kollaboriert.*

W3 **In Lektion 2 hast du erste Beispiele für das Wortfeld „Sprechen" gesammelt. Ergänze es aus dem Vokabular der Lektionen 3–9.**

W4 **Berühmte Worte**

Vox populi vox dei. *(Petrus von Blois, um 1135–1200)*

L Lernwortschatz

A		in *(Präp. b. Abl.)*	in, auf *(wo?)*	
		mare, maris *n*	Meer	**D** Marine
		frūmentum	Getreide	
		animal, animālis *n*	Lebewesen, Tier	**E/F** animal
	5	merx, mercis *f*	Ware	**D** kommerziell
		apportāre	heranbringen, herbeitragen	**D** apportieren
		rīpa	(Fluß-)Ufer	
		vīs *f* (vim, vī, *Pl.* vīrēs, vīrium)	Kraft, Gewalt	
		stāre	stehen	**D** stabil
	10	sub *(Präp. b. Abl.)*	unter *(wo?)*	
		portāre	tragen; bringen	
		• importāre	*(↗ WB 4 und 5)*	
		mercātor, -ōris *m*	Kaufmann	**D** Markt
		autumnus	Herbst	**E** autumn
		imprīmīs *(Adv.*; < in prīmīs)	vor allem, besonders	
		• exportāre	*(↗ WB 3.2)*	
	15	certē *(Adv.)*	sicherlich	**E** certainly
		necesse est (*vgl.* necessārius)	es ist nötig	
		animus	Sinn, Geist; Herz; Mut	**D** animieren
B		dum	während; solange; (solange) bis	
		aliēnus, a, um (*vgl.* alius)	fremd	
	20	figūra	Gestalt, Figur	
		hūmānus, a, um	menschlich; gebildet	**D** Humanismus
		explicāre	*(herauswickeln:)* erklären	**E** to explain
		rēx, rēgis *m*	König	**D** regieren
		lītus, -oris *n*	Küste, Strand	
	25	lūdere	spielen	**D** Präludium
		amor, -ōris *m*	Liebe	
		saepe *(Adv.)*	oft	
		mūtāre	verändern, wechseln; verwandeln	
		timēre	(sich) fürchten	
	30	rapere, rapiō	rauben, an sich reißen	
		abdūcere (*vgl.* dūcere)	wegführen	

J:	in tempore advenīre	rechtzeitig ankommen
	in animō habēre	im Sinn haben, beabsichtigen, vorhaben
	Iuppiter amōre capitur	Jupiter verliebt sich

Z:	magister nāvis	Kapitän
	puppis, puppis *f*	Heck
	cithara	Kithara *(Saiteninstrument)*
	tabula picta	*(bemalte Tafel:)* Gemälde
	digitus	Finger
	taurus	Stier
	natāre	schwimmen

WB

Das Präfix *ab-*

ab-ducere — (**weg-**führen, **fort**-führen, **ent**-führen)
(*vgl.* **D ab**-führen)

Die Präposition ***ā/ab*** kann als Präfix vor ein Verb treten. Das so entstandene Kompositum bezeichnet dann eine **Trennung**. Dabei kann es verschiedene Gestalt annehmen, je nach dem Konsonanten, der darauf folgt.

W1 **Beachte die lautlichen Veränderungen des Präfixes und übersetze:**
amovere, abire, abesse, abstrahere, abscedere, asportare

W2 **Lateinische Phrasen werden im Deutschen noch heute verwendet. Was heißt:**

quid nunc?	una voce	
hic et nunc!	nota bene! (abgekürzt: *NB!*)	notare: sich merken

W3 **Was stört hier? Warum?**

a) naves	merces	vires	pares	reges
b) horas	mutas	nautas	silvas	ripas
c) ab	ex	sine	ad	cum
d) certe	valde	re	bene	saepe
e) timere	gaudere	movere	dolere	ridere
f) aeger	callidus	salvus	laetus	portus
g) mercator	agricola	pontifex	litus	magister

Natürlich mußt du deine Entscheidungen begründen und alle Wörter übersetzen. Denke dir für deinen Nachbarn / deine Nachbarin besonders knifflige Reihen aus! Die schwierigsten könntet ihr an der Tafel vorstellen.

WK **Vergleiche:**

WO? ➔ ABLATIV

sub arbor**e** requiescere

in schol**a** ludere

WOHIN? ➔ AKKUSATIV

sub arbore**m** currere

in schola**m** ire

W4 Beschreibe das Bild lateinisch. Verwende dabei möglichst viele Präpositionen und Verba composita!
Du kannst so beginnen: In portu magnus tumultus est. Tres servi navem . . .

L Lernwortschatz

A		(ad)monēre (*vgl.* monumentum)	(er)mahnen; erinnern	
		appropinquāre (*vgl.* prope)	sich nähern	**E** to approach
		dare	geben	**D** Dativ
		admonitiō, admonitiōnis *f* (*vgl.* admonēre)	Ermahnung	
	5	facere, faciō	machen, tun	
		etiamsī, etsī (*vgl.* etiam, sī)	auch wenn	
		resistere	sich widersetzen, Widerstand leisten	**D** resistent
		sērō *(Adv.)*	spät, zu spät	**D** Serenade
		domus, -ūs *f*	Haus	**D** Dom
	10	locus loca, -ōrum *n (Pl.)* locī, -ōrum *m (Pl.)*	Ort, Platz Orte, Gegend Stellen *(in Büchern)*	**D** Lokal
		causa	Grund, Ursache; Rechtsfall, Prozeß	**D** kausal **E** cause
		venia	Nachsicht, Verzeihung	
		manus, -ūs *f*	Hand; *(Handvoll:)* Schar	**D** Manuskript
		tollere	erheben, aufheben; beseitigen	
	15	opera	Mühe, Arbeit	**D** Operation
		carmen, carminis *n*	Lied; Gedicht	
		poēta *m*	Dichter	**D** Poet
		gaudium (*vgl.* gaudēre)	Freude	
		usus, -ūs	Nutzen; Gebrauch; Erfahrung	**E** use
	20	vīta	Leben	**D** Vitamin
		discere	lernen	
		deinde *(Adv.)*	dann, darauf	
		bellum	Krieg	
		error, -ōris *m*	Irrtum; Irrfahrt	
B	25	salūs, salūtis *f* (*vgl.* salūtāre)	Gesundheit, Heil; Rettung	**F** le salut
		varius, a, um	verschieden; bunt	**D** Variation
		antīquus, a, um	alt, altertümlich	**D** Antiquitäten, antik
		status, -ūs (*vgl.* stāre)	Zustand, Verfassung	**D** Status
		renovāre	erneuern, wiederherstellen	**D** renovieren
	30	homō, hominis *m* (*vgl.* hūmānus)	Mensch	**F** homme
		māne *(Adv.)*	morgens	
		nōnnumquam *(Adv.)*	manchmal	
		caelum	Himmel	
		parcere *(m. Dat.)* parce mihi!	jdm. Schonung gewähren, jdn. schonen schone mich!	

J:	dā mihi veniam!	verzeihe mir!
	operam dare *(mit Dat.)*	sich Mühe geben, sich bemühen um
	Aulus Sextō salūtem dīcit (Aulus Sextō s. d.)	*(Briefanfang:)* Aulus grüßt Sextus
	aliī admonentur, aliī reprehenduntur	die einen werden ermahnt, die anderen werden getadelt
Z:	grammaticus	Lehrer der oberen Klassen, Sprachgelehrter
	lūdus litterārum	Grundschule, Elementarschule
	tardāre	aufhalten
	stilus	Schreibstift, Griffel
	cēra	Wachs; Wachstafel
	digitus	Finger
	ruīna	Einsturz, Zerfall
	vae mihi!	wehe mir!

W1 **Sammle möglichst viele Beispiele, die zum Sachfeld „Haus/Wohnen" gehören.**

W2 **Bilde Wortfamilien zu:**
salus, monere, vocare, colere

W3 **Latein hilft im Englischen! Mit Hilfe der Vokabeln von Lektion 10 und 11 kannst du die Bedeutung folgender (vielleicht für dich neuer) englischer Wörter erschließen:**

adjectives:	*nouns:*	*verbs:*
alien	figure	to abduct
human	admonition	to admonish
various	cause	to resist
	poet	to use
	error	to renovate
	state	

Überprüfe die Bedeutungen mit einem englischen Wörterbuch bzw. -verzeichnis.

W4 **Berühmte Worte**

Parva domus, parva cura. *(Sprichwort)*
Hodie mihi, cras tibi. *(Sprichwort)* — cras: morgen
Non scholae, sed vitae discimus. *(Sprichwort) – Oder:*
Non vitae, sed scholae discimus. *(Kritik Senecas) Was meinst du dazu?*
Tertium non datur. *(Cicero)*
Historia vitae magistra. *(Cicero)* — historia: Geschichte
Manus manum lavat. *(Petron)* — lavare: waschen

L Lernwortschatz

Beachte: *Die Verben werden von dieser Lektion an mit den dazugehörigen Formen des Perfekt Aktiv und Partizip Perfekt Passiv im Lernvokabular angeführt. Eine Übersicht nach dem Lernvokabular 12 und 13 gibt die Stammformen der bis Lektion 11 gelernten Verben als Tabelle an, geordnet nach der Art der Perfektbildung.*

A	orīgō, orīginis *f*	Ursprung	**D** Original
	paucī, ae, a	wenige	
	pāstor, -ōris *m*	Hirte	**D** Pastor
	aliquandō *(Adv.)*	irgendeinmal, einst	
5	dux, ducis *m / f* (*vgl.* dūcere)	Führer(in), Anführer(in)	
	procul *(Adv.)*	von fern; fern	
	obviam *(Adv.)* obviam venīre	entgegen entgegenkommen	
	tantum *(Adv., meist nachgestellt)*	nur	
	duo, duae, duo	zwei	**D** Duo
10	invenīre, inveniō, invēnī (inventum)	*(darauf kommen:)* finden; erfinden	**E** to invent
	lupus / lupa	Wolf / Wölfin	
	alere, alō, aluī (altum)	ernähren	**D** Alimente
	• advocāre	*(↗ WB 4)*	
	virtūs, virtūtis *f* (*vgl.* vir)	Tugend; Tüchtigkeit; Tapferkeit	
	uxor, -ōris *f*	Ehefrau, Gattin	
15	ambō, ambae, ambō	beide	
	ērudīre	unterrichten, bilden, erziehen	
	alter, altera, alterum alter ... alter	der, die, das andere *(von zweien)* der eine ... der andere	**D** Alternative
	nōmināre (*vgl.* nōmen)	(be)nennen; ernennen	**D** nominieren
	auctor, -ōris *m*	Autor; Urheber	**E** author
20	trādere	übergeben; überliefern	**D** Tradition
	posteā *(Adv.)*	später	
B	rēgnum (*vgl.* rēx)	Königsherrschaft; Königreich	
	fugāre (*vgl.* fugere)	in die Flucht schlagen, vertreiben	
	servīre (*vgl.* servus)	dienen, Sklave sein	**D** servieren
25	cōgere, cōgō, coēgī (coāctum) (*vgl.* agere)	zusammenbringen, versammeln; zwingen	
	haurīre	schöpfen, entnehmen	
	īgnōtus, a, um	unbekannt	
	nōtus, a, um	bekannt	
	occīdere	niederschlagen, töten	

30 imperāre (*vgl.* imperium)	befehlen	**D** Imperativ
pōnere, pōnō, posuī, (positum)	setzen, stellen, legen	**D** Position
• expōnere, expōnō, exposuī (expositum)	*(↗WB 3.2)*	
• ēripere, ēripiō, ēripuī (ēreptum) (*vgl.* rapere)	*(↗WB 3.2 und WB 7)*	

J:

vītam (miseram) agere	ein (elendes) Leben führen, (elend) leben
cōnsilium habēre (dē)	beraten (über)
nōbīs placet	uns gefällt es, wir beschließen
rēgnum petere	nach der Königsherrschaft streben

Z:

casa	Hütte
corbis, corbis *f*	Korb
mergere	eintauchen, versenken
unda	Welle

Perfektbildung der bis Lektion 11 gelernten Verben (Stammformen I) *(vgl. Gl 12.2)*

Infinitiv Präs. Aktiv	1. Sg. Präs. Aktiv	1. Sg. Perf. Aktiv	Partizip Perf. Passiv	
v-Perfekt				
nārrāre	nārrō	nārrāvī	nārrātum	erzählen
audīre	audiō	audīvī	audītum	hören, zuhören

Wenn keine Stammformen im Vokabular angegeben sind, folgen die Verben der a- und i-Konjugation dieser Perfektbildung.

Weitere Verben mit v-Perfekt:

complēre	compleō	complēvī	complētum	(an)füllen, erfüllen
cupere	cupiō	cupīvī	cupītum	wünschen, wollen
petere	petō	petīvī	petītum	zu erreichen suchen; (er)bitten
dēsinere	dēsinō	dēsiī*	dēsitum	aufhören
requiēscere	requiēscō	requiēvī	requiētum	ruhen, sich ausruhen

* *aus:* dēsīvī

Infinitiv Präs. Aktiv	1. Sg. Präs. Aktiv	1. Sg. Perf. Aktiv	Partizip Perf. Passiv	

u-Perfekt

(ad)monēre	(ad)moneō	(ad)monuī	(ad)monitum	(er)mahnen, erinnern

Wenn keine Stammformen im Vokabular angegeben sind, folgen die Verben der e-Konjugation dieser Perfektbildung.

Weitere Verben mit u-Perfekt:

timēre	timeō	timuī	–	(sich) fürchten
aperīre	aperiō	aperuī	apertum	öffnen
rapere	rapiō	rapuī	raptum	rauben, an sich reißen
gemere	gemō	gemuī	gemitum	seufzen
colere	colō	coluī	cultum	verehren; bebauen; pflegen

Perfektbildung mit Dehnung des Stammvokals

adiuvāre	adiuvō	adiūvī	adiūtum	unterstützen, helfen
vidēre	videō	vīdī	vīsum	sehen
movēre	moveō	mōvī	mōtum	bewegen
sedēre	sedeō	sēdī	sessum	sitzen
venīre	veniō	vēnī	ventum	kommen
fugere	fugiō	fūgī	–	fliehen; meiden
facere	faciō	fēcī	factum	tun, machen
capere	capiō	cēpī	captum	fassen, fangen; nehmen
accipere	accipiō	accēpī	acceptum	annehmen, empfangen
recipere	recipiō	recēpī	receptum	aufnehmen; zurücknehmen
cōnsīdere	cōnsīdō	cōnsēdī	cōnsessum	sich setzen; sich niederlassen
agere	agō	ēgī	āctum	tun; (ver)handeln; treiben
legere	legō	lēgī	lēctum	lesen; sammeln
relinquere	relinquō	relīquī	relictum	zurücklassen, verlassen
vincere	vincō	vīcī	victum	(be)siegen, übertreffen

W1 **Übersetze und nenne den Infinitiv Präsens der Perfektformen:**
cupivimus, narraverunt, timuit, paravi, apportavistis, dormivi, tacuisti, explicavit, mutavistis, desideravimus, receperunt, movisti;
adiuvit nos; fratrem in silva vidit; bene fecisti!; pueros aluerunt et erudiverunt

W2 **Erschließe die Bedeutung französischer Wörter mit Hilfe von Latein:**

Substantive:	la famille, bon ami, l'amour, l'automne
Zahlen:	un, trois
Verben:	apporter, dormir, porter, agir, composer

W3 **Sammle möglichst viele lateinische Begriffe zu den Sachfeldern „Befehlen/Gehorchen" sowie „Konflikte und ihre Lösung".**

W4 **Latein in der Werbung**

a) Warum nennt sich eine Supermarktkette „*Multi*-Markt"?
b) „Einfach *Magnum*!" – Übersetze diesen Slogan eines Eisherstellers in werbewirksames Deutsch!
c) Der Name einer bekannten Autofirma geht auf ihren Gründer Horch zurück, der seinen Namen einfach ins Lateinische übersetzte. Um welche Automarke handelt es sich?
d) Sammle weitere Beispiele für die Verwendung lateinischer Wörter in Produkt- und Firmennamen!

W5 **Verflixte Fremdwörter! Lateinische Vokabeln helfen, sie zu verstehen. Was bedeutet**

a) nominell:
- dem Gesetz nach
- von Nomaden abstammend
- nur dem Namen nach

b) Advokat:
- Anwalt, den man bei Rechtsproblemen herbeiruft
- chemische Substanz
- jemand, der berufsmäßig Instrumente stimmt

c) Inventar:
- Kleidungsstück
- Verzeichnis der in einem Haus befindlichen Gegenstände
- Möbelstück

d) Monitum:
- Einzigartigkeit
- einzeln vorgetragenes Musikstück
- Mahnung

e) Manufaktur:
- Großbetrieb mit Handarbeit
- Handschrift
- Truppenübung

f) Auditorium:
- Autofabrik
- Hörsaal
- Ichsucht

W6 **Berühmte Worte**

Homo homini lupus. *(Plautus) – Vergleiche damit:*
Homo homini deus. *(Sprichwort)*
Veni, vidi, vici. *(Caesar)*
Amicus est tamquam alter ego. *(Cicero)*

tamquam: gleichsam

L Lernwortschatz

A		novus, a, um	neu	**E** new
		condere, condō, condidī, conditum	gründen; verbergen; aufbewahren	
		contrōversia	Streit, Meinungsverschiedenheit	**D** Kontroverse
		respōnsum (*vgl.* respondēre)	Antwort	
	5	avis, avis *f*	Vogel	
		duodecim	zwölf	
		mittere, mittō, mīsī, missum	schicken, senden	**D** Mission
		sex	sechs	**E** six
		sīc *(Adv.)*	so, auf diese Weise	
	10	invidia	Neid, Mißgunst	
		postquam *(m. Ind. Perf.)*	nachdem	
		ōlim *(Adv.)*	einst	
		caedere, caedō, cecīdī, caesum	fällen; niederhauen, töten	
		coepisse (*Perf. zu* incipere), coepī, coeptum	angefangen haben	
	15	circumdare, circumdō, circumdedī, circumdatum (*vgl.* dare)	umgeben	
		ubī/ubī prīmum *(m. Ind. Perf.)*	sobald	
		īra	Zorn, Wut	
		nārrātiō, -iōnis *f* (*vgl.* nārrāre)	Erzählung	
		intermittere, intermittō, intermīsī, intermissum (*vgl.* mittere)	unterbrechen; auslassen	
	20	rēs gestae *(Pl.)*	Taten; Geschichte	
		honor (*oder* honōs), -ōris *m*	Ehre; Ehrenamt	**D** Honorar
		cōnstat, cōnstitit	es steht fest, es ist bekannt	
		scelus, sceleris *n*	Verbrechen	
		committere, committō, commīsī, commissum (*vgl.* mittere)	zustandebringen; anvertrauen	**D** Kommission
		scelus committere	ein Verbrechen begehen	
	25	raptus, -ūs (*vgl.* rapere)	Raub, Entführung	
B		sacrificium (*vgl.* sacer)	Opfer	
		frūctus, -ūs	Frucht; Ertrag, Gewinn	
		immolāre	opfern	
		grātia	Dank; Ansehen, Beliebtheit	
	30	campus	Feld, Ebene	**E** camping
		• accēdere, accēdō, accessī, accessum (*vgl.* cēdere)	*(↗WB 4 und WB 5)*	

ex(s)istere, ex(s)istō, ex(s)titī, –	auftreten, entstehen	**D** existieren
nescīre (*vgl.* scīre)	nicht wissen, nicht verstehen	
cūstōs, cūstōdis *m* (*vgl.* cūstōdīre)	Wächter, Hüter	**D** Küster

J:	dē imperiō frātribus contrōversia fuit	wegen der Herrschaft gab es zwischen den Brüdern Streit
	ōrātiōnem habēre	eine Rede halten
	frātrī vim facere	dem Bruder Gewalt antun
Z:	trānsilīre, trānsiliō, trānsiluī, –	überspringen

Perfektbildung der bis Lektion 12 gelernten Verben (Stammformen II) *(vgl. Gl 13.1)*

Infinitiv Präs. Aktiv	1. Sg. Präs. Aktiv	1. Sg. Perf. Aktiv	Partizip Perf. Passiv	
Perfekt mit Reduplikation				
stāre	stō	stetī	statum	stehen
dare	dō	dedī	datum	geben
canere	canō	cecinī	–	singen
currere	currō	cucurrī	cursum	laufen, rennen
discere	discō	didicī	–	lernen
parcere	parcō	pepercī	–	Schonung gewähren, schonen
trādere	trādō	trādidī	trāditum	übergeben, überliefern
resistere	resistō	restitī	–	sich widersetzen, Widerstand leisten
crēdere	crēdō	crēdidī	crēditum	glauben; anvertrauen
s-Perfekt				
iubēre	iubeō	iussī	iussum	befehlen, auffordern
(ir)rīdēre	(ir)rīdeō	(ir)rīsī	(ir)rīsum	(aus)lachen, verhöhnen
haurīre	hauriō	hausī	haustum	schöpfen, entnehmen
dīcere	dīcō	dīxī	dictum	sagen, sprechen; nennen
neglegere	neglegō	neglēxī	neglēctum	vernachlässigen
dūcere	dūcō	dūxī	ductum	führen, leiten
trahere	trahō	trāxī	tractum	ziehen, schleppen
surgere	surgō	surrēxī	surrēctum	aufstehen, sich erheben
cēdere	cēdō	cessī	cessum	gehen; weichen
scrībere	scrībō	scrīpsī	scrīptum	schreiben
lūdere	lūdō	lūsī	lūsum	spielen

Infinitiv Präs. Aktiv	1. Sg. Präs. Aktiv	1. Sg. Perf. Aktiv	Partizip Perf. Passiv	
Perfekt ohne Veränderung des Stammvokals („Stammperfekt")				
respondēre	respondeō	respondī	respōnsum	antworten
ascendere	ascendō	ascendī	ascēnsum	hinaufsteigen, besteigen
dēscendere	dēscendō	dēscendī	dēscēnsum	herabsteigen, hinuntergehen
reprehendere	reprehendō	reprehendī	reprehēnsum	tadeln, zurechtweisen
occīdere	occīdō	occīdī	occīsum	niederschlagen, töten
Perfektbildung mit Stammwechsel				
tollere	tollō	sustulī	sublātum	aufheben; beseitigen
esse	sum	fuī	–	sein

WB

1. Die Bildung neuer Wörter durch Ableitung: das Suffix *-iō*

Daß man viele lateinische Wörter nicht neu lernen muß, haben wir bereits bei der Bildung der Komposita gesehen: Sind Präfix und Simplex bekannt, erschließt sich oft auch deren Zusammensetzung.
Fügt man an das Ende eines Wortstammes eine Bildesilbe (SUFFIX) an, so wird dadurch ein neues Wort ABGELEITET:

narrare – narrat-um – narrat-**io** *f* (Erzählung)
admonere – admonit-um – admonit-**io** *f* (Mahnung, Erinnerung)

In den beiden Beispielen wird an den Stamm des PPP das Suffix ***-iō*** *(Gen.* ***-iōnis****)* angehängt. Die daraus abgeleiteten Substantive sind Feminina und bezeichnen eine **Handlung** oder deren **Ergebnis**.

W1a **Bilde zum PPP folgender Verben die entsprechenden Substantive auf *-io* und übersetze:**
observare, invenire, liberare, aedificare, dicere, respondere, salutare, laudare, reprehendere, petere, intermittere
Welches Suffix verwendet meist die deutsche Sprache?

W1b **Im Deutschen, noch mehr im Englischen, hat sich das Suffix *-io* als -ion erhalten:**
L videre → visio, **D** Vision, **E** vision.
Erkläre die Herkunft folgender deutscher und englischer Fremdwörter:

D Aktion, **E** action
D Tradition, **E** tradition
E slow motion (Zeitlupe)
E exclamation mark (ein Satzzeichen)
D Petition, **E** petition
D Position, **E** position
D Mission, **E** mission
D Kommission, **E** commission
E session
D Lektion

WB

2. Das Suffix *-us (Gen. -ūs)*

rapere – rapt-um – rapt-**us** *m* (Raub)

Wird an den Stamm des PPP das SUFFIX ***-us** (Gen. -**ūs**)* angehängt, so bezeichnen die daraus abgeleiteten Substantive ebenfalls eine **Handlung** oder deren **Ergebnis**. Sie gehören der u-Deklination an und sind immer maskulin.

W2 **Führe folgende Substantive auf ihre Infinitive zurück und übersetze:**
risus, ductus, descensus, motus, visus, ornatus

WB

3. Das Neutrum des PPP als Substantiv

respondere – respons-um – respons-**um** (Antwort)

Eine besondere Form der Ableitung liegt vor, wenn das Neutrum des PPP unverändert als Substantiv übernommen wird. Solche Neutra drücken das **Ergebnis einer Handlung** aus.

W3 **Bilde nach dieser Regel bisher nicht gelernte lateinische Substantive mit der Bedeutung:**
Tat, Aussage, Befehl (2), Schriftstück, Erfindung

W4 **Erkläre Bildung und Bedeutung der hervorgehobenen Fremdwörter; du kannst sie alle vom PPP bereits gelernter Verben ableiten.** (Sie helfen also beim Einprägen der Stammformen!)
Familienfeste werden nach alter *Tradition* gefeiert.
Banken geben *Kredite.*
Die *Daten* werden gespeichert.
Für die Auslandsreise brauchen wir ein *Visum.*
In diesem Werk baut man Elektro*motoren.*
Wir fragten an der *Rezeption* des Hotels, ob ein Brief für uns angekommen sei.
Manche Vorurteile sind *Relikte* einer vergangenen Zeit.
Es wurde eine Beschwerde an den *Petitions*ausschuß des Landtages geschickt.

W5 **Sammle die bisher gelernten Komposita zu:**
stare, ducere, dicere, dare

W6 **Berühmte Worte**
Dictum – factum. *(Sprichwort)*
Lupo ovem commisisti. *(Sprichwort)* ovis: Schaf

L Lernwortschatz

A	annus	Jahr	
	cīvitās, -ātis *f*	Bürgerschaft, Staat; Bürgerrecht	
	crēscere, crēscō, crēvī, crētum	wachsen	
	contentus, a, um	zufrieden	
	inter *(Präp. b. Akk.)*	zwischen, unter; während	**D** international
	vīvere, vīvō, vīxī, –	leben	
	cīvis, cīvis *m/f* (*vgl.* cīvitās)	Bürger/Bürgerin	**D** zivil
	dēsīderāre	ersehnen; vermissen	
	gēns, gentis *f*	Volk, Stamm; Geschlecht, Sippe	
	pulchritūdō, -inis *f* (*vgl.* pulcher)	Schönheit	
	vīcīnus, a, um	benachbart; Nachbar	
	perīculum	Gefahr	
	cōgitāre	(nach)denken; planen	
	repellere, repellō, reppulī, repulsum	zurückschlagen, vertreiben	
	dēsīderium (*vgl.* dēsīderāre)	Sehnsucht, Verlangen	
	pellere, pellō, pepulī, pulsum	treiben; schlagen; vertreiben	
	• expellere, expellō, expulī, expulsum	*(↗ WB 3.2)*	
	dolus	List, Betrug	
	• excōgitāre	*(↗ WB 3.2)*	
B	lūdus (*vgl.* lūdere)	Spiel; Schule	
	parāre	vorbereiten; beschaffen; sich anschicken	**D** parat
	invītāre	einladen	**E** to invite
	• invītātiō, -iōnis *f*	*(↗ WB 13.1)*	
	hospes, hospitis *m*	Gast; Gastgeber	**D** hospitieren, Hospital
	studium	Eifer, Bemühung; Beschäftigung	**D** studieren
	sēdēs, sēdis *f* (*vgl.* sedēre)	Sitz; Wohnsitz	
	cum *(inversivum)*	als	
	sīgnum	Zeichen	**D** Signal **E** sign
	iuvenis, iuvenis *m*	junger Mann	
	impetus, -ūs	Angriff; Schwung	
	dēfendere, dēfendō, dēfendī, dēfēnsum	verteidigen	**D** defensiv **E** to defend
	arma, -ōrum *(Pl.)*	Waffen	**E** arms

J:	in diēs	von Tag zu Tag
	Rōmānī rēbus contentī nōn sunt	Die Römer sind mit ihrer Lage nicht zufrieden
	laetō animō	*(mit frohem Sinn:)* fröhlich
	impetum facere	angreifen
	tumultus mōtus est	ein Aufruhr entstand
	puellās ā Rōmānīs dēfendere	die Mädchen gegen die Römer verteidigen
	vī et armīs	mit Waffengewalt
Z:	quōdam diē	eines Tages

WB

Das Suffix *-tūdō*

pulcher, pulchr-a, pulchr-um (schön) ⇒ pulchr-*i*-**tudo** (Schönheit)

Substantive mit dem Suffix ***-tūdō*** *(Gen.* ***-tūdinis****)* bezeichnen eine **Eigenschaft** oder einen **Zustand**. Sie werden meist vom Stamm eines Adjektivs abgeleitet. Das zwischen Stamm und Suffix stehende *-i-* dient als Aussprechvokal.

W1 **Erschließe die Bedeutung folgender Substantive und führe sie auf das zugrundeliegende Adjektiv zurück:**
altitudo, longitudo, multitudo, magnitudo, aegritudo, necessitudo

W2 **Sammle möglichst viele Begriffe zum Sachfeld „Stadt und Staat".**

W3 **Erkläre die Ableitung und Bedeutung der hervorgehobenen Fremdwörter:**
Das Buch wurde vom *Autor signiert.*
Kennst du den Unterschied zwischen *Zivil*recht und Strafrecht?
Was bedeuten *Crescendo* und *Decrescendo* in der Musik?
Der Organist spielte ein *Präludium.*
Den Zuschauern mißfiel das *defensive* Spiel beider Mannschaften.

W4 **Suche möglichst viele Fremdwörter mit dem Präfix *inter-*.**

W5 **Alle aus einer Familie! Wer kann die folgenden Fremdwörter erklären?**
Apposition, Komposition, Exposition, Präposition; imponieren, komponieren, deponieren, exponieren

W6 **Berühmte Worte**
Cogito, ergo sum. *(Descartes)* — ergo: also
Civis Romanus sum. *(Römischer Rechtsanspruch)*

L Lernwortschatz

A		trīstis, trīstis, trīste	traurig	**D** trist
		domum	nach Hause	
		gravis, e	schwer; (ge)wichtig, ernst	**D** gravierend
		crūdēlis, e	grausam	**E** cruel
	5	reddere, reddō, reddidī, redditum	zurückgeben; machen (zu)	
		vehemēns, *Gen.* vehementis	heftig, leidenschaftlich	**D** vehement
		exercitus, -ūs	Heer	**D** exerzieren
		ācer, ācris, ācre	scharf, spitz; heftig	
		pūgna	Kampf, Schlacht	
	10	interesse, intersum, interfuī, – (*m. Dat.*) pūgnae intersunt	dabeisein *(bei)*, teilnehmen *(an)* sie nehmen an der Schlacht teil	**D** Interesse
		mīles, mīlitis *m*	Soldat	**D** Militär
		fortis, e	tapfer	
		dēesse, dēsum, dēfuī, – pecūnia mihi dēest	fehlen, mangeln (an) ich habe kein Geld	
		tamen *(Adv.)*	dennoch, trotzdem	
	15	facilis, e	leicht, mühelos	
		brevis, e	kurz	**D** Brief
		immortālis, e	unsterblich	
		implōrāre	anflehen	
		precēs, precum *f (Pl.)*	Bitten, Gebet	
	20	aciēs, -ēī (*vgl.* ācer)	Schärfe; Schlachtordnung; Schlacht	
		hostis, hostis *m*	(Landes-)Feind	
B		gladius	Schwert	**D** Gladiator
		pūgnāre (*vgl.* pūgna)	kämpfen	
		omnis, e	jeder; ganz; *Pl.* alle	**D** Omnibus
	25	mulier, -eris *f*	Frau	
		cursus, -ūs (*vgl.* currere)	Lauf	**D** Kurs
		celer, celeris, celere (*vgl.* celeritās)	schnell	
		ingēns, *Gen.* ingentis	ungeheuer groß, gewaltig, riesig	
		pāx, pācis *f*	Frieden	**E** peace
	30	(con)iungere, (con)iungō, (con)iūnxī, (con)iūnctum	verbinden	**D** Konjunktion
		commūnis, e	gemeinsam	**E** kommunal
J:		arma capere	zu den Waffen greifen	
		brevī tempore	in kurzer Zeit	

WB

Das Suffix *-tās*

celer, celer-is, celer-e (schnell) celer-*i*-**tas** (Schnelligkeit, *vgl. Lektion 9A*)

Substantive, die auf das Suffix ***-tās*** *(Gen.* ***-tātis****)* enden, bezeichnen eine **Eigenschaft**. Sie werden vom Stamm eines Adjektivs, seltener eines Substantivs, abgeleitet. Zwischen Stamm und Suffix steht oft der Aussprechvokal *-i-* *(vgl. WB 14)*. Endet bereits der Stamm auf *-i-*, folgt *-e-*: varius > vari-*e*-tas (Verschiedenheit).

W1a **Übersetze und leite die entsprechenden Substantive ab:**
menschlich, gut, neu, schlau, unsterblich, grausam, gemeinsam, kurz, benachbart; Bürger
Welche Suffixe verwenden wir meist im Deutschen?

W1b **Was bedeutet *necessitas?* Welches Wort liegt der Ableitung zugrunde?**

W2 **Im Englischen wird oft das Suffix *-(i)ty* angehängt:** *celer* → *celeritas* → **E** *celerity*
Nenne die englischen Entsprechungen für:
Menschlichkeit, Unsterblichkeit, Gemeinschaft, Notwendigkeit, Grausamkeit, Kürze

W3 **Verbinde die Substantive der linken Spalte mit den grammatisch und inhaltlich passenden Adjektiven der rechten Spalte:**

tempus	omnis
pugna	gravis
dies	facilia
negotia	ingentes
labores	communis
pecunia	breve

W4 **Ergänze *omnis* in der passenden Form und übersetze in deinem Heft:**
a) Milites ● ● ● viribus pugnaverunt.
b) Num Ursus servus ● ● ● labores fugit?
c) Me ● ● ● scire non puto.
d) Per ● ● ● vias cucurri, ● ● ● monumenta spectavi.

W5 **Bilde Wortfamilien zu:**
mittere, legere, ducere, movere, sedere
Nütze dabei deine Kenntnisse der Zusammensetzung und Ableitung von Wörtern aus.

W6 **Berühmte Worte**
Communia inter amicos omnia. *(Terenz)*
Pecuniae omnia parent. *(Sprichwort)*

Lernwortschatz

A		anteā *(Adv.)*	vorher, früher	
		arx, arcis *f*	Burg	
		tantus, a, um	so groß, so viel	
		• fortitūdō, -inis *f*	*(↗WB 14)*	
		posse, possum, potuī, –	können	**D** Potenz
	5	clādēs, -is *f*	Niederlage, Unglück; Verlust	
		prōdesse, prōsum, prōfuī, –	nützen	**D** Prosit
		saxum	Felsen; Stein	
		praefectus	Vorsteher, Befehlshaber	**D** Präfekt
		praeficere, praeficiō, praefēcī, praefectum (*vgl.* facere)	an die Spitze stellen, mit der Führung beauftragen	
		amīcum exercituī praeficere	den Freund an die Spitze des Heeres stellen	
	10	cōnspicere, cōnspiciō, cōnspexī, cōnspectum	erblicken	
		speciēs, -ēī	Anblick; Aussehen; Schönheit	
		terrēre	*(jdn.)* erschrecken	**D** Terror **E/F** terrible
		• crūdēlitās, -ātis *f*	*(↗WB 15)*	
		quidem *(Adv.; nachgestellt)*	freilich, zwar; gewiß	
		admīrātiō, -iōnis *f*	Bewunderung; Staunen	**E** admiration
B	15	aurum	Gold	
		rēctē *(Adv.)*	richtig; mit Recht	
		scrīptor, -ōris *m*	Schreiber; Schriftsteller	
		cupiditās, -ātis *f*	Begierde, Verlangen	
		prōdere, prōdō, prōdidī, prōditum (*vgl.* dare)	verraten; überliefern	
		• prōditiō, -iōnis *f*	*(↗WB 13.1)*	
	20	patria (*vgl.* pater)	Vaterland, Heimat	**D** Patriot **F** patrie
		odium	Haß	
		memoria	Erinnerung; Gedächtnis	**D** Memoiren **E** memory
		servāre	bewahren; retten	**D** Konserve
		prōditor, -ōris *m* (*vgl.* prōdere)	Verräter	
	25	mors, mortis *f* (*vgl.* mortuus)	Tod	
		dēicere, dēiciō, dēiēcī, dēiectum	herabwerfen	

J: pāx convenit — Frieden kommt zustande, es wird Frieden geschlossen

nōmen dūcitur ab — der Name wird abgeleitet, kommt von

Z: digitus — Finger

WB

Das PPP als Grundlage der Wortbildung

Wiederholung ***(vgl. WB 13):***
Vom Stamm des PPP werden NEUE SUBSTANTIVE ABGELEITET:
a) Substantive mit dem Suffix *-io:* Sie sind immer feminin und bezeichnen eine Handlung oder deren Ergebnis *(narrat-io).*
b) Substantive der u-Dekl.: Sie sind immer maskulin und bezeichnen einen Vorgang oder dessen Ergebnis *(rapt-us).*
c) Das Neutrum des PPP wird als Substantiv verwendet. Es bezeichnet das Ergebnis einer Handlung *(respons-um).*

Neu:
d) **Das Suffix** ***-or***

scribere	script-um	script-**or** *m*	(Schreiber, Schriftsteller)
prodere	prodit-um	prodit-**or** *m*	(Verräter)

Substantive mit dem Suffix ***-or*** (*Gen.* ***-ōris***), die vom PPP-Stamm abgeleitet werden, bezeichnen die **tätige Person**. Manchmal kann die entsprechende feminine Form auf ***-trix*** *(Gen.* ***-trīcis***) gebildet werden:

vincere — vict-um — vict-**or** (der Sieger)/vic-**trix*** (die Siegerin)

* Das End-*t* des Stammes fiel wegen Konsonantenhäufung aus.

W1 **Bilde zum PPP folgender Verben Substantive auf** ***-or*** **und übersetze:**
narrare, agere, amare, currere, legere, colere, admonere, defendere, imperare *(auch Fem.),* ducere, invenire, adiuvare *(auch Fem.)*

W2 **Bilde auf der Grundlage des PPP** ***(vgl. WB 13.1–2 und WB 16d)*** **lateinische Substantive mit der Bedeutung:**
Beobachtung, Beobachter; Befreiung, Befreier; Bauen, Erbauer

W3 **Die englische Sprache hat das an den PPP-Stamm angehängte Suffix** ***-or*** **in vielen Fällen übernommen. Führe folgende englische Wörter auf ihre lateinischen Infinitive zurück und übersetze sie; überprüfe deine Lösungen mit einem englischen Wörterbuch bzw. Wörterverzeichnis:**
inventor, interrogator, spectator, narrator, liberator, renovator

W4 **Erkläre folgende Fremdwörter und führe sie auf ein lateinisches Verb zurück:**
Lektor, Kantor, Rektor, Traktor, Faktor

W5 **Italienisch – für Lateiner kein Problem!**
Mit der Kenntnis des lateinischen Wortschatzes kannst du die Bedeutung mancher italienischer Begriffe leicht erschließen. Zuerst mußt du herausfinden, aus welchen lateinischen Wörtern sich die italienischen gebildet haben. Was heißen also die folgenden Aufschriften?

①

②

③

④

W6 **Was stört hier? Warum?**

a) pater	filius	mater	cliens	soror
b) audio	gaudeo	habito	subito	imploro
c) schola	portus	statua	discipula	templum
d) brevis	scitis	pacis	nominis	carminis

Natürlich mußt du deine Entscheidungen begründen und alle Wörter übersetzen. Denke dir für deinen Nachbarn / deine Nachbarin besonders knifflige Reihen aus! Die schwierigsten könntet ihr an der Tafel vorstellen.

W7 **Familienmitglieder: Finde mindestens je ein Substantiv zu folgenden Verben.**
colere • • •, sedere • • •, vocare • • •, custodire • • •, ducere • • •, gaudere • • •, currere • • •, prodere • • •, cupere • • •, monere • • •, clamare • • •, scire • • •, ludere • • •

W8 **Verflixte Fremdwörter! Lateinische Vokabeln helfen, sie zu verstehen. Was bedeutet**

a) memorieren:
- in die Mitte setzen
- zurückschauen
- auswendig lernen

b) Reservat:
- großes Gehege zum Schutz von wilden Tierarten
- Widerstand
- Forschung

c) Miliz:
- Umfeld, Umgebung
- Tausende
- Streitkräfte nur für den Kriegsfall; Polizei

d) pazifistisch:
- den pazifischen Ozean betreffend
- den Krieg und die Rüstung ablehnend
- genehmigungspflichtig

e) pekuniär:
- finanziell, geldlich
- gefährlich
- übertrieben genau

W9 **Berühmte Worte**

Non omnia possumus omnes. *(Lucilius)*
Ubi bene, ibi patria. *(Sprichwort, nach Cicero)*
Fallaces sunt rerum species. *(Seneca)*
Eventus stultorum magister. *(Plinius)*

fallax, -ācis: trügerisch
eventus: Ausgang, Ergebnis

L Lernwortschatz

A	paulum *(Adv.)*	ein wenig	
	paulō post	ein wenig später, bald darauf	
	cēna	Essen, Mahlzeit; Gastmahl	
	quī, quae, quod	welcher, welche, welches; der, die, das *(Relativpronomen)*	
		welcher? welche? welches? *(Adjektiv. Interrogativpronomen)*	
	epistula	Brief	**D** Epistel
5	tenēre, teneō, tenuī, –	(fest)halten	
	familiāris, e (*vgl.* familia)	vertraut, freundschaftlich; Freund	**D** familiär
	statuere, statuō, statuī, statūtum	aufstellen; festsetzen, beschließen	**D** Statut
	convīvium	*(Zusammenleben:)* Gastmahl, Gelage	
	ut	wie	
10	hiems, hiemis *f*	Winter	
	senex, senis *m*	alter Mann; alt	**D** senil
	modus	Art und Weise; Maß	**D** Mode
	pars, partis *f*	Teil; Seite	**D** Partei **E/F** part
B	domī *(Lokativ)*	zu Hause	
	domī nostrae (suae)	bei uns (ihm) zu Hause	
15	ōtium	Muße, freie Zeit; Ruhe, Frieden	
	ōtiō sē dare	sich der Muße hingeben, die freie Zeit genießen	
	nūptiae, -ārum *(Pl.)*	Hochzeit	
	prō *(Präp. b. Abl.)*	vor; für; anstatt	**D** Pronomen
	mēns, mentis *f*	Geist, Verstand; Gesinnung	**D** Mentalität
	apud *(Präp. b. Akk.)*	bei	
20	iūdex, -icis *m*	Richter	**E** judge
	reus	Angeklagter	
	exemplum	Beispiel, Vorbild	**D** Exempel **E** example
	liber, librī	Buch	**E** library
	pūblicus, a, um	öffentlich, allgemein	**D** Publikation
25	rēs pūblica	Staat; Republik	**E** republic
	• hūmānitās, -ātis *f*	*(↗ WB 15)*	
	ēloquentia	Redekunst, Beredsamkeit	**D** Eloquenz
	nūntius (*vgl.* nūntiāre)	Nachricht, Botschaft; Bote	
L/F:	Kalendae, -ārum *(Pl.)*	Kalenden *(erster Monatstag)*	
	December, -bris, -bre	zum Dezember gehörig, Dezember-	
	Kalendae Decembrēs	die Kalenden des Dezember *(1. Dezember)*	

J:	epistulam reddere	einen Brief übergeben
	hiemem agere	den Winter verbringen
	nōn īgnōrāre	genau kennen, genau wissen
	amīcum convenīre	einen Freund besuchen
	causam clientis dēfendere	den Rechtsfall eines Klienten vertreten, einen Klienten im Prozeß verteidigen
	epistulam (litterās) ad amicum dare	einen Brief an den Freund schreiben
Z:	clīvus	Hügel, ansteigende Straße
	Clīvus Scaurī	*(antiker Straßenname in Rom)*

WB

Das Suffix *-ālis*

rex, reg-is (König)	⇒ reg-**alis, e**	(zu einem König gehörig, Königs-, königlich)
familia, famili-ae (Hausgemeinschaft)	⇒ famili-**aris, e**	(zum Haus gehörig, Haus-, vertraut)

Adjektive mit dem Suffix ***-ālis*** (***-āris,*** wenn *-l-* vorausgeht) werden vom Stamm eines Nomens abgeleitet. Sie bezeichnen eine **Zugehörigkeit** oder eine **Eigenschaft**. Im Deutschen werden sie oft durch ein zusammengesetztes Substantiv wiedergegeben.

W1 **Führe folgende Adjektive auf die jeweils zugrundeliegenden Substantive (Nominativ und Genitiv) zurück und übersetze sie:**
annalis, auxiliaris, mortalis, popularis, hospitalis, salutaris, militaris, autumnalis, navalis, hiemalis, iuvenalis

W2 **Ergänze die passende Form des Adjektivs (manchmal gibt es mehrere Möglichkeiten!) und übersetze:**
libri (annalis), omne animal est (mortalis), domus (hospitalis), tempus (autumnalis), diebus (hiemalis), pauci militum (auxiliaris), consilium (salutaris) capere, pugnae (navalis) interesse, ludi (iuvenalis), res (militaris)

W3 **Viele Adjektive auf *-aris/-alis* sind in die englische Sprache übernommen worden. Erkläre mit Hilfe deiner Lateinkenntnisse:**
familiar, annual, mortal, regal, auxiliary, popular, military, naval
Welche entsprechenden Adjektivsuffixe verwendet die deutsche Sprache?

W4 **Berühmte Worte**
Quod scripsi, scripsi. *(Pontius Pilatus)*
Multos timere debet, quem multi timent. *(Publilius Syrus)*
Bis dat, qui cito dat. *(Publilius Syrus)* — bis: zweimal
Age, quod agis! *(Plautus)*
Exemplis discimus. *(Sprichwort)*
Lupus pilum mutat, non mentem. *(Sprichwort)* — pilus: Haar, Fell

L Lernwortschatz

A	convīva *m* (*vgl.* convīvium)	Gast	
	vix *(Adv.)*	kaum, mit Mühe	
	plēbs, plēbis *f*	(einfaches) Volk; Menge, Plebs	
	tribūnus plēbis	Volkstribun	
	creāre	wählen; (er)schaffen	**D** kreativ **E** to create
5	adīre, adeō, adiī, aditum (*vgl.* īre)	herangehen, sich wenden an; besuchen	
	imperātōrem adīre	an den Feldherrn herantreten, sich an den Feldherrn wenden	
	inīre	hineingehen, betreten; beginnen	
	domum inīre	in das Haus gehen, das Haus betreten	
	ultimus, a, um	der letzte, äußerste	**D** Ultimatum
	abīre	weggehen	**D** Abitur
	redīre	zurückgehen, zurückkehren	
10	adulēscēns, -entis *m*	junger Mann; jung	
	dēnique *(Adv.)*	schließlich, endlich	
	subīre	herangehen; auf sich nehmen	
	labōrēs subīre	Mühen auf sich nehmen	
	praebēre	geben, gewähren; zeigen	
	fortem sē praebēre	sich tapfer zeigen, sich als tapfer erweisen	
	interīre	untergehen, umkommen	
15	cōgnōscere, cōgnōscō, cōgnōvī, cōgnitum	erkennen, kennenlernen; erfahren	
	trīstitia (*vgl.* trīstis)	Traurigkeit	**F** tristesse
	vīnum	Wein	**D** Winzer **E** wine
B	dīvidere, dīvidō, dīvīsī, dīvīsum	teilen, trennen	**D** dividieren, Division
	incolere, incolō, incoluī, incultum (*vgl.* colere, incola)	bewohnen, wohnen	
20	numerāre	zählen, rechnen	**D** numerieren
	Helvētiōs in Celtīs numerāre	die Helvetier zu den Kelten zählen	
	gerere, gerō, gessī, gestum	führen; ausführen; tragen	**D** Geste
	imperātor, -ōris *m* (*vgl.* imperium, imperāre)	Feldherr; Kaiser	**E** emperor **F** empereur
	trāns *(Präp. b. Akk.)*	über ... hinüber; jenseits	**D** Transport
	contrā *(Präp. b. Akk.)*	gegen	
	(Adv.)	dagegen; gegenüber	
25	trānsīre	hinübergehen, überqueren	**D** Transit
	pōns, pontis *m*	Brücke	**F** pont
	trādūcere, trādūcō, trādūxī, trāductum	hinüberführen, übersetzen	

	sē *(Reflexivpronomen im Akk.)*	sich
	oppidum	Stadt
30	quō? *(Adv.)*	wohin?
	victor, -ōris *m* (*vgl.* vincere)	Sieger; siegreich
L/F:	aedīlis, -is *m*	Ädil *(röm. Beamter, u. a. für die öffentl. Spiele zuständig)*
	aedīlis dēsīgnātus	der designierte *(für das Amt bestimmte)* Ädil
	triclīnium	Triklinium *(Speiseraum)*
	prōvincia	Provinz
	legiō, -iōnis *f*	Legion
J:	sē recipere	sich zurückziehen
Z:	tribūnus mīlitum	Militärtribun *(Offiziersrang)*

WB

1. Das Suffix *-itia*

trist-is (traurig) ⇒ trist-**itia** (Traurig**keit**)

Substantive auf das Suffix ***-itia*** leiten sich von Adjektiven (selten von Substantiven) ab. Sie bezeichnen eine **Eigenschaft** oder einen **Zustand**.

W1 **Bilde und übersetze die entsprechenden Substantive. Achte dabei auf die im Deutschen verwendeten Suffixe:** amicus, laetus, malus, notus, stultus, puer

WB

2. Das Präfix *trāns-*

a) Caesar exercitum	trans	Rhenum	in Germaniam duxit.
b) Caesar exercitum	trans	Rhenum	in Germaniam traduxit.
c) Caesar exercitum			in Germaniam traduxit.
d) Caesar exercitum		Rhenum	traduxit.
e) Caesar		Rhenum	transiit.

Die Präposition ***trāns*** tritt als Präfix in der Bedeutung „**über, hinüber**" vor einige Verben der Bewegung. Dabei kann der überquerte Ort mit oder ohne *trans* stehen. *Transire* wird so zu einem transitiven Verb.
Beachte: Vor *d* schwinden die Konsonanten *ns*!

W2 **Übersetze den Text, indem du die folgenden Verben an passender Stelle einsetzt:** transcurrere, traducere, transfugere, transire, transportare

Caesars Übergang nach Britannien

Caesar, quod auxilia e Britannia hostibus missa esse sciebat, consilium cepit mare ● ● ● . Insulam cognoscere cupivit; itaque mercatores ad se convocavit, qui navibus frumentum in Britanniam ● ● ● . C. Volusenum tribunum militum in Britanniam praemisit. Postquam Volusenus in Galliam rediit, Caesar duas legiones navibus salvas in Britanniam ● ● ● . Militibus autem Romanis incolae resistere non potuerunt: Multi fugerunt, nonnulli autem ad Caesarem ● ● ● cupiverunt. Itaque ad Romanorum naves ● ● ● .

W3 **Erkläre, wie sich das Verb *tradere* zusammensetzt!**

L Lernwortschatz

A		edere, edō, ēdī, ēsum	essen	
		bibere, bibō, bibī, –	trinken	
		dulcis, e	süß; angenehm	
		praestāre, praestō, praestitī, praestitum (*vgl.* stāre)	*(m. Dat.)* voranstehen, übertreffen; *(m. Akk.)* leisten, erfüllen	
	5	praesidium	Schutz; Besatzung, Posten	**D** Präsidium
		proximus, a, um (*vgl.* prope) proximō annō	der nächste im (nächst-)folgenden Jahr; im (nächst-)vergangenen Jahr	
		obsidēre, obsideō, obsēdī, obsessum (*vgl.* sedēre)	besetzt halten, belagern	
		mūnīre	befestigen, schützen	
		• exīre	*(↗ WB 3.2)*	
		clēmentia	Milde	**D** Clemens
	10	suādēre, suādeō, suāsī, suāsum	raten, empfehlen	
		frūstrā *(Adv.)*	vergeblich	**D** frustriert
		semel *(Adv.)*	einmal	
		atque/ac	und	
		prohibēre	verhindern, fernhalten	
		• mūnītiō, -iōnis *f*	*(↗ WB 13.1)*	
	15	fortūna	Schicksal; Glück	**E/F** fortune
		victōria (*vgl.* victor)	Sieg	**E** victory
		pācāre (*vgl.* pāx)	befrieden, unterwerfen	
B		regiō, -iōnis *f*	Gegend, Gebiet; Richtung	**D** Region **E** region
		similis, e	ähnlich	**E** similar
	20	mīrus, a, um	sonderbar; wunderbar	
		terra	Erde, Land	**D** Terrarium
		cadere, cadō, cecidī, –	fallen	
		• audītor, -ōris *m*	*(↗ WB 16)*	
		fīnis, -is *m* fīnēs, -ium *(Pl.)*	Grenze; Ende Gebiet	**D** Finale
		plaudere, plaudō, plausī, plausum	Beifall klatschen	**D** applaudieren, Applaus
		• rīsus, -ūs	*(↗ WB 13.2)*	
		• māgnitūdō, -inis *f*	*(↗ WB 14)*	
	25	cornū, -ūs *n (u-Dekl.)*	Horn; Flügel *(eines Heeres)*	
		argentum	Silber	**D** Argentinien
L/F:		cohors, cohortis *f*	Kohorte *(10. Teil einer Legion)*	
		nātūra	Natur	**E/F** nature

J:

mīlitibus virtūte praestāre	die Soldaten an Tapferkeit übertreffen
officia praestāre	seine Pflichten erfüllen
sē fortem praestāre	sich als tapfer erweisen
semel atque iterum	ein um das andere Mal, immer wieder
quā dē causā	*(interrogativ:)* aus welchem Grund? *(relativ:)* aus diesem Grund

Z:

culīna	Küche
ministrāre	servieren, bedienen
alcēs, -is *f*	Elch
capra	Ziege
crūs, crūris *n*	Bein, Schienbein
articulus	Gelenk
sē reclīnāre	sich anlehnen
vēnātor, -ōris *m*	Jäger
(arborem) accīdere	(einen Baum) ansägen, anhauen
pōculum	Becher
elephantus	Elefant
taurus	Stier
ūrus	Ur, Auerochse
fovea	Grube, Fallgrube

WB

Das Suffix *-ium*

gaud-ere (sich freuen) ⇒ gaud-**ium** (die Freude)
aedific-are (bauen) ⇒ aedific-**ium** (das Bauwerk)

Substantive, die auf das Suffix ***-ium*** enden, leiten sich von Verben, selten von Substantiven ab. Sie bezeichnen einen **Zustand**, eine **Tätigkeit** oder ein **Ergebnis**.

W1 **Führe die folgenden Substantive auf ihr Grundwort zurück und übersetze sie. Ordne dabei die Bedeutungen den oben angegebenen Kategorien zu:**
desiderium, imperium, hospitium

W2 **Erkläre die Bedeutung der folgenden Substantive aufgrund ihrer Wortbildung:**
praesidium, beneficium, convivium, refugium

W3 **Stelle möglichst viele Substantive, Adjektive und Verben zu dem Sachfeld „Krieg / Frieden" zusammen.**

W4 **Berühmte Worte**

Römische Meinungen über das Glück (I):
Fortuna caeca est. *(Cicero)* caecus: blind
Fortes Fortuna adiuvat. *(Terenz)*

... und über das Lernen:
Libri amici, libri magistri ⟨sunt⟩.
Rerum omnium magister est usus. *(Caesar)*

L Lernwortschatz

A	verbum	Wort	**D** verbal **E** verb
	commovēre, commoveō, commōvī, commōtum (*vgl.* movēre)	bewegen, veranlassen	
	satis *(Adv.)*	genug	
	mōs, mōris *m*	Sitte, Brauch	**D** Moral
5	lībertās, -ātis *f*	Freiheit	**E** liberty **F** liberté
	emere, emō, ēmī, ēmptum	kaufen	
	quisnam?	wer denn?	
	captīvus (*vgl.* capere)	Gefangener; gefangen	
	reliquus, a, um	übrig, restlich	
10	servitūs, -ūtis *f*	Sklaverei, Knechtschaft	
	āmittere, āmittō, āmīsī, āmissum (*vgl.* mittere)	verlieren	
	• revocāre	*(↗WB 3.1)*	
	vendere, vendō, vendidī, venditum	verkaufen	**F** vendre
	clēmēns, -entis (*vgl.* clēmentia)	mild, nachsichtig	
	septem	sieben	**D** September
15	impōnere, impōnō, imposuī, impositum (*vgl.* pōnere)	hineinlegen; auferlegen	
	tolerāre	erdulden, ertragen	**D** tolerieren
	vinculum	Fessel, Band	
	rumpere, rumpō, rūpī, ruptum	(zer)brechen, zerreißen	
	famēs, -is *f*	Hunger	**F** faim
20	sitis, -is *f*	Durst	
	inūtilis, e	unbrauchbar, unnütz	
	• remittere	*(↗WB 3.1)*	
	dēserere, dēserō, dēseruī, dēsertum	im Stich lassen, aufgeben	**D** desertieren
B	Rōmae *(Lokativ)*	in Rom	
	• retinēre	*(↗WB 3.1)*	
	removēre, removeō, remōvī, remōtum (*vgl.* movēre)	entfernen	**E** to remove
	remōtus, a, um	entfernt, entlegen	
25	sēditiō, -iōnis *f*	Aufstand, Aufruhr	
	rēs novae *(Pl.)*	*(neue Dinge:)* Umsturz	
	cupidus, a, um *(m. Gen.)* (*vgl.* cupiditās)	begierig (nach, auf)	
	cupidus imperiī	begierig nach der Herrschaft, herrschsüchtig	
	• convocāre	*(↗WB 9)*	

	adiungere, adiungō, adiūnxī, adiūnctum (*vgl.* coniungere)	hinzufügen	
	prūdēns, -entis	klug	**E** prudent
	dūrus, a, um	hart; hartherzig, streng	
	carcer, carceris *m*	Gefängnis	**D** Kerker
L/F:	triumphus	Triumph; Triumphzug	
J:	cōnsilium inīre	einen Entschluß fassen	
	in suōs dūrus	hart gegenüber den eigenen Leuten	
	per triumphum dūcere	im Triumphzug mit sich führen	

WB

Das Partizip als Adjektiv (Partizipialadjektiv)
Vergleiche:
Gallia a Caesare **pacata est.** – Gallien **wurde** von C. **befriedet/unterworfen.**
Nunc Gallia **pacata est.** – Jetzt **ist** Gallien **befriedet/unterworfen.**

Im ersten Satz dient das Partizip Perfekt Passiv (PPP) dazu, die Form des Perfekt Passiv zu bilden. Es ist fester Bestandteil des Prädikats und drückt somit einen **Vorgang** aus („Was geschah mit Gallien?").
Dagegen ist *pacata* im zweiten Satz ein Adjektiv, das die Funktion eines Prädikatsnomens erfüllt. Es drückt also einen **Zustand** aus *(vgl. nunc),* der als **Ergebnis eines Vorgangs** (Caesars „Befriedung") eingetreten ist. Solche Adjektive, die mit dem Partizip formgleich sind, nennen wir **Partizipialadjektive**.

Wie alle Adjektive können auch die Partizipialadjektive die Funktion eines Attributes erfüllen: *Galli in loca remota se receperunt* – Die Gallier zogen sich in eine abgelegene Gegend zurück.
Nicht immer läßt sich die Bedeutung eines Partizipialadjektivs als Ergebnis eines Vorgangs erklären: *loca remota* – eine entfernte, abgelegene Gegend.

W1 **Übersetze:**
a) Cuncti sub arboribus requieverunt. Nunc requieti sunt.
b) Etiam hodie theatrum cum domo coniunctum est.
c) Homo litteris Graecis eruditus nobis admirationi est.
d) Via longa erat, labores magni erant. Nunc omnes fatigati sunt.
e) Diu Marcus negotia suscipere dubitaverat; tum autem ad negotia paratus erat.

W2 **Sammle möglichst viele Begriffe zum Sachfeld „Freiheit/Gefangenschaft".**

W3 **Latein im Deutschen: Kannst du folgende Wendungen erklären?**

ad acta *(legen)*	facta, non verba!	pro domo *(sprechen)*	pro anno
pro und contra	sine ira et studio	anno Domini (A. D).	cui bono?

W4 **Berühmte Worte**
Res, non verba! *(eine Aufforderung)*
Honores mutant mores. *(Sprichwort)*
O tempora, o mores! *(Cicero)*

L Lernwortschatz

A		dolor, -ōris *m* (*vgl.* dolēre)	Schmerz	
		interitus, -ūs (*vgl.* interīre)	Untergang	
		audāx, -ācis	kühn; verwegen, frech	
		magis *(Adv.)*	mehr	
	5	afficere, afficiō, affēcī, affectum (*m. Abl.; vgl.* facere)	versehen *(mit)*	**D** Affekt
		amīcōs īrā afficere	die Freunde mit Zorn erfüllen, zornig machen	
		licet, licuit	es ist erlaubt, man darf	**D** Lizenz
		maledīcere *(m. Dat.)*	über jemanden schlecht sprechen, lästern	
		amīcō maledīcere	über einen Freund schlecht sprechen	
		oportet, oportuit	es gehört sich, man soll	
		cēterum (*Adv.; vgl.* cēterī)	übrigens	
	10	cēnsēre, cēnseō, cēnsuī, cēnsum	glauben; schätzen	**D** zensieren
		servīlis, e	Sklaven-, sklavenmäßig	**D** servil
		abundāre *(m. Abl.)*	überfließen, Überfluß haben *(an)*	**D** Abundanz
		pecūniā abundāre	Überfluß an Geld haben	
		praeceptum	Lehrsatz; Befehl, Vorschrift	
		carēre *(m. Abl.)*	entbehren; nicht haben	**D** Karenzzeit
		pecūniā carēre	kein Geld haben	
	15	coniūrātiō, -iōnis *f* (*vgl.* iūrāre)	*(gemeinsamer Schwur:)* Verschwörung	
		quīn etiam	ja sogar	
B		dēlēre, dēleō, dēlēvī, dēlētum	zerstören, vernichten	
		numerus (*vgl.* numerāre)	Zahl	**E** number
		vīgintī *(indekl.)*	zwanzig	**F** vingt
	20	vīcus	Dorf; Stadtviertel	
		dīripere, dīripiō, dīripuī, dīreptum (*vgl.* rapere)	*(auseinanderreißen:)* ausrauben, plündern	
		tālis, e	so beschaffen, solcher	
		adhibēre, adhibeō, adhibuī, adhibitum (*vgl.* habēre)	anwenden; hinzuziehen	
		falsus, a, um	falsch	**E** false
	25	proelium	Kampf, Gefecht	
L/F:		gladiātor, -ōris *m*	Gladiator	
		philosophus	Philosoph	

J:	partēs mūtāre	die Rollen vertauschen
	rēctē dīcis	du hast recht
	sē gerere	sich verhalten
	auctor rērum gestārum *m*	Geschichtsschreiber
	memoriā tenēre	im Gedächtnis behalten
Z:	pōculum	Pokal, Becher
	ministrāre	servieren, bedienen
	lectus	Bett

WB

Das Suffix *-īlis*

servus, serv-i (der Sklave) ⇒ serv-**ilis, e** (zu einem Sklaven gehörig, einen Sklaven betreffend, sklavisch)

Wie das Suffix ***-ālis/-āris*** *(vgl. WB 17)* bezeichnet auch das Suffix ***-īlis*** bei Adjektiven eine **Zugehörigkeit** oder eine **Eigenschaft**. Diese Adjektive werden ebenfalls vom Stamm eines Nomens abgeleitet.

W1 **Füge zu den Substantiven jeweils eines oder mehrere der folgenden Adjektive in der passenden Form ein und übersetze:**

iuvenilis, civilis, puerilis, servilis, virilis, hostilis

amor ●●●, species ●●●, consilium ●●●, errore ●●●, annis ●●●, propter stultitiam *(↗WB 18.1)* ●●●, contra naves ●●●, in terram ●●●, bellum ●●●

W2

Gaius	Iulius	Caesar
praenomen (Vorname)	*nomen gentile*	*cognomen* (Beiname)

a) **Übersetze und erkläre den Begriff *nomen gentile.***

b) **Nenne die *nomina gentilia* von Cicero, Cato, Scipio.**

Die Tochter Ciceros hieß Tullia, die Catos Porcia, die Scipios Cornelia.

Was kannst du über die Namen römischer Frauen feststellen? Wie hieß die Tochter Caesars?

W3 **Übersetze mit Hilfe deiner Lateinkenntnisse folgende englische Ausdrücke:**

servile behaviour (Verhalten), to ask puerile questions, a hostile look, civil rights, juvenile court (Gerichtshof)

W4 **Vornamen lateinischer Herkunft: Was bedeuten sie?**

Benedikt, Klara, Sabine, Viktor, Viktoria

W5 **Berühmte Worte**

Aliis si licet, tibi non licet. *(Terenz)*

Quod licet Iovi, non licet bovi. *(Sprichwort)* bos, bovis: Rind

In necessariis unitas, in dubiis libertas, in omnibus autem caritas. *(Augustinus)*

unitas: *↗WB 15* dubius, a, um: zweifelhaft, ungewiß caritas: Liebe, Hochachtung

Divide et impera! *(ein Machtprinzip)*

Si Deus pro nobis, quis contra nos? *(aus dem Neuen Testament)*

L Lernwortschatz

A		rogāre	bitten; fragen	
		certāmen, -inis *n*	Wettstreit; Kampf	
		sors, sortis *f*	Los, Schicksal	
		dēspērāre (dē)	die Hoffnung verlieren (auf), verzweifeln (an)	**D** Desperado **E** to despair
		dē salūte dēspērāre	die Hoffnung auf Rettung verlieren	
	5	septuāgintā *(indekl.)*	siebzig	
		ferē *(Adv., nachgestellt)*	ungefähr; fast	
		fuga (*vgl.* fugere)	Flucht	
		• ērumpere	*(↗WB 3.2)*	
		iter, itineris *n* (*vgl.* īre)	Marsch, Reise; Weg	
		iter facere	reisen, marschieren, ziehen	
		nūllus, a, um	kein(er)	**D** Null
	10	castra, -ōrum *(Pl.)*	Lager, Feldlager	**D** Kastell
		castra pōnere	ein Lager aufschlagen	**E** castle
		augēre, augeō, auxī, auctum	vergrößern, vermehren	**D** Auktion
		turba	Schwarm, Menge; Unruhe	**D** Trubel **E** trouble
		errāre	(sich) irren; umherirren	
		exercēre (*vgl.* exercitus)	üben	**E** to exercise
	15	disciplīna	Zucht; Ordnung; Unterricht(sfach)	**D** Disziplin
		mīlitāris, e (*vgl.* mīles)	kriegerisch, Kriegs-	**D** Militär
		rēs mīlitāris	Kriegswesen, Militärwesen	**E** military
		cōpia	Menge, Vorrat	
		cōpiae, -ārum *(Pl.)*	Vorräte; Truppen	
		timor, -ōris *m* (*vgl.* timēre)	Angst, Furcht	
B		spectāculum (*vgl.* spectāre)	Schauspiel	**D** Spektakel
	20	bestia	(wildes) Tier	**D** Bestie
		• spectātor, -ōris *m*	*(↗WB 16)*	
		magistrātus, -ūs	Beamter; Amt	**D** Magistrat
		pānis, -is *m*	Brot	**D** panieren **F** pain
		fīnīre (*vgl.* fīnis)	beendigen; begrenzen	**E** to finish
		spēs, speī *f* (*vgl.* spērāre)	Hoffnung	
		• incurrere	*(↗WB 4)*	
	25	inhūmānus, a, um (*vgl.* hūmānus)	unmenschlich; ungebildet	
		perīre	zugrunde gehen, untergehen	
L/F:		senātor, -ōris *m*	Senator	
		cōnsul, -is *m*	Konsul	
		senātus, -ūs	Senat	
		amphitheātrum	Amphitheater	

J:	sē Spartacō adiungere	sich Spartacus anschließen
	admīrātiōnem movēre	*(jdm.)* Bewunderung einflößen
	magis quam	mehr als
Z:	gladiātōrius, a, um	Gladiatoren-
	lūdus gladiātōrius	Gladiatorenschule
	reliquiae, -ārum *(Pl.)*	Reste, Überbleibsel
	leō, -ōnis *m*	Löwe
	elephantus	Elefant
	tigris, -is *m*	Tiger
	panthēra	Panther
	ursus	Bär
	circēnsis, e	Zirkus-
	circēnsēs, -ium *m (Pl.)*	*(Subst.:)* Zirkusspiele

WB

Das Präfix *in-* als Verneinung

humanus, a, um (menschlich) ⇒ **in-**humanus, a, um (**un**-menschlich)
scientia (das Wissen) ⇒ **in-**scientia (das **Nicht**-wissen, die **Un**-wissenheit, die **Un**-kenntnis)

Viele lateinische Nomina können durch das Präfix ***in-*** **verneint** werden (**im Deutschen: un-**, seltener **Nicht-**). Auf diese Weise wird häufig ein Partizip (besonders das PPP) zu einem verneinten Adjektiv.

Beachte:
prudens (klug) **im-p**rudens (un-klug)
Vor Lippenlauten *(p, b, m)* tritt Assimilation ein.

amicus (der Freund) in-**i**micus (der Feind)
Gelegentlich wird der Vokal der ursprünglich ersten Silbe geschwächt.

notus (bekannt) **i**-gnotus (unbekannt)
(entstanden aus *gnotus*) (entstanden aus *in-gnotus*)

W1a **Übersetze und gib das Gegenteil an:** inutilis, clemens, immortalis, callidus

W1b **Bilde zu folgenden Infinitiven das PPP, verneine dieses (beachte dabei die Assimilationsregeln) und übersetze die neu entstandenen Adjektive:**
audire, movere, parare, vincere, sperare, colere, erudire

W2 **Nicht alle lateinischen Adjektive werden durch das Präfix *in-* verneint. Oft wird das Gegenteil durch ein anderes Wort *(Antonym)* bezeichnet. Ergänze nach dem Beispiel *tristis/laetus*:**
novus/● ● ●, brevis/● ● ●, aeger/● ● ●, bonus/● ● ●, parvus/● ● ●

W3 **Welche lateinischen Substantive, Adjektive und Verben fallen dir zum Sachfeld „Gastmahl" ein?**

L Lernwortschatz

A	ferre, ferō, tulī, lātum	tragen; bringen; ertragen; berichten	
	• concurrere	*(↗WB 9)*	
	ager, agrī	Acker, Feld; Gebiet	**D** Agrarwissenschaft
	vāstāre	verwüsten	
	interrumpere, interrumpō, interrūpī, interruptum (*vgl.* rumpere)	unterbrechen	**E** interrupt
5	equidem *(meist mit 1. Sg.)*	allerdings, freilich	
	invītus, a, um mē (tē) invītō	ungern, widerwillig gegen meinen (deinen) Willen	
	vetāre, vetō, vetuī, vetitum	verbieten	**D** Veto
	auferre, auferō, abstulī, ablātum	weg-, davontragen	**D** Ablativ
	afferre, afferō, attulī, allātum	herbeitragen; zufügen; melden	
10	indūcere, indūcō, indūxī, inductum (*vgl.* dūcere)	einführen; veranlassen, verleiten	**D** Induktion
	accūsāre	anklagen, beschuldigen	**E** to accuse
	differre, differō, distulī, dīlātum	sich unterscheiden; aufschieben	**D** Differenz
	cōnferre, cōnferō, cōntulī, collātum Rōmam sē cōnferre	zusammentragen; beitragen; vergleichen sich nach Rom begeben	**D** Konferenz
	incendere, incendō, incendī, incēnsum	anzünden, in Brand stecken; entflammen	
15	dīvitiae, -ārum *(Pl.)*	Schätze, Reichtum	
	• amīcitia	*(↗WB 18.1)*	
	īnferre, īnferō, intulī, illātum bellum īnferre *(m. Dat.)*	hineintragen Krieg beginnen *(mit)*	
	referre, referō, rettulī, relātum sē referre	zurücktragen; berichten sich zurückziehen	**D** Referat, relativ
	nāvigāre	segeln, zur See fahren	**D** Navigation
	offerre, offerō, obtulī, oblātum	*(entgegentragen:)* anbieten	**D** offerieren **E** to offer
	• nāvigātiō, -iōnis *f*	*(↗WB 13.1)*	
20	intellegere, intellegō, intellēxī, intellēctum	bemerken, verstehen, erkennen	**D** intelligent
	exitus, -ūs (*vgl.* exīre)	Ausgang; Ende, Ergebnis	
	poena (*vgl.* pūnīre)	Strafe	**D** verpönt
	crux, crucis *f*	Kreuz	**D** Kruzifix

B	medicus	Arzt	**D** Mediziner
25	māximus, a, um (*vgl.* māgnus, magis)	der größte	
	valētūdō, -inis *f* (*vgl.* valēre)	Gesundheit, Wohlbefinden	
	adhūc *(Adv.)*	bis jetzt; immer noch	
	nihil	nichts	
L/F:	pīrāta *m*	Pirat	
	barbarus, a, um	barbarisch, fremd; ungebildet *(Gegensatz zu „römisch" und „griechisch")*	
	prīvātus, a, um	persönlich, privat	
J:	ad ūnum omnēs	alle ohne Ausnahme, alle bis auf den letzten Mann	
	multum valēre	viel vermögen, großen Einfluß haben	
	proelium committere	den Kampf beginnen	
	hostem gladiō petere	den Feind mit dem Schwert angreifen	
	tua in mē officia	deine Pflichten mir gegenüber	

arma ferre contrā Rōmānōs	gegen die Römer kämpfen
Rōmānīs auxilium ferre	den Römern Hilfe bringen
impetum ferre	den Angriff aushalten, dem Angriff standhalten
ferunt *(m. AcI)*	die Leute sagen, man berichtet *(daß)*
fēminīs vim afferre	den Frauen Gewalt antun
inter sē differre	sich voneinander unterscheiden
fugam in aliud tempus differre	die Flucht auf einen anderen Zeitpunkt (auf später) verschieben
sīgna in hostem īnferre	*(die Feldzeichen gegen den Feind tragen:)* den Feind angreifen
Rōmānīs timōrem īnferre	den Römern Furcht einflößen
in crucem tollere	an das Kreuz schlagen, kreuzigen

Z:	recreāre	wiederherstellen, neu beleben
	iūs, iūris *n*	*hier:* Suppe, Brühe

WB

Das Präfix *dē*

Proditores de saxo **de**-iciebantur. Verräter wurden vom Felsen **herab**gestoßen.

Mihi pecunia **de**-est. Mein Geld ist **weg.**/Mir **fehlt** das Geld.

Die Präposition ***dē*** kann als Präfix vor ein Verb treten und bezeichnet dann eine **Trennung**: a) **(von) herab-** b) **weg-**

W1 **Wiederhole und ordne einer der beiden Gruppen zu:**
defendere, descendere, desperare, deserere, desinere, decurrere

W2 **Übersetze den folgenden Text; erschließe dabei die Bedeutung der mit *de-* zusammengesetzten Verben:**

De Spartaco et piratis

Primo Romani turbam gladiatorum neglegebant et *despiciebant*. Senatores autem gladiatores sibi (ihnen) dignitatem *detrahere* intellegentes M. Licinium Crassum legionibus praefecerunt; nam bellum servile ex Italia *depellere* consilium ceperant.

Servi clade accepta arma non *deposuerunt*, sed consilio mutato in Bruttium se rettulerunt. Ibi Spartacus epistulam ad piratas *deferri* iussit; navibus enim piratarum *decedere* ex Italia et copias suas in Siciliam *deducere* in animo habebat. Saepe servi ad litus maris *decurrebant*, sed frustra: piratae enim semel atque iterum fugam distulerunt. Iam servi de fuga *desperabant*; sola Spartaci mens ex sua sede et statu *demota* non est.

W3 **Bei der Bildung der Komposita *afferre* und *conferre* wurden die Präfixe assimiliert. Nenne die beiden Präfixe in ihrer ursprünglichen Form.**
Bilde mit diesen Präfixen möglichst viele weitere Verben. Achte darauf, ob eine Assimilation eintritt!

W4 **Erkläre die folgenden Fremdwörter, indem du sie auf die entsprechenden Stammformen von *ferre* zurückführst:**
Transfer, Oblate, Referent, Relation, Präferenz, indifferent, Offerte, konferieren

W5 **Nahe Verwandte (oder Ähnlichkeiten nicht zufällig):**

E	F	I	Sp	L	D
hour	l'heure	l'ora	la hora	• • •	• • •
voice	la voix	la voce	la voz	• • •	• • •
port	le port	il porto	el puerto	• • •	• • •
autumn	l'automne	l'autunno	el otoño	• • •	• • •
peace	la paix	la pace	la paz	• • •	• • •

W6 **Berühmte Worte**

Relata refero. *(nach Herodot)*
Quod differtur, non aufertur. *(Seneca)*
Navigare necesse est, vivere non est necesse. *(Inschrift am Haus der Seefahrt in Bremen, nach Plutarch)*
Medicus minister naturae. *(Sprichwort)* — minister: Gehilfe, Diener
De mortuis nil nisi bene ⟨dic⟩! *(nach Diogenes Laertius)* — nil = nihil
Horas non numero nisi serenas. *(Spruch auf Sonnenuhren)* — serēnus, a, um: heiter
Quos dei amant, adulescentes intereunt. *(nach Plautus) – Was meinst du dazu?*
Nunc vino pellite curas! *(Horaz)*
Errare humanum est. *(nach Hieronymus) – Vergleiche damit:*
Humanum amare est, humanum autem ignoscere est. *(Plautus)* — ignoscere: verzeihen
Natura duce errare nullo modo possumus. *(Cicero)*
Invia virtuti nulla est via. *(Ovid)* — in-vius, a, um: un-wegsam, unzugänglich

W7 Eine geschäftige Szene aus dem antiken Rom: Beschreibe sie lateinisch! Das Bild soll als Anregung dienen. Du weißt sicherlich noch mehr Begriffe, als hier zu sehen sind, und vielleicht auch mehr als dein Nachbar / deine Nachbarin?

a) Welche Bauwerke sind in Rom zu sehen? *(z. B. templum)*
Wo liegen sie? *(z. B. in insula)*
b) Was ist im Inneren der Häuser zu finden?
c) Welche Leute sind in der Stadt unterwegs?
d) Was machen sie?
e) Was sagen die Menschen zueinander?
Erfinde für einige von ihnen lateinische Sprechblasen.
f) Welche Tiere und Gegenstände gibt es auf dem Markt?
g) Was kann man auf dem Platz hören?
h) Kannst du den Platz erkennen? (*Vgl.* den Stadtplan von Rom).

L Lernwortschatz

A		is, ea, id	dieser, diese, dieses	
		is, quī	der(jenige), welcher *(Demonstrativpron. vor Relativsatz)*	
		videō eum	ich sehe ihn *(Personalpron.)*	
		amīcī eius	seine/ihre Freunde *(Possessivpron.)*	
		perīculōsus, a, um (*vgl.* perīculum)	gefährlich	
		aegrē *(Adv.)*	mit Mühe, kaum	
		aegrē ferre *(m. Akk./AcI)*	sich ärgern *(über/daß)*	
		id aegrē ferō	ich ärgere mich darüber	
		eum venīre aegrē ferō	ich ärgere mich, daß er kommt	
		laus, laudis *f* (*vgl.* laudāre)	Lob	
	5	efferre, efferō, extulī, ēlātum	heraustragen; herausheben	
		laudibus efferre	mit Lob überhäufen, rühmen	
		nimis *(Adv.)*	überaus, allzusehr	
		comperīre, comperiō, comperī, compertum	(genau) erfahren, in Erfahrung bringen	
		intereā *(Adv.)*	inzwischen	
		quaerere, quaerō, quaesīvī, quaesītum	suchen; fragen	**E** question
		quaerō ex tē/ā tē	ich frage dich	
	10	obtinēre, obtineō, obtinuī, obtentum (*vgl.* tenēre)	innehaben; besetzt halten	
		minimē *(Adv.)*	durchaus nicht; am wenigsten	**D** minimal
		plēnus, a, um *(m. Gen.)*	voll *(von)*	**D** Plenum
		lacrima (*vgl.* lacrimāre)	Träne	
		iūcundus, a, um	angenehm, erfreulich	
B		• īgnōrātiō, -iōnis *f*	*(↗WB 13.1)*	
	15	latrō, -ōnis *m*	Räuber, Bandit	
		perferre, perferō, pertulī, perlātum	hinbringen; ertragen	
		incrēdibilis, e (*vgl.* crēdere)	unglaublich	**E** incredible
		taedium	Überdruß, Widerwille, Ekel	
		dīgnus, a, um *(m. Abl.)*	würdig, angemessen	
		summā laude dīgnus	höchsten Lobes wert	
	20	lūx, lūcis *f*	Licht	**D** Luzifer, Lucia
		īnsidiae, -ārum *(Pl.)* (*vgl.* sedēre)	Hinterhalt, Anschlag, Falle	
		undique *(Adv.)*	von allen Seiten, von überall her	
		cōnstituere, cōnstituō, cōnstituī, cōnstitūtum (*vgl.* statuere)	aufstellen; festsetzen, beschließen	**D** konstituieren

L/F: prōcōnsul, -is *m* — Prokonsul *(ehemaliger Konsul, Statthalter)*

J: Quae Rōmae geruntur? — Was ereignet sich in Rom?

Z:	grātulātiō, -iōnis *f*	Gratulation, Glückwunsch
	neglegentia	Nachlässigkeit
	longinquitās, -ātis *f*	Entfernung; Länge
	panthēra	Panther
	paucitās, -ātis *f*	geringe Zahl

WB

Das Suffix *-ōsus*

ludus pericul**-osus** („ein Spiel, reich an Gefahr": ein gefährliches Spiel)

Adjektive mit dem Suffix ***-ōsus*** bezeichnen eine **Fülle** („reich an, erfüllt von"). Sie leiten sich vom Stamm eines Nomens ab.

W1 **Übersetze und gib das dem Adjektiv zugrundeliegende Substantiv an. Erkläre dann nur die unterstrichenen Adjektive durch eine Umschreibung mit *plenus.***

Beispiel: ludus periculosus – ein gefährliches Spiel
⇒ periculum: ludus periculorum plenus

oculi <u>lacrimosi</u>, vir fortis et animosus, iuvenis <u>studiosus</u>, epistula <u>verbosa</u>, amici numerosi, cives seditiosi, vita <u>tumultuosa</u>, ager <u>fructuosus</u>, femina speciosa

Welche Adjektivsuffixe verwenden wir entsprechend im Deutschen?

W2 **Die englische Sprache hat das Adjektivsuffix *-osus* übernommen, meist in der Form *-ous,* z. B. *numer-ous.* Übertrage ins Englische:**
officiosus, studiosus, copiosus, laboriosus

W3 **Bilde jeweils eine Wortfamilie zu:** ire, spectare, servus

W4 **Lateinische Abkürzungen sind in der Sprache der Universität und der Wissenschaft traditionell üblich. Lies laut, übersetze und erkläre die Bedeutung:**

Dr. med.	Doctor medicinae
Dr. rer. nat.	Doctor rerum naturalium
Dr. rer. pol.	Doctor rerum politicarum
Dr. phil.	Doctor philosophiae
Dr. sc.	Doctor scientiarum

Die Vorlesung beginnt um 9 Uhr *c. t.* (*cum tempore,* das bedeutet 15 Minuten nach der angegebenen Zeit). Wir treffen uns um 8 Uhr *s. t. (sine tempore)* im *Audimax (Auditorium maximum).*

W5 **Berühmte Worte**
Iucundi acti labores. *(Cicero)*
Imperare sibi maximum imperium est. *(Seneca)*
Cuius regio, eius religio. *(Rechtsgrundsatz der Reformationszeit)*

L Lernwortschatz

A		recitāre	vortragen, vorlesen	**D** rezitieren
		flēre, fleō, flēvī, flētum	weinen, beweinen	
		beātus, a, um	(innerlich) glücklich; reich	
		īnfēlīx, -īcis	unglücklich	
	5	fēlīx, -īcis	glücklich; erfolgreich	
		administrāre	verwalten, leiten	**D** Administration
		tūtus, a, um	sicher, geschützt	**D** Tutor
		imminēre	bevorstehen, drohen	
		sēdecim	sechzehn	
	10	accidere, accidit, accidit	sich ereignen, zustoßen	**E** accident
		igitur *(Adv.)*	also, daher	
		cōnstāns, -antis (*vgl.* stāre)	beständig, standhaft	**D** konstant
		modo *(Adv.)*	nur; soeben	
		nōn modo ..., sed etiam	nicht nur ..., sondern auch	
		superbia	Hochmut, Überheblichkeit; Stolz	
	15	prae *(Präp. b. Abl.)*	vor	**D** Präposition
		pōscere, pōscō, popōscī, –	fordern, verlangen	
		quīnquāgintā	fünfzig	
		comparāre (*vgl.* parāre)	beschaffen; vergleichen	**E** to compare **D** Komparativ
		praeda	Beute	
B	20	permāgnus, a, um	sehr groß, riesig	
		dēcipere, dēcipiō, dēcēpī, dēceptum (*vgl.* capere)	täuschen	**E** to deceive
		praeter *(Präp. b. Akk.)*	an ... vorbei; außer	**D** Präteritum
		ostendere, ostendō, ostendī, ostentum	zeigen; darlegen	
		perterrēre, perterreō, perterruī, perterritum	sehr erschrecken	
	25	rēmus	Ruder	**D** Riemen
		vēlum	Segel	
		lēnīre	lindern, mildern	
		color, -ōris *m*	Farbe	**D** Lokalkolorit **E** colour
		ōs, ōris *n*	Mund; Gesicht	
	30	circum (*Präp. b. Akk.*)	um ... herum	
L/F:		talentum	Talent *(größte griech. Münzeinheit; eine große Geldsumme)*	

J:	Cicerō beātus habētur	Cicero wird für glücklich gehalten, gilt als glücklich
	prae sē ferre	vor sich hertragen, an den Tag legen
Z:	īnsolenter *(Adv.)*	auf unverschämte Weise
	hedera	Efeu
	vītis, -is *f*	Weinranke
	panthēra	Panther
	delphīnus	Delphin
	dēsilīre, dēsiliō, dēsiluī,-	herabspringen
	natāre	schwimmen

WB

Das Präfix *per-*

a) per-currere (**durch-**eilen) **b) per-**ferre (**hin-**bringen)
Tritt die Präposition ***per*** als Präfix vor ein Verb, so wird
a) der zu durchschreitende Weg **b)** der Weg bis zu seinem Ziel bezeichnet.

per-magnus (**sehr** groß) **per-**terrere (**sehr** erschrecken)
Einige Adjektive und Verben können durch das Präfix ***per-,*** ähnlich wie durch das Präfix ***prae-*** *(vgl. WB 8)* **verstärkt** werden.

W1 **Übersetze:**
omnem Italiam pererrare
persaepe nuntium amico perferre
legatum ad Caesarem perducere
in permultas urbes pervenire
verbis iudicum permotus
perpaucas res perspicere

W2 **Vornamen lateinischer Herkunft: Was bedeuten sie?**
Barbara, Beate, Carmen, Felix, Felizitas, Konstanze

W3 **Sammle alle Berufe, die du auf Lateinisch bezeichnen kannst.**

W4 **Berühmte Worte**
Römische Meinungen über das Glück (II): Welche gefällt dir, welche nicht?
Beati possidentes. *(nach Horaz)* — possidēre: besitzen
Nemo est ab omni parte beatus. *(Horaz)*
Non est beatus, esse qui se non putat. *(Publilius Syrus)*
Beatus ante mortem nemo. *(Ovid, nach Solon)*
Nemo malus felix. *(Juvenal)*
Felix, qui nihil debet. *(Sprichwort)*
Felix, qui potuit rerum cognoscere causas! *(Vergil)*
Beatus est, qui prodest, cui potest. *(Sprichwort)*
Felicitas multos habet amicos. *(Sprichwort)* — felicitas: ↗ WB 15
O vita, misero longa, felici brevis! *(Publilius Syrus)*
Fortuna vitrea est. *(Publilius Syrus)* — vitreus, a, um: gläsern

W5 **Italienisch – für Lateiner kein Problem!**

Wer in seinem Hotel dieses Schild vorfindet, kann ganz schön außer Atem kommen:

Warnschilder:

Auf einer Speisekarte ist als Titel zu lesen:

Eigennamen und Sachbegriffe

Begriffe wie *Mons Caelius, Clivus Scauri* etc. sind meist alphabetisch nach dem Eigennamen, den sie enthalten, gereiht; sie sind also unter ***Caelius** mons, Clivus **Scauri*** zu finden. In der Regel erscheinen die Eintragungen in lateinischer Schreibweise (z. B. ***C**apitolium* für dt. „**K**apitol", ***C**ensor* für dt. „**Z**ensor", *bellum **G**allicum* für dt. „Gallischer Krieg").

Acca Larentia	in der röm. Sage Ziehmutter von ↗Romulus und ↗Remus
Achilles	griech. Achilleus, Sohn der Göttin Thetis und des Sterblichen Peleus, der berühmteste griech. Held im Trojanischen Krieg und im Epos ↗*Ilias*
Aedilis	Ädil, röm. Beamter, zuständig u. a. für Polizeiaufgaben, die Verwaltung von öffentlichen Gebäuden, Tempeln, Straßen und Märkten, die Lebensmittelversorgung sowie die öffentlichen Spiele in der Stadt Rom
Aeneas	Sohn der Göttin ↗Venus und des Trojaners Anchises, der nach dem Fall ↗Trojas den göttlichen Auftrag erhält, in ↗Latium eine neue Heimat zu suchen, der Sage nach Ahnherr der Römer; Held des röm. Nationalepos *Aeneis* (↗Vergil)
Aesculapius	Äskulap, griech. Asklepios, Gott der Heilkunst, Sohn ↗Apollons; sein Tempel in Rom stand auf der Tiberinsel
Aesopus	Äsop, griech. Fabeldichter (vermutlich 6. Jh. v. Chr.)
Agrigentum	heute: Agrigento, ursprgl. griech. Stadt an der Südküste Siziliens, dann unter karthagischer Herrschaft, im 2. ↗Punischen Krieg von den Römern erobert
Alba Longa	in der Nähe des heutigen Castel Gandolfo gelegen, der Sage nach vom Sohn des ↗Aeneas gegründete Stadt in den ↗Albaner Bergen
Albaner Berge	lat. Albanus mons, heute: Colli Albani, Bergregion südöstlich von Rom in ↗Latium
Alesia	heute: Alise-Ste. Reine (in der Nähe von Dijon), Stadt der gallischen Mandubier, von Caesar im Kampf gegen ↗Vercingetorix 52 v. Chr. belagert und erobert
Alexander (Magnus)	Alexander der Große (356–323 v. Chr.), makedonischer König, der ein Weltreich von Griechenland bis Ägypten und zu den Grenzen Indiens schuf
Alexandria	Stadt im Nildelta, 332 v. Chr. von ↗Alexander dem Großen gegründet, danach Regierungssitz des Ptolemäerreiches und international bedeutende Metropole, ab 30 v. Chr. Hauptstadt der röm. Provinz Ägypten
Alkaios	lat. Alcaeus, griech. Dichter von der Insel Lesbos (um 600 v. Chr.)
Amor	röm. Gott der Liebe, dem griech. Eros gleichgesetzt, Sohn der ↗Venus; oft als geflügelter Knabe dargestellt
Amulius	mythischer König von ↗Alba Longa, Großonkel von ↗Romulus und ↗Remus
Antiochia	heute: Antakya in Syrien, Stadt am Orontes, bedeutendes antikes Wirtschafts- und Kulturzentrum, seit 27 v. Chr. Verwaltungssitz der röm. Provinz Syria
Antonius (Marcus)	Mark Anton, röm. Feldherr und Politiker (82–30 v. Chr.), Anhänger Caesars und als Verbündeter und Schwager des ↗Octavianus Verfolger der Caesarmörder; ab 37 Herrscher in den östlichen Provinzen einschließlich Ägyptens und Gatte der ägyptischen Königin Kleopatra, Gegenspieler des ↗Octavianus im Bürgerkrieg; nach der Niederlage bei Actium (31 v. Chr.) und der Einnahme von ↗Alexandria beging er Selbstmord
Ap(p)enninus Mons	die Apenninen, Hauptgebirge Italiens, das sich nord-südlich von Genua bis nach Kalabrien zieht
Apollo	griech. Apollon, Gott der Weissagung, der Wissenschaften und der Musik; seine berühmteste Orakelstätte war Delphi in Mittelgriechenland
Appius Claudius Caecus	röm. Politiker (Zensor 312 v. Chr.) und Sozialreformer, der u. a. die Via Appia und die erste Wasserleitung Roms bauen ließ
Via Appia	wichtigste Straße Roms in Richtung Süden, durch die ↗Albaner Berge zunächst bis Capua, dann bis Brundisium (heute: Brindisi) führend
Aquitani	gallisch-iberische Völkerschaft, die im südwestlichen Gallien heimisch war

Arion	griech. Dichter und Sänger von Lesbos (um 600 v. Chr.); der Sage nach wird er von einem Delphin vor dem Ertrinken gerettet
Ariovistus	Heerkönig der germanischen ↗Sueben, die sich unter seiner Herrschaft im Elsaß ansiedelten; von Caesar geschlagen und über den Rhein zurückgedrängt
Arverni	die Arverner, ein mächtiger keltischer Stamm, der in der heutigen Auvergne angesiedelt war
Asia	Kleinasien (Asia minor), seit 130 v. Chr. röm. Provinz
Asklepios	↗Aesculapius
Assyrien	fruchtbares Land am Tigris, Zentrum eines mächtigen Reiches im Vorderen Orient, das sich von Armenien bis zum Persischen Golf erstreckte; unter Kaiser ↗Trajan röm. Provinz
Atuatuca	Stadt des germanischen Stammes der Atuaticer, beim heutigen Tongern in Belgien gelegen; von Caesar 57 v. Chr. erobert
Augustinus (Aurelius)	Bischof im röm. Nordafrika und bedeutender christlicher Schriftsteller (354–430)
Augustus	„der Erhabene", seit 27 v. Chr. Beiname und offizieller Titel des C. ↗Octavianus (63 v. Chr.–14 n. Chr.), des Adoptivsohns und Erben Caesars, der in langen Machtkämpfen durch Ausschaltung aller Rivalen (31 v. Chr. Sieg bei Actium über Marcus Antonius) und Unterstützung des Militärs Alleinherrscher über das röm. Reich wurde; mit ihm begann die röm. Kaiserzeit
Aventinus mons	der Aventin, einer der sieben Hügel Roms
Bacchus	griech. Bakchos oder Dionysos, Gott des Weines, des Rausches und der Fruchtbarkeit
Belgae	die Belger, eine keltische Völkerschaft in Nordgallien, die zwischen Seine, Marne, Rhein und Nordsee siedelte; von Caesar unterworfen
Boethius (Anicius Manlius)	röm. Philosoph (ca. 480–524), der vor seiner Hinrichtung im Gefängnis die Trostschrift *Consolatio Philosophiae* verfaßte
Brennus	Anführer der Gallier, die 387 v. Chr. Rom eroberten
Britannia	die größte der britischen Inseln; röm. Provinz seit 43 n. Chr.
Bruttium	Landschaft im Südwesten Italiens, heute: Kalabrien
Caelius (Marcus Rufus)	röm. Politiker (82–48 v. Chr.), Klient und Korrespondent ↗Ciceros (1)
Caelius mons	der Caelius, einer der sieben Hügel Roms
Caesar (Gaius Iulius)	röm. Feldherr und Politiker (100–44 v. Chr.); nach langen innenpolitischen Krisen setzte er als *imperator* und *dictator* auf Lebenszeit die Staatsform der Republik außer Kraft und wurde deshalb bei einem politischen Attentat von Anhängern der Republik ermordet; Autor von *De bello Gallico* und *De bello civili*
Campagna	moderne ital. Bezeichnung für die ländliche Umgebung Roms
Campania	Kampanien, Region südlich von ↗Latium
Capitolium	auch Capitolinus mons genannt, das Kapitol, der Haupthügel und Burgberg Roms, mit wichtigen Tempeln, Staatsarchiv und Münzanstalt; ital. Campidoglio; heute Sitz der röm. Stadtverwaltung
Capitolinus	kapitolinisch, zum Kapitol gehörig
Capua	Stadt in ↗Campania, nördlich von Neapel gelegen
Carthago	Karthago, heute: Carthage; Stadt in Nordafrika, Zentrum des mächtigen phönizischen Staates, große Handelsmacht und Konkurrenz für Rom; wurde in den drei ↗Punischen Kriegen besiegt und schließlich völlig zerstört (146 v. Chr.)
Castor	griech. Kastor, Sohn der Leda, Zwillingsbruder des ↗Pollux; zusammen wurden die beiden auch Dioskuren („Zeus-Söhne") genannt und in Gefahren als Nothelfer angerufen; ihr Tempel stand auf dem ↗Forum Romanum
Catilina (Lucius Sergius)	röm. Politiker (108–62 v. Chr.), der eine Revolution, die sog. Catilinarische Verschwörung, und die Machtübernahme in Rom plante, was aber vom Konsul ↗Cicero (1) vereitelt wurde
Cato (Marcus Porcius; Censorius)	Cato „der Ältere", röm. Staatsmann (234–149 v. Chr.), unerbittlicher Feind ↗Karthagos, bekannt für seine Sittenstrenge und konservativen politischen Ziele, Autor von *De agri cultura*

Catullus (Gaius Valerius)	Catull, röm. Dichter (ca. 84–ca. 47 v. Chr.); berühmt sind seine Liebesgedichte an Lesbia
Celtae	die Kelten, ein indoeuropäisches Volk, das im Altertum in ganz Europa siedelte
Censor	Zensor, hoher Beamter der röm. Republik, der für fünf Jahre gewählt wurde, um den Zensus (Volkszählung) als Grundlage für Bürgerlisten, Steuerklassen und Militärdienst durchzuführen
Censura	das Amt des Zensors, die Zensur
Cicero (Marcus Tullius) (1)	Politiker, Redner und Schriftsteller der späten röm. Republik (106–43 v. Chr.), als *homo novus* 63 v. Chr. bis zum ↗Konsul aufgestiegen, Verfechter der republikanischen Staatsform und daher Gegner Caesars, auf Befehl des Marcus ↗Antonius ermordet; von seinen Werken sind Reden, philosophische, rhetorische und staatstheoretische Abhandlungen sowie Briefe erhalten
Cicero (Marcus Tullius) (2)	Sohn des vorigen und der Terentia, geb. 65 v. Chr; seine politische Karriere gipfelte im Konsulat mit ↗Octavianus (30 v. Chr.)
Cicero (Quintus) (1)	jüngerer Bruder von Marcus Tullius (1) (102–43 v. Chr.); politisch brachte er es bis zum ↗Prätorenamt; im Bürgerkrieg stand er auf Seiten Caesars
Cicero (Quintus) (2)	Sohn des letzteren, Neffe von Marcus Tullius (66–43 v. Chr.)
Cilicia	Kilikien, Küstenlandschaft im Südosten Kleinasiens, röm. Provinz seit 101 v. Chr.
Cimbri	die Kimbern, ein germanischer Stamm, der in Gemeinschaft mit den Teutonen um 115–100 v. Chr. das röm. Reich im Norden bedrohte und nur mit Mühe von ↗Marius zurückgeschlagen werden konnte
Circus Maximus	die älteste und größte Wagenrennbahn Roms, zwischen ↗Palatin und Aventin gelegen, umgeben von Sitzreihen mit Tribüne; 600 m lang, 150 m breit; zunächst für ca. 60 000, in der Kaiserzeit nach Umbau für 180 000 Zuschauer
Cloaca Maxima	ältester und größter Abwasserkanal Roms in Form eines Gewölbebaus; mündet in den Tiber
Colosseum	das Kolosseum, das größte Amphitheater der Antike (Längsachse: 188 m, Querachse: 156 m; vier Stockwerke mit einer Gesamthöhe von 48,5 m), zwischen ↗Palatin und Esquilin gelegen, im Mittelalter so benannt nach der damals in der Nähe stehenden Riesenstatue (dem „Koloß") des Kaisers ↗Nero; antiker Name: Amphitheatrum Flavium, da von den flavischen Kaisern Vespasian und Titus erbaut; eingeweiht um 80 n. Chr.
Concordia	Göttin der Eintracht; ihr Tempel stand am Abhang des ↗Kapitols, nahe dem ↗Forum Romanum
Consul	Inhaber des höchsten Regierungsamtes der röm. Republik; je zwei Konsuln wurden von der Volksversammlung für die Amtszeit von einem Jahr gewählt
Consulatus	das Konsulat, das Amt der Konsuln
Coriolanus (Gnaeus Marcius)	röm. Feldherr, der nach seiner Verbannung mit einem Heer von ↗Volskern um 500 v. Chr. gegen seine Heimatstadt kämpft und der Sage nach erst gemahnt durch seine Mutter und Gattin abzieht; danach wird er von seinem volskischen Gastfreund ermordet
Crassus (Marcus Licinius)	röm. Feldherr und Politiker (115–53 v. Chr.), der mit Caesar und ↗Pompeius 59 v. Chr. das Erste Triumvirat (politisches Machtbündnis von drei Männern) schloß; Beiname *Dives* wegen seines legendären Reichtums
Creta	Kreta, die größte griech. Insel im Süden der Ägäis, im 1. Jh. v. Chr. ein Stützpunkt der Seeräuber; seit 67 v. Chr. unter röm. Herrschaft
Crixus	Krixos, ein keltischer Sklave und ↗Gladiator in ↗Capua, zusammen mit ↗Spartacus Anführer des Sklavenaufstandes 74–71 v. Chr.
Delos	kleine griech. Insel, in der Mitte der Kykladen gelegen; als Freihafen seit der Mitte des 2. Jh. v. Chr. bedeutendes Handelszentrum im östlichen Mittelmeer
Descartes (René)	lat. Renatus Cartesius, ein bedeutender Philosoph der Renaissancezeit, der einige seiner Werke in lateinischer Sprache verfaßte (1596–1650)

Deucalion	Deukalion, in der griech. Sage zusammen mit seiner Gattin Pyrrha der einzige Überlebende einer großen Sintflut, die ↗Zeus zur Strafe der Menschheit schickt, und somit Stammvater der Griechen
Dictator	in der frühen röm. Republik ein Politiker mit außerordentlichen Vollmachten, der in Krisenzeiten für höchstens sechs Monate bestellt wurde; in der späten Republik wurde Sulla zum Diktator für mehrere Jahre ernannt, Caesar dann auf Lebenszeit
Diogenes Laertios	griech. Schriftsteller (3. Jh. n. Chr.), Verfasser der Philosophiegeschichte „Leben und Meinungen der großen Philosophen"
Dionysos	↗Bacchus
Dyrrhachium	heute: Durazzo/Durres (Albanien); Hafenstadt an der illyrischen Balkanküste, seit 228 v. Chr. römisch; Ausgangspunkt für die Überfahrt nach Brundisium (Brindisi); Schlachtfeld im Bürgerkrieg zwischen Caesar und ↗Pompeius
Engelsburg	Mausoleum (monumentaler Grabbau) des Kaisers Hadrian (fertiggestellt 139 n. Chr.), in welchem auch die folgenden Kaiser bis 217 n. Chr. beigesetzt wurden; im Mittelalter Besitz und Festung der Päpste
Ephesus	griech. Ephesos, Stadt in Kleinasien mit bedeutendem Hafen und Artemis-Tempel, seit 133 v. Chr. unter röm. Herrschaft
Epidaurus	Hafenstadt im Nordwesten der Peloponnes, in der Antike ein renommierter Kurort (↗Asklepios-Kult) mit einem großen Theater
Esquilinus mons	der Esquilin, einer der sieben Hügel Roms
Etrusci	auch Tusci genannt, die Etrusker, ein Volk ungeklärter Herkunft, das im 1. Jahrtausend v. Chr. vor allem im nördlichen Mittelitalien (Etrurien, Toscana) angesiedelt war; sie übten großen kulturellen Einfluß auf die Entwicklung Roms, wurden aber bis zum 1. Jh. v. Chr. von den Römern immer mehr unterworfen oder romanisiert
Europa	in der griech. Sage eine phönikische (↗Phoenices) Königstochter, die ↗Zeus in Gestalt eines Stieres nach Kreta entführt
Eusebius	Bischof von Caesarea und christlicher Schriftsteller (ca. 260–340)
Faustulus	in der röm. Sage der Hirte, der die am Tiber ausgesetzten Königskinder ↗Romulus und ↗Remus findet und aufzieht
Forum Boarium	ältester Handelsplatz Roms (ursprgl. „Rindermarkt"), in unmittelbarer Nähe des Binnenhafens bei der Tiberinsel gelegen, wo die erste Brücke den Fluß überspannte
Forum Romanum	wichtigster öffentlicher Platz Roms, Zentrum des politischen, religiösen und kulturellen Lebens, zwischen ↗Kapitol, Palatin und Esquilin gelegen; Sitz von Banken und Geschäften, Tempeln und anderen öffentlichen monumentalen Bauten
Fortuna	röm. Göttin des Glücks, Zufalls und Schicksals, der griech. Tyche gleichgesetzt
Gallia	das Siedlungsgebiet der Gallier zwischen Rhein, Alpen, Mittelmeer, Pyrenäen und Atlantik, seit dem 2. Jh. v. Chr. mehr und mehr unter röm. Herrschaft: zuerst die in Norditalien gelegenen Gebiete, später der Hauptteil (entsprechend etwa dem heutigen Frankreich) durch die Eroberungskriege Caesars (58–51 v. Chr.); unter Kaiser ↗Augustus wurde das Land neu aufgeteilt in die Provinzen Lugdunensis (= Celtica), Belgica und Aquitania
Gallia Transalpina	das „jenseitige" (d. h. nördlich der Alpen gelegene) Gallien (im Gegensatz zu Gallia Cisalpina auf der südlichen Seite der Alpen)
Galli	die Gallier, Kelten
Gallicus	gallisch, keltisch
bellum Gallicum	„gallischer Krieg", der Eroberungsfeldzug unter Gaius Iulius Caesar, bei dem ganz Gallien unterworfen wurde (58–51 v. Chr.); Kriegsbericht von Caesar selbst in den *Commentarii de bello Gallico*
Gergovia	heute: Gergovie bei Clermont-Ferrand; Stadt der gallischen ↗Arverni, die 52 v. Chr. unter ↗Vercingetorix dem Angriff Caesars standhielt
Germani	die Germanen; ihr Siedlungsgebiet lag zur Zeit Caesars zwischen Rhein, Donau, Weichsel und dem Meer im Norden

Gladiatoren	Schaukämpfer, meist Sklaven, Kriegsgefangene oder verurteilte Kriminelle, aber auch Freiwillige, die speziell ausgebildet wurden und im Amphitheater mit unterschiedlichen Waffen gegeneinander und gegen Tiere kämpften, oft mit tödlichem Ausgang
Hadrianus (Publius Aelius)	Hadrian, 117–138 röm. Kaiser
Hector	griech. Hektor, der Sage nach trojanischer Prinz und Thronfolger, Sohn des ↗Priamus und der Hecuba, Held im Krieg gegen die Griechen, im Kampf gegen ↗Achilles gefallen
Helvetii	Helvetier, keltisches Volk, im 1. Jh. v. Chr. zwischen Bodensee und Genfer See ansässig, das 58 v. Chr. nach Südgallien (ins heutige Südwestfrankreich) wanderte, aber von Caesar zurückgedrängt wurde
Hera	↗Iuno
Herculaneum	süditalienische Stadt am Golf von Neapel, beliebter Erholungsort der Römer; wurde 79 n. Chr. beim Ausbruch des ↗Vesuvs verschüttet
Hercules	griech. Herakles, bekanntester Heros der griech. Sage, Sohn des ↗Zeus und der Alkmene, der zwölf schwere Taten bestehen muß (z. B. Kampf mit dem Nemeischen Löwen, Ausmisten der Augias-Ställe, Bändigung des Höllenhundes Kerberos)
Ara Herculis	auch Ara maxima genannt, am ↗Forum Boarium gelegener monumentaler Altar, an dem seit ältester Zeit Hercules verehrt wurde
Hercynia silva	Herkynischer Wald, ein nahe der Donau gelegenes Waldgebirge, Grenzgebiet zwischen Kelten und Germanen; in Caesars Schrift *De bello Gallico* ein Urwald voller unbekannter wilder Tiere
Herodotus	Herodot, griech. Geschichtsschreiber (5. Jh. v. Chr.); seine *Historien* sind unsere Hauptquelle für die Perserkriege und ihre Vorgeschichte
Hieronymus	christlicher Schriftsteller (ca. 340–420), Verfasser des verbindlichen lateinischen Bibeltextes (*Vulgata*)
Homerus	Homer, griech. Sänger und Dichter, dem die früheste europäische Literatur zugeschrieben wird, die Epen ↗*Ilias* und *Odyssee* (entstanden wohl im 8. Jh. v. Chr.)
Horatius (Quintus Flaccus)	Horaz, großer röm. Dichter der augusteischen Zeit (65–8 v. Chr.)
Hygieia	griech. Göttin der Gesundheit, seit dem 5. Jh. v. Chr. meist zusammen mit ↗Asclepius verehrt
Ilias	älteste Dichtung Europas, ein Heldenepos in Hexametern über den Kampf um ↗Troja, dem griech. Dichter Homer zugeschrieben
India	Indien, in der antiken Welt seit den Eroberungszügen ↗Alexanders des Großen, der bis zum Pandschab vordrang, besser bekannt; Handelsrouten verbanden es über Ägypten und den Indischen Ozean mit Rom
Iudaeus	Jude, *Adj.*: jüdisch
Iuno	italische Gottheit, die mit der griech. Hera gleichgesetzt wurde, Gattin ↗Jupiters, Beschützerin der Frauen, der Ehe und der Geburten; zusammen mit ↗Minerva und ↗Iupiter im Haupttempel Roms auf dem ↗Kapitol verehrt
Iup(p)iter, *Gen.* Iovis	alter italischer Himmelsvater, der mit dem griech. Zeus, dem obersten der olympischen Götter, gleichgesetzt wurde; Herr des Himmels, des Wetters und der Eide; oberster Schutzherr Roms; der wichtigste Tempel Roms war der des Iupiter Optimus Maximus auf dem ↗Kapitol
Iuvenalis (Decimus Iunius)	Juvenal, röm. Rhetor und Verfasser von bissigen gesellschaftskritischen Satiren (ca. 58–130)
Latium	ital. Lazio, Region in Mittelitalien, in der Rom liegt
Legatus	a) Legat, Unterfeldherr: Stabsoffizier mit Kommando über eine ↗Legion; b) Gesandter
Legio	Legion, röm. Heereseinheit, Sollstärke 6000 Mann, praktisch häufig weniger (zur Zeit Caesars etwa 4000 Mann Fußvolk plus Reiter und Hilfstruppen)
Libya	ursprgl. griech. Name für Afrika; für die Römer: Libyen, nordöstlicher Küstenstreifen Afrikas, östlich von Ägypten gelegen
Limes	durchgehende Befestigungsanlage entlang der röm. Reichsgrenze zur Abwehr der feindlichen Völker seit dem 1. Jh. n. Chr., bestehend aus Gräben, Wällen, Wachtürmen und Kastellen; in Germanien zog er sich vom nördlichen Rhein bis nach Regensburg

Lucilius (Gaius)	röm. Satirendichter (ca. 180–102 v. Chr.), der dem Kreis des Publius Cornelius ↗Scipio nahestand
Lucius	Hauptfigur des lat. Romans „Der Goldene Esel" (oder *Metamorphosen*) des Apuleius (2. Jh. n. Chr.); er wird durch Zauber in einen Esel verwandelt und muß vielfache Abenteuer bestehen, bevor er mit Hilfe der Göttin Isis seine menschliche Gestalt zurückerhält
Lucretius (Titus Carus)	Lukrez, röm. Dichter (ca. 95–55 v. Chr.), Verfasser des Lehrgedichtes *De rerum natura,* einer Darstellung der Philosophie Epikurs in Versen
Magna Mater	Kybele, die „Große Mutter", eine anatolische Muttergottheit, deren Kult seit dem 2. ↗Punischen Krieg in Rom heimisch war; ihr Tempel stand auf dem ↗Palatin
Mandubii	gallische Völkerschaft, die im heutigen Auxois siedelte; ihre Hauptstadt war ↗Alesia
Marcus Antonius	↗Antonius
Marius (Gaius)	röm. Feldherr, Heeresreformer und Politiker (157–86 v. Chr.), der als *homo novus* siebenmal Konsul wurde; Oberhaupt der popularen Partei in einem Bürgerkrieg gegen die Optimaten unter Sulla (ab 88 v. Chr.)
Mars	röm. Kriegsgott, oft dem griech. Ares gleichgesetzt; nach ihm wurde der erste Monat des alten röm. Jahres benannt (*mensis Martius* = März); der Sage nach Vater von ↗Romulus und ↗Remus, also Ahnherr der Römer
Campus Martius	das Marsfeld, das Gelände zwischen Tiber, Quirinal und ↗Kapitol, wo die großen Heeres- und Wahlversammlungen stattfanden
Martialis (Marcus Valerius)	Martial, röm. Dichter von Epigrammen (ca. 40–104)
Menenius Agrippa (Lanatus)	röm. Politiker und Feldherr um 500 v. Chr., dem es der Sage nach gelingt, die aus Rom ausgezogenen ↗Plebejer durch eine Fabel zur Rückkehr zu veranlassen
Mesopotamia	Gebiet im heutigen Irak zwischen den Flüssen Euphrat und Tigris (griech. „Zwischenstromland"), seit 92 v. Chr. mehrfach unter röm. Herrschaft, jedoch immer wieder von den ↗Parthern zurückerobert
Minerva	Göttin der Künste und des Handwerks, der griech. Athene gleichgesetzt; zusammen mit ↗Iupiter und ↗Iuno im bedeutendsten Tempel Roms auf dem ↗Kapitol verehrt
Naxus	griech. Naxos, größte der Kykladeninseln im ägäischen Meer, bekannt für ihren Wein; Dionysos wurde hier besonders verehrt (↗Bacchus)
Nero (Claudius Caesar)	54–68 der fünfte röm. Kaiser
Numitor	in der röm. Sage König von ↗Alba Longa und Vater der ↗Rhea Silvia, von seinem Bruder Amulius vertrieben, später aber von ↗Romulus und Remus wieder in seine Herrschaft eingesetzt
Octavianus	Oktavian, Adoptivname für Gaius Octavius, den späteren Kaiser ↗Augustus (63 v. Chr.–14 n. Chr.)
Odysseus	↗Ulixes
Ostia	bedeutende Handelsstadt an der Tibermündung, Haupthafen Roms
Ovidius (Publius Naso)	röm. Dichter (43 v. Chr.–18 n. Chr.), von ↗Augustus aus Rom verbannt, berühmt durch seine Liebesdichtungen *Amores* und *Ars Amatoria* und sein mythologisches Epos *Metamorphosen* („Verwandlungssagen")
Palatinus mons	der Palatin, auch Palatium genannt; mittlerer der sieben Hügel Roms, auf dem die Paläste der Kaiser lagen
Parther	asiatisches Volk, das ab 250 v. Chr. ein Großreich im heutigen Iran beherrschte; an seiner Westgrenze im Dreistromland kam es immer wieder zu militärischen Konflikten mit dem Imperium Romanum
Paulus	im Neuen Testament der Apostel Paulus von Tarsos, ursprgl. hebr. Name Saulus; durch eine Erscheinung des Auferstandenen bekehrt, wurde er der erste christliche Missionar; ca. 65 n. Chr. in Rom hingerichtet
Petronius (Gaius; Arbiter)	Petron, vermutlich Verfasser des Schelmenromans *Satyricon* mit dem berühmten „Gastmahl des Trimalchio", von Kaiser ↗Nero 66 n. Chr. zum Selbstmord gezwungen
Phaedrus	röm. Fabeldichter (1. Jh. n. Chr.) in der Nachfolge ↗Aesops
Phoenices	die Phönizier, ein mächtiges orientalisches Seefahrervolk
Piraeus	Hafen der Stadt Athen

Plautus (Titus Maccius)	röm. Komödiendichter (ca. 250–184 v. Chr.), der 130 Stücke geschrieben haben soll; 20 sind erhalten
Plebeius	Plebejer, Angehöriger der Plebs, der nicht adligen Bevölkerung Roms
Plinius (Gaius Caecilius Secundus)	Plinius der Jüngere, röm. Redner, Anwalt und Schriftsteller (61–113), bekannt durch seine Briefe und eine Lobrede auf Kaiser ↗Trajan
Plutarchus	Plutarch, griech. Schriftsteller; er schrieb u. a. Biographien, in denen er berühmte griech. und röm. Männer miteinander verglich (ca. 40–120 n. Chr.)
Pollux	griech. Polydeukes, Zwillingsbruder des ↗Castor, Sohn von ↗Zeus und Leda
Pompeii	Pompeji, blühende Stadt im südital. Kampanien, seit 80 v. Chr. röm. Kolonie, 79 n. Chr. durch den Ausbruch des ↗Vesuvs völlig verschüttet; um 1600 wiederentdeckt, seit dem 18. Jh. systematische Ausgrabungen
Pompeius (Gnaeus; Magnus)	röm. Feldherr und Politiker (106–48 v. Chr.), Sieger u. a. über die Seeräuber, Schwiegersohn Caesars; zuerst mit diesem und ↗Crassus im Machtbündnis des sog. Ersten Triumvirates vereint, dann aber als Gegner Caesars im Bürgerkrieg geschlagen
Pontifex	Mitglied des offiziellen röm. Priesterkollegiums; der Pontifex Maximus hatte die Oberaufsicht über alle Fragen des Kultes und der Religion, z. B. über die ↗Vestalinnen, und damit auch Einfluß auf die Politik
Pontinische Sümpfe	malariaverseuchtes Sumpfgebiet in ↗Latium, zwischen den ↗Albaner Bergen und dem ↗tyrrhenischen Meer gelegen
Pontos	Landschaft im Norden Kleinasiens am Schwarzen Meer, ab 63 v. Chr. röm. Provinz; 47 v. Chr. warf Caesar dort in wenigen Tagen einen Aufstand nieder
Porta Querquetulana	Stadttor des antiken Rom, am Fuße des ↗Caelius gelegen
Praetor	Prätor, hoher röm. Beamter, jeweils für ein Jahr gewählt, zuständig für Recht und Gericht sowie für die Provinzverwaltung
Priamus	griech. Priamos, mythischer König von Troja, Gatte der Hecuba, Vater u. a. von ↗Hector, Paris und Cassandra
Proconsul	ehemaliger ↗Consul: nach Ablauf seiner Amtszeit war ein Konsul berechtigt, eine röm. Provinz zu verwalten und dort Steuern einzutreiben
Publilius Syrus	röm. Schauspieler und Mimusdichter (1. Jh. v. Chr.), dessen Sprüche (*Sententiae*) im 1. Jh. n. Chr. gesammelt wurden
Punier	phönizische Bevölkerung ↗Carthagos und Nordafrikas
Punische Kriege	drei große Kriege zwischen Rom und dem mächtigen punischen (phönizischen) Reich ↗Carthagos; im 1. Punischen Krieg (264–241 v. Chr.) nahm Rom Sizilien ein; durch den 2. Punischen Krieg (218–201 v. Chr.), in dem Hannibal auch gegen die Stadt Rom zog, gewann Rom Spanien und nordafrikanische Reichsteile; nach dem 3. Punischen Krieg (149–146 v. Chr.) wurde Carthago vollständig zerstört und seine gesamte Bevölkerung versklavt
Quirites	Bezeichnung für die röm. Bürger, z. B. als formelle Anrede in der Volksversammlung
Remus	in der röm. Sage mit seinem Zwillingsbruder ↗Romulus Gründer Roms; von diesem im Streit erschlagen
Rhea Silvia	in der röm. Sage Stammutter Roms; sie wird von ihrem Onkel ↗Amulius gezwungen, ihre neugeborenen Zwillingsknaben ↗Romulus und ↗Remus, als deren Vater sie den Kriegsgott ↗Mars angibt, auszusetzen
Rhenus	keltisch-röm. Name für den Rhein
Rhodanus	röm. Name für die Rhône
Rhodos	„Roseninsel", lat. Rhodus, große griech. Insel vor der Küste Kleinasiens, Handels- und Kulturzentrum sowie beliebter Studienort junger Römer
Roma	die Stadt Rom, nach antiker Berechnung 753 v. Chr. gegründet
Romulus	sagenhafter Gründer und erster König Roms
Sabini	das mittelitalische Volk der Sabiner, die den Römern benachbart waren und von ihnen für Ureinwohner gehalten wurden
Sallustius (Gaius Crispus)	röm. Politiker und Geschichtsschreiber (86–ca. 35 v. Chr); Hauptwerke: *Historiae, Coniuratio Catilinae, Bellum Iugurthinum;* während des Bürgerkriegs stand er auf der Seite Caesars

Samnites	Samniten, Volksstamm im Süden Italiens, von den Römern in drei Kriegen im 4. Jh. v. Chr. unterworfen
Saturnalia	die Saturnalien, eine Art Karnevalsfest in Rom (ab dem 17. Dezember), benannt nach dem Gott ↗Saturnus
Saturnus	altrömischer Ackerbau- und Erntegott, oft mit dem griech. Kronos gleichgesetzt
Clivus Scauri	antike Straße, die den ↗Caelius hinaufführte
Scipio (Publius Cornelius)	röm. Politiker und Feldherr, der den 2. ↗Punischen Krieg gegen Karthago für Rom entschied (235–183 v. Chr.); sein Ehrenname war Africanus
Semele	in der griech. Sage Geliebte des ↗Zeus und Mutter des ↗Dionysos; sie verbrennt, als der Göttervater ihr in seiner eigentlichen Gestalt als Blitz erscheint
Senator	Mitglied des ↗Senatus
Senatus	der röm. Senat, ursprgl. „Ältestenrat" (vgl. *senex*), dem die diensthabenden und ehemaligen hohen Beamten auf Lebenszeit angehörten; ihm oblagen die Bestätigung von Volksbeschlüssen, Gesetzen und Wahlen, die Außenpolitik, das Finanzwesen und die Steuern
Seneca (Lucius Annaeus)	Politiker, ↗stoischer Philosoph und Schriftsteller (4 v. Chr.–62 n. Chr.), Autor von moralischen Abhandlungen, Briefen und Tragödien; Erzieher des Kaisers ↗Nero, von dem er, in Ungnade gefallen, zum Selbstmord gezwungen wurde
Septimius Severus	röm. Kaiser 193–211 n. Chr.; erster der sog. Soldatenkaiser, d. h. vom Heer bestimmten Herrscher
Servilius	Angehöriger eines alten röm. Geschlechtes, das seit der frühen Republik in der Politik eine Rolle spielte
Servilia	Name für Töchter aus dem Geschlecht der Servilier
Sicilia	Sizilien, seit dem 8. Jh. v. Chr. von griech. Auswanderern besiedelt, seit 227 v. Chr. die erste röm. Provinz
Socrates	Sokrates, bedeutender athenischer Philosoph (5. Jh. v. Chr.), berühmt durch die von seinem Schüler Platon verfaßten Dialoge; wegen angeblicher Gottlosigkeit und als Verderber der Jugend 399 v. Chr. durch Gift hingerichtet
Solon	athenischer Staatsmann, Gesetzesreformer und Dichter, einer der Sieben Weisen (640–560 v. Chr.)
Sophocles	Sophokles, griech. Dichter (5. Jh. v. Chr.), von dessen 123 Tragödien sieben erhalten sind, darunter *Antigone* und *Ödipus*
Spartacus	gebürtiger Thraker, als röm. Sklave ↗Gladiator in ↗Capua, dann Anführer des größten Sklavenaufstandes der Antike (74–71 v. Chr.), der nur mit Mühe niedergeschlagen wurde
Stoicus	Stoiker (*Adj.*: stoisch): Anhänger der Philosophie der Stoa, die eine an der Vernunft und der Natur ausgerichtete Moral und innere Unabhängigkeit von äußeren Zwängen und Begierden lehrte (um 300 v. Chr. in Athen von Zenon begründet)
Suebi	die Sueben, ein größerer westgermanischer Volksverband, von dem ein Teil zur Zeit Caesars im Flußgebiet des Main siedelte; von Caesar 58 v. Chr. geschlagen
Syracusae	Syrakus, heute: Siracusa, griech. Stadt an der Ostküste Siziliens, 212 v. Chr. von den Römern erobert
Tacitus (Publius Cornelius)	röm. Geschichtsschreiber (55–120); Hauptwerke: *Historiae, Annales* und die ethnographische Schrift *Germania*
Tarpeius (Spurius)	in der röm. Sage Aufseher der röm. Burg während der sabinischen Belagerung, Vater der Tarpeia, die den ↗Sabinern den Zugang zum ↗Kapitol verrät
Saxum Tarpeium	der Tarpeische Felsen, Steilhang im Südosten des ↗Kapitols, von dem bis zum Jahr 43 n. Chr. Schwerverbrecher hinabgestürzt wurden
Tarquinius Superbus	letzter der legendären sieben Könige der Frühzeit Roms
Terentia	von 79 bis 46 v. Chr. die Gattin ↗Ciceros (1)
Terentius (Publius Afer)	Terenz, röm. Dichter von Komödien, von denen sechs erhalten sind (ca. 190–155 v. Chr.)
Teutoni	die Teutonen, nordgermanischer Volksstamm (↗Cimbri)

Thrax	Thraker, Bewohner der antiken Landschaft Thrakien im Südosten des Balkans
Tiberis	der Tiber, ital. Tevere, größter Fluß Mittelitaliens, an dem die Stadt Rom liegt, in der Antike bis weit über Rom hinauf schiffbar; mündet bei Ostia ins Mittelmeer
Tiro (Marcus Tullius)	Sekretär und Vertrauter ↗Ciceros (1) sowie Herausgeber von dessen Schriften; Erfinder eines Kurzschriftsystems; als Sklave geboren, trug er, wie jeder Freigelassene, den Namen seines Herrn (103–4 v. Chr.)
Titus (Flavius Vespasianus)	79–81 röm. Kaiser
Titus Tatius	legendärer König der ↗Sabiner, der nach dem Frauenraub den Rachekrieg gegen die Römer führt
Traianus (Marcus Ulpius)	Trajan, 98–117 röm. Kaiser; unter seiner Herrschaft hatte das röm. Reich die größte Ausdehnung
Triclinium	Speisezimmer des röm. Hauses mit meist drei Speisesofas für je drei Personen
Trimalchio	ein neureicher Millionär von zweifelhaftem Geschmack, bei dem in ↗Petrons Roman *Satyricon* ein verschwenderisches Gastmahl stattfindet
Troia	Stadt im Norden Kleinasiens, auch Ilion genannt; in der griech. Sage Ort des Trojanischen Krieges, von dem das Epos ↗*Ilias* handelt
Troianus	Trojaner, *Adj.*: trojanisch
Tullia	Tochter ↗Ciceros (1) und Terentias (ca. 78–45 v. Chr.)
Tullianum	unterirdischer Teil des röm. Staatsgefängnisses, in dem zum Tode Verurteilte eingesperrt und hingerichtet wurden, am Südosthang des ↗Kapitols gelegen
Tusculum	Ort in den ↗Albaner Bergen
Tusculanum	das Landgut ↗Ciceros bei Tusculum
tyrrhenisches Meer	der nach den Tyrrhenern (↗Etruskern) benannte Teil des Mittelmeers westlich von Italien
Ulixes	griech. Odysseus, Held der homerischen Epen ↗*Ilias* und *Odyssee,* der nach dem Trojanischen Krieg zehn Jahre lang Irrfahrten hinter sich bringen muß, bevor er in seine Heimat Ithaka zurückkehren kann
Veii	Veji, reiche etruskische Stadt nördlich von Rom, 396 v. Chr. von den Römern erobert
Venus	röm. Göttin der Liebe und Fruchtbarkeit, oft gleichgesetzt mit der griech. Aphrodite; sie galt als Mutter des ↗Aeneas und wurde seit der Zeit Caesars als Schutzherrin Roms verehrt
Vercingetorix	Anführer der keltischen ↗Arverner, ab 52 v. Chr. Führer des großen Gallieraufstandes gegen Caesar, bei ↗Alesia besiegt und 46 v. Chr. im ↗Tullianum hingerichtet
Vergilius (Publius Maro)	Vergil, bedeutender röm. Dichter (70–19 v. Chr.), mit dem Kaiser ↗Augustus eng befreundet; sein Epos *Aeneis* erzählt das Schicksal des ↗Aeneas von der Flucht aus ↗Troja bis zur Ansiedlung in Italien
Vesta	Göttin des Herdfeuers, wichtig in der röm. Staatsreligion; ihr Rundtempel stand auf dem ↗Forum Romanum
Vestalis <virgo>	Vestalin, eine der sechs Priesterinnen der Vesta, die das ewige Herdfeuer im Tempel der Göttin bewahren mußten und im Atrium Vestae auf dem Forum ehelos lebten
Vesuvius mons	der Vesuv, größter Vulkan des europäischen Festlandes, am Golf von Neapel gelegen; bei seinem verheerenden Ausbruch 79 n. Chr. gingen die Städte Pompeji und Herculaneum unter
Via Sacra	die „Heilige Straße", führte über das ↗Forum Romanum zum ↗Kapitol
Volsci	die Volsker, ein mittelitalisches Volk zwischen ↗Latium und ↗Kampanien, um 340 v. Chr. von den Römern endgültig unterworfen
Zeus	↗Iupiter

Grammatisches Register

Die folgenden Begriffe, Regeln und Lernstoffe findest du in den Grammatischen Impulsen:

Register zur Wortbildung und Wortkunde

Folgende Begriffe, Regeln und Lernstoffe findest du im Wortschatzteil der angegebenen Lektionen:

Bildnachweis:

Ch. Aumann, Niederhausen: 286; **L. Balensiefen, Berlin:** Umschlagfoto, 20, 21 (rechts), 22, 23, 33, 36 (2×), 46, 51, 52, 54, 71; **S. Baumann, Tübingen:** 103, 115, 119, 127; **Deutsches Archäologisches Institut, Rom:** 8 (4×), 9 (2×), 15, 21 (links), 27, 29 (rechts), 32, 35, 45 (rechts), 62 (2×), 65 (2×), 72; **Les Editions Albert René / Goscinny-Uderzo © 1995:** 60 (oben); **Fratelli Alinari, Florenz:** 38, 55, 58 (2×), 81; **Hirmer Verlag GmbH, München:** 49; **Interfoto Pressebild-Agentur · Bildarchiv, München:** 73 (unten); **J. Lindauer Verlagsarchiv:** 12 (2×), 26, 30, 40, 43, 45 (links), 67, 73 (oben), 78, 197; **Ny Carlsberg Glyptotek, Kopenhagen:** 74; **Österreichische Nationalbibliothek, Wien:** 18; **Photographie Giraudon, Paris:** 31; **Photo Réunion des Musées Nationaux, Paris:** 28 (oben 2×); **Rheinisches Bildarchiv, Köln:** 28 (unten); **Rheinisches Landesmuseum, Trier:** 41; **Staatliche Antikensammlungen und Glyptothek, München (Foto Museum):** 29 (links), 80; **H. D. Stöver, Rheinbach:** 112, 165, 175, 186; **A. Wätjen, Pullach:** 10, 13, 19, 24, 34, 60 (unten), 84, 88, 89, 93, 97, 98 (5×), 101, 105, 109, 113 (5×), 121, 124, 126, 135, 136, 145, 146, 151, 156, 157, 158, 162, 167, 170, 176, 180, 181, 187, 188, 190, 192, 196, 220 (4×), 221, 238 (4×), 255, 260 (5×), 287

Wegweiser

I. Satzlehre (Syntax)

1. Die Bestimmung und Kennzeichnung der Satzglieder

Beispielsatz:

Heute erzählt der Lehrer den Schülern eine neue Geschichte.
Z ~~~ Z — D – – – D — Ak – – – Ak — Adj ⊢⊣ Adj

Hodie magister discipulis fabulam novam narrat.
Z ~~~ Z — D – – – D — Ak – – – Ak — Adj ⊢⊣ Adj

Fragen	*Antwort*	*grammatische Bezeichnung des Satzglieds*
Wer (oder **was**) erzählt? **Quis** (aut **quid**) narrat?	der Lehrer magister	SUBJEKT (Satzgegenstand)
Was wird (über den Lehrer) ausgesagt? Quid (de magistro) praedicatur?	(er) erzählt narrat	PRÄDIKAT (Satzaussage)
(**Wen** oder) **was** erzählt er? (**Quem** aut) **quid** narrat?	eine neue Geschichte Ak – – – Ak fabulam novam Ak – – – Ak	OBJEKT (Ergänzung) im Akkusativ: AKKUSATIV-OBJEKT
Wem erzählt er die neue Geschichte? **Cui** fabulam novam narrat?	den Schülern D – – – D discipulis D – – – D	OBJEKT (Ergänzung) im Dativ: DATIV-OBJEKT
Wann erzählt er? **Quando** narrat?	heute Z ~~~ Z hodie Z ~~~ Z	ADVERBIALE BESTIMMUNG (Umstandsbestimmung) hier: AB der Zeit
Was für eine Geschichte? **Qualem** fabulam?	eine neue Geschichte Adj ⊢⊣ Adj fabulam novam Adj ⊢⊣ Adj	ATTRIBUT (Beifügung) hier: Adjektiv-Attribut

Ein Satz kann **vier selbständige Satzglieder** haben: SUBJEKT, PRÄDIKAT, OBJEKT(E), ADVERBIALE BESTIMMUNG(EN). Zur besonderen Rolle des fünften Satzgliedes, des PRÄDIKATIVUMS, vgl. GI 18.

Dazu kommt das immer unselbständige ATTRIBUT. Es ist deshalb unselbständig, weil es nie allein steht, sondern immer zu einem Satzglied gehört. Beim Unterstreichen ist darauf zu achten, daß zuerst das gesamte **übergeordnete** Satzglied, darunter (in der „zweiten Etage") das unselbständige Satzglied gekennzeichnet wird.

Um den Bau eines Satzes zu verstehen, unterstreichen wir die einzelnen Satzglieder in der oben angegebenen Weise.

Dabei ist zu beachten:

a) Ein Substantiv oder Adjektiv, das zur Vervollständigung eines PRÄDIKATS notwendig ist, bezeichnet man als PRÄDIKATSNOMEN.

Beispiel:

Die Geschichte ist |*neu*|. (PN — PN) Gaius ist |*ein Schüler*|. (PN — PN)

Fabula |*nova*| est. (PN — PN) Gaius |*discipulus*| est. (PN — PN)

Ein Prädikatsnomen kommt regelmäßig bei dem Hilfsverb *sein* vor.

b) Bei den anderen Satzgliedern gibt es weitere Unterscheidungen, z. B.:
- Akkusativ-, Dativ-, Genitiv-, Präpositional-Objekte
- Adverbiale Bestimmungen der Zeit, des Ortes, der Art und Weise, des Grundes usw.
- Adjektiv-, Genitiv-, Präpositionalattribute, Appositionen usw.

Zur Kennzeichnung kann man entsprechende Abkürzungen rechts und links neben die Unterstreichungslinie schreiben.

2. Die Formen der Satzglieder – die ERSATZPROBE

Ein **Satzglied** kann verschiedene **Formen** haben. Seine **syntaktische Funktion**, d. h. seine **Rolle im Satz**, bleibt dennoch gleich, wie die folgenden Beispiele zeigen:

(1) **Adverbiale Bestimmung** (der Zeit)

a. Heute (Hodie)
b. In der ersten Stunde (Prima hora)
c. Wenn der Unterricht beginnt (Cum schola incipit),

} erzählt der Lehrer eine Geschichte.

(2) **Objekt**

Heute erzählt der Lehrer {
a. eine Geschichte (fabulam).
b. von Herkules und dem Löwen (de Hercule et leone).
c., daß Herkules einen Löwen besiegte (Herculem leonem vicisse).
d., warum Herkules den Löwen besiegte (cur Hercules leonem vicerit).

(3) **Subjekt**

a. Die Geschichte (fabula)
b. Daß der Lehrer Geschichten erzählt (Magistrum fabulas narrare),
c. Was der Lehrer erzählt (Quae magister narrat),

} macht den Kindern Spaß.

(4) **Attribut**

a. Die lustige Geschichte (Fabula iocosa)
Adj ++++ Adj Adj ++++ Adj
b. Die Geschichte des Lehrers (Fabula magistri)
G ++++++++++ G G ++++++ G
c. Eine Geschichte, die lustig ist (fabula, quae iocosa est),
Rel ++++++++++ Rel Rel ++++++++++++ Rel

} gefällt den Kindern.

Wie die **Ersatzprobe** beweist, kann ein Satzglied ein einzelnes Wort, eine Wortgruppe (oft mit Präposition = Präpositionaler Ausdruck), ein satzwertiges Glied (z. B. AcI) oder ein Gliedsatz sein. Es gilt ebenso die Umkehrregel, daß grundsätzlich jeder Gliedsatz, ebenso jeder AcI (oder ein satzwertiges Glied) ***ein*** Satzglied ist.

Achte bei der Unterstreichung von komplexen Satzgliedern (z. B. bei Gliedsätzen) darauf, daß die Bestimmung immer **vom Ganzen zum Teil** fortschreitet: Zuerst wird das übergeordnete Satzglied bestimmt, dann in der zweiten, dritten usw. „Etage" die untergeordneten Glieder.

3. Die Stellung der Satzglieder

DAS SATZGLIED-DOMINO
Kopiere dieses Blatt, klebe es auf einen nicht zu starken Karton und schneide die einzelnen „Domino-Steine" aus!

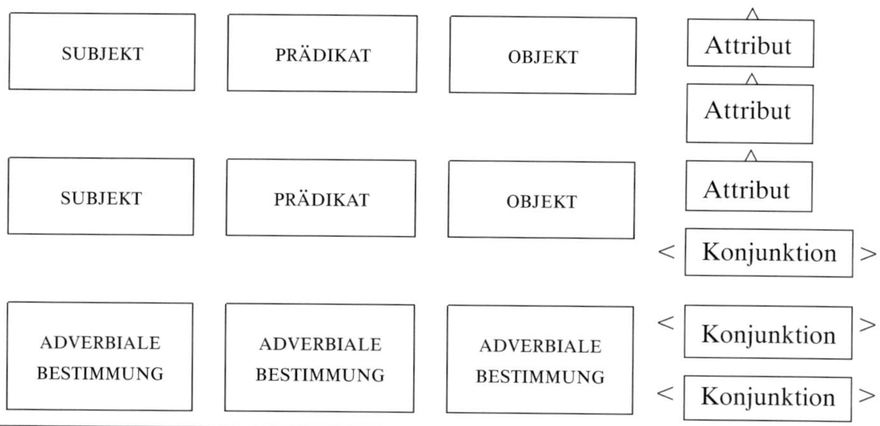

Verschiebeprobe:

1. Position	2. Position:	
Heute	erzählt	der Lehrer den Schülern, daß Herkules einen Löwen besiegt hat.
Der Lehrer	erzählt	heute den Schülern, daß Herkules einen Löwen besiegt hat.
Den Schülern	erzählt	der Lehrer heute, daß Herkules einen Löwen besiegt hat.
Daß Herkules einen Löwen besiegt hat,	erzählt	der Lehrer heute den Schülern.

Merke:

(1) Das Prädikat eines deutschen Aussagesatzes steht immer an zweiter Satzgliedposition. Besteht das Prädikat aus zwei Teilen, besetzt der konjugierte Bestandteil (Personalform) die zweite, der unkonjugierte Teil in der Regel die letzte Stelle des Satzes:

Der Lehrer [wird] den Schülern heute eine Geschichte [erzählen].

(2) Daraus folgt, daß vor dem Prädikat immer nur **ein** Satzglied stehen kann. An der ersten Position kann jedes Satzglied außer dem Prädikat stehen (s. o. die Verschiebeprobe). Zu den Fragesätzen vgl. Lektion 5.

(3) Im Lateinischen ist die Stellung der Satzglieder wesentlich freier als im Deutschen.

II. Verstehen und Übersetzen

1. Für die Übersetzung vom Lateinischen ins Deutsche gilt folgende Regel:

Behalte grundsätzlich die ursprüngliche Reihenfolge der Satzglieder bei! **Stelle nicht unnötig um**!

AB	S	Dat.-Obj.	Akk.-Obj.	P
Cum schola incipit,	magister	discipulis	fabulam	narrat.

Wenn die Schule beginnt, erzählt der Lehrer den Schülern eine Geschichte.

2. Daraus ergibt sich als Schrittfolge für die Übersetzung:

(1) Übersetze das erste Satzglied.

(2) Übersetze danach das Prädikat bzw. den Teil des Prädikats, der im deutschen Satz die zweite Satzgliedposition besetzt.

(3) Übersetze die anderen Satzglieder.

3. Hat ein Satzglied die Form eines Gliedsatzes, gilt als Reihenfolge:

(1) Einleitewort

(2) Subjekt

(3) Die übrigen Satzglieder; das Prädikat steht normalerweise am Ende.

4. Kleinere Umstellungen sind in folgenden Fällen nötig:

- bei vorangestelltem Genitiv-Attribut
  z. B. magistri fabula – die Geschichte des Lehrers
- bei nachgestelltem Adjektiv-Attribut
  z. B. fabula nova – die neue Geschichte
- bei Trennung von Attribut und Beziehungswort durch andere Satzglieder (Hyperbaton)
  z. B. Magna proponit praemia. – Große Belohnungen setzt er aus.

- bei nachgestellter Nebensatzeinleitung (Inversion)
  z. B. Quod ubi Caesar cognovit, ... – Sobald Caesar das erfahren hatte, ...
- bei Relativsätzen, wenn das Beziehungswort nachgestellt ist oder im Gliedsatz selbst steht
  z. B. Habetis, quam petivistis, **facultatem.** – Ihr habt die **Möglichkeit**, die ihr verlangt habt.
- bei einem AcI wird das übergeordnete Verb meist vorgezogen; diese Regel gilt bei einem AcI innerhalb eines Gliedsatzes immer
  z. B. Caesar ubi hostes castra movisse **cognovit**, ... – Sobald Caesar **erfahren hatte**, daß die Feinde aufgebrochen waren, ...

III. Wortarten

Zwischen Satzgliedern und Wortarten muß genau unterschieden werden. Satzglieder können aus verschiedenen Wortarten bestehen, jede Wortart kann zu verschiedenen Satzgliedern gehören (vgl. die Ersatzprobe in I 2). So besteht die AB „Wenn die Schule morgens beginnt" aus den Wortarten Konjunktion (Subjunktion), Artikel, Substantiv, Adverb, Verb.

Alle Wörter lassen sich den folgenden Wortarten zuordnen:

Wortarten	*Untergruppen*	*Beispiele*
flektierbar (man kann das Wort konjugieren oder deklinieren): 1. VERB (Zeitwort) (konjugierbar)	a. Vollverb b. Hilfsverb c. Modalverb	kommen/venire sein/esse können/posse
2. SUBSTANTIV (Hauptwort) (deklinierbar)		Tisch/mensa Freude/gaudium
3. ADJEKTIV (Eigenschaftswort) (deklinierbar)		schön/pulcher
4. PRONOMEN (Fürwort) (deklinierbar)	a. Personal- b. Possessiv- c. Demonstrativ- d. Relativ- e. Interrogativ- f. Indefinit- g. Reflexiv-	ich, du/ego, tu mein/meus jener/ille welcher/qui wer?/quis? irgendeiner/aliquis sich/se
5. ARTIKEL (Geschlechtswort) (deklinierbar)	a. bestimmt b. unbestimmt	der, die, das/– ein, eine/–

Wortarten	*Untergruppen*	*Beispiele*
unflektierbar (unkonjugierbar und undeklinierbar): 6. ADVERB (Umstandswort)		deshalb/itaque schön/pulchre
7. PRÄPOSITION (Verhältniswort)		durch den Fluß/ per flumen in dem Garten/in horto
8. INTERJEKTION (Ausrufewort)		ach!/vae!
9. KONJUNKTION (Bindewort)	a. koordinierend: verbindet gleiche Satzglieder oder Sätze b. subordinierend (SUBJUNKTION): leitet Gliedsätze ein	und/et denn/nam weil/quod wenn/si

Zu den flektierbaren Wortarten:

1. Konjugation (Verb)

Unterschieden werden:

- Person – 1., 2., 3.
- Numerus – Singular, Plural
- Modus – Indikativ, Konjunktiv, Imperativ
- Tempus – *L*: Präsens, Imperfekt, Futur I, Perfekt, Plusquamperfekt, Futur II
  – *D*: Präsens, Präteritum, Futur I, Perfekt, Plusquamperfekt, Futur II
- Genus verbi (Handlungsart) – Aktiv, Passiv

Beispiel: laudaris – 2. Sg. Ind. Präs. Pass.

2. Deklination (Substantiv, Adjektiv, Pronomen, Artikel)

Unterschieden werden:

- Kasus – *L*: Nominativ, Genitiv, Dativ, Akkusativ, Ablativ, Vokativ
  – *D*: Nominativ, Genitiv, Dativ, Akkusativ
- Numerus – Singular, Plural
- Genus – Masculinum (*m*), Femininum (*f*), Neutrum (*n*)

Beispiel: amorem – Akk. Sg. *m*

IV. Formenlehre

1. Konjugation (Verb)

a) Aktiv

		a-Konjugation	*e-Konjugation*	*i-Konjugation*	*Mischgruppe*	*konsonantische Konjugation*
Präsensstamm		spectā-	monē-	audī-	cap(i)-	trah-
Infinitiv Präsens		spectā-**re**	monē-**re**	audī-**re**	cap-**e-re**	trah-**e-re**
Präsens	*Sg. 1*	spect-**ō**	mone-**ō**	audi-**ō**	capi-**ō**	trah-**ō**
	2	spectā-**s**	monē-**s**	audī-**s**	cap-**i-s**	trah-**i-s**
	3	specta-**t**	mone-**t**	audi-**t**	cap-**i-t**	trah-**i-t**
	Pl. 1	spectā-**mus**	monē-**mus**	audī-**mus**	cáp-**i-mus**	tráh-**i-mus**
	2	spectā-**tis**	monē-**tis**	audī-**tis**	cáp-**i-tis**	tráh-**i-tis**
	3	specta-**nt**	mone-**nt**	audi-**u-nt**	cápi-**u-nt**	tráh-**u-nt**
Imperfekt	*Sg. 1*	spectā-**ba-m**	monē-**ba-m**	audi-**ēba-m**	capi-**ēba-m**	trah-**ēba-m**
	2	spectā-**bā-s**	monē-**bā-s**	audi-**ēbā-s**	capi-**ēbā-s**	trah-**ēbā-s**
	3	spectā-**ba-t**	monē-**ba-t**	audi-**ēba-t**	capi-**ēba-t**	trah-**ēba-t**
	Pl. 1	spectā-**bā-mus**	monē-**bā-mus**	audi-**ēbā-mus**	capi-**ēbā-mus**	trah-**ēbā-mus**
	2	spectā-**bā-tis**	monē-**bā-tis**	audi-**ēbā-tis**	capi-**ēbā-tis**	trah-**ēbā-tis**
	3	spectā-**ba-nt**	monē-**ba-nt**	audi-**ēba-nt**	capi-**ēba-nt**	trah-**ēba-nt**
Imperativ	*Sg.*	spectā	monē	audī	cap-**e**	trah-**e**
	Pl.	spectā-**te**	monē-**te**	audī-**te**	cáp-**i-te**	tráh-**i-te**
Perfektstamm		spectāv-	monu-	audīv-	cēp-	trāx-
Infinitiv Perfekt		spectāv-**isse**	monu-**isse**	audīv-**isse**	cēp-**isse**	trāx-**isse**
Perfekt	*Sg. 1*	spectāv-**ī**	monu-**ī**	audīv-**ī**	cēp-**ī**	trāx-**ī**
	2	spectāv-**istī**	monu-**istī**	audīv-**istī**	cēp-**istī**	trāx-**istī**
	3	spectāv-**it**	monu-**it**	audīv-**it**	cēp-**it**	trāx-**it**
	Pl. 1	spectāv-**imus**	monú-**imus**	audīv-**imus**	cēp-**imus**	trāx-**imus**
	2	spectāv-**istis**	monu-**istis**	audīv-**istis**	cēp-**istis**	trāx-**istis**
	3	spectāv-**ērunt**	monu-**ērunt**	audīv-**ērunt**	cēp-**ērunt**	trāx-**ērunt**
Plusquam-perfekt	*Sg. 1*	spectā́v-**eram**	monú-**eram**	audī́v-**eram**	cḗp-**eram**	trā́x-**eram**
	2	spectāv-**erās**	monu-**erās**	audīv-**erās**	cēp-**erās**	trāx-**erās**
	3	spectāv-**erat**	monu-**erat**	audīv-**erat**	cēp-**erat**	trāx-**erat**
	Pl. 1	spectāv-**erāmus**	monu-**erāmus**	audīv-**erāmus**	cēp-**erāmus**	trāx-**erāmus**
	2	spectāv-**erātis**	monu-**erātis**	audīv-**erātis**	cēp-**erātis**	trāx-**erātis**
	3	spectāv-**erant**	monu-**erant**	audīv-**erant**	cēp-**erant**	trāx-**erant**

b) Passiv

		a-Konjugation	*e-Konjugation*	*i-Konjugation*	*Mischgruppe*	*konsonant. Konjugation*
Präsensstamm		spectā-	monē-	audī-	cap(i)-	trah-
Infinitiv Präsens		spectā-**rī**	monē-**rī**	audī-**rī**	cap-**ī**	trah-**ī**
Präsens	*Sg. 1*	spect-**or**	mone-**or**	audi-**or**	capi-**or**	trah-**or**
	2	spectā-**ris**	monē-**ris**	audī-**ris**	cáp-**e-ris**	tráh-**e-ris**
	3	spectā-**tur**	monē-**tur**	audī-**tur**	cáp-**i-tur**	tráh-**i-tur**
	Pl. 1	spectā-**mur**	monē-**mur**	audī-**mur**	cáp-**i-mur**	tráh-**i-mur**
	2	spectā́-**minī**	monē-**minī**	audī-**minī**	cáp-**i-minī**	trah-**i-minī**
	3	specta-**ntur**	mone-**ntur**	audi-**u-ntur**	capi-**u-ntur**	trah-**u-ntur**
Imperfekt	*Sg. 1*	spectā-**ba-r**	monē-**ba-r**	audi-**ēba-r**	capi-**ēba-r**	trah-**ēba-r**
	2	spectā-**bā-ris**	monē-**bā-ris**	audi-**ēbā-ris**	capi-**ēbā-ris**	trah-**ēbā-ris**
	3	spectā-**bā-tur**	monē-**bā-tur**	audi-**ēbā-tur**	capi-**ēbā-tur**	trah-**ēbā-tur**
	Pl. 1	spectā-**bā-mur**	monē-**bā-mur**	audi-**ēbā-mur**	capi-**ēbā-mur**	trah-**ēbā-mur**
	2	spectā-**bā-minī**	monē-**bā-minī**	audi-**ēbā-minī**	capi-**ēbā-minī**	trah-**ēbā-minī**
	3	spectā-**ba-ntur**	monē-**ba-ntur**	audi-**ēba-ntur**	capi-**ēba-ntur**	trah-**ēba-ntur**
Partizipialstamm		spectāt-	monit-	audīt-	capt-	tract-
Infinitiv Perfekt		spectāt**um, am, um/** spectāt**ōs, ās, a esse**	monit**um, am, um/** monit**ōs, ās, a esse**	audīt**um, am, um/** audīt**ōs, ās, a esse**	capt**um, am, um/** capt**ōs, ās, a esse**	tract**um, am, um/** tract**ōs, ās, a esse**
Perfekt	*Sg. 1*	spectāt**us, a, um sum**	monit**us, a, um sum**	audīt**us, a, um sum**	capt**us, a, um sum**	tract**us, a, um sum**
	2	spectāt**us, a, um es**	monit**us, a, um es**	audīt**us, a, um es**	capt**us, a, um es**	tract**us, a, um es**
	3	spectāt**us, a, um est**	monit**us, a, um est**	audīt**us, a, um est**	capt**us, a, um est**	tract**us, a, um est**
	Pl. 1	spectāt**ī, ae, a sumus**	monit**ī, ae, a sumus**	audīt**ī, ae, a sumus**	capt**ī, ae, a sumus**	tract**ī, ae, a sumus**
	2	spectāt**ī, ae, a estis**	monit**ī, ae, a estis**	audīt**ī, ae, a estis**	capt**ī, ae, a estis**	tract**ī, ae, a estis**
	3	spectāt**ī, ae, a sunt**	monit**ī, ae, a sunt**	audīt**ī, ae, a sunt**	capt**ī, ae, a sunt**	tract**ī, ae, a sunt**
Plusquam-perfekt	*Sg. 1*	spectāt**us, a, um eram**	monit**us, a, um eram**	audīt**us, a, um eram**	capt**us, a, um eram**	tract**us, a, um eram**
	2	spectāt**us, a, um erās**	monit**us, a, um erās**	audīt**us, a, um erās**	capt**us, a, um erās**	tract**us, a, um erās**
	3	spectāt**us, a, um erat**	monit**us, a, um erat**	audīt**us, a, um erat**	capt**us, a, um erat**	tract**us, a, um erat**
	Pl. 1	spectāt**ī, ae, a erāmus**	monit**ī, ae, a erāmus**	audīt**ī, ae, a erāmus**	capt**ī, ae, a erāmus**	tract**ī, ae, a erāmus**
	2	spectāt**ī, ae, a erātis**	monit**ī, ae, a erātis**	audīt**ī, ae, a erātis**	capt**ī, ae, a erātis**	tract**ī, ae, a erātis**
	3	spectāt**ī, ae, a erant**	monit**ī, ae, a erant**	audīt**ī, ae, a erant**	capt**ī, ae, a erant**	tract**ī, ae, a erant**

c) Unregelmäßige Verben

Infinitiv Präsens		*esse*	*posse*	*prōdesse*	*īre*	*ferre*	*ferrī*
Präsensstamm		(e)s-	pot-(e)s-	prōd-(e)s-	e-/ī-	fer-	fer-
Präsens	*Sg. 1*	**sum**	poss**um**	prō**sum**	e-**ō**	fer-**ō**	fer-**or**
	2	**es**	potes	prōdes	ī-**s**	fer-**s**	fer-**ris**
	3	**est**	potes**t**	prōdes**t**	i-**t**	fer-**t**	fer-**tur**
	Pl. 1	**sumus**	póss**umus**	prṓ**sumus**	ī-**mus**	fer-**i-mus**	fer-**i-mur**
	2	**estis**	potes**tis**	prōdes**tis**	ī-**tis**	fer-**tis**	fer-**i-minī**
	3	**sunt**	poss**unt**	prō**sunt**	e-**u-nt**	fer-**u-nt**	fer-**u-ntur**
Imperfekt	*Sg. 1*	er-**a-m**	póter-**a-m**	prōder-**a-m**	ī-**ba-m**	fer-**ēba-m**	fer-**ēba-r**
	2	er-**ā-s**	poter-**ā-s**	prōder-**ā-s**	ī-**bā-s**	fer-**ēbā-s**	fer-**ēbā-ris**
	3	er-**a-t**	poter-**a-t**	prōder-**a-t**	ī-**ba-t**	fer-**ēba-t**	fer-**ēbā-tur**
	Pl. 1	er-**ā-mus**	poter-**ā-mus**	prōder-**ā-mus**	ī-**bā-mus**	fer-**ēbā-mus**	fer-**ēbā-mur**
	2	er-**ā-tis**	poter-**ā-tis**	prōder-**ā-tis**	ī-**bā-tis**	fer-**ēbā-tis**	fer-**ēbā-minī**
	3	er-**a-nt**	poter-**a-nt**	prōder-**a-nt**	ī-**ba-nt**	fer-**ēba-nt**	fer-**ēba-ntur**
Imperativ	*Sg.*	es		prōdes	ī	fer	
	Pl.	es-**te**		prōdes-**te**	ī-**te**	fer-**te**	
Perfektstamm		fu-	potu-	prōfu-	i-	tul-	lāt-
Infinitiv Perfekt		fu-**isse**	potu-**isse**	prōfu-**isse**	i-**isse** > **īsse**	tul-**isse**	lāt**um, am, um / **lāt**ōs, ās, a esse**
Perfekt	*Sg. 1*	fu-**ī**	potu-**ī**	prōfu-**ī**	i-**ī**	tul-**ī**	lāt**us, a, um sum**
	2	fu-**istī**	potu-**istī**	prōfu-**istī**	i-**istī** > **īstī**	tul-**istī**	lāt**us, a, um es**
	3	fu-**it**	potu-**it**	prōfu-**it**	i-**it**	tul-**it**	lāt**us, a, um est**
	Pl. 1	fu-**imus**	potu-**imus**	prōfu-**imus**	i-**imus**	tul-**imus**	lāt**ī, ae, a sumus**
	2	fu-**istis**	potu-**istis**	prōfu-**istis**	i-**istis** > **īstis**	tul-**istis**	lāt**ī, ae, a estis**
	3	fu-**ērunt**	potu-**ērunt**	prōfu-**ērunt**	i-**ērunt**	tul-**ērunt**	lāt**ī, ae, a sunt**
Plus-quam-perfekt	*Sg. 1*	fú-**eram**	potú-**eram**	prōfú-**eram**	í-**eram**	túl-**eram**	lāt**us, a, um eram**
	2	fu-**erās**	potu-**erās**	prōfu-**erās**	i-**erās**	tul-**erās**	lāt**us, a, um erās**
	3	fu-**erat**	potu-**erat**	prōfu-**erat**	i-**erat**	tul-**erat**	lāt**us a, um erat**
	Pl. 1	fu-**erāmus**	potu-**erāmus**	prōfu-**erāmus**	i-**erāmus**	tul-**erāmus**	lāt**ī, ae, a erāmus**
	2	fu-**erātis**	potu-**erātis**	prōfu-**erātis**	i-**erātis**	tul-**erātis**	lāt**ī, ae, a erātis**
	3	fu-**erant**	potu-**erant**	prōfu-**erant**	i-**erant**	tul-**erant**	lāt**ī, ae, a erant**

2. Deklination

a) Substantive

	a-Deklination	*o-Deklination*			
Sg. Nom.	puell**a** (*f*)	amīc**us** (*m*)	puer (*m*)	magister (*m*)	templ**um** (*n*)
Gen.	puell**ae**	amīc**ī**	puer**ī**	magistr**ī**	templ**ī**
Dat.	puell**ae**	amīc**ō**	puer**ō**	magistr**ō**	templ**ō**
Akk.	puell**am**	amīc**um**	puer**um**	magistr**um**	templ**um**
Abl.	puell**ā**	amīc**ō**	puer**ō**	magistr**ō**	templ**ō**
*Vok.**		amīc**e****			
Pl. Nom.	puell**ae**	amīc**ī**	puer**ī**	magistr**ī**	templ**a**
Gen.	puell**ārum**	amīc**ōrum**	puer**ōrum**	magistr**ōrum**	templ**ōrum**
Dat.	puell**īs**	amīc**īs**	puer**īs**	magistr**īs**	templ**īs**
Akk.	puell**ās**	amīc**ōs**	puer**ōs**	magistr**ōs**	templ**a**
Abl.	puell**īs**	amīc**īs**	puer**īs**	magistr**īs**	templ**īs**

* Der Vokativ wird nur angeführt, wenn er anders lautet als der Nominativ.
** Bei Substantiven auf -ius endet der Vokativ auf -**ī**: Corneli-us – Cornel-i.

	Dritte Deklination					
	konsonantische Deklination		*Mischgruppe*		*i-Deklination*	
Sg. Nom.	soror (*f*)	nōmen (*n*)	nāv**is** (*f*)	urb**s** (*f*)	pupp**is** (*f*)	mar**e** (*n*)
Gen.	sorōr**is**	nōmin**is**	nāv**is**	urb**is**	pupp**is**	mar**is**
Dat.	sorōr**ī**	nōmin**ī**	nāv**ī**	urb**ī**	pupp**ī**	mar**ī**
Akk.	sorōr**em**	nōmen	nāv**em**	urb**em**	pupp**im**	mar**e**
Abl.	sorōr**e**	nōmin**e**	nāv**e**	urb**e**	pupp**ī**	mar**ī**
Pl. Nom.	sorōr**ēs**	nōmin**a**	nāv**ēs**	urb**ēs**	pupp**ēs**	mar**ia**
Gen.	sorōr**um**	nōmin**um**	nāv**ium**	urb**ium**	pupp**ium**	mar**ium**
Dat.	sorōr**ibus**	nōmin**ibus**	nāv**ibus**	urb**ibus**	pupp**ibus**	mar**ibus**
Akk.	sorōr**ēs**	nōmin**a**	nāv**ēs**	urb**ēs**	pupp**ēs**	mar**ia**
Abl.	sorōr**ibus**	nōmin**ibus**	nāv**ibus**	urb**ibus**	pupp**ibus**	mar**ibus**

	u-Deklination		*e-Deklination*	
Sg. Nom.	curr**us** (*m*)	corn**ū** (*n*)	r**ēs** (*f*)	di**ēs** (*m*)
Gen.	curr**ūs**	corn**ūs**	r**eī**	di**ēī**
Dat.	curr**uī**	corn**ū**	r**eī**	di**ēī**
Akk.	curr**um**	corn**ū**	r**em**	di**em**
Abl.	curr**ū**	corn**ū**	r**ē**	di**ē**
Pl. Nom.	curr**ūs**	corn**ua**	r**ēs**	di**ēs**
Gen.	curr**uum**	corn**uum**	r**ērum**	di**ērum**
Dat.	curr**ibus**	corn**ibus**	r**ēbus**	di**ēbus**
Akk.	curr**ūs**	corn**ua**	r**ēs**	di**ēs**
Abl.	curr**ibus**	corn**ibus**	r**ēbus**	di**ēbus**

b) Adjektive

	Adjektive der a-/o-Deklination					
	m	*f*	*n*	*m*	*f*	*n*
Sg. Nom.	māgn**us**	māgn**a**	māgn**um**	pulcher	pulchr**a**	pulchr**um**
Gen.	māgn**ī**	māgn**ae**	māgn**ī**	pulchr**ī**	pulchr**ae**	pulchr**ī**
Dat.	māgn**ō**	māgn**ae**	māgn**ō**	pulchr**ō**	pulchr**ae**	pulchr**ō**
Akk.	māgn**um**	māgn**am**	māgn**um**	pulchr**um**	pulchr**am**	pulchr**um**
Abl.	māgn**ō**	māgn**ā**	māgn**ō**	pulchr**ō**	pulchr**ā**	pulchr**ō**
Pl. Nom.	māgn**ī**	māgn**ae**	māgn**a**	pulchr**ī**	pulchr**ae**	pulchr**a**
Gen.	māgn**ōrum**	māgn**ārum**	māgn**ōrum**	pulchr**ōrum**	pulchr**ārum**	pulchr**ōrum**
Dat.	māgn**īs**	māgn**īs**	māgn**īs**	pulchr**īs**	pulchr**īs**	pulchr**īs**
Akk.	māgn**ōs**	māgn**ās**	māgn**a**	pulchr**ōs**	pulchr**ās**	pulchr**a**
Abl.	māgn**īs**	māgn**īs**	māgn**īs**	pulchr**īs**	pulchr**īs**	pulchr**īs**

	Adjektive der Dritten Deklination								
	m	*f*	*n*	*m*	*f*	*n*	*m*	*f*	*n*
Sg. Nom.	ācer	ācr**is**	ācr**e**	fort**is**	fort**is**	fort**e**	ingēns	ingēns	ingēns
Gen.	ācr**is**	ācr**is**	ācr**is**	fort**is**	fort**is**	fort**is**	ingent**is**	ingent**is**	ingent**is**
Dat.	ācr**ī**	ācr**ī**	ācr**ī**	fort**ī**	fort**ī**	fort**ī**	ingent**ī**	ingent**ī**	ingent**ī**
Akk.	ācr**em**	ācr**em**	ācr**e**	fort**em**	fort**em**	fort**e**	ingent**em**	ingent**em**	ingēns
Abl.	ācr**ī**	ācr**ī**	ācr**ī**	fort**ī**	fort**ī**	fort**ī**	ingent**ī**	ingent**ī**	ingent**ī**
Pl. Nom.	ācr**ēs**	ācr**ēs**	ācr**ia**	fort**ēs**	fort**ēs**	fort**ia**	ingent**ēs**	ingent**ēs**	ingent**ia**
Gen.	ācr**ium**	ācr**ium**	ācr**ium**	fort**ium**	fort**ium**	fort**ium**	ingent**ium**	ingent**ium**	ingent**ium**
Dat.	ācr**ibus**	ācr**ibus**	ācr**ibus**	fort**ibus**	fort**ibus**	fort**ibus**	ingent**ibus**	ingent**ibus**	ingent**ibus**
Akk.	ācr**ēs**	ācr**ēs**	ācr**ia**	fort**ēs**	fort**ēs**	fort**ia**	ingent**ēs**	ingent**ēs**	ingent**ia**
Abl.	ācr**ibus**	ācr**ibus**	ācr**ibus**	fort**ibus**	fort**ibus**	fort**ibus**	ingent**ibus**	ingent**ibus**	ingent**ibus**

c) Pronomina

(1) Personalpronomina

	1. Person	*2. Person*	*3. Person*	
			nicht-reflexiv	*reflexiv*
Sg. Nom.	ego	tū	wird ersetzt durch das	–
Gen.	meī	tuī	Demonstrativ-	suī
Dat.	mihi	tibi	pronomen	sibi
Akk.	mē	tē	is, ea, id	sē
Abl.	ā mē, mēcum	ā tē, tēcum		ā sē, sēcum
Pl. Nom.	nōs	vōs	wird ersetzt durch das	–
Gen.	nostrī, nostrum	vestrī, vestrum	Demonstrativ-	suī
Dat.	nōbīs	vōbīs	pronomen	sibi
Akk.	nōs	vōs	eī, eae, ea	sē
Abl.	ā nōbīs, nōbīscum	ā vōbīs, vōbīscum		ā sē, sēcum

(2) Possessivpronomina

1. Person	*2. Person*	*3. Person*	
		nicht-reflexiv	reflexiv
meus, mea, meum	tuus, tua, tuum	wird ersetzt durch den Genitiv des Demonstrativpronomens: eius	suus, sua, suum
noster, nostra, nostrum	vester, vestra, vestrum	wird ersetzt durch den Genitiv des Demonstrativpronomens: eōrum, eārum	suus, sua, suum

(3) Demonstrativpronomen

	m	*f*	*n*
Sg. Nom.	is	ea	id
Gen.	eius	eius	eius
Dat.	eī	eī	eī
Akk.	eum	eam	id
Abl.	eō	eā	eō
Pl. Nom.	eī (iī)	eae	ea
Gen.	eōrum	eārum	eōrum
Dat.	eīs (iīs)	eīs (iīs)	eīs (iīs)
Akk.	eōs	eās	ea
Abl.	eīs (iīs)	eīs (iīs)	eīs (iīs)

(4) Relativpronomen

	m	*f*	*n*
Sg. Nom.	quī	quae	quod
Gen.	cuius	cuius	cuius
Dat.	cui	cui	cui
Akk.	quem	quam	quod
Abl.	quō	quā	quō
Pl. Nom.	quī	quae	quae
Gen.	quōrum	quārum	quōrum
Dat.	quibus	quibus	quibus
Akk.	quōs	quās	quae
Abl.	quibus	quibus	quibus

(5) Interrogativpronomina

substantivisch (wer? was?)	*m/f*	*n*	*adjektivisch (welcher? welche? welches?)*
Nom.	quis	quid	*formengleich mit dem Relativpronomen, vgl. (4) oben, in Sg. und Pl.*
Gen.	cuius	cuius	
Dat.	cui	cui	
Akk.	quem	quid	
Abl.	quō	quō	

VILLA ROMANA QUINQUE DECLINATIONUM

			Dritte Deklination (alle drei Geschlechter)			
A–Deklination -a (meist femininum)	O–Deklination -us, -er (meist masculinum) -um (neutrum)	I. konsonantisch (-e -a -um)	II. Misch-Gruppe (-e -ia -ium)	III. i-Gruppe (-i -ia -ium)	U–Deklination -us, Gen.-us (meist masculinum) -u (neutrum)	E–Deklination -es, Gen.-ei (meist femininum)

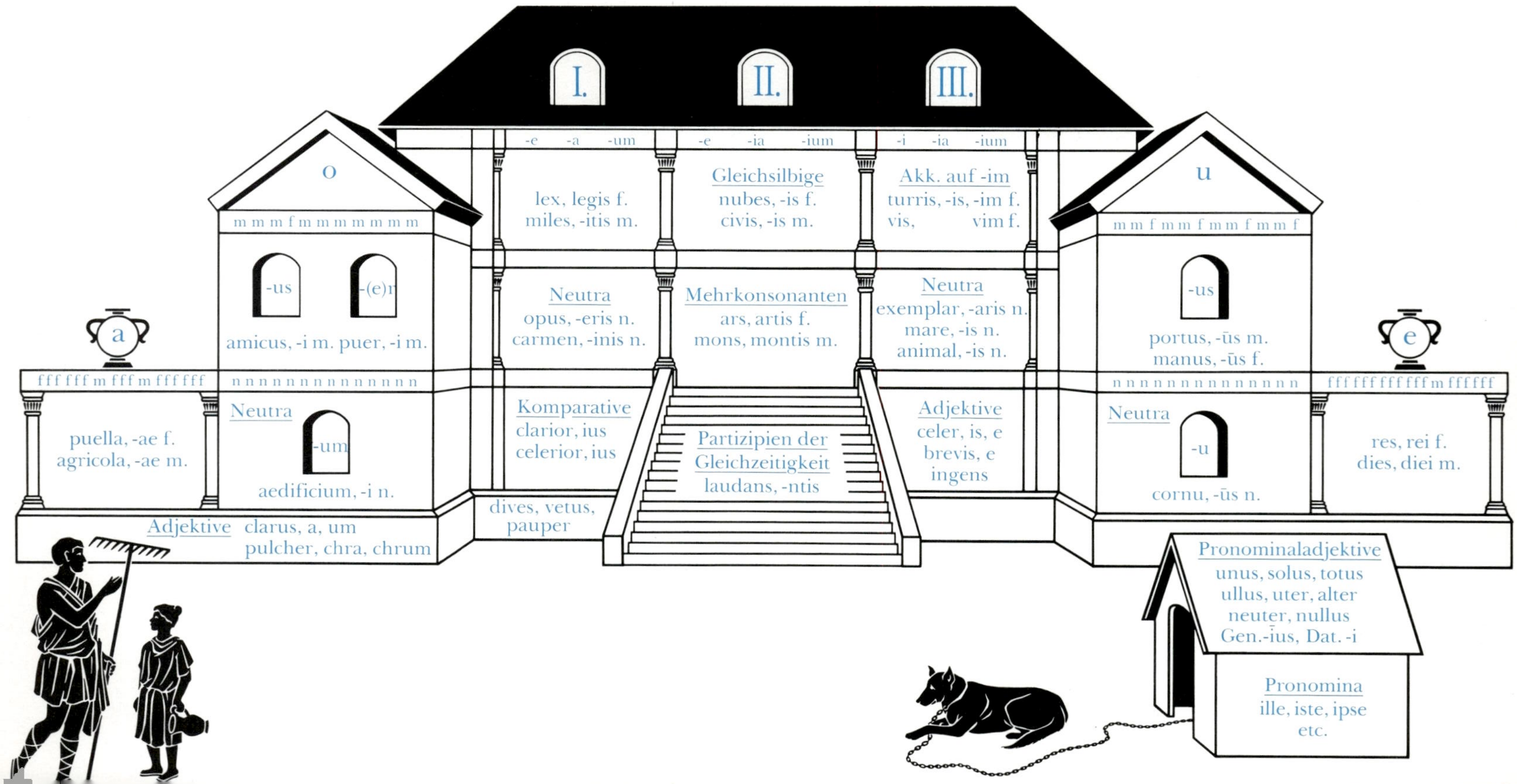

NAVIS TEMPORUM ROMANA

Beispiele:
Aktiv und Passiv
der 3. Person Sg./Pl.
von *capere*

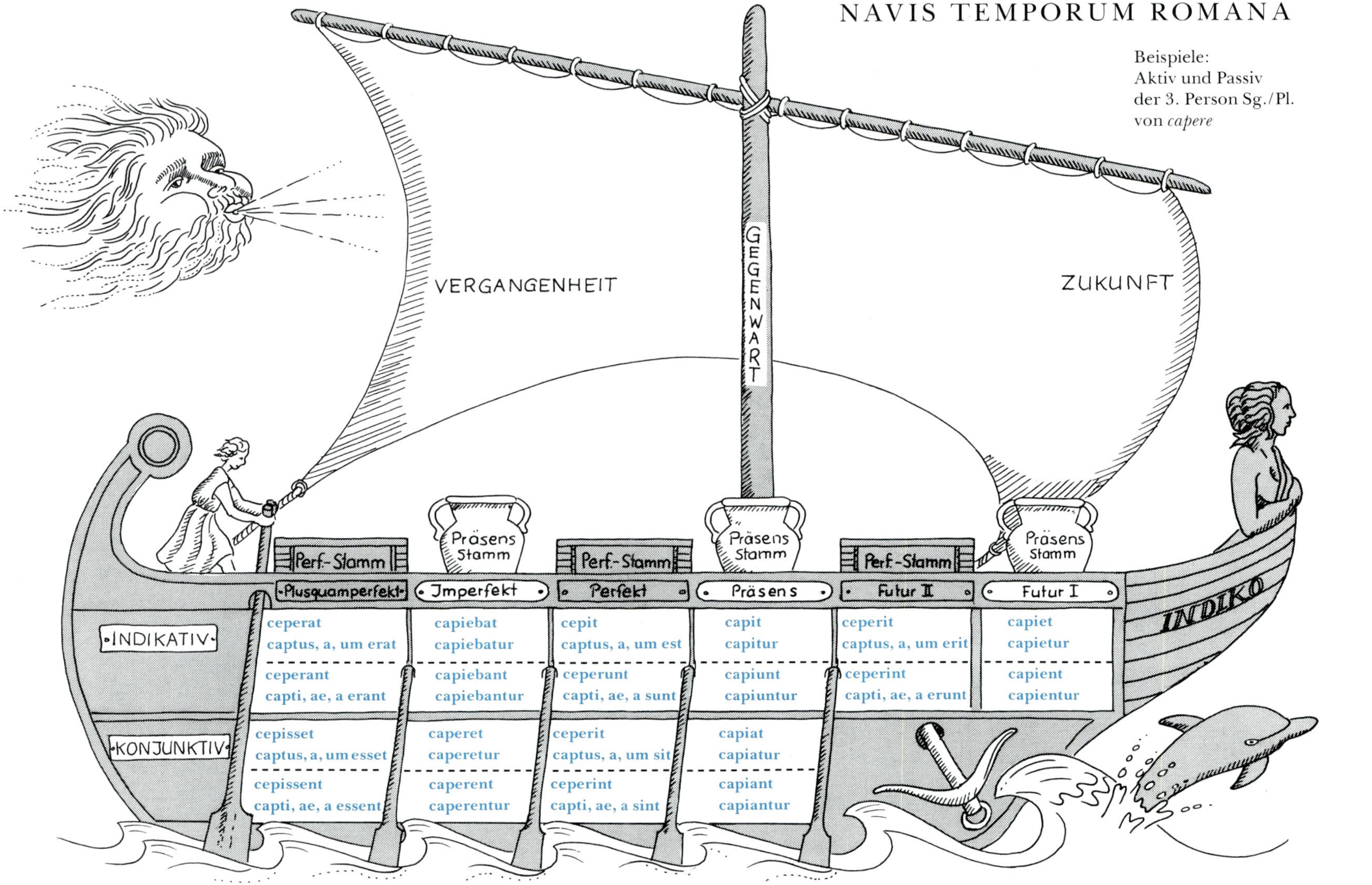

Lateinisch-deutsches Wörterverzeichnis

Die Zahlen geben an, in welcher Lektion die Vokabeln und Junkturen erstmals auftreten.

a / ab *(Präp. b. Abl.)* **9** von, von ... her / weg
abducere, abduco, -duxi, -ductum **10** wegführen
abire, abeo, abii, abitum **18** weggehen
abundare *(m. Abl.)* **21** überfließen, Überfluß haben *(an)*
ac **19** und
accedere, accedo, -cessi, -cessum **13** herangehen, sich nähern
accidere, accidit, accidit **25** sich ereignen, zustoßen
accipere, accipio, -cepi, -ceptum **4** annehmen, empfangen
accusare **23** anklagen, beschuldigen
acer, acris, acre **15** scharf, spitz; heftig
acies, -ei *f* **15** Schärfe; Schlachtordnung; Schlacht
ad *(Präp. b. Akk.)* **4** zu *(wohin?)*; an, bei *(wo?)*
adesse, adsum, adfui, - **1** dasein; helfen
adhibere, adhibeo, -hibui, -hibitum **21** anwenden; hinzuziehen
adhuc **23** bis jetzt; immer noch
adire, adeo, adii, aditum **18** herangehen, sich wenden an; besuchen
imperatorem adire **18** an den Feldherrn herantreten, sich an den Feldherrn wenden
adiungere, adiungo, -iunxi, -iunctum **20** hinzufügen
se Spartaco adiungere **22** sich dem Spartacus anschließen
adiuvare, adiuvo, -iuvi, -iutum *(m. Akk.)* **7** unterstützen, helfen *(jdm.)*
administrare **25** verwalten, leiten
admiratio, -ionis *f* **16** Bewunderung; Staunen
admonere **11** (er)mahnen; erinnern
admonitio, -ionis *f* **11** Ermahnung
adulescens, -entis *m* **18** junger Mann; jung
advenire, advenio, -veni, -ventum **9** ankommen
advocare **12** herbeirufen
aedificare **9** (er)bauen
aedificium **6** Gebäude, Bauwerk
aedilis, -is *m* **18** Ädil
aedilis designatus *m* **18** der designierte *(für das Amt bestimmte)* Ädil
aeger, aegra, aegrum **7** krank
aegre *(Adv.)* **24** mit Mühe, kaum
aegre ferre *(m. Akk. / AcI)* **24** sich ärgern *(über / daß)*
afferre, affero, attuli, allatum **23** herbeitragen; zufügen; melden
vim afferre *(m. Dat.)* **23** *(jdm.)* Gewalt antun
afficere, afficio, -feci, -fectum *(m. Abl.)* **21** versehen *(mit)*
amicos ira afficere **21** die Freunde mit Zorn erfüllen, zornig machen
ager, agri **23** Acker, Feld; Gebiet
agere, ago, egi, actum **2** tun; (ver)handeln; treiben
hiemem agere **17** den Winter verbringen
vitam (miseram) agere **12** ein (elendes) Leben führen, (elend) leben
agricola *m* **9** Bauer
alere, alo, alui, altum **12** ernähren
alienus, a, um **10** fremd
aliquando **12** irgendeinmal, einst
alius, a, ud **4** ein anderer
alii ... alii **11** die einen ... die anderen
alter, altera, alterum **12** der, die, das andere *(von zweien)*
alter ... alter **12** der eine ... der andere
altus, a, um **4** hoch; tief
amare **3** lieben
ambo, ambae, ambo **12** beide
amica **3** Freundin, befreundet
amicitia **23** Freundschaft
amicus **3** Freund, befreundet
amittere, amitto, amisi, amissum **20** verlieren
amor, -oris *m* **10** Liebe
amore capi **10** sich verlieben
amphitheatrum **22** Amphitheater
animal, animalis *n* **10** Lebewesen, Tier
animus **10** Sinn, Geist; Herz; Mut
in animo habere **10** im Sinn haben, beabsichtigen, vorhaben
laeto animo **14** fröhlich
annus **14** Jahr
ante **6** *(Adv.:)* vorher, früher; *(Präp. b. Akk.:)* vor *(räuml. und zeitl.)*
antea **16** vorher, früher
antiquus, a, um **11** alt, altertümlich
aperire, aperio, aperui, apertum **3** öffnen
apparere **6** erscheinen, sich zeigen
apportare **10** heranbringen, herbeitragen
appropinquare **11** sich nähern
apud *(Präp. b. Akk.)* **17** bei
aqua **5** Wasser
aquaeductus, -us **5** Aquädukt *(Wasserleitung)*
ara **9** Altar
arbor, arboris *f* **4** Baum
arcus, -us **5** Bogen, Wölbung
argentum **19** Silber
arma, -orum *n (Pl.)* **14** Waffen
arma capere **15** zu den Waffen greifen
arma ferre contra Romanos **23** gegen die Römer kämpfen
vi et armis **14** mit Waffengewalt

arx, arcis *f* **16** Burg
ascendere, ascendo, ascendi, ascensum **3** hinaufsteigen, besteigen
atque **19** und
atrium **7** Atrium *(Hauptraum eines römischen Hauses)*
attentus, a, um **5** aufmerksam
auctor, **-oris** *m* **12** Autor; Urheber
auctor rerum gestarum *m* **21** Geschichtsschreiber
Caesare auctore **22GI** auf Veranlassung Caesars
audax, -acis **21** kühn; verwegen, frech
audire **1** hören, zuhören
auditor, -oris *m* **19** Zuhörer
auferre, aufero, abstuli, ablatum **23** weg-, davontragen
augere, augeo, auxi, auctum **22** vergrößern, vermehren
aurum **16** Gold
aut **8** oder
aut ... aut **8** entweder ... oder
autem *(nachgestellt)* **2** aber, jedoch
autumnus **10** Herbst
auxilium **7** Hilfe
auxilia, -orum *n (Pl.)* Hilfstruppen
auxilium ferre **23** Hilfe bringen
consilium mihi auxilio est **11GI** der Rat ist mir hilfreich, hilft mir
avis, avis *f* **13** Vogel
avus **6** Großvater
barbarus, a, um **23** barbarisch, fremd; ungebildet
beatus, a, um **25** (innerlich) glücklich; reich
bellum **11** Krieg
bellum inferre *(m. Dat.)* **23** Krieg beginnen *(mit)*
bene *(Adv.)* **2** gut
bestia **22** (wildes) Tier
bibere, bibo, bibi, – **19** trinken
bonus, a, um **4** gut
brevis, e **15** kurz
brevi tempore **15** in kurzer Zeit
cadere, cado, cecidi, – **19** fallen
caedere, caedo, cecidi, caesum **13** fällen; niederhauen, töten
caelum **11** Himmel
callidus, a, um **8** schlimm
campus **13** Feld, Ebene
canere, cano, cecini, – **3** singen
cantus, -us **3** Lied, Gesang
capere, capio, cepi, captum **4** fassen, fangen; nehmen
amore capi **10** sich verlieben
arma capere **15** zu den Waffen greifen
consilium capere **8** einen Entschluß fassen
captivus **20** Gefangener; gefangen
carcer, carceris *m* **20** Gefängnis
carere *(m. Abl.)* **21** entbehren; nicht haben
pecunia carere kein Geld haben
carmen, carminis *n* **11** Lied; Gedicht
castra, -orum *n (Pl.)* **22** Lager, Feldlager
castra ponere **22** ein Lager aufschlagen
causa **11** Grund, Ursache; Rechtsfall, Prozeß
qua de causa **19** *(interogativ:)* aus welchem Grund; *(relativ:)* aus diesem Grund
cedere, cedo, cessi, cessum **3** gehen; weggehen, weichen
celer, celeris, celere **15** schnell
celeritas, -atis *f* **9** Schnelligkeit
cena **17** Essen, Mahlzeit; Gastmahl
censere, censeo, censui, censum **21** glauben; schätzen
certamen, **-inis** *n* **22** Wettstreit; Kampf
certe **10** sicherlich
ceteri, ae, a *(Pl.)* **3** die übrigen, die anderen
ceterum **21** übrigens
cibus **4** Nahrung, Speise, Futter
circum *(Präp. b. Akk.)* **25** um ... herum
circumdare, circumdo, -dedi, -datum **13** umgeben
cito **3** schnell
civis, **civis** *m / f* **14** Bürger(in)
civitas, **-atis** *f* **14** Bürgerschaft, Staat; Bürgerrecht
clades,- is *f* **16** Niederlage, Unglück; Verlust
clam **9** heimlich
clamare **1** schreien, rufen
clamor, **-oris** *m* **9** Geschrei
clemens, **-entis** **20** mild, nachsichtig
clementia **19** Milde
cliens, **-tis** *m* **7** Klient *(Schützling)*
coepisse, coepi, coeptum (*Perf. zu* incipere) **13** angefangen haben
cogere, cogo, coegi, coactum **12** zusammenbringen, versammeln; zwingen
cogitare **14** (nach)denken; planen
cognoscere, cognosco, cognovi, cognitum **18** erkennen, kennenlernen; erfahren
cohors, **cohortis** *f* **19** Kohorte *(10. Teil einer Legion)*
colere, colo, colui, cultum **9** verehren; bebauen; pflegen
color, **-oris** *m* **25** Farbe
committere, committo, -misi, -missum **13** zustandebringen; anvertrauen
proelium committere **23** den Kampf beginnen
scelus committere **13** ein Verbrechen begehen
commovere, commoveo, -movi, -motum **20** bewegen, veranlassen
communis, e **15** gemeinsam
comparare **25** beschaffen; vergleichen
comperire, comperio, -peri, -pertum **24** (genau) erfahren, in Erfahrung bringen
complere, compleo, -plevi, -pletum **9** (an)füllen; erfüllen
concurrere, concurro, -curri, -cursum **23** zusammenlaufen

condere, condo, condidi, conditum **13** gründen; verbergen; aufbewahren

conferre, confero, contuli, collatum **23** zusammentragen; beitragen; vergleichen

Romam se conferre **23** sich nach Rom begeben

coniungere, coniungo, -iunxi, -iunctum **15** verbinden

coniuratio, **-ionis** *f* **21** Verschwörung

considere, consido, -sedi, -sessum **2** sich (hin-) setzen; sich niederlassen

consilium **8** Plan, Entschluß; Rat; Ratsversammlung

consilium capere **8** einen Entschluß fassen

consilium habere (de) **12** beraten (über)

consilium inire **20** einen Entschluß fassen

consistere, consisto, constiti, - **6** haltmachen, stehenbleiben

conspicere, conspicio, -spexi, -spectum **16** erblicken

constans, **-antis** **25** beständig, standhaft

constat, constitit *(m. AcI)* **13** es steht fest, es ist bekannt *(daß)*

constituere, constituo, -stitui, -stitutum **24** aufstellen; festsetzen, beschließen

consul, **-is** *m* **22** Konsul

contentus, a, um *(m. Abl.)* **14** zufrieden *(mit)*

contra **18** *(Adv.:)* dagegen; gegenüber; *(Präp. b. Akk.:)* gegen

controversia (de) **13** Streit, Meinungsverschiedenheit (über)

convenire, convenio, -veni, -ventum **9** zusammenkommen

amicum convenire **17** einen Freund besuchen

in insulam convenire **9** auf der Insel zusammenkommen

pax convenit **16** Frieden kommt zustande, es wird Frieden geschlossen

conviva *m* **18** Gast

convivium **17** Gastmahl, Gelage

convocare **20** zusammenrufen

copia **22** Menge, Vorrat

copiae, -arum *(Pl.)* **22** Vorräte; Truppen

cornu, **-us** *n* **19** Horn; Flügel *(eines Heeres)*

corona **9** Kranz

cottidie **7** täglich

creare **18** wählen; (er)schaffen

credere, credo, credidi, creditum **8** glauben; anvertrauen

crescere, cresco, crevi, cretum **14** wachsen

crudelis, e **15** grausam

crudelitas, -atis *f* **16** Grausamkeit

crux, **crucis** *f* **23** Kreuz

in crucem tollere **23** ans Kreuz schlagen

cuius? **8** wessen?

cum (*inversivum*) **14** als

(iterativum) **8** (jedesmal) wenn

cum *(Präp. b. Abl.)* **9** mit

cuncti, ae, a *(Pl.)* **2** alle

cupere, cupio, cupivi, cupitum **4** wünschen, wollen

cupiditas, **-atis** *f* **16** Begierde, Verlangen

cupidus, a, um *(m. Gen.)* **20** begierig *(nach)*

cur? **1** warum?

cura **7** Sorge; Pflege, Sorgfalt

currere, curro, cucurri, cursum **3** laufen, rennen

currus, **-us** **2** Wagen

cursus, **-us** **15** Lauf

custodire **8** bewachen, beschützen

custos, **custodis** *m* **13** Wächter, Hüter

dare, do, dedi, datum **11** geben

epistulam (litteras) ad amicum dare **17** einen Brief an den Freund schreiben

operam dare *(m. Dat.)* **11** sich Mühe geben, sich bemühen *(um)*

otio se dare **17** sich der Muße hingeben, die freie Zeit genießen

veniam dare *(m. Dat.)* **11** *(jdm.)* verzeihen

de *(Präp. b. Abl.)* **9** von ... herab; von, über

dea **6** Göttin

debere **7** müssen; schulden; verdanken

properare debetis **8** ihr müßt eilen

cessare non debetis **8** ihr dürft nicht trödeln

December, bris, bre **17** zum Dezember gehörig, Dezember-

decipere, decipio, decepi, deceptum **25** täuschen

deesse, desum, defui, - **15** fehlen, mangeln (an)

pecunia mihi deest **15** ich habe kein Geld

defendere, defendo, -fendi, -fensum (a / ab) **14** verteidigen (gegen)

causam clientis defendere **17** den Rechtsfall eines Klienten vertreten, einen Klienten im Prozeß verteidigen

deicere, deicio, deieci, deiectum **16** herabwerfen

deinde **11** dann, darauf

delectare **3** erfreuen, Spaß machen

delere, deleo, delevi, deletum **21** zerstören, vernichten

denique **18** schließlich, endlich

descendere, descendo, -scendi, -scensum **7** herabsteigen, hinuntergehen

deserere, desero, -serui, -sertum **20** im Stich lassen, aufgeben

desiderare **14** ersehnen; vermissen

desiderium **14** Sehnsucht, Verlangen

desinere, desino, desii, desitum **5** aufhören

desperare (de) **22** die Hoffnung verlieren (auf), verzweifeln (an)

deus **6** Gott

dicere, dico, dixi, dictum **2** sagen, sprechen; nennen

recte dicis **21** du hast recht

salutem dicere *(m. Dat.)* **11** grüßen *(am Briefanfang)*

dies, diei *m* **4** Tag

ante diem **7** vor Tagesanbruch

in dies **14** von Tag zu Tag

differre, differo, distuli, dilatum **23** sich unterscheiden; aufschieben
inter se differre **23** sich voneinander unterscheiden
in aliud tempus differre **23** auf einen anderen Zeitpunkt verschieben, auf später verschieben
dignus, a, um *(m. Abl.)* **24** würdig, angemessen
dignus summa laude **24** höchsten Lobes wert
diripere, diripio, diripui, direptum **21** ausrauben, plündern
discere, disco, didici, – **11** lernen
disciplina **22** Zucht; Ordnung; Unterricht(sfach)
discipula / discipulus **1** Schülerin / Schüler
diu **2** lange (Zeit)
dividere, divido, -visi, -visum **18** teilen, trennen
divitiae, -arum *(Pl.)* **23** Schätze, Reichtum
dolere **2** leiden, traurig sein; bedauern
dolor, **-oris** *m* **21** Schmerz
dolus **14** List, Betrug
domi *(Lokativ)* **17** zu Hause
domi nostrae (suae) **17** bei uns (ihm) zu Hause
domina **1** Herrin
dominus **7** Herr
domum **15** nach Hause
domus, **-us** *f* **11** Haus
dormire **1** schlafen
dubitare **7** zögern; zweifeln
ducere, duco, duxi, ductum **5** führen, leiten
nomen ducitur (a/ab) **16** der Name wird abgeleitet, kommt (von)
dulcis, e **19** süß; angenehm
dum **10** während; solange; (solange) bis
duo, duae, duo **12** zwei
duodecim **13** zwölf
durus, a, um **20** hart; hartherzig, streng
in suos durus **20** hart gegenüber den eigenen Leuten
dux, **ducis** *m / f* **12** Führer(in), Anführer(in)
Caesare duce **22GI** unter Führung Caesars
e / ex *(Präp. b. Abl.)* **9** aus (heraus)
ecce **3** da! sieh (seht) mal!
edere, edo, edi, esum **19** essen
efferre, effero, extuli, elatum **24** heraustragen; herausheben
laudibus efferre **24** mit Lob überhäufen, rühmen
ego **5** ich
eloquentia **17** Redekunst, Beredsamkeit
emere, emo, emi, emptum **20** kaufen
enim *(nachgestellt)* **5** nämlich, denn
epistula **17** Brief
epistulam ad amicum dare **17** einen Brief an den Freund schreiben
epistulam reddere **17** einen Brief übergeben
equidem *(meist mit 1. Sg.)* **23** allerdings, freilich
equus **5** Pferd
eripere, eripio, eripui, ereptum **12** entreißen, gewaltsam fortnehmen
errare **22** (sich) irren; umherirren
error, **-oris** *m* **11** Irrtum; Irrfahrt
erudire **12** unterrichten, bilden, erziehen
erumpere, erumpo, erupi, eruptum **22** ausbrechen
esse, sum, fui, - **1** sein
est **1** (er, sie, es) ist
et **1** und; auch
et . . . et **3** sowohl . . . als auch
etiam **1** auch; sogar
etiamsi / etsi **11** auch wenn
ex / e *(Präp. b. Abl.)* **9** aus (heraus)
exclamare **3** ausrufen
excogitare **14** (sich etwas) ausdenken, ersinnen
exemplum **17** Beispiel, Vorbild
exercere **22** üben
exercitus, **-us** **15** Heer
exire, exeo, exii, exitum **19** heraus-, hinausgehen
exitus, **-us** **23** Ausgang; Ende, Ergebnis
expellere, expello, -puli, -pulsum **14** heraustreiben, verstoßen
explicare **10** erklären
exponere, expono, -posui, -positum **12** aussetzen, hinausstellen
exportare **10** hinaustragen, ausführen
ex(s)istere, ex(s)isto, ex(s)titi, - **13** auftreten, entstehen
exspectare **7** warten auf, (er)warten
extra *(Präp. b. Akk.)* **6** außerhalb
fabula **9** Geschichte, Erzählung
facere, facio, feci, factum **11** machen, tun
facilis, e **15** leicht, mühelos
falsus, a, um **21** falsch
fames, **-is** *f* **20** Hunger
familia **4** Familie *(Hausgemeinschaft)*
familiaris, e **17** vertraut, freundschaftlich; Freund
fatigare **4** *(jdn.)* ermüden; erschöpfen
felix, **-icis** **25** glücklich; erfolgreich
femina **8** Frau
fere *(Adv., nachgestellt)* **22** ungefähr; fast
feriae *(Pl.)* **3** Ferien, Feiertage
ferre, fero, tuli, latum **23** tragen; bringen; ertragen; berichten
ferunt *(m. AcI)* **23** die Leute sagen, man berichtet *(daß)*
aegre ferre *(m. Akk. / AcI)* **24** sich ärgern *(über / daß)*
arma ferre contra Romanos **23** gegen die Römer kämpfen
auxilium ferre **23** Hilfe bringen
impetum ferre **23** den Angriff aushalten, dem Ansturm standhalten
prae se ferre **25** vor sich hertragen, an den Tag legen
figura **10** Gestalt, Figur
filia **8** Tochter
filius **7** Sohn
finire **22** beendigen; begrenzen

finis, **-is** *m* **19** Grenze; Ende
fines, -ium *m (Pl.)* **19** Gebiet
flamma **8** Flamme
flere, fleo, flevi, fletum **25** weinen, beweinen
flumen, **fluminis** *n* **9** Fluß
fortasse **1** vielleicht
fortis, e **15** tapfer
fortitudo, **-inis** *f* **16** Tapferkeit, Mut
fortuna **19** Schicksal; Glück
forum **6** Forum *(Marktplatz)*
frater, **fratris** *m* **3** Bruder
fructus, **-us** **13** Frucht; Ertrag, Gewinn
frumentum **10** Getreide
frustra **19** vergeblich
fuga **22** Flucht
fugare **12** in die Flucht schlagen, vertreiben
fugere, fugio, fugi, - *(m. Akk.)* **4** fliehen *(vor)*; meiden
Gallus / **Galla** **8** Gallier / Gallierin
gaudere **3** sich freuen
gaudium **11** Freude
res mihi gaudio est **11GI** die Sache macht mir Freude
gemere, gemo, gemui, gemitum **2** seufzen
gens, **gentis** *f* **14** Volk, Stamm; Geschlecht, Sippe
gerere, gero, gessi, gestum **18** führen; ausführen; tragen
se gerere **21** sich verhalten
quae Romae geruntur? **24** was ereignet sich in Rom?
res gestae *f (Pl.)* **13** Taten; Geschichte
gladiator, **-oris** *m* **21** Gladiator
gladius **15** Schwert
Graecus, a, um **8** griechisch, Grieche / Griechin
gratia **13** Dank; Ansehen, Beliebtheit
gravis, e **15** schwer; (ge)wichtig, ernst
habere **7** haben; halten
Cicero beatus habetur **25** Cicero wird für glücklich gehalten, gilt als glücklich
in animo habere **10** im Sinn haben, beabsichtigen, vorhaben
consilium habere (de) **12** beraten (über)
orationem habere **13** eine Rede halten
habitare **6** wohnen
haurire, haurio, hausi, haustum **12** schöpfen, entnehmen
hic *(Adv.)* **6** hier
hiems, **hiemis** *f* **17** Winter
hodie **7** heute
homo, **hominis** *m* **11** Mensch
honor (honos), **-oris** *m* **13** Ehre; Ehrenamt
hora **2** Stunde; Zeit
hora adest **2** es ist Zeit
hospes, **hospitis** *m* **14** Gast; Gastgeber
hostis, **hostis** *m* **15** (Landes-)Feind
humanitas, **-atis** *f* **17** Menschlichkeit, Bildung
humanus, a, um **10** menschlich; gebildet
iacere, iaceo, iacui, - **1** liegen
iam **2** schon
non iam **9** nicht mehr

ianua **7** Haustür, Tür
ibi **3** dort
igitur **25** also, daher
ignorare **8** nicht kennen, nicht wissen
non ignorare **17** genau kennen, genau wissen
ignoratio, **-ionis** *f* **24** Unwissenheit, Unkenntnis
ignotus, a, um **12** unbekannt
imminere **25** bevorstehen, drohen
immolare **13** opfern
immortalis, e **15** unsterblich
imperare **12** befehlen
imperator, **-oris** *m* **18** Feldherr; Kaiser
imperium **8** Befehl; Herrschaft; Reich
impetus, **-us** **14** Angriff; Schwung
impetum facere **14** angreifen
impetum ferre **23** den Angriff aushalten, dem Ansturm standhalten
implorare **15** anflehen
imponere, impono, -posui, -positum **20** hineinlegen; auferlegen
importare **10** hereintragen, einführen
imprimis **10** vor allem, besonders
in **10** *(Präp. b. Abl.:)* in, auf *(wo?)*;
4 *(Präp. b. Akk.:)* in, auf, nach *(wohin?)*
incendere, incendo, -cendi, -censum **23** anzünden, in Brand stecken; entflammen
incipere, incipio, coepi, coeptum **2** anfangen, beginnen
incitare **3** antreiben
incola *m* **9** Einwohner
incolere, incolo, -colui, -cultum **18** bewohnen, wohnen
incredibilis, e **24** unglaublich
incurrere, incurro, -curri, -cursum **22** hineinlaufen
inducere, induco, -duxi, -ductum **23** einführen; veranlassen, verleiten
infelix, **-icis** **25** unglücklich
inferre, infero, intuli, illatum **23** hineintragen
bellum inferre *(m. Dat.)* **23** Krieg beginnen *(mit)*
Romanis timorem inferre **23** den Römern Furcht einflößen
signa in hostem inferre **23** den Feind angreifen
ingens, **-entis** **15** ungeheuer groß, gewaltig, riesig
inhumanus, a, um **22** unmenschlich; ungebildet
inire, ineo, inii, initum **18** hineingehen, betreten; beginnen
consilium inire **20** einen Entschluß fassen
domum inire **18** in das Haus gehen, das Haus betreten
inquit **5** sagt(e) *(er, sie, es)*
insidiae, **-arum** *(Pl.)* **24** Hinterhalt, Anschlag, Falle
insula **9** Insel
intellegere, intellego, intellexi, intellectum **23** bemerken; verstehen, erkennen

inter *(Präp. b. Akk.)* **14** zwischen, unter; während
interea **24** inzwischen
interesse, intersum, interfui, – *(m. Dat.)* **15** dabeisein *(bei)*, teilnehmen *(an)*
interire **18** untergehen, umkommen
interitus, **-us** **21** Untergang
intermittere, intermitto, -misi, -missum **13** unterbrechen; auslassen
interrogare **1** fragen
interrumpere, interrumpo, -rupi, -ruptum **23** unterbrechen
intra *(Präp. b. Akk.)* **6** innerhalb
intrare **2** eintreten, betreten
inutilis, e **20** unbrauchbar, unnütz
invenire, invenio, -veni, -ventum **12** finden; erfinden
invidia **13** Neid, Mißgunst
invitare **14** einladen
invitatio, **-ionis** *f* **14** Einladung
invitus, a, um **23** ungern, widerwillig
me / te (*Abl.*) invito **23** gegen meinen / deinen Willen
ira **13** Zorn, Wut
ire, eo, ii, itum **7** gehen
irridere, irrideo, irrisi, irrisum **3** auslachen, verhöhnen
is, ea, id **24** dieser, diese, dieses; er, sie es *(dt. Personalpron.)*
eius / eorum, earum **24** sein / ihr (*dt. Possessivpron.*)
is, qui **24** der(jenige), welcher
ita **4** so
itaque **2** daher, deshalb
iter, **itineris** *n* **22** Marsch, Reise; Weg
iter facere **22** reisen, marschieren, ziehen
iterum **1** wiederum; zum zweiten Mal
semel atque iterum **19** ein ums andere Mal, immer wieder
iubere, iubeo, iussi, iussum **7** befehlen, auffordern
iucundus, a, um **24** angenehm, erfreulich
iudex, -icis *m* **17** Richter
iungere, iungo, iunxi, iunctum **15** verbinden
iurare **8** schwören
iuvenis, iuvenis *m* **14** junger Mann
iuxta (*Präp. b. Akk.*) **5** neben
Kalendae, **-arum** (*Pl.*) **17** Kalenden *(erster Monatstag)*
labor, **-oris** *m* **2** Anstrengung, Mühe; Arbeit
laborare **5** sich mühen; leiden; arbeiten
lacrima **24** Träne
lacrimare **2** weinen
laetus, a, um **4** fröhlich
latro, **-onis** *m* **24** Räuber, Bandit
laudare **3** loben
laus, **laudis** *f* **24** Lob
legatus **9** Gesandter; Legat *(Unterfeldherr)*
legere, lego, legi, lectum **5** lesen; sammeln
legio, **-ionis** *f* **18** Legion
lenire **25** lindern, mildern
liber, **libri** **17** Buch
liberare **9** befreien
liberi, -orum *(Pl.)* **3** Kinder
libertas, **-atis** *f* **20** Freiheit
licet, licuit, – **21** es ist erlaubt, man darf
littera **5** Buchstabe
litterae, -arum *(Pl.)* **5** Buchstaben, Schrift(en); Brief; Wissenschaft(en)
litteras ad amicum dare **17** einen Brief an den Freund schreiben
litus, **-oris** *n* **10** Küste, Strand
locus **11** Ort, Platz
loca, -orum *n (Pl.)* **11** Orte, Gegend
loci, -orum *m (Pl.)* **11** Stellen *(in Büchern)*
longus, a, um **4** lang
ludere, ludo, lusi, lusum **10** spielen
ludus **14** Spiel; Schule
lupa / lupus **12** Wölfin / Wolf
lux, **lucis** *f* **24** Licht
magis *(Adv.)* **21** mehr
magis quam **22** mehr als
magister / magistra **1** Lehrer / Lehrerin
magistratus, **-us** **22** Beamter; Amt
magnitudo, **-inis** *f* **19** Größe
magnus, a, um **4** groß
maiores, **-um** *m (Pl.)* **6** Vorfahren
maledicere, maledico, -dixi, -dictum *(m. Dat.)* **21** *(über jdn.)* schlecht sprechen, lästern
malus, a, um **4** schlecht, böse
mane **11** morgens
manus, **-us** *f* **11** Hand; Schar
mare, **maris** *n* **10** Meer
mater, **matris** *f* **1** Mutter
maximus, a, um **23** der größte
medicina **9** Medizin
medicus **23** Arzt
memoria **16** Erinnerung; Gedächtnis
memoria tenere **21** im Gedächtnis behalten
mens, mentis *f* **17** Geist, Verstand; Gesinnung
mercator, **-oris** *m* **10** Kaufmann
merx, **mercis** *f* **10** Ware
meus, a, um **6** mein
miles, **militis** *m* **15** Soldat
militaris, e **22** kriegerisch, Kriegs-
res militaris *f* **22** Kriegswesen, Militärwesen
minime **24** durchaus nicht; am wenigsten
mirus, a, um **19** sonderbar; wunderbar
miser, a, um **7** unglücklich, elend
mittere, mitto, misi, missum **13** schicken, senden
modo *(Adv.)* **25** nur; soeben
non modo ..., sed etiam **25** nicht nur ..., sondern auch
modus **17** Art und Weise; Maß
monere **11** (er)mahnen; erinnern
mons, **montis** *m* **9** Berg
monstrare **5** zeigen
monumentum **6** Denkmal; Grabmal
mors, **mortis** *f* **16** Tod

mortuus, a, um **6** tot; Leichnam
mos, moris *m* **20** Sitte, Brauch
movere, moveo, movi, motum **3** bewegen
admirationem movere **22** Bewunderung einflößen
tumultus motus est **14** ein Aufruhr entstand
mulier, -eris *f* **15** Frau
multus, a, um **5** viel
multum valere **23** viel vermögen, großen Einfluß haben
munire **19** befestigen, schützen
munitio, -ionis *f* **19** Befestigung
murus **6** Mauer
mutare **10** verändern, wechseln; verwandeln
partes mutare **21** die Rollen tauschen
nam **2** denn
narrare **9** erzählen
narratio, -ionis *f* **13** Erzählung
natura **19** Natur
nauta *m* **9** Seemann, Matrose
navigare **23** segeln, zur See fahren
navigatio, -ionis *f* **23** Seefahrt, Schiffahrt
navis, navis *f* **8** Schiff
-ne *(angehängt)* **5** *(Fragepartikel, bleibt unübersetzt)*
nec **3** und nicht, auch nicht
nec ... nec **3** weder ... noch
necessarius, a, um **7** notwendig
necesse est *(m. Inf. / AcI)* **10** es ist nötig *(zu / daß)*
neglegere, neglego, neglexi, neglectum **8** vernachlässigen, nicht beachten
negotium **8** Beschäftigung, Aufgabe
nemo, -inis **6** niemand
neque **3** und nicht, auch nicht
neque ... neque **3** weder ... noch
nescire **13** nicht wissen, nicht verstehen
nihil **23** nichts
nimis **24** überaus, allzusehr
nisi **8** wenn nicht, falls nicht
noli! / nolite! *(m. Inf.)* **1** wolle nicht! / wollt nicht!
noli / nolite dormire! **1** schlafe / schlaft nicht!
nomen, -inis *n* **6** Name
nominare **12** (be)nennen; ernennen
non **1** nicht
non iam **9** nicht mehr
nondum **5** noch nicht
nonne **5** etwa nicht? *(erwartete Antwort: ja, doch)*
nonnulli, ae, a *(Pl.)* **7** einige
nonnumquam **11** manchmal
nos **5** wir
noster, nostra, nostrum **6** unser
notus, a, um **12** bekannt
novus, a, um **13** neu
res novae *f (Pl.)* **20** Umsturz
nullus, a, um **22** kein(er)
num **5** etwa? *(erwartete Antwort: nein)*
numerare **18** zählen, rechnen
Helvetios in Celtis numerare **18** die Helvetier zu den Kelten zählen
numerus **21** Zahl
numquam **1** niemals
nunc **2** nun, jetzt
nuntiare **7** melden
nuntius **17** Nachricht, Botschaft; Bote
nuptiae, -arum *(Pl.)* **17** Hochzeit
observare **7** beobachten; beachten
obsidere, obsideo, -sedi, -sessum **19** besetzt halten, belagern
obtinere, obtineo, -tinui, -tentum **24** innehaben; besetzt halten
obviam *(Adv.)* **12** entgegen
obviam venire **12** entgegenkommen
occidere, occido, occidi, occisum **12** niederschlagen, töten
oculus **3** Auge
odium **16** Haß
offerre, offero, obtuli, oblatum **23** anbieten
officium **8** Pflicht, Dienst
tua in me officia **23** deine Pflichten mir gegenüber
olim **13** einst
omnis, e **15** jeder; ganz; *(Pl.:)* alle
omnia, quae **17GI** alles, was
opera **11** Mühe, Arbeit
operam dare *(m. Dat.)* **11** sich Mühe geben, sich bemühen *(um)*
oportet, oportuit *(m. Inf. / AcI)* **21** es gehört sich, man soll
oppidum **18** Stadt
oratio, -ionis *f* **9** Rede
orationem habere **13** eine Rede halten
origo, originis *f* **12** Ursprung
ornare **9** schmücken, ausstatten
os, oris *n* **25** Mund; Gesicht
ostendere, ostendo, ostendi, ostentum **25** zeigen; darlegen
otium **17** Muße, freie Zeit; Ruhe, Frieden
otio se dare **17** sich der Muße hingeben, die freie Zeit genießen
pacare **19** befrieden, unterwerfen
paedagogus **8** Erzieher, Pädagoge
panis, -is *m* **22** Brot
parare **14** vorbereiten; beschaffen; sich anschicken
parcere, parco, peperci, - *(m. Dat.)* **11** *(jdm.)* Schonung gewähren, *(jdn.)* schonen
parere **1** gehorchen
pars, partis *f* **17** Teil; Seite
partes mutare **21** die Rollen tauschen
parvus, a, um **5** klein
pastor, -oris *m* **12** Hirte
pater, patris *m* **6** Vater
patria **16** Vaterland, Heimat
patronus **7** Patron *(Schutzherr)*
pauci, ae, a *(Pl.)* **12** wenige
paulum **17** ein wenig
paulo post **17** ein wenig später, bald darauf
pax, pacis *f* **15** Frieden
pecunia **7** Geld

pellere, pello, pepuli, pulsum **14** treiben; schlagen; vertreiben
per *(Präp. b. Akk.)* **4** durch
perferre, perfero, -tuli, -latum **24** hinbringen; ertragen
periculosus, a, um **24** gefährlich
periculum **14** Gefahr
perire, pereo, perii, peritum **22** zugrunde gehen, untergehen
permagnus, a, um **25** sehr groß, riesig
perterrere, perterreo, -terrui, -territum **25** sehr erschrecken
petere, peto, petivi, petitum **7** zu erreichen suchen; (er)bitten; angreifen
a deo auxilium petere = auxilium dei petere **9** den Gott um Hilfe bitten
Epidaurum petere **9** Epidaurus aufsuchen, nach Epidaurus eilen
hostem gladio petere **23** den Feind mit dem Schwert angreifen
regnum petere **12** nach der Königsherrschaft streben
philosophus **21** Philosoph
pirata *m* **23** Pirat
placere **4** gefallen
nobis placet **12** uns gefällt es, wir beschließen
plaudere, plaudo, plausi, plausum **19** Beifall klatschen
plebs, plebis *f* **18** *(einfaches)* Volk; Menge, Plebs
plenus, a, um *(m. Gen)* **24** voll *(von)*
poena **23** Strafe
poeta *m* **11** Dichter
ponere, pono, posui, positum **12** setzen, stellen, legen
pons, pontis *m* **18** Brücke
pontifex, pontificis *m* **8** Oberpriester, Pontifex
populus **6** Volk
porta **6** Tor
portare **10** tragen
portus, -us **9** Hafen
poscere, posco, poposci, – **25** fordern, verlangen
posse, possum, potui, – **16** können
post **6** *(Präp. b. Akk.:) räuml.:* hinter; *zeitl.:* nach; *(Adv.:)* später, danach
paulo post **17** ein wenig später, bald darauf
postea *(Adv.)* **12** später
postquam *(m. Ind. Perfekt)* **13** nachdem
prae *(Präp. b. Abl.)* **25** vor
praebere **18** geben, gewähren; zeigen
fortem se praebere **18** sich tapfer zeigen, sich als tapfer erweisen
praeceptum **21** Lehrsatz; Befehl, Vorschrift
praeclarus, a, um **8** sehr berühmt, herrlich
praecurrere, praecurro, -curri, -cursum **8** vorauslaufen, voraneilen
praeda **25** Beute
praefectus **16** Vorsteher, Befehlshaber
praeficere, praeficio, -feci, -fectum **16** an die Spitze stellen, mit der Führung betrauen
praesidium **19** Schutz; Besatzung, Posten
praestare, praesto, -stiti, -stitum **19** *(m. Dat.:)* voranstehen, übertreffen; *(m. Akk.:)* leisten, erfüllen
militibus virtute praestare **19** die Soldaten an Tapferkeit übertreffen
officia praestare **19** seine Pflichten erfüllen
se fortem praestare **19** sich als tapfer erweisen
praeter *(Präp. b. Akk.)* **25** an ... vorbei; außer
preces, precum *f (Pl.)* **15** Bitten, Gebet
primo *(Adv.)* **9** zuerst
primus, a, um **7** der erste
privatus, a, um **23** persönlich, privat
pro *(Präp. b. Abl.)* **17** vor; für; anstatt
proconsul, -is *m* **24** Prokonsul *(ehem. Konsul, Statthalter)*
procul **12** von fern; fern
prodere, prodo, prodidi, proditum **16** verraten; überliefern
prodesse, prosum, profui, - **16** nützen
proditio, -ionis *f* **16** Verrat
proditor, -oris *m* **16** Verräter
proelium **21** Kampf, Gefecht
proelium committere **23** den Kampf beginnen
profecto **3** tatsächlich
prohibere **19** verhindern, abhalten
prope *(Präp. b. Akk.)* **6** nahe (bei)
properare **3** eilen, sich beeilen
propter *(Präp. b. Akk.)* **8** wegen
provincia **18** Provinz
proximus, a, um **19** der nächste
proximo anno **19** im folgenden Jahr; im vergangenen Jahr
prudens, -entis **20** klug
publicus, a, um **17** öffentlich, allgemein
res publica *f* **17** Staat; Republik
puella **2** Mädchen
puer, pueri **2** Junge, Knabe
pugna **15** Kampf, Schlacht
pugnare **15** kämpfen
pulcher, pulchra, pulchrum **6** schön
pulchritudo, -inis *f* **14** Schönheit
punire **8** bestrafen
putare **8** glauben, meinen; halten für
qua de causa **19** *(interrogativ:)* aus welchem Grund; *(relativ:)* aus diesem Grund
quaerere, quaero, quaesivi, quaesitum **24** suchen; fragen
quaero ex te / a te **24** ich frage dich
quam **5** wie *(Ausruf und Frage)*
quamquam **8** obwohl
-que *(angehängt)* **4** und
quem? quid? *(Akk.)* **3** *wen? was?*
qui, quae, quod **17** *(Adjektiv. Fragepron.:)* welcher? welche? welches?; *(Relativpron.:)* welcher, welche, welches; der, die, das
quia **8** weil, da
quid? **1** was?

quidem *(Adv., nachgestellt)* **16** freilich, zwar; gewiß
quin etiam **21** ja sogar
quinquaginta *(indekl.)* **25** fünfzig
quis? **1** wer?
quisnam? **20** wer denn ?
quo? *(Adv.)* **18** wohin?
quod **8** weil, da
quoque *(nachgestellt)* **4** auch
rapere, rapio, rapui, raptum **10** rauben, an sich reißen
raptus, -us **13** Raub, Entführung
recipere, recipio, -cepi, -ceptum **7** zurücknehmen; aufnehmen, empfangen
se recipere **18** sich zurückziehen
recitare **25** vortragen, vorlesen
recte *(Adv.)* **16** richtig; mit Recht
recte dicis **21** du hast recht
recurrere, recurro, recurri, recursum **7** zurücklaufen
reddere, reddo, reddidi, redditum **15** zurückgeben; machen (zu)
epistulam reddere **17** einen Brief übergeben
redire, redeo, redii, reditum **18** zurückgehen, zurückkehren
referre, refero, rettuli, relatum **23** zurücktragen; berichten
se referre **23** sich zurückziehen
regio, **-ionis** *f* **19** Gegend, Gebiet; Richtung
regnum **12** Königsherrschaft, Königreich
relinquere, relinquo, -liqui, -lictum **8** verlassen; zurücklassen
reliquus, a, um **20** übrig, restlich
remittere, remitto, -misi, -missum **20** zurücksenden
remotus, a, um **20** entfernt, entlegen
removere, removeo, -movi, -motum **20** entfernen
remus **25** Ruder
renovare **11** erneuern, wiederherstellen
repellere, repello, reppuli, repulsum **14** zurückschlagen, vertreiben
reprehendere, reprehendo, -prehendi, -prehensum **3** tadeln, zurechtweisen
requiescere, -quiesco, -quievi, -quietum **4** (sich aus)ruhen
res, rei *f* **4** Sache, Ding
res gestae *f (Pl.)* **13** Taten; Geschichte
res militaris *f* **22** Kriegswesen, Militärwesen
res novae *f (Pl.)* **20** Umsturz
res publica *f* **17** Staat; Republik
resistere, resisto, restiti, – **11** sich widersetzen, Widerstand leisten
respectare **3** zurückschauen
respondere, respondeo, -spondi, -sponsum **1** antworten
responsum **13** Antwort
retinere, -tineo, -tinui, -tentum **20** zurückhalten, festhalten
reus **17** Angeklagter
revenire, revenio, -veni, -ventum **3** zurückkommen
revocare **20** zurückrufen
rex, regis *m* **10** König
ridere, rideo, risi, risum **1** lachen
ripa **10** (Fluß-)Ufer
risus, **-us** **19** Lachen, Gelächter
rogare **22** bitten; fragen
Roma **20** Rom
Romae *(Lokativ)* **20** in Rom
Romam **5** nach Rom
Romanus, a, um **5** römisch, Römer(in)
rumpere, rumpo, rupi, ruptum **20** (zer)brechen, zerreißen
rursus **5** wieder
sacer, sacra, sacrum **8** heilig
sacrificium **13** Opfer
saepe **10** oft, häufig
salus, **salutis** *f* **11** Gesundheit, Heil; Rettung
salutem dicere *(m. Dat.)* **11** grüßen *(am Briefanfang)*
consilium mihi saluti est **11GI** der Rat ist für mich heilsam, bringt mir Rettung
salutare **3** grüßen, begrüßen
salve! / **salvete**! **1** sei gegrüßt! / seid gegrüßt!
salvus, a, um **7** gesund, wohlbehalten
satis **20** genug
saxum **16** Felsen; Stein
scelus, **sceleris** *n* **13** Verbrechen
scelus committere **13** ein Verbrechen begehen
schola **2** Schule
scientia **8** Wissen, Kenntnis
scire, scio, scivi, scitum **5** wissen; verstehen
scribere, scribo, scripsi, scriptum **3** schreiben
scriptor, **-oris** *m* **16** Schreiber; Schriftsteller
se *(Reflexivpron. im Akk.)* **18** sich
sed **1** aber; sondern
sedecim **25** sechzehn
sedere, sedeo, sedi, sessum **2** sitzen
sedes, **sedis** *f* **14** Sitz; Wohnsitz
seditio, **-ionis** *f* **20** Aufstand, Aufruhr
semel **19** einmal
semel atque iterum **19** ein um das andere Mal, immer wieder
semper **3** immer
senator, **-oris** *m* **22** Senator
senatus, **-us** **22** Senat
senex, **senis** *m* **17** alter Mann; alt
sepelire, sepelio, sepelivi, sepultum **6** begraben
septem **20** sieben
septuaginta *(indekl.)* **22** siebzig
sepulcrum **6** Grab, Grabstätte
sero **11** spät, zu spät
serpens, **serpentis** *m / f* **9** Schlange
serva **3** Sklavin
servare **16** bewahren; retten
servilis, e **21** Sklaven-, sklavenmäßig
servire **12** dienen, Sklave sein
servitus, **-utis** *f* **20** Sklaverei, Knechtschaft

servus **1** Sklave
sex **13** sechs
si **8** wenn, falls
sic **13** so, auf diese Weise
signum **14** Zeichen
signa in hostem inferre **23** den Feind angreifen
silva **4** Wald
similis, e **19** ähnlich
sine *(Präp. b. Abl.)* **9** ohne
singuli, ae, a *(Pl.)* **9** einzelne; je einer
sitis, **-is** *f* **20** Durst
solere **7** gewohnt sein, pflegen
solum **2** nur, allein
non solum ..., sed etiam **2** nicht nur ..., sondern auch
soror, **sororis** *f* **2** Schwester
sors, **sortis** *f* **22** Los, Schicksal
species, **-ei** *f* **16** Anblick; Aussehen; Schönheit
spectaculum **22** Schauspiel
spectare **3** (an)schauen
spectator, **-oris** *m* **22** Zuschauer
sperare **7** hoffen
spes, spei *f* **22** Hoffnung
stare, sto, steti, statum **10** stehen
statim **7** sofort
statua **9** Statue
statuere, statuo, statui, statutum **17** aufstellen; beschließen, festsetzen
status, **-us** **11** Zustand, Verfassung
studium **14** Eifer, Bemühung; Beschäftigung
stultus, a, um **5** dumm, töricht
suadere, suadeo, suasi, suasum **19** raten, empfehlen
sub **10** *(Präp. b. Abl.:)* unter *(wo?)*;
4 *(Präp. b. Akk.:)* unter *(wohin?)*
subire, subeo, -ii, -itum **18** herangehen; auf sich nehmen
labores subire **18** Mühen auf sich nehmen
subito **2** plötzlich
superbia **25** Hochmut, Überheblichkeit; Stolz
surgere, surgo, surrexi, surrectum **1** aufstehen, sich erheben
suscipere, suscipio, -cepi, -ceptum **3** aufnehmen; auf sich nehmen
suus, a, um **6** sein; ihr *(refl. Possessivpron.)*
in suos durus **20** hart gegenüber den eigenen Leuten
tabula **5** Tafel, Brett
tacere **2** schweigen
taedium **24** Überdruß, Widerwille, Ekel
talentum **25** Talent *(größte griech. Münzeinheit, große Geldsumme)*
talis, e **21** so beschaffen, solcher
tam **5** so
tamen **15** dennoch, trotzdem
tandem **1** endlich, schließlich
tantum *(Adv., meist nachgestellt)* **12** nur
tantus, a, um **16** so groß, so viel
templum **6** Tempel
temptare **4** versuchen
tempus, **-oris** *n* **6** Zeit
brevi tempore **15** in kurzer Zeit
in tempore advenire **10** rechtzeitig ankommen
tenere, teneo, tenui, - **17** (fest)halten
memoria tenere **21** im Gedächtnis behalten
terra **19** Erde, Land
terrere **16** *(jdn.)* erschrecken
tertius, a, um **7** der dritte
timere **10** (sich) fürchten
timor, **-oris** *m* **22** Angst, Furcht
tolerare **20** erdulden, ertragen
tollere, tollo, sustuli, sublatum **11** erheben, aufheben; beseitigen
in crucem tollere **23** ans Kreuz schlagen
totus, a, um **4** ganz
tradere, trado, tradidi, traditum **12** übergeben; überliefern
traducere, traduco, -duxi, -ductum **18** hinüberführen, übersetzen
trahere, traho, traxi, tractum **3** ziehen, schleppen
trans *(Präp. b. Akk.)* **18** über ... hinüber; jenseits
transire, transeo, -ii, -itum **18** hinübergehen, überqueren
tres, tria **2** drei
tribunus plebis **18** Volkstribun
triclinium **18** Triklinium *(Speiseraum)*
tristis, e **15** traurig
tristitia **18** Traurigkeit
triumphus **20** Triumph; Triumphzug
per triumphum ducere **20** im Triumphzug mit sich führen
tu **2** du
tum **2** dann, danach; damals
tumultus, **-us** **9** Lärm; Aufruhr
tumultus motus est **14** ein Aufruhr entstand
turba **22** Schwarm, Menge; Unruhe
tutus, a, um **25** sicher, geschützt
tuus, a, um **6** dein
ubi? *(Adv.)* **1** wo?
ubi *(m. Ind. Perf.)* **13** sobald
ubi primum *(m. Ind. Perf.)* **13** sobald
ultimus, a, um **18** der letzte, äußerste
umbra **4** Schatten
undique **24** von allen Seiten, von überall her
unus, a, um *(Zahlwort)* **2** ein(er)
ad unum omnes **23** alle ohne Ausnahme, alle bis auf den letzten Mann
urbs, **urbis** *f* **9** Stadt
usus, **-us** **11** Nutzen; Gebrauch; Erfahrung
res mihi usui est **11GI** die Sache ist für mich nützlich
ut **17** wie
uxor, **-oris** *f* **12** Ehefrau, Gattin
valde **2** sehr, heftig
valere **3** gesund sein, stark sein
vale! / valete! **3** leb wohl! / lebt wohl!
multum valere **23** viel vermögen, großen Einfluß haben

valetudo, **-inis** *f* **23** Gesundheit, Wohlbefinden
varius, a, um **11** verschieden; bunt
vastare **23** verwüsten
vehemens, **-entis** **15** heftig, leidenschaftlich
velum **25** Segel
vendere, vendo, vendidi, venditum **20** verkaufen
venia **11** Nachsicht, Verzeihung
veniam dare *(m. Dat.)* **11** *(jdm.)* verzeihen
venire, venio, veni, ventum **1** kommen
verbum **20** Wort
Vestalis (virgo) *f* **8** Vestalin
vester, vestra, vestrum **6** euer
vestibulum **7** Vestibulum *(Vorhalle)*
vetare, veto, vetui, vetitum **23** verbieten
vexare **4** plagen, quälen
via **4** Weg, Straße
vicinus, a, um **14** benachbart; Nachbar
victor, **-oris** *m* **18** Sieger; siegreich
victoria **19** Sieg
vicus **21** Dorf; Stadtviertel
videre, video, vidi, visum **3** sehen
viginti *(indekl.)* **21** zwanzig
villa (rustica) **3** Villa *(römisches Landhaus, Landgut)*
vincere, vinco, vici, victum **6** (be)siegen, übertreffen
vinculum **20** Fessel, Band
vinum **18** Wein
vir, **viri** **8** Mann, Ehemann
virgo, **virginis** *f* **8** junge Frau, Mädchen
virgo Vestalis *f* **8** Vestalin
virtus, **virtutis** *f* **12** Tugend; Tüchtigkeit; Tapferkeit
vis *f* (vim, vi, *Pl.* vires, virium) **10** Kraft, Gewalt
vi et armis **14** mit Waffengewalt
vim afferre *(m. Dat.)* **23** *(jdm.)* Gewalt antun
vim facere *(m. Dat.)* **13** *(jdm.)* Gewalt antun
vita **11** Leben
vivere, vivo, vixi, - **14** leben
vix **18** kaum, mit Mühe
vocare **1** rufen, nennen
vos **5** ihr
vox, **vocis** *f* **9** Stimme

Deutsch-lateinisches Wörterverzeichnis

Enthalten sind nur die Begriffe aus den deutsch-lateinischen Übungen.

aber sed; autem *(nachgestellt)*
Ädil aedilis, -is *m*
alle cuncti, ae, a *(Pl.)*; omnes, ia *(Pl.)*
als cum *(inversivum)*
also igitur
alt antiquus, a, um; senex, senis
Amphitheater amphitheatrum
an ad *(Präp. b. Akk.)*
anbieten offerre, offero, obtuli, oblatum
ein anderer alius, a, ud
der andere *(von zweien)* alter, altera, alterum
der eine ... der andere *(von zweien:)* alter ... alter; *(von mehreren:)* alius ... alius
die anderen ceteri, ae, a *(Pl.)*
ändern mutare
anfangen incipere, incipio, coepi, coeptum
angreifen petere, peto, petivi, petitum
annehmen accipere, accipio, accepi, acceptum
anschauen spectare
antreiben incitare
Antwort responsum
antworten respondere, respondeo, respondi, responsum
Arbeit labor, -oris *m*; opera
arbeiten laborare
sich ärgern *(über/daß)* aegre ferre *(m. Akk./AcI)*
arm miser, a, um
Atrium atrium
auch et; etiam; quoque *(nachgestellt)*
auch nicht neque; nec
auf *(wo?:)* in *(Präp. b. Abl.)*; *(wohin?:)* in *(Präp. b. Akk.)*
Aufgabe negotium
aufhören desinere, desino, desii, desitum
aufnehmen recipere, recipio, recepi, receptum; suscipere, suscipio, suscepi, susceptum
Aufstand seditio, -ionis *f*
aufstehen surgere, surgo, surrexi, surrectum
aus ... (heraus) e / ex *(Präp. b. Abl.)*
ausbrechen erumpere, erumpo, erupi, eruptum
auslachen irridere, irrideo, irrisi, irrisum
sich ausruhen requiescere, requiesco, -quievi, -quietum
aussetzen exponere, expono, exposui, expositum
bald darauf paulo post
bauen aedificare
Bauer agricola *m*
Baum arbor, -oris *f*
Bauwerk aedificium
beachten observare
nicht beachten neglegere, neglego, -lexi, -lectum
sich beeilen properare
beendigen finire
befehlen imperare; iubere, iubeo, iussi, iussum *(m. AcI)*

befragen (inter)rogare
befreien liberare
sich begeben se conferre, confero, contuli, collatum
begehren cupere, cupio, cupivi, cupitum; petere, peto, petivi, petitum
beginnen incipere, incipio, coepi, coeptum
begraben sepelire, sepelio, sepelivi, sepultum
begrüßen salutare
bei ad *(Präp. b. Akk.)*; apud *(Präp. b. Akk.)*
beide ambo, ambae, ambo
Beifall klatschen plaudere, plaudo, plausi, plausum
bemerken intellegere, intellego, intellexi, intellectum
benennen nominare
beobachten observare
bereiten parare
Berg mons, montis *m*
berühmt *(sehr)* praeclarus, a, um
beschließen statuere, statuo, statui, statutum; constituere, constituo, constitui, constitutum
beschuldigen accusare
besiegen vincere, vinco, vici, victum
besteigen ascendere, ascendo, ascendi, ascensum
bestrafen punire
besuchen adire, adeo, adii, aditum
  einen Freund besuchen amicum convenire
Beute praeda
bewachen custodire
bewegen (com)movere, (com)moveo, (com)movi, (com)motum
Bewunderung admiratio, -ionis *f*
  Bewunderung hervorrufen admirationem movere
Bitten preces, precum *f (Pl.)*
bitten petere, peto, petivi, petitum; rogare
  den Gott um Hilfe bitten a deo auxilium petere; auxilium dei petere
böse malus, a, um
Brief epistula; litterae, -arum *(Pl.)*
bringen ferre, fero, tuli, latum; portare
Bruder frater, fratris *m*
Buch liber, libri
Bürger(in) civis, civis *m / f*
da *(zeitl.)* tum
da *(= weil)* quod, quia
daher igitur; itaque
damals tum
dann deinde; tum
darauf deinde; tum
dasein adesse, adsum, adfui, –
dein tuus, a, um
denn nam; enim *(nachgestellt)*
der, die, das *(Relativpron.)* qui, quae, quod
der(jenige), welcher is, qui
deshalb itaque
Dichter poeta *m*
dienen servire
Dienst officium
  Dienst tun servire
dieser, diese, dieses is, ea, id
Ding res, rei *f*
doch autem *(nachgestellt)*; sed
dort ibi
drei tres, tres, tria
dritter tertius, a, um
drohen imminere
du tu
nicht dürfen non debere
dumm stultus, a, um
durch per *(Präp. b. Akk.)*
Durst sitis, -is *f*
Ehre, Ehrenamt honor (honos), -oris *m*
eilen properare
der eine ... der andere *(von mehreren:)* alius ... alius; *(von zweien:)* alter ... alter
einige nonnulli, ae, a *(Pl.)*
einladen invitare
einnehmen capere, capio, cepi, captum
einst aliquando; olim
eintreten intrare
Einwohner incola *m*
empfangen accipere, accipio, accepi, acceptum; recipere, recipio, recepi, receptum
endlich tandem; denique
entbehren carere *(m. Abl.)*
Entschluß consilium
  einen Entschluß fassen consilium capere; consilium inire
entstehen ex(s)istere, ex(s)isto, ex(s)titi
entweder ... oder aut ... aut
er, sie es *(dt. Personalpron.)* is, ea, id
erbitten petere, peto, petivi, petitum
Erde terra
erfahren cognoscere, cognosco, -novi, -nitum
erfreuen delectare
erfüllen complere, compleo, -plevi, -pletum
  mit Zorn erfüllen ira afficere, afficio, affeci, affectum
ergreifen capere, capio, cepi, captum
erhalten accipere, accipio, accepi, acceptum
erkennen cognoscere, cognosco, -novi, -nitum; intellegere, intellego, intellexi, intellectum
erklären explicare
es ist erlaubt licet, licuit, –
Ermahnung admonitio, -ionis *f*
ermüden *(jdn.)* fatigare
erschrecken *(jdn.)* terrere
erwarten exspectare
erwerben (com)parare
erzählen narrare
Erzählung fabula; narratio, -ionis *f*
Erzieher paedagogus
Essen cena
essen edere, edo, edi, esum
etwa? num *(erwartete Antwort: nein)*
euer vester, vestra, vestrum
Fabel fabula

fällen caedere, caedo, cecidi, caesum
falsch falsus, a, um
fangen capere, capio, cepi, captum
fassen capere, capio, cepi, captum
Feind (Landesfeind) hostis, hostis *m*
Ferien feriae *(Pl.)*
finden invenire, invenio, inveni, inventum
Flamme flamma
Fluß flumen, fluminis *n*
fragen rogare; interrogare; quaerere, quaero, quaesivi, quaesitum
Frau femina; mulier, -eris *f*
freilassen liberare
fremd alienus, a, um; barbarus, a, um
Freude gaudium
sich freuen gaudere
Freund(in) amicus / amica; familiaris
freundlich amicus, a, um; bonus, a, um
Frieden pax, pacis *f;* otium
froh / fröhlich laetus, a, um;
(mit frohem Sinn:) laeto animo
Frucht fructus, -us
führen ducere, duco, duxi, ductum; gerere, gero, gessi, gestum
Furcht timor, -oris *m*
(sich) fürchten timere
Futter cibus
Gallier(in) Gallus / Galla
ganz omnis, e; totus, a, um
Gast conviva *m*; hospes, hospitis *m*
Gastgeber hospes, hospitis *m*
Gattin uxor, -oris *f*
Gebäude aedificium
geben dare, do, dedi, datum; praebere
es gibt esse, sum, fui, –
Gefahr periculum
gefallen placere
gehen cedere, cedo, cessi, cessum; ire, eo, ii, itum
gehorchen parere
Geld pecunia
gemeinsam communis, e
Gesang cantus, -us
Geschichte fabula; res gestae *f (Pl.)*
Geschrei clamor, -oris *m*
gering achten neglegere, neglego, neglexi, neglectum
Geschwindigkeit celeritas, -atis *f*
gesund salvus, a, um
gesund sein valere
gewaltig ingens, -entis
Gier cupiditas, -atis *f*
Gladiator gladiator, -oris *m*
glauben credere, credo, credidi, creditum; putare
Gnade venia
Gold aurum
Gott deus
Göttin dea
Grabmal monumentum
grausam crudelis, e
Grieche/Griechin Graecus / Graeca
griechisch Graecus, a, um
groß magnus, a, um
Großvater avus
Grund causa
gründen condere, condo, condidi, conditum
grüßen salutare; *(Briefanfang:)* salutem dicere *(m. Dat.)*
Güter bona, -orum *n*
gut bonus, a, um; *(Adv.:)* bene
es geht mir gut valere
haben habere
nicht haben carere *(m. Abl.)*
ich habe kein Geld pecunia mihi deest
Hafen portus, -us
Hand manus, -us *f*
hart, hartherzig crudelis, e; durus, a, um
Haß odium
Haus domus, -us *f*
nach Hause domum
Hausherrin domina
Heer exercitus, -us
heftig acer, acris, acre; vehemens, -entis; *(Adv.:)* valde
heilig sacer, sacra, sacrum
Heimat patria
helfen adesse, adsum, adfui, –;
adiuvare, adiuvo, adiuvi, adiutum *(m. Akk.)*
heranbringen apportare
herangehen accedere, accedo, accessi, accessum; adire, adeo, adii, aditum
herausgehen exire, exeo, exii, exitum
herbeitragen apportare; afferre, affero, attuli, allatum
Herbst autumnus
hereinbringen, importare
hereintragen importare
Herr(in) dominus / domina
Herz animus
am Herzen liegen curae esse
heute hodie
hier hic *(Adv.)*
Hilfe auxilium
hilfreich sein auxilio esse
hinrichten occidere, occido, occidi, occisum
hinübergehen transire, transeo, transii, transitum
hoch altus, a, um
hoffen sperare
hören audire
ich ego
ihr *(Personalpron.)* vos
ihr *(Possessivpron.)* suus, a, um *(refl.)*;
eius / eorum, earum *(nicht refl.)*
immer semper
in *(wo?:)* in *(Präp. b. Abl.)*; *(wohin?:)* in *(Präp. b. Akk.)*
Irrtum error, -oris *m*
(er, sie, es) **ist** est
jedoch autem *(nachgestellt)*
jetzt nunc

jung adulescens, -entis
Junge puer, pueri
Kampf certamen, -inis *n;* proelium; pugna
kein(er) nullus, a, um
keineswegs minime *(Adv.)*
kennen scire, scio, scivi, scitum
  genau kennen non ignorare
Kind puer, pueri / puella
  Kinder liberi, -orum *(Pl.)*
klein parvus, a, um
Klient cliens, -tis *m*
Knabe puer, pueri
Knechtschaft servitus, -utis *f*
kommen venire, venio, veni, ventum
König rex, regis *m*
können posse, possum, potui, –
Kraft vis *f* (vim, vi, *Pl.* vires, virium)
krank aeger, aegra, aegrum
Kranz corona
Krieg bellum
kurz brevis, e
Küste litus, -oris *n*
lachen ridere, rideo, risi, risum
Lachen risus, -us
Land terra
lang longus, a, um
lange (Zeit) *(Adv.)* diu
Lauf cursus, -us
laut *(lesen, sprechen)* magna voce *(legere, dicere)*
laufen currere, curro, cucurri, cursum
Leben vita
  Leben führen vitam agere
leben vivere, vivo, vixi, –; vitam agere
  leb wohl! / lebt wohl! vale! / valete!
Lehrer magister
leicht facilis, e
leiden dolere; laborare
leidenschaftlich vehemens, -entis
leise *(Stimme)* parvus, a, um
leisten praestare, praesto, -stiti, -stitum *(m. Akk.)*
lernen discere, disco, didici, –
lesen legere, lego, legi, lectum
Liebe amor, -oris *m*
lieben amare
Lied cantus, -us; carmen, carminis *n*
liegen iacere, iaceo, iacui, –
loben laudare
Los sors, sortis *f*
machen facere, facio, feci, factum;
  (= treiben:) agere, ago, egi, actum
Mädchen puella; virgo, virginis *f*
manchmal nonnumquam
Mann vir, viri
Markt forum
Matrose nauta *m*
Meer mare, maris *n*
meiden fugere, fugio, fugi, –
mein meus, a, um
melden nuntiare; afferre, affero, attuli, allatum
Menge copia
Mensch homo, hominis *m*
menschlich humanus, a, um
mißachten neglegere, neglego, neglexi, neglectum
mit cum *(Präp. b. Abl.)*
mögen amare
morgens mane
Mühe labor -oris *m*; opera
müssen debere
Mutter mater, matris *f*
nach *(wohin?:)* in *(Präp. b. Akk.);*
  (zeitl:) post *(Präp. b. Akk.)*
nachdem postquam *(m. Ind. Perfekt)*
nahe (bei) prope *(Präp. b. Akk.)*
sich nähern appropinquare
nähren alere, alo, alui, altum
Nahrung cibus
Name nomen, -inis *n*
nämlich enim *(nachgestellt)*
neben iuxta *(Präp. b. Akk.)*
nennen dicere, dico, dixi, dictum
nett bonus, a, um
neu novus, a, um
nicht non
  nicht mehr non iam
  noch nicht nondum
nichts nihil
niemand nemo, -inis
noch nicht nondum
nochmals iterum
es ist nötig *(zu / daß)* necesse est *(m. Inf. / AcI)*
notwendig necessarius, a, um
nun nunc
nur tantum *(meist nachgestellt)*; modo*;* solum
  nicht nur ..., **sondern auch** non modo ..., sed etiam; non solum ..., sed etiam
Nutzen usus, -us
  von Nutzen sein usui esse
obwohl quamquam
oder aut
  entweder ... oder aut ... aut
oft saepe
ohne sine *(Präp. b. Abl.)*
Opfer sacrificium
opfern immolare
Patron patronus
Pferd equus
Pflicht officium
  Pflichten erfüllen officia praestare
plagen vexare
plötzlich subito
quälen vexare
Rat consilium
Rede oratio, -onis *f*
reden dicere, dico, dixi, dictum
Reichtum divitiae, -arum *(Pl.)*
Reise iter, itineris *n*
retten servare
Richter iudex, -icis *m*

Rom Roma
  nach Rom Romam
Römer(in) Romanus / Romana
rufen clamare
ruhen requiescere, requiesco, -quievi, -quietum
Sache res, rei *f*
sagen dicere, dico, dixi, dictum
  die Leute sagen *(daß)* ferunt *(m. AcI)*
  (er, sie, es) **sagt(e)** inquit
Schatten umbra
Schätze divitiae, -arum *(Pl.)*
schauen spectare
Schauspiel spectaculum
schicken mittere, mitto, misi, missum
Schicksal fortuna; sors, sortis *f*
Schiff navis, navis *f*
Schlacht acies, -ei *f*; pugna
  Schlachten schlagen pugnas pugnare
schlafen dormire
schlecht malus, a, um
schlimm malus, a, um
schmücken ornare
schnell celer, celeris, celere; *(Adv.:)* cito
Schnelligkeit celeritas, -atis *f*
schon iam
schön pulcher, pulchra, pulchrum
Schönheit pulchritudo, -inis *f*; species, -ei *f*
schreiben scribere, scribo, scripsi, scriptum
schreien clamare
schulden debere
Schule schola; ludus
Schüler(in) discipulus / discipula
schweigen tacere
Schwester soror, sororis *f*
sechs sex
sehen videre, video, vidi, visum
Sehnsucht desiderium
sehr valde
sein esse, sum, fui, –
sein / ihr *(Possessivpron.)* suus, a, um *(refl.)*; eius / eorum, earum *(nicht refl.)*
seltsam mirus, a, um
seufzen gemere, gemo, gemui, gemitum
sicherlich certe
siegen vincere, vinco, vici, victum
Silber argentum
singen canere, cano, cecini, –
Sinn animus
  im Sinn haben in animo habere
Sklave / Sklavin servus / serva
so tam; sic; ita
sofort statim
sogar etiam
Sohn filius
sondern sed
  nicht nur ..., **sondern auch** non modo ..., sed etiam; non solum ..., sed etiam
Sorge, Sorgfalt cura
Spaß machen delectare; gaudio esse
später *(Adv.)* postea; post
Speise cibus
Speiseraum triclinium
spielen ludere, ludo, lusi, lusum
sprechen dicere, dico, dixi, dictum
  schlecht sprechen *(über jdn.)* maledicere, maledico, maledixi, maledictum *(m. Dat.)*
Staat civitas, -atis *f*; res publica *f*
Stadt oppidum; urbs, urbis *f*
stehen stare, sto, steti, statum
stellen ponere, pono, posui, positum
  an die Spitze stellen praeficere, praeficio, -feci, -fectum
Stimme vox, vocis *f*
Straße via
Streit(erei) controversia
Stunde hora
tadeln reprehendere, reprehendo, -prehendi, -prehensum
Tag dies, diei *m*
  vor Tagesanbruch ante diem
täglich *(Adv.)* cottidie
tapfer fortis, e
Tapferkeit virtus, virtutis *f*; fortitudo, -inis *f*
Taten res gestae *f (Pl.)*
Teil pars, partis *f*
teilnehmen *(an)* interesse, intersum, interfui, – *(m. Dat.)*
Tempel templum
Tier animal, animalis *n*; *(wildes:)* bestia
Tochter filia
Tod mors, mortis *f*
Tor porta
töricht stultus, a, um
tot mortuus, a, um
töten caedere, caedo, cecidi, caesum; occidere, occido, occidi, occisum
tragen portare; gerere, gero, gessi, gestum; ferre, fero, tuli, latum
traurig tristis, e
  traurig sein dolere
treiben agere, ago, egi, actum; pellere, pello, pepuli, pulsum
trinken bibere, bibo, bibi, –
tüchtig bonus, a, um
Tüchtigkeit virtus, virtutis *f*
tun agere, ago, egi, actum; facere, facio, feci, factum
über *(... hinüber:)* trans *(Präp. b. Akk.)*; *(= von:)* de *(Präp. b. Abl.)*
überliefern prodere, prodo, prodidi, proditum; tradere, trado, tradidi, traditum
Ufer ripa
umgeben circumdare, circumdo, -dedi, -datum
umkommen interire, intereo, interii, interitum
umzingeln circumdare, circumdo, -dedi, -datum
unbekannt ignotus, a, um
und et; -que *(angehängt)*; ac; atque
  und nicht neque; nec
unser noster, nostra, nostrum

unter *(wo?:)* sub *(Präp. b. Abl.); (wohin?:)* sub *(b. Akk.); (= zwischen:)* inter *(b. Akk.)*
unterbrechen intermittere, intermitto, -misi, -missum; interrumpere, interrumpo, -rupi, -ruptum
untergehen interire, intereo, interii, interitum; perire, pereo, perii, peritum
unterhalten delectare
sich unterscheiden *(voneinander)* differre, differo *(inter se)*
Vater pater, patris *m*
verändern mutare
veranlassen commovere, commoveo, -movi, -motum; inducere, induco, induxi, inductum
Verbrechen scelus, sceleris *n*
ein Verbrechen begehen scelus committere
verbringen *(Zeit)* agere, ago, egi, actum *(tempus)*
verlassen relinquere, relinquo, reliqui, relictum
Vermögen divitiae, -arum; pecunia
vernachlässigen neglegere, neglego, neglexi, neglectum
verraten prodere, prodo, prodidi, proditum
verschaffen parare
verschieden varius, a, um
verschwinde! cede!
verspotten irridere, irrideo, irrisi, irrisum
verstehen intellegere, intellego, intellexi, intellectum; scire, scio, scivi, scitum
nicht verstehen nescire
verwandeln mutare
Vestalin virgo Vestalis *f*
viel multus, a, um
vielleicht fortasse
Vogel avis, avis *f*
Volk populus; *(= Stamm:)* gens, gentis *f; (einfaches:)* plebs, plebis *f*
vollbringen facere, facio, feci, factum
von *(= über:)* de *(Präp. b. Abl.); (... her/weg:)*: a/ab *(Präp. b. Abl.); (... herab:)* de *(Präp. b. Abl.)*
vor *(wo?:)* pro *(Präp. b. Abl.); (räuml. und zeitl.:)* ante *(Präp. b. Akk.)*
vorbereiten parare
Vorfahren maiores, -um *m (Pl.)*
wachsen crescere, cresco, crevi, cretum
Wagen currus, -us
(zu etwas) **wählen** creare
Wald silva
Ware merx, mercis *f*
warten exspectare
warum? cur?
was? quid?
Wasser aqua
wegen propter *(Präp. b. Akk.)*
wegführen abducere, abduco, -duxi, -ductum
weggehen abire, abeo, abii, abitum; cedere, cedo, cessi, cessum;
wegnehmen auferre, aufero, abstuli, ablatum
wegtragen auferre, aufero, abstuli, ablatum
weichen cedere, cedo, cessi, cessum
weil quia; quod
Wein vinum
Weise modus
wen? was? quem? quid?
sich wenden *(an)* adire, adeo, adii, aditum *(m. Akk.)*
wenige pauci, ae, a *(Pl.)*
wenn (= falls) si
(jedesmal) wenn cum *(iterativum)*
wer? was? quis? quid?
Widerstand leisten resistere, resisto, restiti, -
wieder rursus
wiederum iterum
wir nos
Wissen scientia
wissen scire, scio, scivi, scitum
nicht wissen ignorare; nescire
wo? ubi?
wohin? quo?
Wohlergehen salus, -utis *f*
wohlbehalten salvus, a, um
Wolf lupus
wollen cupere, cupio, cupivi, cupitum
wolle nicht! / wollt nicht! noli! / nolite!
Wort verbum
wunderbar mirus, a, um
wünschen cupere, cupio, cupivi, cupitum
zählen *(zu)* numerare *(in b. Abl.)*
zeigen monstrare; ostendere, ostendo, ostendi, ostentum; *(= erweisen:)* praebere
Zeit tempus, -oris *n*; hora
ziehen trahere, traho, traxi, tractum; *(= reisen:)* iter facere
Zorn ira
mit Zorn erfüllen ira afficere, afficio, affeci, affectum
zornig machen ira afficere
zu ad *(Präp. b. Akk.)*
zuerst primo
zugrunde gehen perire, pereo, perii, peritum
zuhören audire
zurückerhalten recipere, recipio, recepi, receptum
zurückkehren redire, redeo, redii, reditum
zurückkommen revenire, revenio, reveni, reventum
zurücklassen relinquere, relinquo, reliqui, relictum
Zuschauer spectator, -oris *m*
zwingen cogere, cogo, coegi, coactum

Abkürzungsverzeichnis

◇A	Lesestück A
AB	Adverbiale Bestimmung
Abl.	Ablativ
AcI	Accusativus cum Infinitivo
AcP	Accusativus cum Participio
Adj.	Adjektiv
Adv.	Adverb
Akk.	Akkusativ
Akt.	Aktiv
◇B	Lesestück B
b.	bei
bzw.	beziehungsweise
D	Deutsch
d. h.	das heißt
Dat.	Dativ
Dekl.	Deklination
E / engl.	Englisch
f	femininum
▽F	Fortleben (fakultatives Lesestück)
F	Französisch
G	Genus
Gen.	Genitiv
GI	Grammatische Impulse
griech.	griechisch
I / ital.	Italienisch
Ind.	Indikativ
indekl.	indeklinabel (undeklinierbar)
Inf.	infinitiv
J	Junktur(en)
jdm.	jemandem
jdn.	jemanden
Jh.	Jahrhundert
KNG	Kasus-Numerus-Genus (-Kongruenz)
kons.	konsonantisch
L	Latein
◇L	Lernwortschatz
L/F	Lehn-/Fremdwörter
m	masculinum
m.	mit
Mischkonj.	Mischkonjugation
N	Numerus
n	neutrum
NG	Numerus-Genus (-Kongruenz)
Nom.	Nominativ
Obj.	Objekt
PC	Participium coniunctum

Perf.	Perfekt
Pl.	Plural
PN	Prädikatsnomen
PPA	Partizip Präsens Aktiv
PPP	Partizip Perfekt Passiv
Präp.	Präposition
Präs.	Präsens
Pron.	Pronomen
räuml.	räumlich
RSA	Relativischer Satzanschluß
Sg.	Singular
s. o.	siehe oben
sog.	sogenannt
T	(Grammatik-)Training
u. a.	unter anderem
Ü	Übung
usw.	und so weiter
vgl.	vergleiche
W	Wortschatzübung
WB / ◇WB	Wortbildung
◇WK	Wortkunde
Z	Zusatzvokabular
z. B.	zum Beispiel
zeitl.	zeitlich
z. T.	zum Teil

Abkürzungen bei den Satzglied-unterstreichungen (Satzmodell)

AcI	Accusativus cum Infinitivo
Adj	Adjektiv
Ak	Akkusativ
Ap	Apposition
AW	Art und Weise
Bed	Bedingung
D	Dativ
G	Genitiv
Gem	Gemeinschaft
Gr	Grund
MW	Mittel / Werkzeug
O	Ort
PN	Prädikatsnomen
Präp	Präpositionalattribut
Rel	Relativsatz
UT	Urheber / Täter
Z	Zeit

Bellunum
Comum
Bergomum
Brixia
Verona
Concordia
Aquileia
Patavium
Ticinum
Cremona
Mantua
Padus
Hatria
Pola
Parma
Spina
Ravenna
Genua
Luna
Ariminum
Sarsina
Luca
Arnus
Rubicon
Pisaurum
Pisae
Florentia
Faesulae
Ancona
Volaterrae
ETRURIA
Cortona
PICENUM
Populonia
Vetulonia
Clusium
Perusia
UMBRIA
Tiberis
Rusellae
Nursia
Volsinii vet.
Asculum
Volsinii novi
Spoletium
Cosa
Volci
Ocriculum
Sabini
Amiternum
Tarquinii
Reate
Graviscae
Falerii vet.
Alba Fucens
Corfinium
Veii
Tibur
Pyrgi
Marsi
Sulmo
Caere
Roma
Praeneste
Hernici
Latini
Ostia
Tusculum
Aufidena
Velitrae
Rutuli
Arpinum
Lavinium
LATIUM
APULIA